Sitten und Denkmäler

prähistorischer Völker

Der Marquis de Nadaillac

Writat

Diese Ausgabe erschien im Jahr 2023

ISBN: 9789359256689

Herausgegeben von
Writat
E-Mail: info@writat.com

Inhalt

Anmerkung des Übersetzers

Der vorliegende Band wurde mit Zustimmung des Autors aus dem Französischen des Marquis de Nadaillac übersetzt. Der Autor und der Übersetzer haben die Originalausgabe sorgfältig auf den neuesten Stand gebracht und dabei die im Laufe der Arbeit gemachten Entdeckungen verkörpert. Das Buch ist ein Inbegriff von allem, was zu dem Thema, das es behandelt, bekannt ist, und deckt Bereiche ab, die derzeit von keinem anderen Werk in englischer Sprache besetzt werden.

Nancy Bell (N. D'Anvers).

Southbourne-On-Sea,
1891.

KAPITEL I.
Die Steinzeit: ihre Dauer und ihr Platz in der Zeit.

Das neunzehnte Jahrhundert, das sich nun seinem Ende nähert, hat einen unauslöschlichen Eindruck in der Weltgeschichte hinterlassen, und nie wurden größere Dinge mit erstaunlicherer Geschwindigkeit erreicht. Ausnahmslos jeder Zweig der Wissenschaft hat an diesem Fortschritt teilgenommen, und die täglich anfallenden Informationen über verschiedene Teile der Welt haben wesentlich dazu beigetragen. Bisher völlig geschlossene Regionen wurden sozusagen gleichzeitig durch die Energie von Entdeckern geöffnet, die wie Livingstone, Stanley und Nordenskiöld unsterblichen Ruhm erlangt haben. In Afrika, im Sudan und in den Äquatorregionen, wo die Quellen des Nils verborgen liegen; In Asien wurden das Innere Arabiens und die Hindu-Koosh- oder Pamir-Berge besucht und erkundet. In Amerika werden jetzt ganze Bezirke, die bisher unzugänglich waren, von Eisenbahnen durchzogen, während auf der anderen Hemisphäre Australien und die Inseln Polynesiens kolonisiert wurden; Neue Gesellschaften sind schnell entstanden, und selbst das unschmelzende Eis der Polarregionen bremst den Fortschritt des unerschrockenen Entdeckers nicht mehr. Und das alles ist nur ein kleiner Teil der Arbeit, auf die die heutige Generation zu Recht stolz sein kann.

Auch ferne Kriege haben in nicht geringem Maße zum Fortschritt der Wissenschaft beigetragen. Dem Siegeszug der französischen Armee verdanken wir die Entdeckung neuer Tatsachen in Bezug auf die alte Geschichte Algeriens; Es war der Vormarsch der englischen und russischen Streitkräfte, der das Geheimnis der geheimnisvollen Länder im Herzen Asiens enthüllte, von denen viele Gelehrte glauben, dass die europäischen Rassen zum ersten Mal entstanden seien, und von diesem immer offenen Buch kann die französische Expedition nach Tonquin in Betracht gezogen werden derzeit eine der letzten Seiten.

Geographisches Wissen trägt viel dazu bei, den Fortschritt der verwandten Wissenschaften zu fördern. Das Werk von Champollion, so brillant ergänzt durch Vicomte de Rougé und Mariette Bey, hat zur genauen Klassifizierung der Denkmäler Ägyptens geführt. Die Entzifferung der Keilinschriften hat uns die Daten der Paläste von Ninive und Babylon geliefert; Die Interpretation anderer Inschriften durch Gelehrte hat uns jene Hethiter bekannt gemacht, deren gewaltige Macht einst bis zum Mittelmeer reichte, deren Name jedoch bis vor Kurzem völlig in Vergessenheit geraten war. Die in den Felsen gehauenen Tempel und die noch seltsameren Dagobas Indiens gehören heute der Wissenschaft. Wie die heiligen Denkmäler von Burma und Kambodscha wurden sie auf ein vergleichsweise junges Datum zurückgeführt; und obwohl die Paläste von Yucatan und Peru immer noch erhalten sind, können wir ihre Daten ungefähr festlegen und zeigen, dass Nordamerika lange vor ihrem Bau von Rassen bewohnt war, von denen eine, die als Mound Builders bekannt ist, sie zurückließ gigantische Erdwerke verschiedenster Art, während ein anderer, bekannt als die Cliff Dwellers, sich Häuser auf fast unzugänglichen Felsen baute.

Die vergleichende Philologie hat es uns ermöglicht, die Genealogie von Rassen zurückzuverfolgen, ihren Ursprung zu bestimmen und ihre Wanderungen zu verfolgen. Burnouf hat die alte Zend-Sprache ans Licht gebracht, Sir Henry Rawlinson und Oppert haben mit ihren großartigen Werken neue Forschungsmethoden eröffnet, Max Müller und Pictet wiederum haben durch die Nutzung verschiedenster Materialien viel dazu beigetragen, uns bekannt zu machen die arische Rasse, der große Erzieher, wenn ich so sagen darf, moderner Nationen.

Von einer großartigen Tatsache zeugen alle ältesten Epochen der Geschichte: Alles in allem beweisen sie die Existenz einer bereits fortgeschrittenen Zivilisation in einer noch ferneren Vergangenheit, zu der man erst nach langem und mühsamem Herumtasten allmählich gelangen konnte. Wer waren die Begründer dieser Zivilisation? Wer waren die ersten Bewohner der Erde? Welchen biologischen Bedingungen waren sie ausgesetzt? Unter welchen physikalischen und klimatischen Bedingungen herrschten auf der Erde, als sie lebten? Von welcher Flora und Fauna waren sie umgeben? Aber die Wissenschaft treibt ihre Forschung noch weiter voran. Sie möchte den Ursprung der menschlichen Rasse erfahren, wann, wie und warum Menschen zum ersten Mal auf der Erde erschienen; denn aus welchem Blickwinkel man ihn auch betrachtet, der Mensch muss zwangsläufig einen Anfang gehabt haben.

Tatsächlich stehen wir vor gewaltigen Problemen, die sowohl unsere Vergangenheit als auch unsere Zukunft betreffen; Probleme, deren Lösung mit menschlichen Mitteln oder mit der Hilfe menschlicher Intelligenz allein hoffnungslos ist, mit denen sich die Wissenschaft jedoch auseinandersetzen kann und sollte, denn sie erheben die Seele und stärken das Denkvermögen. Was auch immer ihr Endergebnis sein mag, solche Studien sind von großem Interesse. „Der Mensch", sagte ein gelehrtes Mitglied des Französischen Instituts, „wird für den Menschen immer das größte aller Geheimnisse, das fesselndste aller Objekte der Kontemplation sein." 1

Lassen Sie uns durch vergangene Jahrhunderte zurückgehen und unsere entfernten Vorfahren bei ihrer ersten Ankunft auf der Erde studieren. Schauen wir uns ihre frühen Existenzkämpfe an! Wir werden uns nur mit Fakten befassen; Wir werden keine Theorien akzeptieren, und leider müssen wir oft zu keiner Schlussfolgerung gelangen, da der gegenwärtige Stand des prähistorischen Wissens selten Gewissheit zulässt. Wir müssen immer bereit sein, Theorien durch das Studium von Fakten zu modifizieren, und dürfen nie vergessen, dass Theorien in einer so wenig fortgeschrittenen Wissenschaft notwendigerweise vorläufig und variabel sein müssen.

Wirklich seltsam ist der Ausgangspunkt der prähistorischen Wissenschaft. Mit Hilfe einiger kaum noch grob behauener Feuersteine, einiger schwer zu klassifizierender Knochen und einiger grober Steindenkmäler, die wir errichten müssen, müssen unsere Leser sagen, mit welchem Erfolg eine Vergangenheit lange vor jeder geschriebenen Geschichte, die keine Spuren im Gedächtnis der Menschen hinterlassen hat und in der unser Globus scheinbar völlig anderen Bedingungen als der Gegenwart unterworfen war.

Die Steine, die unsere Aufmerksamkeit als Erstes auf sich ziehen werden, einige von ihnen sind sehr kunstvoll geschliffen und sorgfältig poliert, sind seit Jahrhunderten bekannt. Laut Sueton besaß Kaiser Augustus in seinem Palast auf dem Palatin eine beträchtliche Sammlung von Beilen aus verschiedenen Gesteinsarten, die fast alle auf der Insel Capri gefunden wurden und für ihren königlichen Besitzer die Waffen der Helden von waren Mythologie. Plinius erzählt von einem Donnerschlag, der in einen See fiel, in dem bald darauf 89 dieser wunderbaren Steine gefunden wurden. 2 Prudentius stellt alte deutsche Krieger dar, die glänzendes *Ceraunia auf ihren Helmen* trugen ; In anderen Ländern schmückten ähnliche Steine die Statuen der Götter und bildeten Strahlen um ihre Köpfe. 3

Ein Thema, das so darauf ausgelegt ist, die Fantasie anzuregen, wurde von den Dichtern natürlich nicht vernachlässigt. Claudians Verse sind bekannt:

> Pyrenäisque sub antris
> Ignea flumineæ legere ceraunia nymphæ.

Marbodius, Bischof von Rennes, besang im elften Jahrhundert in einigen lateinischen Versen, die uns überliefert sind, von den Donnersteinen, und ein alter Dichter des sechzehnten Jahrhunderts rief seinerseits aus, als er die seltsamen Knochen um sich herum sah

> Der Felsen von Tarascon hébergea quelquefois
> Die Géants, die den Bergen von Foix folgten, nicht zwei
> weitere, die ihm die Zeit verweigerten.

Tatsächlich wurden bei diesen Steinen zahlreiche große Knochen gefunden, die unbekannten Lebewesen gehörten. Lateinische Autoren sprechen von ähnlichen Knochenfunden in Kleinasien, die sie für die Knochen von Riesen einer ausgestorbenen Rasse hielten. Dieser Glaube wurde lange aufrechterhalten; 1547 und erneut 1667 wurden in der Höhle von San Ciro bei Palermo fossile Überreste gefunden; und italienische Gelehrte kamen zu dem Schluss, dass sie Männern gehört hatten, die achtzehn Fuß groß waren. Guicciadunus spricht von den Knochen riesiger Elefanten, die sorgfältig im Hôtel de Ville in Antwerpen aufbewahrt werden, als den Knochen eines Riesen namens Donon, der 1300 Jahre vor der christlichen Ära lebte.

In früheren Zeiten hielten die Kulturvölker die Überreste eines gigantischen Batrachians4 für die eines Mannes, der die Flut miterlebt hatte, und das Gleiche galt für eine Schildkröte, die vor knapp dreißig Jahren in Italien gefunden wurde. Dr. Carl griff in einem 1709 in Frankfort 5 veröffentlichten Werk eine andere Theorie auf, und da die allgemeine Unwissenheit zu dieser Zeit so groß war, bewies er mit langen Argumenten, dass die fossilen Knochen weder das Ergebnis einer Laune der Natur waren noch noch von der Wirkung einer plastischen Kraft, und erst gegen Ende seines Lebens konnte sich der berühmte Camper dazu durchringen, das Aussterben bestimmter Arten zuzugeben, so völlig im Widerspruch zur göttlichen Offenbarung erschien ihm ein solches Phänomen.

Allerdings waren die Vorurteile nicht immer so hartnäckig. Seit mehr als drei Jahrhunderten werden von Menschenhand bearbeitete Steine im Museum des Vatikans aufbewahrt, und zwar schon seit der Zeit Clemens VIII. Sein Arzt Mercati erklärte, diese Steine seien die Waffen von Vorsintflutlichen gewesen, die noch keine Ahnung von der Verwendung von Metallen gehabt hätten.

Zu Beginn des 18. Jahrhunderts wurde in London ein spitzer schwarzer Feuerstein, offenbar die Spitze eines Speeres, zusammen mit dem Zahn eines Elefanten gefunden. Es wurde in den damaligen Zeitungen beschrieben und im British Museum ausgestellt.

Im Jahr 1723 sagte Antoine de Jussieu auf einer Tagung der *Académie des Sciences* , dass diese bearbeiteten Steine entweder dort hergestellt worden seien, wo sie gefunden wurden, oder dass sie aus fernen Ländern gebracht worden seien. Er untermauerte seine Argumente durch ein hervorragendes Beispiel dafür, wie wilde Völker noch immer Steine polieren, indem sie sie kontinuierlich aneinander reiben.

Einige Jahre später griffen die Mitglieder der *Académie des Inscriptions* ihrerseits die Frage auf, und Mahudel, einer ihrer Mitglieder, zeigte durch die Präsentation mehrerer Steine, dass sie offensichtlich von Menschenhand geschnitten worden waren. „Eine Untersuchung von ihnen", sagte er, „liefert einen Beweis für die Bemühungen unserer frühesten Vorfahren, für ihre Bedürfnisse zu sorgen und die lebensnotwendigen Dinge zu beschaffen." Er fügte hinzu, dass die Menschen nach der Wiederbesiedlung der Erde nach der Sintflut keine Ahnung von der Verwendung von Metallen hatten. Mahudels Aufsatz wird durch Zeichnungen illustriert, von denen wir einige reproduzieren (Abb. 1), die Keile, Hämmer, Beile und Pfeilperlen aus

Feuerstein zeigen, die, wie er uns erzählt, aus verschiedenen Privatsammlungen stammen. 6

Bischof Lyttelton spricht in einem Schreiben aus dem Jahr 1736 davon, dass solche Waffen vor langer Zeit von Wilden hergestellt worden seien, die sich nicht mit der Verwendung von Metallen auskannten, 7 und Sir W. Dugdale, ein bedeutender Altertumsforscher des 17. Jahrhunderts, schrieb den alten Briten Feuerstein zu Beile, die in Warwickshire gefunden wurden, und vermutet, dass sie hergestellt wurden, als nur diese Waffen verwendet wurden. 8

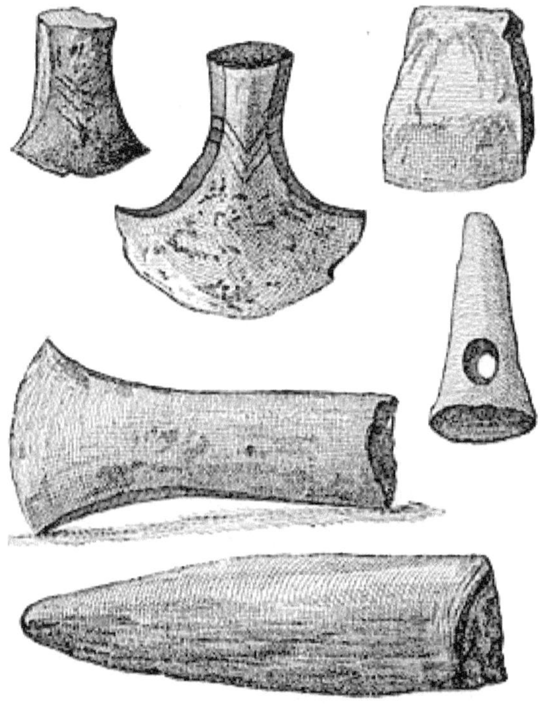

Von Mahudel 1734 beschriebene Steinwaffen.

Eine Mitteilung von Frère an die Royal Society of London verdient hier Erwähnung mit einigen ergänzenden Bemerkungen. 9

Dieser angesehene Mann der Wissenschaft wurde in Hoxne in Suffolk etwa zwölf Fuß unter der Erdoberfläche gefunden und bearbeitete Feuersteine, die offensichtlich die natürlichen Waffen eines Volkes gewesen waren, das keine Kenntnis von Metallen hatte. Bei diesen Feuersteinen wurden einige seltsame Knochen mit dem riesigen Kiefer eines damals unbekannten Tieres gefunden. Frère fügt hinzu, dass die Menge an Feuersteinspänen so groß war, dass die Arbeiter, die ihren wissenschaftlichen Wert nicht kannten, sie beim Straßenbau verwendeten. Alles deutete darauf hin, dass Hoxne der Ort war, an dem dieses primitive Volk die Waffen und Geräte herstellte, die es benutzte, so dass bereits Ende des letzten Jahrhunderts ein Mitglied der Royal Society die jetzt völlig akzeptierten Vorschläge formulierte, dass bei In einer sehr fernen Epoche benutzten die Menschen nichts als Waffen und Geräte aus Stein, und Seite an Seite mit diesen Menschen lebten riesige Tiere, die in historischen Zeiten unbekannt waren. Diese Tatsachen, so seltsam sie uns erscheinen, erregten damals keine

Aufmerksamkeit. Es scheint, dass für jede neue Entdeckung ein besonderer Scharfsinn erforderlich ist und dass die Beweise bis zum Zeitpunkt dieser Entdeckung unbeachtet bleiben und die Wissenschaft völlig blind für ihre Bedeutung ist.

Aber um unsere Erzählung fortzusetzen. Es ist interessant, die verschiedenen Phasen zu beobachten, die die Angelegenheit durchlief, bevor das Problem gelöst wurde. Im Jahr 1819 gab M. Jouannet bekannt, dass er in der Nähe des Périgord Steinwaffen gefunden hatte. Im Jahr 1823 veröffentlichte Rev. Dr. Buckland die „Reliquiæ Diluvianæ", deren Wert, obwohl es sich zweifellos um ein Werk von unbestrittenem Wert handelt, durch die vorgefassten Meinungen seines Autors erheblich gemindert wurde. Einige Jahre später gab Tournal seine Entdeckungen in der Höhle von Bize in der Nähe von Narbonne bekannt, in der er, vermischt mit menschlichen Knochen, die Überreste verschiedener Tiere, von denen einige ausgestorben waren, andere noch in der Gegend heimisch waren, sowie bearbeitete Feuersteine und Fragmente fand aus Keramik. Danach behauptete Tournal, der Mensch sei der Zeitgenosse der Tiere gewesen, deren Knochen mit den Produkten menschlicher Industrie vermischt seien. 11 Die Ergebnisse der berühmten Forschungen von Dr. Schmerling in den Höhlen bei Lüttich wurden 1833 veröffentlicht. Er formuliert seine Schlussfolgerungen offen: „Die Form der Feuersteine", sagt er, „ist so regelmäßig, dass es unmöglich ist, sie zu verwechseln." mit denen, die in der Kreide oder in tertiären Schichten gefunden wurden. Wenn wir darüber nachdenken, müssen wir zugeben, dass diese Feuersteine von Menschenhand bearbeitet wurden und möglicherweise als Pfeile oder Messer verwendet wurden." 12 Im Gegensatz zu Lyell bezieht sich Schmerling nicht auf den Mut, der für die mühsame Arbeit erforderlich war, die mit der Erkundung der erwähnten Höhlen verbunden war, und auch nicht auf die noch schwerwiegenderen Hindernisse, die der Professor bei der Veröffentlichung überwinden musste, und das im Sinne großer Bewunderung Schlussfolgerungen, die im Widerspruch zur offiziellen Wissenschaft des Tages standen.

Im Jahr 1835 stellte M. Joly durch seine Ausgrabungen in der Nabrigas-Höhle die Zeitgenossenschaft des Menschen mit dem Höhlenbären fest, und wenig später verkündete M. Pomel seine Überzeugung, dass Plan Zeuge der letzten Ausbrüche der Vulkane der Auvergne gewesen sei.

Trotz dieser Entdeckungen und der lebhaften Diskussionen, zu denen sie führten, machte die Frage nach dem Alter des Menschen und seiner Präsenz unter den großen Tieren des Quartärs nur geringe Fortschritte und wurde einem Franzosen, M. Boucher de Perthes, vorbehalten. um die wissenschaftliche Welt zu zwingen, die Wahrheit zu akzeptieren.

Im Jahr 1826 veröffentlichte Boucher de Perthes erstmals seine Meinung; aber erst 1816 und 1847 gab er bekannt, dass er in Menchecourt bei Abbeville sowie in Moulin-Quignon und Saint Acheul in den alluvialen Ablagerungen der Somme Feuersteine in Form von Beilen entdeckt hatte, die mit den Überresten ausgestorbener Tiere in Zusammenhang standen Tiere wie das Mammut, der Höhlenlöwe, das *Rhinoceros incisivus*, das Nilpferd und andere Tiere, deren Vorkommen in Frankreich weder in der Geschichte noch in der Tradition erwähnt wird. Die Gleichförmigkeit der Form, die Spuren wiederholter Absplitterungen und die scharfen Kanten, die bei der Mehrzahl dieser Beile so auffällig sind, können weder durch die Einwirkung von Wasser noch durch das Aneinanderreiben der Steine, geschweige denn der Lagen, hinreichend erklärt werden die mechanische Arbeit von Gletschern. Wir müssen daher in ihnen die Ergebnisse einer bewussten Handlung und eines intelligenten Willens erkennen, wie er nur der Mensch besitzt. Professor Ramsay 13 erzählt uns, dass er nach zwanzigjähriger Erfahrung in der Untersuchung von Steinen in ihrem natürlichen Zustand und anderen von Menschenhand geformten Steinen nicht zögert, die Feuersteine und Beile von Amiens und Abbeville als eindeutige Kunstwerke wie die Messer zu bezeichnen von Sheffield. Die Ablagerungen, in denen sie gefunden wurden, wiesen keine Sünden auf, weil sie gestört worden waren; Daraus können wir mit Sicherheit schließen, dass die Männer, die diese Feuersteine bearbeiteten, dort lebten, wo sich heute die Ufer der Somme befinden, als diese Lagerstätten angelegt wurden, und dass er ein Zeitgenosse der Tiere war, deren Knochen nebeneinander lagen die Produkte seiner Branche.

Diese Schlussfolgerung, die jetzt so einfach erscheint, wurde nicht ohne Schwierigkeiten akzeptiert. Boucher de Perthes verteidigte seine Entdeckungen in Büchern, Broschüren und in Briefen an gelehrte Gesellschaften. Er hatte den Mut zu seinen Überzeugungen und die Beharrlichkeit, die den Erfolg sichert. Zwanzig Jahre lang kämpfte er geduldig gegen die Gleichgültigkeit einiger und die Verachtung anderer. Überall wurden die von ihm vorgebrachten Beweise zurückgewiesen, ohne dass ihm die Ehre einer Diskussion oder gar einer Anhörung zugestanden wurde. Die ersten Konvertiten zu den Schlussfolgerungen von De Perthes stießen auf ähnliche Angriffe und ähnliche Gleichgültigkeit. Daran gibt es nichts, was uns überraschen könnte; Es liegt in der Natur des Menschen, sich nicht bereitwillig auf etwas Neues einzulassen oder Ideen zu hegen, die im Widerspruch zu althergebrachten Traditionen stehen. Den angesehensten Männern fällt es schwer, mit den Vorurteilen ihrer Ausbildung und den noch fester verankerten Vorurteilen der Systeme, die sie selbst aufgebaut haben, zu brechen. Die Worte des großen französischen Fabulisten werden nie aufhören, wahr zu sein:

> Der Mensch ist Eis vor der Wahrheit;
> Aber Feuer zu Lügen.

Einer der Meister der modernen Wissenschaft, Cuvier, hat gesagt14 : „Alles deutet darauf hin, dass die menschliche Rasse in den Ländern, in denen die fossilen Knochen gefunden wurden, zur Zeit der Erschütterungen, die diese Knochen begruben, nicht existierte; aber ich werde daher nicht zu dem Schluss kommen, dass der Mensch vor dieser Epoche überhaupt nicht existierte; Möglicherweise hat er bestimmte Gebiete von geringer Ausdehnung geerbt, von denen aus er nach diesen schrecklichen Ereignissen die Erde neu bevölkerte." Cuviers Schüler gingen über die Lehren ihres Meisters hinaus. Er machte bestimmte Vorbehalte; Sie ließen nichts zu, und einer der berühmtesten, Élie de Beaumont, lehnte die Möglichkeit der Koexistenz von Mensch und Mammut mit Verachtung ab. 15 Später widerrief er eine Behauptung, deren Übertreibung er vielleicht selbst erkannte, und begnügte sich damit, zu sagen, dass der Bezirk, in dem die Feuersteine und Knochen gesammelt worden waren, zu einer neueren Zeit und zu den wechselnden Ablagerungen der Hänge gehörte, die zeitgleich mit dem torfigen Schwemmland entstanden . Er fügte hinzu — wissenschaftliche Leidenschaften sind keineswegs die geringste Intensität oder die geringsten Wurzeln —, dass die bearbeiteten Feuersteine möglicherweise römischen Ursprungs waren und dass die Ablagerungen von Moulin-Quignon möglicherweise eine römische Straße bedeckten! Dies könnte tatsächlich im *Département du Nord* der Fall gewesen sein, wo eine von den Eroberern Galliens angelegte Straße vollständig unter Torfablagerungen verschwunden ist, aber das könnte nicht auf Moulin-Quignon zutreffen, wo Kies den Höhepunkt der Straße bildet Grat. Darüber hinaus begann die Ablagerung der ältesten Torfe der französischen Täler erst, als die großen Wasserläufe durch die heutigen Flüsse ersetzt worden waren; Sie enthalten niemals Relikte irgendeiner anderen Art als solche, die noch vorhanden sind; wohingegen die Feuersteine bei den Überresten ausgestorbener Säugetiere gefunden wurden.

Gegen solche mächtigen Gegner musste der bescheidene Gelehrte von Abbeville seine Meinung behaupten. „Niemand", sagt er, „hat sich darum gekümmert, die Fakten des Falles zu überprüfen und lediglich als Begründung angeführt, dass diese Fakten unmöglich seien." Seiner Beschwerde wurde zusätzliches Gewicht verliehen, als England sich wegen des gleichen Blaus weigerte, eine Mitteilung der Society of Natural History of Torquay zu drucken, in der die Entdeckung von von Menschenhand bearbeiteten Feuersteinen bekannt gegeben wurde, die, wie auch die der Somme, damit in Verbindung gebracht wurden. mit den Knochen ausgestorbener Tiere. Die Tatsache schien alles andere als unglaublich!

Aber die Zeit, in der Gerechtigkeit geschehen würde, sollte endlich kommen. Dr. Falconer besuchte zunächst Amiens und dann Abbeville, um die Ablagerungen und die darin gefundenen Feuersteine und Knochen zu untersuchen. Im Januar 1859 und 1860 folgten andere englische Wissenschaftler seinem Beispiel; und unter ihrer Leitung wurden Ausgrabungen in den massiven Schichten durchgeführt, die von der Kreide, die ihre Basis bildet, bis zu einer Höhe von 108 Fuß über dem Niveau der Somme ansteigen. Ihre Suche war von Erfolg gekrönt, und sie scheuten sich nicht, die Ergebnisse, die sie erzielt hatten, und die Überzeugungen, zu denen diese Ergebnisse führten, der Welt bekannt zu geben. 16 Im Jahr 1859 teilte Prestwich der Royal Society of London mit, dass die im Flussbett der Somme gefundenen Feuersteine zweifellos das Werk der Hand des Plans seien, dass sie in Schichten gefunden worden seien, die nicht gestört worden seien, und dass die Männer, die sie schnitten, nicht gestört worden seien Diese Feuersteine existierten schon zu einer Zeit vor der Zeit, als unsere Erde ihre heutige Gestalt annahm. Sir Charles Lyell zögerte in seiner Eröffnungsrede bei einer Sitzung der British Association nicht, die Schlussfolgerungen von Prestwich zu unterstützen. Nun waren die französischen Wissenschaftler an der Reihe, nach Abbeville zu gelangen. MM. Gaudry und Pouchet gruben selbst Beile aus den quartären Ablagerungen der Somme. 17 Diese Tatsachen wurden von dem bekannten Autoritäten, Herrn de Quatrefages, bestätigt, der sich bereits zu ihrem Anwalt ernannt hatte. Jetzt fehlte nur noch der Test einer öffentlichen Diskussion, und das Treffen der Anthropologischen Gesellschaft von Paris bot einen geeigneten Anlass. Die Frage wurde einer langen und gründlichen wissenschaftlichen Untersuchung unterzogen. Alle Zweifel wurden beseitigt, und M. Isidore Geoffroy-Saint-Hilaire war das Sprachrohr einer großen Mehrheit seiner Kollegen, als er erklärte, dass die Einwände gegen das große Alter der Menschheit alle verschwunden seien. Auf die Bekehrung so berühmter Männer folgte natürlich die Bekehrung der breiten Öffentlichkeit, und glücklicher als viele andere hatte Boucher de Perthes vor seinem Tod die Befriedigung, zu sehen, wie ein neuer Wissenszweig, der auf seinen Entdeckungen beruhte, zu einem gerechten Ergebnis gelangte und dauerhafte Popularität in der wissenschaftlichen Welt.

Es darf jedoch nicht angenommen werden, dass der populäre Aberglaube sofort den Entscheidungen der Wissenschaft nachgab, und es ist merkwürdig, in den unterschiedlichsten Klimazonen und in weit voneinander entfernten Bezirken auf dieselben Ideen zu stoßen: 18 Überall werden Feuersteine bearbeitet einem übernatürlichen Ursprung zugeschrieben; Überall gelten sie als Amulette mit der Macht, ihren Besitzer, sein Haus oder seine Herden zu schützen. Russische Bauern halten sie für Donnerpfeile, und Väter geben sie als kostbare Erbstücke an ihre Kinder weiter. Derselbe Glaube wird in Frankreich, Irland und Schottland, in Skandinavien und Ungarn sowie in Kleinasien, in Japan, China und England vertreten. in Java und unter den Menschen der Bahama-Inseln, wie unter den Negern des Sudan oder denen der Westküste Afrikas, 19 die diese Steine als vom Himmel abgefeuerte Blitze von Sango, dem Gott des Donners, betrachten; bei den alten Bewohnern Nicaraguas sowie bei den Malaysiern, die jedoch noch immer ähnliche Geräte herstellen.

Der diesen Feuersteinen gegebene Name erinnert an den ihnen zugeschriebenen Ursprung. Die Römer nannten sie *Ceraunia*, abgeleitet von κεραυν ό ς, „Donner", und im Katalog der Besitztümer eines adligen Veroneser aus dem Jahr 1656 werden sie unter diesem Namen erwähnt. 20 Jeder kennt Cymbelines Trauergesang in Shakespeares Stück:

> Fürchte dich nicht mehr vor dem Blitz,
> noch vor dem allgefürchteten Donnerstein.

In Deutschland wird uns *Donner-Keile gezeigt*, im Elsass *Dormer-Axt*, in Holland *Donner-Beitels*, in Dänemark *Tordensteen*, in Norwegen *Tordenkeile*, in Schweden *Thorsoggar*, wobei Thor der Donnergott unter den nördlichen Nationen war; während bei den Kelten 21 der *Mengurun*, in Kleinasien der *Ylderim-tachi*, in Japan der *Rai-fu-seki-no-rui*, im Roussillon der *Pedrus de Lamp* und in Andalusien die *Piedras de Rayo* die gleiche Bedeutung haben. Die Bewohner der Mindanao-Inseln nennen diese Steine „Zähne des Donnertiers" und die Japaner „Zähne des Donners". 22 In Kambodscha werden bearbeitete Steine, Kelten, Dechsel und Hohleisen oder Messer als Donnersteine bezeichnet. Ein chinesischer Kaiser, der im achten Jahrhundert unserer Zeitrechnung lebte, erhielt von einem buddhistischen Priester einige wertvolle Geschenke, von denen die Spender sagten, sie seien vom Herrn des Himmels gesandt worden, darunter zwei Feuersteinbeile namens Loui-Kong oder Steine *des* Himmels Gott des Donners. In Brasilien begegnet uns die gleiche Idee im Namen „ *corsico* " oder „Blitze", der bearbeiteten Feuersteinen gegeben wird; während sie in Italien ausnahmslos fast einzigartig sind, werden sie *„lingue san Paolo"genannt*.

Können wir der Verehrung von Steinen nicht auch einige der religiösen und Bestattungsriten der Antike zuschreiben? Laut Porphyrios wurde Pythagoras bei seiner Ankunft auf der Insel Kreta von den Daktylenpriestern des Berges Ida mit Donnersteinen gereinigt. Die Etrusker trugen Pfeilspitzen aus Feuerstein am Kragen. Sie waren bei den Magiern begehrt und die Indianer gaben ihnen einen Ehrenplatz in ihren Tempeln. Laut Herodot besiegelten die Araber ihre Verlobungen, indem sie sich mit einem scharfen Stein einen Schnitt in die Hände machten; in Ägypten wurde der Körper einer Leiche vor der Einbalsamierung mit einem Feuersteinmesser geöffnet; ein ähnliches Gerät wurde von den Hebräern für den Beschneidungsritus verwendet; und auch mit behauenen Steinen führten die Priester der Kybele in Erinnerung an die von Atys Selbstverstümmelung durch. In Rom wurde das steinerne Beil dem Jupiter Latialis geweiht, und feierliche Verträge wurden durch die Opferung eines Schweins ratifiziert, dessen Kehle mit einem scharfen Feuerstein durchschnitten wurde. Laut Vergil wurde dieser Brauch von der unhöflichen Nation der Equicoles an die alten Römer weitergegeben. Zu Beginn der christlichen Ära trugen die Helden, an die Ossian erinnerte, in der Mitte ihrer Schilde noch einen polierten, von den Druiden geweihten Stein, und eine Sage besagt, dass die Ceraunia ihren Besitzern einen sicheren Sieg *sicherte* . Auf der anderen Seite des Atlantiks verwendeten die Azteken Obsidianklingen für die Opfer, bei denen Hunderte menschliche Opfer elend umkamen; und ähnliche Klingen werden von den Guanchen von Teneriffa verwendet, um die Körper ihrer Häuptlinge nach dem Tod zu öffnen. Heutzutage schneiden die albanischen Palikares mit spitzen Feuersteinen das Fleisch vom Schulterblatt eines Schafes ab, um in seinen Fasern nach den Geheimnissen der Zukunft zu suchen, und als der Gott Gimawong seinen Tempel von Labode besucht, am An der Westküste Afrikas opfern ihm seine Anbeter einen mit einem Steinmesser getöteten Stier. Lumholtz, 23 , erzählt uns auf seiner zweiten seiner jüngsten Erkundungen in Queensland, dass die Eingeborenen immer noch Steinwaffen verwenden, die sich in Form und Griffen unterscheiden, und dass die Waffen der Australier, die in der Nähe des Darling River leben, sowie die der … Tasmanier haben keine Griffe.

In den ersten Jahrhunderten der christlichen Ära wurden noch seltsame Riten zu Ehren von Dolmen und Menhiren durchgeführt. Die Kirchenräte verurteilten sie, und die Kaiser und Könige unterstützten mit ihrer Autorität die Beschlüsse der Geistlichen. 24 Childebert im Jahr 554, Carloman im Jahr 742, Karl der Große verbot seinen Untertanen durch ein Edikt in Aachen im Jahr 789, diese dem Heidentum entlehnten Riten auszuüben. Aber Päpste und Kaiser sind in dieser Hinsicht gleichermaßen machtlos, und eine Generation gibt ihre Traditionen und ihren Aberglauben an die andere weiter. Im 17. Jahrhundert rief ein protestantischer Missionar die Hilfe des weltlichen Arms in Anspruch, um einen Aberglauben zu zerstören, der tief in den Köpfen seines Volkes verwurzelt war. In England wurde gegen Zauberer vorgegangen, weil sie bei ihrer angeblichen Hexerei Pfeilspitzen aus Feuerstein verwendet hatten . in Schweden wurde einer Frau in den Wehen ein poliertes Beil ins Bett gelegt; in Burma galten zu Pulver zerkleinerte Donnersteine als unfehlbares Heilmittel gegen Augenkrankheit; und die Canaches besitzen eine Sammlung von Steinen, mit denen jeweils ein besonderer Aberglaube verbunden ist. Aber warum sollte man nach Beispielen suchen, die so weit entfernt und in einer so fernen Vergangenheit liegen? Heutzutage und in unserem eigenen Land finden wir Männer, die sich für unverwundbar und ihr Vieh in Sicherheit halten, wenn sie das Glück haben, einen polierten Feuerstein zu besitzen.

Die prähistorische Zeit wird im Allgemeinen in drei Epochen unterteilt: die *Steinzeit*, die *Bronzezeit* und die *Eisenzeit*. Diese Klassifizierung verdanken wir den Archäologen Nordeuropas. 26 Es ist weder sehr genau noch sehr zufriedenstellend, und täglich neue Entdeckungen neigen dazu, es zu verunsichern. 27 Alsberg behauptete, dass Eisen das erste verwendete Metall sei, und begründete seine Behauptung mit der Knappheit von Zinn, der Schwierigkeit, Legierungen zu erhalten, und mit den 61 Eisengießereien der Schweiz, die möglicherweise aus prähistorischen Zeiten stammen. Die Seltenheit der Entdeckung von Eisengegenständen sei auf die Leichtigkeit zurückzuführen, mit der solche Gegenstände durch Rost zerstört würden, betonte er. In Amerika hat es nie eine Bronze- oder eine Eisenzeit gegeben, so dass es sehr zweifelhaft erscheint, ob alle Rassen die gleichen Entwicklungszyklen durchlaufen haben. Ich selbst bevorzuge die Einteilung in die *Altsteinzeit*, als die Menschen nur grob gesplitterte Steine verwendeten, und die *Jungsteinzeit*, als sie ihre Steinwaffen sorgfältig polierten. „Es mag", sagt Alexander Bertrand, 28 „ein unveränderliches Gesetz für die Abfolge der Schichten auf der gesamten Erdkruste geben, aber es gibt kein entsprechendes Gesetz, das auf menschliche Ansammlungen oder auf die Abfolge der Schichten der Zivilisation anwendbar ist." Es wäre ein sehr schwerwiegender Fehler, die Theorie zu übernehmen, nach der alle menschlichen Rassen die gleichen Entwicklungsphasen und die gleiche vollständige Reihe sozialer Bedingungen durchlaufen haben."

Figur 2.

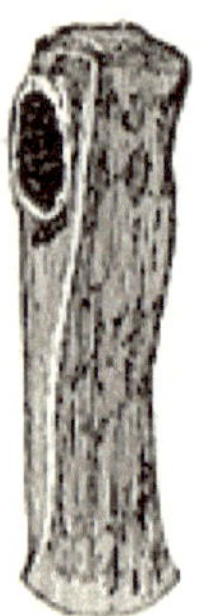

In Ungarn gefundene Kupferbeile, jetzt im Nationalmuseum von Budapest.

Vielleicht ist es sinnvoll, eine vierte Periode einzuführen, in der ausschließlich Kupfer verwendet wurde und unsere Vorfahren noch keine Kenntnis von den für die Herstellung von Bronze erforderlichen Legierungen hatten. Hesiod spricht von einer dritten Generation von Menschen, die nur Kupfer besaßen, und obwohl es nicht angebracht ist, isolierten Tatsachen übermäßige Bedeutung beizumessen, scheinen neuere Entdeckungen in den Cevennen, in Spanien, in Ungarn und anderswo die

Existenz eines Zeitalters zu bestätigen aus Kupfer (Abb. 2). Wir können hinzufügen, dass die Hügel Nordamerikas ausschließlich Kupfergeräte und -ornamente enthalten, Zeugen einer Zeit, als dieses Metall allein entweder an den Küsten des Atlantiks oder des Pazifiks bekannt war 29 (Abb . 3) .

Figur 3.

Kupferperlen, aus Connett's Mound, Ohio (natürliche Größe).

Es ist unmöglich, die Dauer der Steinzeit festzulegen. Es begann mit dem Menschen, es dauerte unzählige Jahrhunderte, und wir finden, dass es immer noch bei bestimmten Rassen vorherrscht, die sich jedem Fortschritt widersetzen. Die auf ägyptischen Denkmälern aus dem antiken Reich gemeißelten Szenen stellen den Einsatz von Steinwaffen dar, und ihr Einsatz wurde während der gesamten Zeit der Lagiden und sogar bis in die Zeit der römischen Herrschaft fortgesetzt. Vor ein paar Jahren sah ich an den Ufern des Nils, wie sich einige einfache Leute ihre Köpfe mit Steinrasiermessern rasierten, und wie die Beduinen von Gournah Speere mit spitzen Feuersteinen benutzten. Die Äthiopier im Gefolge von Xerxes verfügten nur über Steinwaffen, und doch war ihre Zivilisation mehrere Jahrhunderte älter als die der Perser. Die Ausgrabungen auf dem Gelände von Alesia brachten viele Steinwaffen zu Tage, die prachtvollen Reliquien der Soldaten von Vercingetorix. Am Berg Beuvray, an der Stelle von Bibracte, wurden Beile und Waffen aus Feuerstein entdeckt, die mit gallischen Münzen in Verbindung stehen. In Rom sammelte M. de Rossi ähnliche Gegenstände, vermischt mit dem *Æs rude* . Feuersteinbeile werden im von St. Owen verfassten Leben des heiligen Eloy erwähnt, und aus den merowingischen Gräbern wurden Hunderte kleiner geschnittener Feuersteine gefunden, die letzten Opfergaben für die Toten. Wilhelm von Poitiers erzählt uns, dass die Engländer in der Schlacht von Hastings im Jahr 1066 Steinwaffen verwendeten und die Schotten unter Wallace noch im Jahr 1288 dasselbe taten. Erst viele Jahrhunderte nach Beginn der christlichen Ära kannten die Sarmaten den Einsatz dieser Waffen aus Metallen; und im vierzehnten Jahrhundert finden wir eine Rasse, wahrscheinlich afrikanischen Ursprungs, die ihre Beile, Messer und Pfeile aus Stein herstellte und ihre Speere mit Horn bestückte. Darüber hinaus verwendeten die Japaner bis zum 9. und sogar bis zum 10. Jahrhundert n. Chr. Steinwaffen und -geräte

Aber es ist nicht nötig, für Beispiele in die Vergangenheit zurückzukehren. Die Mexikaner von heute verwenden Obsidianbeile, wie es ihre Vorväter vor ihnen taten; Die Esquimaux verwenden Nephritis- und Jadewaffen mit Remington-Gewehren. Nordenskiöld erzählt uns, dass die Tchoutchis nur Waffen aus Stein kennen; dass sie ihr künstlerisches Gespür in Gravuren auf Knochen zum Ausdruck bringen, die denen in den Höhlen Südfrankreichs sehr ähnlich sind. Im Jahr 1854 besaßen die Mqhavi, ein Indianerstamm am Rio Colorado (Kalifornien), keine Metallgegenstände; und ebenso verhält es sich mit den Bewohnern an den Ufern des Shingle-Flusses (Brasilien), den Oyacoulets von Französisch-Guayana und vielen anderen umherziehenden und wilden Rassen. Père Pelitot erzählt uns, dass die Eingeborenen, die an den Ufern des Mackenzie River lebten, noch in der Steinzeit lebten; und Schumacker hat ein interessantes Beispiel für die Herstellung von Steinwaffen durch die Klamath-Indianer angeführt, die an den Küsten des Pazifiks lebten. Es wurde zu Recht gesagt: „Die Steinzeit ist kein fester Zeitabschnitt, sondern eine Phase in der Entwicklung der Menschheit, deren Dauer je nach Umwelt und Rasse unterschiedlich ist." 30

Indem wir unsere Vorstellung von der Steinzeit auf diese Weise einschränken, können wir zu dem Schluss kommen, dass es sowohl in Europa als auch in Amerika31 eine Zeit gegeben hat, in der Metall völlig unbekannt war, als Steine die einzigen Waffen, die einzigen Werkzeuge des Menschen waren, als die Höhle, Der Tempel, dessen Besitz er mit Bären und anderen Raubtieren bestreiten musste, war sein einziger und prekärer Zufluchtsort, und als plumpe Steinhaufen gleichermaßen als Tempel für die Verehrung seiner Götter und als Grabdenkmäler zu Ehren seiner Häuptlinge dienten.

Ausgrabungen in allen Departements Frankreichs haben Tausende von bearbeiteten Feuersteinen zutage gefördert, und es gibt kaum interessantere Studien als eine Untersuchung der Wandkarte im Saint-Germain-Museum, auf der mit peinlicher Genauigkeit die Wohnorte unserer entferntesten Vorfahren eingezeichnet sind die Megalithdenkmäler, die unzerstörbaren Denkmäler unserer Vorfahren sind.

Auf der Krim wurden eine Reihe kleiner, halbmondförmig geschliffener Feuersteine gefunden, genau wie diejenigen, die man in Indien und in Tunis fand, und die Anthropologische Gesellschaft Moskaus hat uns in eine

Steinzeit eingeführt, deren Erinnerung bis heute erhalten bleibt Tumuli Russlands. An den Ufern des Lagoda-Sees wurden einige Geräte aus Tonschiefer gefunden, in Karelien und in Finnland Werkzeuge aus Schiefer und Schiefer, oft geschmückt mit plumpen Menschen- oder Tierfiguren. Die Härte des Klimas bremste die Entwicklung der Menschheit nicht; In den entlegensten Zeiten waren Lappland, Nordland, die nördlichsten Gebiete Skandinaviens und sogar das bitterkalte Island bevölkert. Die Pariser Ausstellung von 1878 enthielt einige Steinwaffen, die an den Ufern des Weißen Meeres gefunden wurden.

An mehreren Stellen der dänischen Küste treffen wir auf Hügel von elliptischer Form und etwa neun Fuß Höhe, mit einer Mulde in der Mitte, die den Standort einer prähistorischen Behausung markiert. Erst um 1850 wurde die wahre Natur dieser Hügel ermittelt. Ausgrabungen in ihnen brachten Messer, Beile, alle Arten von Stein-, Horn- und Knochengeräten, Keramikfragmente, verkohltes Holz, darunter vergrabene Knochen von Säugetieren und Vögeln, Fischskelette, Schalen von Austern und Herzmuscheln ans Tageslicht die Asche alter Feuerstellen. Diesen Ansammlungen wurde der charakteristische Name *Kitchenmiddings* oder Küchenabfall gegeben.

In Polen wurden kürzlich mehrere Höhlen untersucht, von denen eine in der Nähe von Krakau offenbar aus der Altsteinzeit stammt. Graf Zawiska hat bereits auf dem Prähistorischen Kongress in Stockholm über seine interessanten Entdeckungen berichtet. In der Wirzchow-Höhle identifizierte er sieben verschiedene Feuerstellen und holte aus den Ansammlungen von Asche verschiedene Amulette, klobige Darstellungen von in Elfenbein geschnittenen Fischen, gespaltene Knochen, Zähne von Bären, Wölfen und Elchen, die mit einem Loch zum Auffädeln durchbohrt waren, und mehr als viertausend Steinobjekte ähnlicher Art, wie sie in Russland, Skandinavien und Deutschland gefunden wurden. Ähnliche Spuren aufeinanderfolgender Besiedlung finden wir in einer Höhle in der Nähe von Ojcow; Zu den wertvollen Inhalten gehörten einige schöne Feuersteinwerkzeuge, einige Ahlen, Knochenspatel und einige Goldornamente, gemischt im unteren Teil des Herdes mit den Knochen ausgestorbener Tiere und im oberen Teil mit denen noch lebender Arten.

Die im Attersee und in den Salzburger Seen gemachten Funde sowie die Funde in den Mährischen Höhlen beweisen, was bisher strikt geleugnet wurde: die Existenz antiker Rassen in diesen Gebieten zu einem sehr fernen Zeitpunkt.

Die ältesten Bewohner Ungarns lassen sich jedoch nicht weiter zurückverfolgen als bis in die Jungsteinzeit. In diesem Land wurden mit polierten Steingeräten Tausende von Gegenständen aus Hirschhorn oder

Knochen gefunden, fast alle ausnahmslos fein bearbeitet. Die Entdeckung von Kupferwerkzeugen und -ornamenten besonderer Form in den Donauprovinzen zeugt von einer ausgeprägten Zivilisation in diesen Gebieten und bestätigt, was wir gerade über ein Kupferzeitalter gesagt haben.

Von den Seestationen Österreichs und Ungarns gelangen wir auf natürliche Weise zu denen der Schweiz. Wir werden unseren Lesern ganze Dörfer vorstellen müssen, die mitten im Wasser gebaut wurden, und ein Volk, das längst völlig vergessen ist. In vielen dieser Stationen wurden nur Steingeräte gefunden, und auf den halb verbrannten Pfählen, auf denen die Hütten errichtet worden waren, sind noch immer leicht die mit Feuersteinbeilen eingeschnittenen Kerben zu erkennen.

Ähnliche Pfahlbauten, wie diese Bauwerke genannt werden, finden wir in Frankreich, Italien, Deutschland, Irland und England, denn seit frühester Zeit war der Mensch ständig in blutige Wettkämpfe mit seinen Mitmenschen verwickelt und suchte mitten im Wasser nach einem Zuflucht vor den allgegenwärtigen Gefahren, die ihn umgeben.

Die in Belgien gemachten Entdeckungen müssen zu den bedeutendsten in Europa gezählt werden, und wir werden oft Gelegenheit haben, auf sie hinzuweisen. Holland hingegen, da ein großer Teil davon schon so lange unter dem Meer lag, liefert unseren Forschungen nichts weiter als ein paar Pfeilspitzen, Beile und Messer aus Quarz oder Diorit, und alle von der gröbsten Arbeit.

Nicht weniger fruchtbar für die prähistorische Wissenschaft sind die im Süden Europas durchgeführten Forschungen. Der Kongress, der 1871 in Bologna zusammentrat, zeigte uns, dass der Mensch in den transalpinen Provinzen Zeuge jener physikalischen Phänomene war, die Italien seine heutige Gestalt gaben; und die Ausstellung im Zusammenhang mit dem Kongress ermöglichte es uns, einen guten Eindruck von der primitiven Industrie zu bekommen, die in jedem Bezirk der Halbinsel Relikte hinterlassen hat.

Einige Beile ähnlicher Art wie die ältesten in Frankreich gefundenen wurden aus einer Kiesgrube bei San Isidro an der Grenze des Mançanarès ausgegraben und mit den Knochen eines riesigen Elefanten in Verbindung gebracht, der schon lange ausgestorben ist. und kürzlich wurde in der Nähe von Madrid eine Höhle entdeckt, aus der fast fünfhundert Skelette ausgegraben wurden, von denen die meisten dick mit Stalagmiten bedeckt waren. In der Nähe der Leichen lagen mehrere Feuersteinwaffen und einige Keramikfragmente. 32 Cartailhac berichtet uns von ähnlichen Entdeckungen in verschiedenen Teilen Portugals. 33 Die Höhlen von Santander haben bearbeitete Knochen und mit Widerhaken versehene Harpunen hervorgebracht; und die von Kastilien, verschiedene Objekte, die denen aus der Rentierzeit in Frankreich ähneln. Es ist jedoch eine interessante und wichtige Tatsache, dass die Rentiere nie die Pyrenäen überquerten. Obwohl die Ausgrabungen bisher alles andere als abgeschlossen waren, können wir bereits behaupten, dass das antike Iberien während der Altsteinzeit von Völkern besiedelt war, deren industrielle Entwicklung der des modernen Europa ähnelte.

Erwähnenswert sind auch die Ausgrabungen an den Hängen des Berges Hymettus und in den allseits bekannten Ebenen von Marathon. Finlay hat in Griechenland eine sehr interessante Sammlung von Steinwaffen und -geräten zusammengestellt, die er in großer Zahl am Fuße der Akropolis von Athen mitnahm. Alle diese Entdeckungen beweisen die Existenz des Menschen zu einer Zeit, über die gestern noch nichts bekannt war und für die es bisher schwierig ist, einen Namen zu nennen, wobei diese Existenz durch den unwiderlegbarsten Beweis, das Werk seiner eigenen Hände, bewiesen wurde.

Obwohl die Beweise dafür, dass es in Westeuropa eine Steinzeit gegeben hat, absolut überzeugend sind, ist es schwierig, sich in Bezug auf die Teile der Erde, in denen so viele Gebiete dem Entdecker verschlossen sind, gleichermaßen sicher zu sein. Überall jedoch, wo Ausgrabungen durchgeführt wurden, brachten sie die bemerkenswertesten Ergebnisse. M. de Ujfalvy hat Beile und Keile aus Diorit und Serpentin aus dem Süden Sibiriens mitgebracht, und Graf Ouvaroff erzählt uns von einer quartären Lagerstätte, der einzigen, die derzeit in Irkutsk in Ostsibirien bekannt ist und geschliffene Feuersteine enthält. In der Nähe von Tobolsk fand Poliaskoff einige wunderschön bearbeitete Steine. Andere Archäologen erzählen uns, dass sie im Osten des Uralgebirges und an den Ufern des Joswa Hämmer, Beile, Stößel, Kerne in Form von polygonalen Prismen und runde oder lange Feuersteinstücke gefunden haben, alle mit einem zentralen Loch durchbohrt , bei denen es sich angeblich um Spindelwirtel handelte. Schließlich erzählt uns Klementz, dass die hohen Täler des Jenesei und seiner Nebenflüsse in den entlegensten Zeiten von Rassen bewohnt waren, die eine besondere Zivilisation entwickelten.

Am anderen Ende des großen asiatischen Kontinents fand man am Eingang einer Höhle in der Nähe des Nahr el Kelb eine Ascheablagerung, die einige Messer oder Schaber aus Feuerstein hervorbrachte, und in jüngerer Zeit wurde eine prähistorische Station in Hanoweh, einem kleinen Dorf, entdeckt Libanon, östlich von Tyrus. Die Feuersteine haben eine primitive Form, die den ältesten in Frankreich vorkommenden Formen nicht unähnlich ist. Sie wurden in einer Masse von *Trümmern* aller Art entdeckt und bildeten ein sehr hartes Konglomerat. Einige Zähne, die Tieren der Gruppen bovidæ, cervidæ und Equidæ gehört hatten, konnten mit erheblichen

Schwierigkeiten herausgeholt werden, aber die Knochen im Konglomerat waren zu leicht zerbrochen, um identifiziert zu werden. Bearbeitete Feuersteine und Pfeil- oder Speerspitzen wurden auch in beträchtlichen Mengen in verschiedenen Teilen der Hochebene des Sinai und an den Öffnungen der Höhlen gefunden, in denen die alten Bewohner Zuflucht suchten. Mit Steinwerkzeugen arbeiteten diese Menschen in den Minen an den Berghängen, und es sind noch immer leicht Spuren ihrer Arbeit zu erkennen.

Auf Japan haben wir bereits hingewiesen; Lange Zeit kannten die barbarischen Aïnos, die ersten Bewohner des Landes, nichts als Stein. Feuersteinpfeile wurden dem Kaiser Wu-Wang elfhundert Jahre vor unserer Zeitrechnung geschenkt; In den Annalen einer der alten Dynastien ist von Waffen aus Feuerstein die Rede, und in einer Enzyklopädie, die unter der Herrschaft des Kaisers Kang-Hi veröffentlicht wurde, ist von Steinbeilen die Rede, von denen einige schwarz und andere grün sind und alle gleich aus der fernsten Antike stammen.

Von Menschenhand bearbeitete Achate finden sich in großen Mengen in den Knochenbetten der Godavery. Einige Speerköpfe aus Sandstein, Basalt und Quarz mit Schabern und Messern, von denen die meisten auf einer Seite flach und auf der anderen abgerundet sind, scheinen sogar noch älter zu sein als die Achatgeräte. Einige der Kelten ähneln denen europäischen Typs, andere den in Ägypten vorkommenden Feuersteinwaffen, und die ungeschicktesten Formen können mit denen verglichen werden, die noch immer von den Eingeborenen Australiens verwendet werden. Wir können auch einen etwas seltenen Typ erwähnen, der kürzlich auf der Insel Melas entdeckt wurde und als Sägeblattmesser charakterisiert wurde. Ein Brief von Rivett-Carnac kündigt die Entdeckung von Waffen und Steingeräten in Banda an, einem wilden Berggebiet im Nordwesten Indiens. Die Schaber, sagt er, ähneln seltsamerweise denen der Esquimaux und die Pfeilspitzen denen der ältesten Bewohner Amerikas. 34

Im riesigen Indischen Reich findet man viele Megalithdenkmäler an weit voneinander entfernten Orten. Nachdem Kapitän Congreve die Steinhaufen mit ihren kreisförmig angeordneten Steinreihen, die Kistvaens oder Dolmen, die riesigen Felsen, die wie in Stonehenge aufrecht stehen, und die in den Klippen ausgehöhlten Hügelgräber beschrieben hat, erklärt er mit unverhohlenem Erstaunen, dass es kein druidisches Denkmal dafür gibt das Gegenstück hatte er in den Neilgherry Mountains nicht gesehen. 35

General Faidherbe teilt Afrika in zwei verschiedene Regionen ein – eine nördlich der Großen Wüste, wo die Bewohner sowie die Fauna und Flora alle bestimmte Merkmale mit denen Europas gemeinsam haben; und die andere südlich der Sahara, die einst von der im Norden durch ein riesiges

Binnenmeer getrennt war. In dieser südlichen Region befinden wir uns in Nigritia oder dem Afrika der Neger, wo sich die Bewohner in ihren körperlichen Merkmalen und in ihrer Sprache, den Säugetieren und den Pflanzen völlig von denen des Nordens unterscheiden. In einem Punkt ähneln sich diese beiden Regionen jedoch: In beiden erkennen wir eine Steinzeit, die in Algerien und in Ägypten sowie an den Ufern des Senegal und am Kap der Guten Hoffnung existierte. Das Niltal von Kairo bis Assouan hat eine Reihe von Objekten aus Feuerstein, Porphyr und Hornmischgestein hervorgebracht, die Spuren menschlicher Handwerkskunst aufweisen und uns an ähnliche Geräte europäischen Typs erinnern. Diese Objekte, 36 sagt M. Arcelin, werden immer entweder unter modernen Ablagerungen oder an der Oberfläche der oberen Plateaus am höchsten Punkt gefunden, bis zu dem der Fluss entspringt; In den alluvialen Ablagerungen des Nils wurde jedoch trotz hartnäckigster Suche nichts gefunden. Auf dem Prähistorischen Kongress in Stockholm wurden einige bearbeitete Feuersteine hergestellt, die in der libyschen Wüste gefunden worden waren. Dieses einst bewohnte Gebiet, heute ohne Wasser und Vegetation, ist heute nur noch unter größten Schwierigkeiten zu erreichen. Ist dies nicht ein weiterer Beweis für die großen Veränderungen, die seit der Ankunft des Menschen stattgefunden haben? Schließlich enthält das Boulak-Museum eine ganze Reihe von Steinwaffen und -geräten, die in ihrer Verarbeitung eine ähnliche fortschrittliche Entwicklung wie in Europa aufweisen. Viele Archäologen sind der Meinung, dass die bearbeiteten Feuersteine, die in den Ebenen Unterägyptens gefunden wurden, aus der Jungsteinzeit stammen. Die einzigen Funde stammen aus dem Paläolithikum und wurden in einer Ablagerung gefunden, die hart genug für die Aushöhlung von Gräbern ist, die sicherlich aus der Zeit vor der 18. Dynastie stammen. Wir müssen jedoch hinzufügen, dass weder bei den paläolithischen noch bei den neolithischen Relikten Knochen ausgestorbener Tiere gefunden wurden. Einige Gelehrte gehen sogar noch weiter: Sie denken, dass diese bearbeiteten Steine nur durch die Hitze der Sonne abgesplitterte Splitter seien. 37 Ein Phänomen dieser Art wird von Desor und Escher de la Linth in der Sahara erwähnt; Fraas zitiert eine ähnliche Beobachtung von Livingstone im Herzen Afrikas und eine von Wetzstein, der unweit von Damaskus; sah, wie hartes Basaltgestein unter dem Einfluss der frühen Morgenfrische platzte. Ich habe selbst ähnliche Phänomene im Niltal beobachtet, aber es muss hinzugefügt werden, dass die durch den kombinierten Einfluss von Hitze und Feuchtigkeit abgebrochenen Gesteinsfragmente sehr bemerkenswerte Unterschiede zu denen aufweisen, die von Menschenhand bearbeitet wurden, und nicht wirklich mit ihnen verwechselt werden können ihnen.

In Algerien sind einige der interessantesten Relikte prähistorischer Zeiten erhalten geblieben. Wenn ich mich nicht irre, war Worsaae der erste, der die bearbeiteten Steine in den französischen Besitztümern in Afrika bemerkte. Sie wurden in großer Zahl gesammelt, vor allem in der Nähe der Wasserläufe, an denen die alten Bewohner des Landes wie auch ihre heutigen Nachkommen ihren Durst löschten. Die tägliche Erkundung der Sahara bringt unerwartete Entdeckungen; und es wurden bereits fünfzehn verschiedene früher von Menschen bewohnte Stationen ausgemacht. In jenen fernen Tagen floss ein großer Fluss in der Nähe von Wargla, das damals ein wichtiges Zentrum war, und eine Reihe gesammelter Werkzeuge zeugen von der früheren Anwesenheit einer aktiven und fleißigen Bevölkerung. An einer Stelle sind die Feuersteingeräte, Pfeilspitzen, Messer und Schaber alle von sehr primitiver Art und wurden in Stapeln sortiert gefunden. Offensichtlich handelte es sich hierbei um ein *Depot* , das wahrscheinlich den Reservebestand des Stammes bildete. Wargla oder vielleicht Golea scheint einst die äußerste Grenze der Steinzeit in Algerien gewesen zu sein, doch erst vor kurzem wurden bei den Tuareg Spuren des Urmenschen entdeckt. Bei diesen Relikten handelt es sich um Beile aus schwarzem Stein und Pfeilspitzen, die denen ähneln, die die Araber den Dschinn zuschreiben; Doch je weiter wir uns dem Süden nähern, desto ungeschickter und ungeschickter geschnitten werden die aufgehobenen Feuersteine – ein Beweis dafür, dass sie das Werk eines barbarischeren Volkes mit weniger praktischem Geschick waren. Am meisten Aufmerksamkeit verdienen die Megalithdenkmäler Algeriens, auf die wir gleich noch näher eingehen werden. Wie in Indien treffen wir sie zu Tausenden an, und in bestimmten Teilen des Kontinents erstrecken sie sich über beträchtliche Entfernungen. Sie bestehen aus langen, quadratischen, kreisförmigen oder ovalen Einfriedungen – Dolmen ähnlich denen Westeuropas – und sind fast immer von Kreisen aus aufrechten Steinen umgeben. Das Schweigen der Historiker, die sie respektierten, muss uns nicht an ihrem extremen Alter zweifeln lassen, denn hat es nicht sehr lange gedauert, bis die Wissenschaftler unserer Tage ihre Aufmerksamkeit überhaupt auf Algerien gelenkt haben?

Die Erkundung Tunesiens hat es uns ermöglicht, die Steinzeit in diesem Gebiet zu untersuchen, und vor einigen Jahren wurde bekannt gegeben, dass an dreizehn verschiedenen Orten fast dreitausend Objekte unterschiedlicher Art gefunden wurden. 38 Mein Sohn fand in der Nähe von Gabes eine riesige Anzahl kleiner bearbeiteter Feuersteine, die einem menschlichen Nagel nicht unähnlich waren, deren Herkunft und Verwendung niemand bestimmen konnte. Die Assoziation von Waffen und Geräten, die grob bearbeitet sind, mit Splittern und Steinen, die noch im natürlichen Zustand sind, zeugt von der einstigen Existenz bedeutender Werkstätten. Die jüngsten Entdeckungen von Collignon stimmen mit denen in Algerien überein und vervollständigen unser Wissen über das Mittelmeerbecken.

In der Höhle des Herkules in Marokko, die Pomponius Mela zu seiner Zeit als sehr antike Höhle bezeichnete, wurden zahlreiche bearbeitete Feuersteine wie Messer und Pfeilspitzen gefunden. Wir werden später auf das wichtige Denkmal von Mzora und die es umgebenden Menhire eingehen, deren Erbauer sicherlich einer Rasse angehörten, die viel näher an unserer Zeit lebte als die Bewohner der Herkuleshöhle.

Der Süden Afrikas ist nicht so bekannt wie der Norden, und die Schwierigkeit, Erkundungen durchzuführen, stellt ein großes Hindernis für den Fortschritt dar. Seit einigen Jahrhunderten werden jedoch in den Museen von Leyden und Kopenhagen polierte Steinbeile aus dem äußersten Süden des Kontinents unter der Bezeichnung *Donnersteine* oder *Steine Gottes aufbewahrt*. Sehr viele gibt es in Britisch-Südafrika, insbesondere in Graham's Town und Table Bay. 39 Nachdem Gooch die physische Konfiguration des Kaps beschrieben hat, sagt er, dass auf allen Terrassen auf jeder Ebene der quartären Ablagerungen Steingeräte gefunden werden. Bei diesen Steingegenständen wurden viele Fragmente grober handgefertigter Keramik gefunden, die lediglich in der Sonne gebrannt und mit großen Quarzstücken verstärkt worden waren. Ähnliche Besonderheiten sind in der antiken europäischen Keramik zu beobachten. Wir müssen noch einmal auf diese einzigartigen Analogien zurückgreifen, und eines der Hauptziele dieses Buches besteht darin, sie ins Bewusstsein zu rücken.

In den heißen Regionen zwischen den Flüssen Vaal und Sambesi finden wir Spuren einer Rasse einer Zivilisation, die sich von der der von den Engländern eroberten Wilden unterscheidet. In Natal kann der allmähliche Fortschritt dieser unbekannten Menschen Schritt für Schritt verfolgt werden. Zur ältesten Zeit überhaupt gehören nur grob behauene Feuersteine, und es wurden keine Spuren von Töpferwaren gefunden; Dann folgen Pfeilspitzen aus Feuerstein mit deutlicherer Form und hier und da Fragmente sonnengetrockneter Keramik. Von neuerer Zeit sind noch polierte Steinwaffen und feiner geformte Töpferwaren; Bis zum allerneuesten Datum hingegen gehören Waffen von beträchtlicher Formenvielfalt, die besser an die Bedürfnisse des Menschen angepasst sind, und zusammen mit diesen Waffen wurden riesige Steinmörser gefunden, die zum Zerkleinern von Getreide verwendet wurden und von der Verwendung pflanzlicher Ernährung zeugen.

Wir treffen auch auf wichtige Ruinen in Transvaal. Einige zehn Meter hohe und zehn Meter dicke Mauern stehen noch heute und bilden unvergängliche Denkmäler der Vergangenheit. Sie bestehen aus riesigen Granitblöcken, die ohne Zement aufgestapelt sind. Wir wissen nichts über diejenigen, die sie errichtet haben; Ihr Name und ihre Geschichte sind gleichermaßen aus dem Gedächtnis der Menschen verschwunden, und wir wissen weder über ihre Vorfahren noch über ihre Nachkommen.

In den Antipoden deuten einige merkwürdige Entdeckungen auf die Existenz des Menschen in jenen fernen und geheimnisvollen Zeiten hin, denen wir in Europa aus Mangel an einem besseren den Namen „Zeitalter des Mammuts und des Rentiers" geben; und alles deutet darauf hin, dass der Mensch in den verschiedenen Teilen der Erde etwa zur gleichen Zeit erschien. Wahrscheinlich erschien unsere Rasse zum ersten Mal in Australien vor den letzten Naturkatastrophen, die diesem Kontinent seine heutige Gestalt gaben. „Wissenschaftliche Studien", sagt M. Blanchard, 40 „führen uns zu der Annahme, dass sich einst ein riesiger Kontinent aus dem Pazifischen Ozean erhob, der durch die Erschütterungen der Natur zerbrochen und größtenteils überschwemmt wurde." Neuseeland und die Nachbarinseln sind Relikte dieses großartigen Landes."

In den Corrio-Bergen in Neuseeland, auf einer Höhe von fast 4.921 Fuß über dem Meeresspiegel, wurden von Menschenhand geformte Feuersteine gefunden, die mit einer Reihe von Knochen des Dinornis, des größten bekannten Vogels, in Verbindung stehen. Andere Tatsachen zeugen von einer ausgestorbenen Zivilisation, von der wir glauben, dass sie sehr alt war, für die es jedoch nach dem gegenwärtigen Stand unseres Wissens unmöglich ist, ein Datum zuzuordnen. Auf der Insel Tonga-Taboo, die zur Friendly-Gruppe gehört, befindet sich ein bemerkenswerter Megalith, dessen Sockel auf dreißig Fuß hohen Pfosten ruht und eine kolossale Steinschale trägt, die nicht weniger als dreizehn Fuß im Durchmesser und einen Fuß in der Höhe hat. Auf derselben Insel befindet sich ein Trilithon, bestehend aus einer Querstange, die auf zwei Säulen ruht, die zu ihrer Aufnahme mit Zapfenlöchern versehen sind. Die Säulen wiegen 65 Tonnen, und eine örtliche Überlieferung besagt, dass das Korallenkonglomerat, aus dem sie gehauen wurden, von der mehr als tausend Meilen entfernten Wallis-Insel hergebracht wurde. Es ist schwer zu erklären, wie es den Herstellern dieses Trilithons gelang, solche Massen zu transportieren, zu bearbeiten und an Ort und Stelle zu platzieren. Auf einer Nachbarinsel erinnert uns ein Kreis aus emporgehobenen Steinen, der eine Fläche von mehreren hundert Metern bedeckt, an die Cromlechs der Bretagne. Noch merkwürdiger ist der sogenannte Grabhügel von Oberea in Otaheite, sofern er wirklich mit Steinwerkzeugen errichtet wurde. Stellen Sie sich eine Pyramide vor, deren Grundfläche ein langes Quadrat ist, 600 Meter lang und 70 Meter breit. Es ist dreiundvierzig Fuß hoch. Die Spitze erreicht man über eine Treppe, die in den Korallenfelsen gehauen ist. Alle diese Stufen sind gleich groß und perfekt quadratisch und poliert. 42

Steinstatuen auf der Osterinsel.

Auf einem Felsen am Eingang zum Hafen von Sydney ist ein Känguru gemeißelt. Auf der Osterinsel (Rapa-Nui) entdeckte La Pérouse eine Reihe grob ausgeführter Büstenstatuen (Abb. 4). Insgesamt gibt es etwa vierhundert von ihnen, die in verschiedenen Teilen der Insel Gruppen bilden. Die von Pinart im Jahr 1887 durchgeführten Ausgrabungen haben gezeigt, dass es sich bei diesen Figuren um Grabdenkmäler handelte. Es gelang ihm, eine beträchtliche Sammlung von Schädeln und menschlichen Knochen anzulegen. Rund um den Krater des Rana-Raraku-Vulkans wurden vierzig dieser Figuren gezählt, alle von ähnlichem Typ, alle aus einem Stück massivem Trachytgestein geschnitzt. An einer anderen Stelle stehen achtzig Büsten mit längeren Nasen und dickeren Lippen, die eine eigenständige Gruppe bilden. Der größte von ihnen ist etwa neununddreißig Fuß hoch. An den Seiten des Vulkans wurden, verstreut zwischen den Statuen, zahlreiche

Messer, Schaber und spitze Obsidianstücke aufgesammelt, bei denen es sich wahrscheinlich um von den Bildhauern der Figuren weggeworfene Werkzeuge handelte.

Diese Denkmäler und Skulpturen sind sicherlich das Werk einer Rasse, die sich sehr von den heutigen Eingeborenen unterscheidet, die überhaupt nicht in der Lage sind, etwas Derartiges hervorzubringen, und die keinerlei Traditionen gegenüber ihren Vorgängern pflegen. Dieses völlige Vergessen, das ziemlich seltsam erscheinen mag, ist bei wilden Rassen keineswegs selten, und Sir John Lubbock führt eine Menge sehr merkwürdiger Beispiele an. „Mündliche Überlieferungen", sagt Broca, „werden von jeder nachfolgenden Generation verändert und verzerrt; und werden schließlich ausgelöscht, um anderen als vergänglichen Ereignissen Platz zu machen, und so geraten die wichtigsten Ereignisse früher oder später in Vergessenheit." 43

44 ausführlich mit den frühesten Bewohnern Amerikas befasst. Trotz der beträchtlichen und wichtigen Arbeit, die in den letzten Jahren geleistet wurde, ist noch vieles unbekannt. Der Name „Neue Welt" scheint völlig fehl am Platz zu sein, da Amerika so alt, wenn nicht sogar älter, ist als jeder Kontinent der östlichen Hemisphäre. Lund hat gewichtige Gründe für seine Theorie angeführt, dass das Zentralplateau Brasiliens bereits ein Land war, als der Rest des Kontinents noch überschwemmt war oder zumindest nur durch ein paar kleine Inseln repräsentiert wurde. Diese Theorie würde uns jedoch, selbst wenn sie absolut bewiesen werden könnte, nicht helfen, das Datum der frühesten Anwesenheit des Menschen in Amerika zu bestimmen, geschweige denn zu sagen, auf welchem Weg er dorthin gelangte.

Abbildung 5.

Fort Hill, Ohio.

Bestimmte Tatsachen, unter denen ich an erster Stelle die Entdeckungen von Dr. Abbott in den alluvialen Ablagerungen von Delaware und die kürzlich in Nevada bekannt gegebenen Entdeckungen 45 zitieren möchte, beweisen die Zeitgenossenschaft von Menschen wie uns mit den großen zahnlosen und dickhäutigen Säugetieren. welche die charakteristischsten Lebewesen der amerikanischen Fauna waren. Die prähistorischen Bewohner Nordamerikas kannten das Mastodon, die Südamerikaner das Glyptodon, dessen Panzer gelegentlich als Dach für die Behausung urzeitlicher Reran diente, bei der es sich oft nur um eine in den Boden ausgehöhlte Höhle handelte. Wie in Europa hatten die frühen Bewohner Amerikas mit mächtigen Säugetieren und wilden Fleischfressern zu kämpfen; und im Westen wie im Osten machte der Mensch seinen Mangel an roher Gewalt durch Intelligenz wett, und wie furchterregend ein Tier auch sein mochte, es war dazu verdammt, sich seinem Herrn zu unterwerfen oder vor ihm zu verschwinden. Im Laufe der Zeit ersetzten Sesshafte die Nomadenrassen; Muschelhaufen, einige von Meeres-, einige von Fluss- und Seearten, aber alle gleichermaßen mit einer großen Vielfalt an Müll vermischt, häuften sich nach und nach über viele Meilen und bedeckten viele Hektar Land und zeugten von der Existenz einer bereits beträchtlichen Population .

Abbildung 6.

Gruppe von Grabhügeln.

In anderen Teilen Amerikas haben prähistorische Völker riesige Erdwälle und hohe Massen hinterlassen, bei denen es sich wahrscheinlich um Befestigungsanlagen (Abb. 5), Tempel und Grabdenkmäler (Abb. 6) handelte. Diese Erdwerke erstrecken sich über ganz Nordamerika von den Alleghany Mountains bis zum Atlantik, von den großen Seen Kanadas bis zum Golf von Mexiko. Der Name der Menschen, die sie errichtet haben, ist verloren, und wir müssen uns mit dem Namen „Mound Builders" zufrieden geben, der an ihre gewaltigen Unternehmungen erinnert.

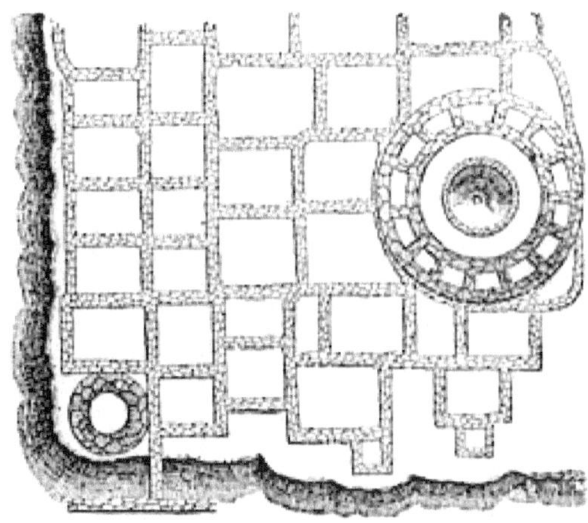

Grundriss eines Pueblos des Mac-Elmo Valley.

Zu einer Zeit, die wahrscheinlich näher an unserer Zeit lag, wurden Arizona und New Mexico von anderen Streitkolben bewohnt, die die sogenannten *Pueblos bauten* , regelmäßige Phalansterien oder Gemeinschaftsbehausungen, wobei jedes Stammesmitglied sich mit einer elenden kleinen Zelle begnügen musste (Abb. 7). In einiger Entfernung von den Männern der *Pueblos* lebten die Klippenbewohner, über die wir so gut wie nichts wissen; ein paar Steinwaffen und unzählige Keramikfragmente sind alles, was sie zurückgelassen haben. Diese Männer etablierten sich in Situationen, die heute unzugänglich sind, indem sie mit wunderbarer Beharrlichkeit eine Behausung in die Felsen der Berge hauen (Abb. 8 und 9) und die Zugänge mit Lehmziegeln oder sonnengetrockneten Ziegeln verschließen, wobei sie unglaubliche Anstrengungen unternehmen, um sie zu erhalten Für ihre Familien dürfte es sich dabei bestenfalls um eine prekäre Unterkunft gehandelt haben. 46 Diese prähistorischen Rassen wurden in Amerika von den Tolteken, Azteken, Chibcas und Peruanern abgelöst, die alle in der Geschichte bekannt sind, obwohl ihre Herkunft ebenso im Dunkeln liegt wie die ihrer Vorgänger. Tempel, Paläste und prächtige Monumente zeugen von dem Reichtum, den Gold verleiht, ein Reichtum, der leider auch die Lebenskräfte schwächt, so dass die Spanier und Portugiesen bei ihren schnellen Eroberungen nur auf wenig ernsthaften Widerstand stießen.

Klippenhaus am Rio Mancos.

Haus in einem Felsen des Montezuma Cañon.

Das sind die Tatsachen, mit denen wir uns befassen müssen. In den folgenden Kapiteln werden wir die Probleme, die sie darstellen, ausführlicher betrachten, aber schon kommen wir zu einer wichtigen Schlussfolgerung: In jedem Teil der Erde, in jedem Breitengrad, in jedem Klima gibt es bearbeitete Feuersteine, ob nur grob gesplittert oder aufwendig poliert , stellen Analogien dar, die selbst dem oberflächlichsten Beobachter auffallen müssen. „Wir finden sie", bemerkt ein amerikanischer Autor, „in den Grabhügeln Sibiriens, in den Gräbern Ägyptens, im Boden Griechenlands, unter den rohen Monumenten Skandinaviens; aber ob sie aus Europa oder Asien, aus Afrika oder Amerika kommen, sie sind sich in Form, Material und Verarbeitung so ähnlich, dass man sie leicht für die Arbeit derselben Männer halten könnte."

Auf einem Treffen der British Association for the Advancement of Science im Jahr 1871 zeigte Sir John Lubbock bearbeitete Feuersteine aus Chile und Neuseeland sowie andere, die in England, Deutschland, Spanien, Australien, den Guayana und an den Ufern des Amazonas gefunden wurden; welche alle zum gleichen Typ gehörten. Kürzlich verglich die Anthropologische Gesellschaft Wien die Steinbeile, die in der Nähe der kanadischen Seen und in den Wüsten Uruguays gefunden wurden, mit anderen aus Catania in Italien, Angermünde in Brandenburg und einem Grab in Skandinavien und kam zu dem Schluss, dass sie alle völlig gleich waren. Schließlich konnten diejenigen, die auf der Französischen Ausstellung von 1878 die Beile, Hämmer und Schaber, die Knochengeräte, Töpferwaren und Waffen studierten, die aus verschiedenen Orten mitgebracht wurden, deren Bewohner keine Verbindung untereinander hatten, in ihrem Anblick unbedingt auffallen wiederum, wie unmöglich es war, sie zu unterscheiden. „Diese Ähnlichkeit ist so offensichtlich", sagt Vogt, 47 , „dass wir Geräte aus so unterschiedlichen Quellen leicht miteinander verwechseln können."

Die gleiche Beobachtung gilt für Megalithdenkmäler. Überall finden wir diese primitiven Strukturen, die ähnliche Formen annehmen. Es ist schwer genug zu glauben, dass allein die Bedürfnisse des Menschen, wie das Verlangen nach Nahrung, das Bedürfnis nach Kleidung und die Notwendigkeit, sich zu verteidigen, in jedem Fall zu denselben Ideen und demselben Fortschritt geführt haben. Auch wenn dies durch die bearbeiteten Feuersteine bewiesen wird, können wir eine ähnliche Schlussfolgerung im Hinblick auf die Megalithdenkmäler nicht akzeptieren, die eine Reflexion und einen Gedanken an die Zukunft implizieren, die weit über die materiellen Bedürfnisse des täglichen Lebens hinausgehen. Ist es nicht vernünftiger, eine so verblüffende Ähnlichkeit als Beweis für die Einheit unserer Rasse zu betrachten?

Die entdeckten menschlichen Knochen sind ein noch überzeugenderes Zeugnis. Bei Ausgrabungen wurden einige gefunden, die möglicherweise aus der frühesten Zeit der Existenz des Menschen auf der Erde stammen. Sie wurden in Höhlen und im Flussdrift, unter den Hügeln Amerikas und den Megalithmonumenten Europas, in den eisbedeckten Gebieten Skandinaviens und Islands und in den brennenden Wüsten Afrikas gefunden, aber keiner von ihnen hat etwas zu bieten seine Existenz gilt Menschen eines anderen Typs als denen der historischen Zeiten oder unserer Tage. 48 MM. Quatrefages und Hamy konnten in ihrem großartigen Werk „Crania Ethnica" prähistorische Rassen unterscheiden und das von ihnen besiedelte Gebiet angeben. Diese Rassen sind immer noch vertreten und ihre heutigen Nachkommen behalten die Merkmale ihrer Vorfahren.

Eine abschließende Schlussfolgerung ist nicht weniger interessant. Diese absolut unzähligen Feuersteine, diese Monumente von imposanter Größe, diese Steine von immensem Gewicht, die oft aus der Ferne herbeigebracht wurden, diese wunderbaren Hügel und Hügelgräber zeugen von der Anwesenheit einer Bevölkerung, die zu der Zeit, die wir zu bestimmen versuchen, bereits beträchtlich war die Spuren. Es muss eine lange Reihe von Jahrhunderten gebraucht haben, bis sich ein Volk so stark vergrößerte, dass es sich über ganze Kontinente ausbreitete. Und die Zeit fehlte nicht. Welches Alter der Menschheit auch immer zugeschrieben werden mag, auf welches

Anfangsdatum auch ihr erstes Erscheinen zurückgeführt werden mag, dieses Alter ist nur gering, dieses Datum ist nur modern, wenn wir es mit den wirklich unkalkulierbaren Zeitaltern vergleichen, deren Existenz die Geologie offenbart . Auf Schritt und Tritt werden wir von der Unermesslichkeit der Zeit, der Unermesslichkeit des Raums gefangen gehalten, und doch beschränkt sich unser Wissen immer noch auf die bloße äußere Schale der Erde, und die Wissenschaft kann noch nicht einmal die Geheimnisse erraten, die unter dieser Schale verborgen sind.

Zum Abschluss dieser einleitenden Bemerkungen müssen wir hinzufügen, dass sehr große Schwierigkeiten auf diejenigen warten, die sich prähistorischen Studien widmen – Schwierigkeiten wie Lärm, aber diejenigen, die versucht haben, sie zu überwinden, können sie erkennen. In den Auswirkungen der Katastrophen, die die Erde verwüstet haben, und in den im Laufe der Jahrhunderte aufgetürmten Ruinen müssen die seltenen Spuren des prähistorischen Menschen gesucht werden. Wir müssen zeigen, wie er mit den immer wiederkehrenden Schwierigkeiten seines harten Lebens ringt und sich allmählich im Einklang mit einem Gesetz entwickelt, das unveränderlich zu sein scheint. Dies ist das Ziel dieser Arbeit, und mit Dankbarkeit behaupten wir gleich zu Beginn, dass der *Pianta Uomo* , die menschliche Pflanze, wie Alfieri unsere Rasse nennt, vom Schöpfer von Anfang an mit einer sehr kräftigen Vitalität ausgestattet wurde, um sie zu ermöglichen Es ist für ihn eine Herausforderung, mit den Gefahren zu kämpfen, die seine Schritte in den frühen Tagen seines Bestehens bedrohen, und mit einem wahrhaft wunderbaren Geist in der Lage zu sein, einen so bescheidenen Anfang zum Ausgangspunkt für ein so glorreiches Schicksal zu machen.

---

1 M. Gaston.

2 Plinius nennt sie *Ceraunia gemma* („Naturgeschichte", Buch II., Kap. 59, Buch xxxvii., Kap. 51).

3 S. Reinach beweist eindeutig, dass die Sammlungen des Kaisers Augustus aus Capri stammten.

4 Dieses Skelett wurde 1726 von Scheuchzer, einem Arzt aus Öningen, entdeckt und von ihm mit der pompösen Inschrift *Homo diluvii testis (Philosophische Transaktionen* , Bd. xxxiv.) im Leydener Museum aufbewahrt. Indem Cuvier

den Stein abkratzte, enthüllte er die wahre Natur des Fossils.

5 „Ossium Fossilium Docimasia."

6 „Mém. Acad. des Inscriptions", 1734, Bd. x., S. 163.

7 *Archæologia* , Bd. ii., S. 118.

8 „The Antiquities of Warwickshire", Bd. IV., 1656.

9 *Archæologia* , Bd. xiii., S. 105.

10 Castelfranco: *Revue d'Anthropologie* , 1887.

11 *Annales des Sciences Naturelles* , Bd. xvii., S. 607. Cartailhac: *Matériaux* , 1884.

12 „Recherches sur les Ossements Fossiles de la Province de Liège."

13 *Athenæum* , 16. Juli 1859.

14 „Discours sur les Révolutions du Globe", dritte Auflage, S. 13, Paris, Didot, 1861.

15 *Acad. des Sciences* , 18. und 23. Mai 1863.

16 Lubbock: „Zu den Beweisen für das Alter des Menschen, die sich aus der physischen Struktur des Somme-Tals ergeben" (*Nat. Hist* . *Review* , Bd. II.). Prestwich: „Über das Vorkommen von Feuersteingeräten im Zusammenhang mit den Überresten ausgestorbener Arten in Schichten einer späten geologischen Periode" (*Phil* . *Trans* ., 1860). Evans: „Flint Implements in the Drift" (*Arch* ., 1860–62).

17 *Acad. des Sciences* , 1859, 1863.

18 Cartailhac: „L'Age de Pierre dans les Souvenirs et les Superstitions Populaires."

19 Kurz vor seinem tragischen Ende sandte der edle und patriotische Gordon drei Beile oder Steinkeile nach Kairo, die er bei den Niams-Niams gefunden hatte, die sagten, sie seien vom Himmel gefallen, und die sie dann mit

abergläubischen Riten verehrten (Bull. Institut *Égyptien* , 1886, Nr. 14).

20 „Museo Moscardo", Padua, 1656.

21 Laut M. Pitre de Lisle glauben die Bretonen, dass diese Steine bei jedem Donnerschlag vibrieren.

22 Roulin: *Acad. des Sciences* , 28. Dezember 1868.

23 „Congrès d'Anthropologie et d'Archéologie Préhistorique", Paris, 1889.

24 Konzil von Arles im Jahr 452, von Tours im Jahr 567, von Nantes im Jahr 658, von Toledo im Jahr 681 und 692 und von Leptis im Jahr 743.

25 Baluze: „Capitularia Regum Francorum", Bd. I., S. 518, 1231, 1237.

26 Steenstrup, Forchammer, Thomsen, Worsaae und Nillsson. Die von der Kopenhagener Akademie der Wissenschaften eingesetzte Kommission legte zwischen 1850 und 1856 sechs Berichte zu diesem Thema vor.

27 „Die Anfang des Eisens Cultur", Berlin, 1886.

28 „Archéologie Celtique et Gauloise", S. 46.

29 Dr. Much: „L'Age de Cuivre en Europe et son Rapport avec la Civilization des Indo-Germains", Wien, 1886. Pulsky: „Die Küpfer Zeit in Ungarn", Budapest, 1884. Cartailhac: „Ages Prehistoriques de 1 „Espagne et du Portugal", S. 211. E. Chantre: *Mat* ., Juni 1887; und Berthelot: *Journal des Savants* , September 1889.

30 Irenée Cochut: „Thèse presentée à la Faculté de Théologie Protestante de Montauban."

31 Siehe meine Übersetzung der bewundernswerten und ausführlichen Arbeit

des Autors über „Das prähistorische Amerika", Kapitel i. und iv. – Nancy Bell.

32 *Académie des Sciences* , 23. Mai 1881; „Antiquités du Musée de Minoussink", Tomsk, 1886–7.

33 „Les Âges Préhistoriques en Espagne et en Portugal."

34 „Steingeräte aus den nordwestlichen Provinzen Indiens", *Journal of the Asiatic Society of Bengal* , Kalkutta, 1883.

35 *Literary Journal of Madras* , Bd. xiv.

36 „L'Âge de Pierre et la Classification Préhistorique d'après les Sources Égyptiennes", Paris, 1879.

37 Pitt Rivers: „On the Discovery of Chert Implements in the Nile Valley", British Association, York, 1881.

38 Belluci: „L'Eta della Pietra in Tunesien", Roma, 1876, *Bol. della Soc. Geog. Italiana* , 1876.

39 „Die Steinzeit Südafrikas", *Journ. Anth. Institut* , 1881.

40 *Revue des Deux-Mondes* , 1. März 1878.

41 De Quatrefages: *Rev. d'Ethnographie* , 1883, p. 97 usw.

42 Sir J. Lubbock: „Prehistoric Times", S. 483, 549.

43 *Arsch. française* , Le Havre, 1877. *Discours d'Ouverture* .

44 „Prähistorisches Amerika", Paris, New York und London.

45 Siehe meine Übersetzung von „L'Amérique Préhistorique", Kap. i., „Der Mensch und der Mastodon." – Nancy Bell.

46 Viele interessante Details über die Klippenbewohner finden sich in De Nadaillacs

„L'Amérique Préhistorique", Kap. v. – Nancy Bell.

47 *Congrès des Naturalistes Allemands* , Innsbruck, Sept. 1869,

48 „Der quartäre Mensch ist in jeder Annahme des Wortes immer Mensch. In jedem Fall, in dem wir anhand der gesammelten Knochen ein Urteil fällen konnten, wurde jemals festgestellt, dass er die Hand und den Fuß besaß, die unserer Art eigen sind, und dass eine doppelte Krümmung der Wirbelsäule festgestellt wurde, die so charakteristisch ist, dass Serres sie zu einem solchen machte charakteristisches Merkmal seines menschlichen Reiches. In jedem Fall ist bei ihm, wie auch bei uns, der Schädel vollständiger entwickelt als das Gesicht. Im Neandertaler-Schädel, der so oft als bestialisch bezeichnet wird, ist die Schädelkapazität mehr als doppelt so groß wie die, die jemals beim größten Gorilla gefunden wurde." De Quatrefages: „Hommes Fossiles et Hommes Sauvages", S. 60.

KAPITEL II.
Nahrung, Kannibalismus, Säugetiere, Fische, Jagd und Fischerei.

Die erste Sorge des Menschen bei seiner Ankunft auf der Erde bestand zwangsläufig darin, für Nahrung zu sorgen. Wilde Beeren, Eicheln und vergängliche Gräser überleben nur kurze Zeit, während Landmollusken und Insekten, die bestenfalls eine dürftige Nahrung bilden, im Winter verschwinden. Fleisch muss sicherlich die Hauptnahrung des prähistorischen Menschen gewesen sein; Die Ansammlungen von Knochen aller Art in den von ihm bewohnten Höhlen und anderen Orten lassen daran keinen Zweifel. Das Pferd, das in Europa viele Jahrhunderte lang gejagt, getötet und gegessen wurde, bevor es domestiziert wurde, war ein wichtiger Nahrungsartikel und wurde durch den Auerochsen, den Hirsch, die Gämse, die Wildziege, den Eber und das Ziegenleder ergänzt , und wenn sie nicht vorhanden waren, der Wolf, der Fuchs und vor allem das Rentier, das sich in den dafür geeigneten Gebieten schnell vermehrte. Die auf dem Mount Dol und anderswo gesammelten Elefantenknochen stammen fast ausschließlich von jungen Tieren; und es ist wahrscheinlich, dass sie von Menschen getötet wurden, um sie zu essen. In der Sureau-Höhle in Belgien, 1 in der von Aurignac in Frankreich und Brixham in England wurden vollständige Skelette des *Ursus spelæus gefunden* , die offensichtlich mit noch Fleisch daran hineingeschleppt wurden, denn alle Knochen sind in ihnen natürliche Position. In anderen Höhlen fehlten Brustkorb und Wirbel der Skelette; Nachdem der Höhlenmensch sein Opfer losgeschickt hatte, hatte er offensichtlich nur die saftigeren Teile mit in seinen Rückzugsort genommen. Raubtiere nagen lediglich an den vergleichsweise zarten und schwammigen Spitzen der Knochen und lassen die harten, kompakten Teile unberührt. In den von Menschen bewohnten Höhlen finden wir jedoch die Apophysen vernachlässigt, während die Diaphysen aufgespalten sind. Daher können wir uns in diesem Punkt nicht irren und dem Raubtier nicht zuschreiben, was sicherlich das Werk des Menschen ist.

Während er offensichtlich lieber die größeren Säugetiere jagte und aß, verachtete der Mensch, wenn er vom Hunger gedrängt wurde, die kleinen Nagetiere nicht, die natürlich leichter zu fangen waren. Zwischen Knochenhaufen von Pferden und Hirschen wurden Überreste von Mardern, Igeln und Mäusen gefunden; und aus der Thayngen-Höhle wurden die Knochen von mehr als fünfhundert Bares entnommen. In Belgien scheint die Wasserratte als eine Zierde galten, und allein in der Chaleux-Höhle wurden mehr als zwanzig Pfund schwere Knochen dieser Kreatur gefunden, von denen fast alle Spuren von Feuereinwirkung aufwiesen.

Die Überreste von Vögeln sind seltener, und Broca hat bemerkt, dass die ältesten Jagdgeräte, die uns überliefert sind; Die Tiere aus der Moustier-Höhle zum Beispiel waren eher dazu geeignet, Tiere anzugreifen, die Kampf zeigten, als solche, die einfach wegflogen oder wegliefen. Die Gourdan-Höhle hat jedoch die Knochen des Moorhuhns, des Rebhuhns, der Wildente und sogar des domestizierten Hahns und Huhns hervorgebracht; die Frontalhöhle, die Drossel, die Ente, das Rebhuhn und die Taube; und in anderen Höhlen wurden die Knochen einer Gans, eines Schwans und eines Auerhahns gefunden. Milne-Edwards zählt einundfünfzig Arten verschiedener Ordnungen auf, die in den Höhlen Frankreichs gefunden wurden, und M. Rivière sammelte die Überreste von Tausenden von Vögeln in den Höhlen von Baoussé-Roussé an der Grenze zu Italien. 2

Die Schädel der Säugetiere wurden geöffnet und die Knochen gespalten. Gehirn und Knochenmark zählten bei Festen wohl zu den größten Delikatessen. Reisende, deren Erzählungen uns helfen, uns ein Bild von der fernen Vergangenheit unserer Rasse zu machen, berichten, dass die Lappländer, sobald ein Tier getötet wird, ihm den Schädel aufschlagen und das Gehirn verschlingen, solange es noch warm ist und blutet . Dies war wahrscheinlich auch bei prähistorischen Höhlenmenschen Brauch.

Leider wurde nicht nur Fleisch von Tieren gegessen, und Ausgrabungen in verschiedenen Teilen der Welt haben zur Entdeckung von Spuren der Praxis des Kannibalismus geführt, die kaum zu akzeptieren sind. 3

Dr. Spring bemerkte in Chauvaux eine große Menge Knochen, die fast ausschließlich von Frauen und Kindern stammten, daneben lagen andere von Wiederkäuern, die zu noch lebenden Arten gehörten. Alle diese Knochen wurden gleichermaßen großer Hitze ausgesetzt, und nur diejenigen, die kein Mark enthielten, blieben unversehrt. Dies scheint ein unwiderlegbarer Beweis für Kannibalismus zu sein, und Dr. Spring kommt zu dem Schluss, dass er sicherlich von den ersten Einwohnern Belgiens praktiziert wurde. Wir müssen jedoch hinzufügen, dass andere Ausgrabungen in derselben Höhle in Chauvaux belegen, dass sie als Grabstätte genutzt wurde, wobei einige Skelette in regelmäßiger Reihenfolge aufgereiht waren und Waffen und Steingeräte daneben platziert waren. 4 M. Dupont erwähnt, in den Höhlen der Lesse, die aus der Rentierzeit stammen, menschliche Knochen gefunden zu haben, vermischt mit anderen Resten einer Mahlzeit. Er stellt eine ähnliche Tatsache in einer anderen Höhle fest, die seiner Meinung nach aus der Jungsteinzeit stammt. „Aber", fügt er hinzu, „keiner dieser Knochen weist Anzeichen dafür auf, dass er mit einem Feuerstein oder einem anderen Werkzeug geschlagen wurde, um ihn zu brechen." Wenn einer von ihnen gebrochen ist, dann quer, und die Ursache für den Bruch war lediglich das Gewicht der Erde über ihnen; außerdem zeigen sie keine Spuren von Feuereinwirkung." 5 M. Dupont hegt daher immer noch gewisse Zweifel am Kannibalismus der Höhlenmenschen im Lesse-Tal und führt die Anwesenheit der Knochen der Toten unter dem von den Lebenden angesammelten Müll aller Art auf deren Müßiggang zurück und Gleichgültigkeit. Ein Beispiel aus der heutigen Zeit scheint diese Meinung zu bestätigen, denn Reisende berichten von der gleichen abscheulichen Nachlässigkeit bei den Esquimaux, die nicht unbedingt zu den Kannibalen gezählt werden können.

Der Abbé Chierici bemerkte auf dem Brüsseler Kongress 6 über die Ausgrabungen in einer der Reggio-Höhlen, dass menschliche Knochen mit denen von Tieren vermischt seien und dass beide Spuren von Verbrennungen aufwiesen. Diese Knochen stammen aus der Jungsteinzeit, und mit ihnen wurden verschiedene Gegenstände von bemerkenswerter Handwerkskunst mitgenommen, darunter Keramikfragmente, ein halber Schleifstein zum Zerkleinern von Getreide und einige bewundernswert polierte Serpentinenbeile.

Andere Tatsachen lassen keinen Zweifel am Kannibalismus der ersten Bewohner Italiens. Darüber hinaus ist ein Zögern in diesem Punkt aus anderen Gründen unmöglich, wie römische Historiker auf die Praxis hinweisen. Als Plinius 7 sagt, wie wenig von einer Mahlzeit ein Menschenopfer entfernt wurde, fügt er hinzu, dass es uns nicht überraschen sollte, auf diesen monströsen Brauch bei barbarischen Völkern zu stoßen, wie er in der Antike in Italien und Sizilien vorherrschte.

Es ist allgemein anerkannt, dass wir anhand der Art und Weise, wie sie gebrochen wurden, erkennen können, ob der Bruch langer Knochen absichtlich erfolgte. Diese Tatsache, die für die Knochen von Menschen und Tieren gleichermaßen gilt, ist der wichtigste Beweis, den wir für den Kannibalismus der Menschen der Steinzeit haben. Zu den bereits genannten Beispielen können wir problemlos weitere aus Frankreich hinzufügen. In den Pyrenäen und in den Höhlen von Lourdes und Gourdan wurden beispielsweise menschliche Knochen gefunden, die mit der Asche und der Asche des Herdes vermischt waren und noch immer die Spuren der Werkzeuge trugen, mit denen sie zerbrochen wurden.

In Bruniquel wurde ein menschlicher Schädel gefunden, der auf die gleiche Weise geöffnet worden war wie die Köpfe von Wiederkäuern, zwischen denen er aufgesammelt wurde, und auf seiner Außenfläche waren tiefe Kerben, die offenbar mit einem Feuersteinbeil gemacht worden waren. Ähnliche Spuren abscheulicher Feste am menschlichen Fleisch sind keineswegs selten; in der Nähe von Paris, zum Beispiel in Villeneuve-Saint-Georges und in Varenne-Saint-Maur. 8

Die Ausgrabungen in der Montesquieu-Avantès-Höhle, etwa sechs Meilen von Saint-Girons entfernt, haben eine mit einer Stalagmitenschicht bedeckte Feuerstelle ans Tageslicht gebracht; In dieser Schicht und in der des darunter liegenden Tons wurden zahlreiche Fragmente menschlicher Knochen, Schädel, Oberschenkelknochen, Schienbeine, Oberarmknochen und Speichen gefunden. In vielen Fällen war die Marköffnung vergrößert, um das Herausziehen des Marks zu erleichtern. Es ist unmöglich, dies einem Nagetier zuzuschreiben, da die von Tieren dieser Art angenagten Knochen eine regelmäßige Reihe von Markierungen aufweisen. Die Schlussfolgerung ist unausweichlich: Diese Knochen, sowohl von Menschen als auch von Tieren, waren die Überreste einer Mahlzeit. 9

In Kent's Hole, der berühmten Höhle in Devonshire, wurden neben vielen Gegenständen aus der Steinzeit auch einige menschliche Knochen gefunden, die Spuren davon aufwiesen, dass sie von Menschen angenagt worden waren. Der bedeutende Anthropologe Owen kam zu einer ähnlichen Schlussfolgerung – dass Kannibalismus praktiziert worden war –, nachdem er den Kieferknochen eines in Schottland gefundenen Kindes untersucht hatte; und das Gleiche galt für Rev. F. Porter nach den Ausgrabungen in der Nähe von Scarborough, wo mehrere Skelette unter einem Tumulus gefunden wurden, die offenbar dorthin geworfen worden waren, wo sie zufällig entdeckt wurden.

In den Cesareda-Höhlen in Portugal wurden einige der Länge nach gespaltene Knochen gefunden; und unter dem Dolmen in der Nähe des Dorfes Hammer in Dänemark wurden menschliche Knochen und die von Hirschen halb angenagt gefunden, die nur zu deutlich den Ursprung der darauf befindlichen Markierungen erkennen ließen. Worsaae zitiert ähnliche Tatsachen in Borreby, Chantres verweist auf dasselbe in den Höhlen des Kaukasus, Kapitän Burton in Beitsahur bei Jerusalem, Wiener in den *Sambaquis* Brasiliens, sogar in Ablagerungen, die er für neueren Ursprungs hält. 10

Brasilien ist nicht der einzige Teil des amerikanischen Kontinents, in dem wir Spuren der Verwendung dieses abscheulichen Lebensmittels finden. In den Küchen von Florida fand Wyman absichtlich gebrochene menschliche Knochen, vermischt mit denen von Hirschen und Bibern. Das Mark war ihnen allen abgenommen und von Menschen gegessen worden. In Neuengland wurden jedoch neuere Entdeckungen ähnlicher Art gemacht. 11

Wir müssen jedoch hinzufügen, dass viele dieser Tatsachen bestritten werden. Jedes Volk hält es für eine Ehrensache, die Vorstellung abzulehnen, dass seine Vorfahren sich von Menschenfleisch ernährten, und doch erzählt uns die Geschichte überall von der Praxis des Kannibalismus. Herodot spricht davon bei den Androphagen und den Issedonen, einem Volk skythischer Herkunft; Aristoteles unter den Völkern, die an den Grenzen des Pontus Euxinus lebten; Diodorus Siculus unter den Galatern; und Strabo wiederum sagt: „Die Iren, wilder als die Bretonen, sind Kannibalen und Polyphagen; Sie halten es für eine Ehre, ihre Eltern bald nach dem Aussterben des Lebens zu essen." 12

Aus den alten Gräbern Georgiens wurden gekochte oder verkohlte menschliche Knochen entnommen, bei denen es sich zweifellos um die Opfer handelte, die von den Helfern bei Festen gegessen wurden, die jemals Bestattungsriten *begleiteten* .

Im vierten Jahrhundert unserer Zeitrechnung erzählt Hieronymus von einer Begegnung in Gallien mit den Attacotes, die von einem wilden schottischen Stamm abstammten und sich von Menschenfleisch ernährten. Sie besaßen zwar große Rinder- und Schafherden sowie zahlreiche Schweine, für die ihre ausgedehnten Wälder hervorragende Weidegründe boten 13 ; und obwohl die skandinavischen Küchenmörder bisher keine Spuren der Praxis des Kannibalismus gefunden haben, stellt Adam von Bremen, der am Hofe von König Sweyn Ulfson das Christentum predigte, die Dänen seiner Zeit als in die Felle von Tieren gekleidete Barbaren dar. Sie jagen Auerochsen und Elenantilopen und sind nicht in der Lage, mehr zu tun, als die Schreie der Tiere nachzuahmen und das Fleisch ihrer Mitmenschen zu verschlingen. 14

Nichts konnte die Barbarei der mexikanischen Opfer, die Zahl der Opfer und die Raffinesse der Folter, der sie ausgesetzt waren, übertreffen. Gefangene, die oft monatelang gemästet worden waren, kamen zu Tausenden auf den Altären ums Leben. Das zitternde Fleisch wurde unter den Gehilfen verteilt, und ein schrecklicher Brauch zwang die Priester, sich in die noch blutenden Häute der Unglücklichen zu kleiden und sie zu tragen, bis sie verwesen.

Ohne auf eine so ferne Antike zurückzugehen: In wie vielen verschiedenen Regionen Afrikas und Amerikas und auf wie vielen Inseln Polynesiens haben unsere Seeleute und Missionare nicht über die Praxis des Kannibalismus in unserer Zeit berichtet? Es ist daher schwer, nicht zu glauben, dass die ersten Bewohner Europas, obwohl ihre Existenzbedingungen sich verschlechterten, tatsächlich Menschenfleisch aßen und eine verdorbene Vorliebe dafür entwickelten, auch wenn die Tatsache vielleicht nicht eindeutig bewiesen werden kann; dazu getrieben nicht nur der Hunger, sondern auch ein abscheulicher Aberglaube.

Allerdings gab es überall sehr viele Tiere. Hirsche, Elche, Auerochsen, Pferde und die großen Dickhäuter vermehrten sich sehr schnell in den weiten Einöden, deren Weideflächen ihnen einen ständig neuen Nahrungsvorrat boten, und die Raubtiere wiederum fanden in den Wiederkäuern eine leichte Beute. 15 Die Verhaltensweisen der Tiere ändern sich nicht, und die Reisenden, die das Innere Afrikas erkunden, erzählen uns, dass sich heute, wie damals, an den Tag, an den wir uns zu erinnern versuchen, Hunderte von Elefanten und Nashörnern in einem begrenzten Gebiet versammeln, während sich unzählige Herden von Giraffen tummeln Zebras, Zebras und Gazellen grasen friedlich in der Gegenwart des Menschen, dessen zerstörerische Kräfte sie noch nicht zu fürchten gelernt haben.

Delegorgue spricht von einem See, in dem mehr als einhundert Nilpferde leben, und von einer Region mit einem Durchmesser von weniger als fünf Kilometern, in der sechshundert Elefanten leben. Livingstone erzählt uns, dass er Truppen von mehr als viertausend Antilopen auf einmal vorbeiziehen sah und dass diese Tiere absolut keine Angst zeigten. Wir können ein noch merkwürdigeres Beispiel anführen. Als Kapitän Gordon Cumming die Ebenen nördlich des Kaps überquerte, sah er Scharen von Gazellen und Antilopen, die durch eine lange Dürre gezwungen waren, auf der Suche nach dem für sie unentbehrlichen Wasser zu wandern, und er beschreibt mit Begeisterung eine dieser Wanderungen uns, dass die Ebene buchstäblich mit Tieren bedeckt war und die eiligen Herden in einem endlosen Strom vor ihm herzogen. Am Abend desselben Tages zog eine noch zahlreichere Herde in derselben Richtung vorbei, deren Zahl absolut unkalkulierbar war, die laut Cumming jedoch mehrere Hunderttausend überschritten haben musste.

Dies muss das Tierleben in Europa im Quartär gewesen sein. „In der Tat großartig", ruft Hugh Miller, „war die Fauna der britischen Inseln damals." Tiger, wieder so groß wie die größten asiatischen Arten, lauerten in den alten Dickichten; Elefanten, die fast doppelt so groß sind wie die größten Individuen, die es heute in Afrika oder Ceylon gibt, zogen in Herden umher; Mindestens zwei Arten von Nashörnern bahnten sich ihren Weg durch den Urwald, und die Seen und Flüsse wurden von Flusspferden bewohnt, die ebenso massig und mit so großen Stoßzähnen ausgestattet waren wie die Afrikas." 16

An materiellen Beweisen für die Anwesenheit von Tieren mangelt es nicht. Die Ansammlung von Koprolithen in der Höhle von Sentenheim (Elsass) zeugt von der Zahl der Bären, die dort einst ihr Unwesen trieben. Nordmann entnahm einer Höhle in der Nähe von Odessa 4.500 Ursidae-Knochen, verbunden mit nicht minder zahlreichen Relikten des großen Höhlenlöwen und der Höhlenhyäne. 17 Die Külock-Höhle, heute etwa 180 Meter über dem Fluss gelegen, enthielt die Überreste von nicht weniger als 2.500 Bären, und ähnliche Relikte kommen zu Tausenden in der knöchernen Brekzie von Santenay und in der Höhle von Lherm vor, wo sie einen Stamm bilden Beinhaus. Es wäre leicht, ähnliche Fakten aus belgischen, deutschen und ungarischen Höhlen zu zitieren. In fast allen Fällen scheint die Position der Skelette darauf hinzudeuten, dass die Bären in den Höhlen eine letzte Zuflucht suchten und dass der Tod sie im Winterschlaf überrascht hatte.

Dickhäuter waren nicht weniger zahlreich als Bären. Die Überreste von Mammuts werden vom Norden Europas bis nach Griechenland und Spanien gefunden, und wir treffen sie in Algerien, in Asien vom Altai-Gebirge bis zum Arktischen Ozean und in Amerika in Mexiko und Kentucky. Sie scheinen sich vor allem in Sibirien verschanzt zu haben, wo Stoßzähne noch immer als Handelsartikel exportiert werden. Im äußersten Norden sind die erforschten Teile von Wrangels Land mit Knochen von Mastodonten übersät, und in einigen Teilen von Sonora und Columbia bilden diese Überreste nahezu unerschöpfliche Vorkommen.

Tiere der Hirsch- und Pferdegruppe waren, wenn möglich, noch zahlreicher. M. Piette schätzt die Zahl der Rentiere, deren Knochen er in der Gourdan-Höhle gesammelt hat, auf über 100. 3.000, und die Zahl der am Hohlefels gefundenen Cervidae ist geradezu unkalkulierbar.

Im Jahr 1826 machte Marcel de Serres auf die große Anzahl von Knochen von Pferden aufmerksam, die in der Umgebung von Lunel-Viel gefunden wurden; In Solutré bedecken Pferdereste einen großen Teil des Abhangs, der sich von der Ostseite des Berges bis zum Talboden erstreckt. Hier finden sich jene riesigen Ansammlungen, denen die Bewohner des Tals den charakteristischen Namen „ *Pferdemauern" geben* . Die Zahl der Pferde, deren Knochen diese Mauern bilden, kann ohne Übertreibung auf 40.000 geschätzt werden. Die Knochen sind in größter Verwirrung miteinander vermischt, viele von ihnen weisen Spuren von Verbrennungen auf und das Fleisch des Pferdes war offenbar die Lieblingsnahrung der Menschen in Solutré. 18

Zunächst erlangte der Mensch mit Gewalt, oft unterstützt durch Strategie, die Tiere, die er begehrte. Er hatte noch nicht gelernt, sie zu zähmen und in die Knechtschaft zu zwingen. Weder das Rentier noch das Pferd waren bisher domestiziert, und weder in den Höhlen noch in den verschiedenen Lagerstätten anderswo wurde ein vollständiges Skelett gefunden, sondern – was eine sehr bedeutsame Tatsache ist – nur die Knochen, auf denen sich die größere Menge Fleisch befunden hatte. Das Fehlen jeglicher Überreste des Hundes, einem für die Herdenhaltung so unverzichtbaren Tier, ist ein weiterer Beweis dafür, dass die Domestikation noch immer nicht praktiziert wurde.

Der Höhlenmensch scheute sich nicht, die furchterregendsten Tiere mit den erbärmlichsten Waffen anzugreifen, zum Beispiel ein paar kaum grob behauenen Steinen und ein paar Feuersteinpfeilen, und mit solch scheinbar unzulänglichen Mitteln gelang es ihm, sie zu verwunden und sie sogar töten. Das Französische Museum besitzt Mammut- und Nashornknochen mit feinen Kratzern, die von den Waffen stammen, mit denen die Tiere erlegt wurden. Der Mittelhandknochen eines großen Raubtiers, das in Eyziès gefunden wurde, weist nicht weniger deutliche Spuren auf, und der Schädel eines Bären aus Nabrigas weist eine große Wunde auf, die von einer Rakete verursacht worden sein muss.

In Irland wurde ein Steinhammer gefunden, der in den Kopf eines *Cervus megaceros eingeklemmt war* ; in Cambridgeshire der Schädel eines *Ursus spelæus*, der noch das Fragment eines Kelten enthält, das dem Tier den Todesstoß versetzt hatte; in Richmond (Yorkshire) die Knochen eines großen Hirsches, die mit einem Feuersteingerät zersägt worden waren. Die schöne Sammlung der Universität Lund enthält einen von einem Pfeil durchbohrten Urnenwirbel und im Kopenhagener Museum den von einem Feuersteinfragment durchbohrten Hirschkiefer. Steenstrup erwähnt zwei Knochen eines großen Hirsches, in die Steinsplitter tief eingedrungen waren und deren Bruch nach und nach vom Knochengewebe bedeckt worden war. Ein Knochen eines Rindes mit einem tief darin eingebetteten Pfeil wurde aus einem Torfbett auf der Insel Moën entnommen, die für ihre Tumuli und die Anzahl der darin gefundenen Gegenstände berühmt ist. In Eyziès wurde ein Feuersteinsplitter gefunden, der fest in einem der Lendenwirbel eines jungen Rentiers verankert war, und M. de Baye erwähnt einen Pfeil mit einer Querkante, der im Knochen eines Dachses steckte. 19 Der Abbé Ducrost fand eine Pfeilspitze aus Feuerstein, die im Wirbel eines Pferdes steckte.

Auch waren die bereits genannten Tiere nicht die einzigen Tiere, gegen die der Mensch Krieg führte. Wir werden gleich von den Kämpfen untereinander sprechen, die unter den Menschen in den allerersten Tagen der Menschheit begannen. Von Pfeilen durchbohrte und von Steinbeilen zerbrochene menschliche Knochen tragen bis heute unauslöschliche Spuren mörderischer Kämpfe.

Vielerorts wurden Süßwasser- und Meeresfische vom Menschen als Nahrung genutzt. In den zahlreichen Höhlen der Vezère, in denen von Madeleine, Eyziès und Bruniquel, haben Ausgrabungen Wirbel und andere Knochen von Fischen ans Licht gebracht, unter denen hauptsächlich die des Makrelen, des Karpfens, der Brasse, des Drub und des Fischs vorherrschen Forellen und Schleien – mit einem Wort: alle Fische, die noch heute unsere Flüsse und Seen bevölkern. In den Seestationen der Schweiz gibt es Fische aller Art nicht weniger reichlich. In Gardeole wurden unter den Knochen von Säugetieren Muschelschalen sowie Überreste von Schildkröten und Goldfischen gefunden. Fisch wurde jedoch nicht von allen diesen Naturvölkern gefangen, nicht einmal von allen, die am Meer lebten. Bei jahrelangen sorgfältigen Forschungen in den Seealpen fand M. Rivière weder Angelgeräte noch Angelschnüre.

Während die Höhlenmenschen im Süden Frankreichs scheinbar nur Süßwasserfische genutzt haben, zögerten die Skandinavier, die allerdings zu einem wahrscheinlich weniger weit entfernten Zeitpunkt lebten, nicht, sich dem Meer zu stellen. Die Küchenrückstände enthalten zahlreiche Fischreste, unter denen die der Makrele, des Kliesches und des Herings am zahlreichsten sind. Auch dort stoßen wir auf Reste des Kabeljaus, der sich nie der Küste nähert und vom Fischer immer im offenen Meer gesucht werden muss.

Obwohl wir behaupten können, dass Menschen in jeder prähistorischen Zeit, wenn nicht sogar an jedem Ort, Fische fangen konnten, können wir über die Art und Weise, wie sie dies taten, weniger positiv urteilen. Das früheste Angelgerät war zweifellos von der primitivsten Art: Der Knochen eines Tieres, ein Stück Hartholz oder sogar eine Fischgräte, die an beiden Enden zugespitzt und mit einem Loch durchbohrt war, erfüllten ihren Zweck (Abb. 10) . Die Ausstellung für Angelgeräte, die 1880 in Berlin stattfand, enthielt mehrere solcher Geräte, einige aus Holz, andere aus Knochen. Andere wurden auch in der Madeleine-Höhle und in verschiedenen Stationen der alten Bewohner der Schweiz gefunden. Es ist interessant, ihre Ähnlichkeit mit denen zu bemerken, die noch bei den Esquimaux verwendet werden.

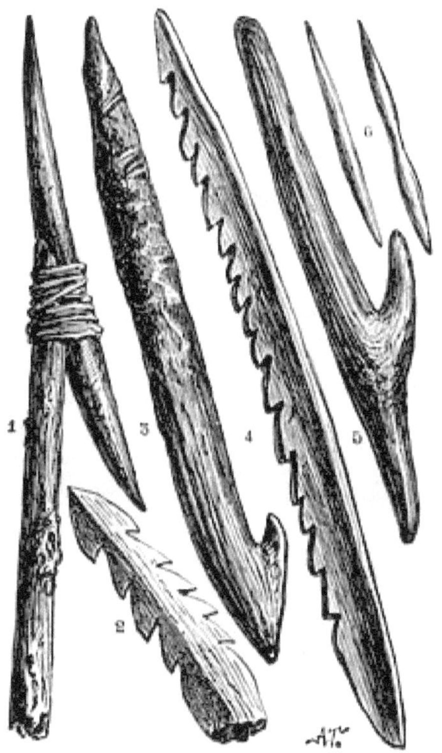

1. Pfeilfragmente aus Rentierhorn aus der Martinet-Höhle (Lot-et-Garonne). – 2. Spitze eines Speeres oder einer Harpune aus Hirschhorn (ein Drittel natürlicher Größe). – 3. und 4. Knochenwaffen aus Dänemark.- 5. Harpune aus Hirschhorn aus St. Aubin.—6. Angelhaken aus Knochen; an beiden Enden zugespitzt, aus Wangen.

Die prähistorische Post nutzte auch die Zähne von Tieren. Wir können in diesem Zusammenhang die Backenzähne eines Bären zitieren, von denen der Zahnschmelz und die Krone entfernt wurden und deren Dicke durch Reiben verringert wurde (Abb. 11). Auch die kleinen Feuersteine, die im Departement Gironde in großer Zahl gefunden wurden, stammen aus einer fernen Antike; Sie sind sechzehn Millimeter lang und vier Millimeter breit, und obwohl wir das nicht als Tatsache behaupten können, sollen sie zum Fischfang verwendet worden sein.

In Angelhaken umgewandelte Bärenzähne.

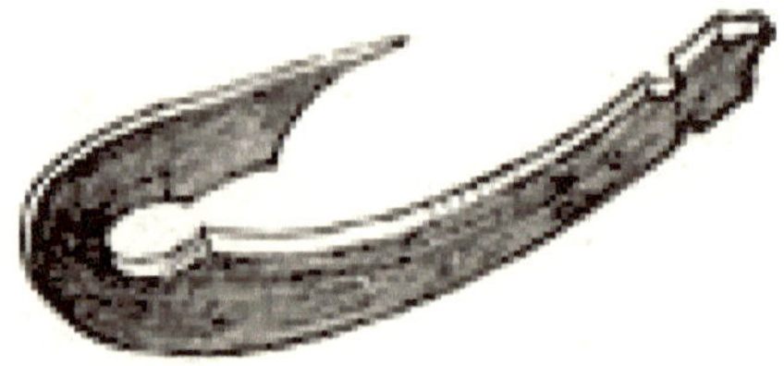

Angelhaken aus einem Eberstoßzahn.

Das Museum von Lund besitzt zwei gebogene Feuerstein-Fischbücher, von denen eines, das vier Zentimeter lang und fast drei Zentimeter breit ist, am Meeresufer gefunden wurde; der andere und kleinere kam vor dem Ufer des Kranke-Sees. 20 Angelhaken aus Knochen, der leichter zu bearbeiten ist als Feuerstein, ersetzten sehr bald die aus diesem Material. Sie sind zahlreich in den Seebahnhöfen Wangen, Mooseedorf und St. Aubin anzutreffen. Einige sind aus Ochsenhörnern, andere aus Hirschgeweihen geschnitzt; während andere wiederum aus Eberstoßzähnen bestehen (Abb. 12), aber alle ähneln stark modernen Formen. Aus den Torfmooren Schonens ist ein sieben Zentimeter langer Knochen-Angelhaken hervorgegangen, der als sehr alt gilt, und das Stettiner Museum besitzt einen ebenfalls sehr alten Fischhaken, der in einer knorrigen Lagerstätte in Pommern gefunden wurde. Wir dürfen nicht vergessen, einen Angelhaken aus Rentierhorn zu erwähnen, der sich heute im Christiania-Museum befindet, obwohl er wahrscheinlich aus einer viel jüngeren Zeit stammt. Es wurde in einem Grab auf der Insel Kjelnoë, nicht weit von der russischen Grenze entfernt, gefunden. In diesem Grab ruhen zahlreiche Skelette, eingewickelt in Birkenrindenbahnen. Rundherum lagen Keramikfragmente, Lanzen- und Pfeilspitzen, 21 und Kämme aus Rentierhorn, deren genaue Datierung nicht möglich ist.

In Amerika sind Angelhaken aus Stein selten. Die ältesten bestehen aus Knochen und ähneln denen, die heute verwendet werden. Sie wurden in Dakota und in den Aschenhaufen von Madisonville (Ohio), in Indiana, in Arkansas, am Ufer des Eriesees und in einer Küchenmitte auf Long Island gefunden. Die meisten von ihnen sind poliert, und einige von ihnen haben oben ein Loch, durch das sie an einer Leine oder Schnur befestigt werden könnten. Die Angelhaken Kaliforniens zeichnen sich durch ihre abgerundeten Formen und scharf gebogenen Spitzen aus; die Oberseite war mit einer dicken Asphaltschicht bedeckt, an der vermutlich die Leine befestigt war. Sie kommen auf allen Inseln der Pazifikküste zahlreich vor. In Santa Cruz grub Schumacker ein Grab aus, bei dem es sich offenbar um das Grab eines Angelhakenfabrikanten handelte, denn man hatte darauf geachtet, in der Nähe des Verstorbenen nicht nur die Geräte seines Handwerks, sondern auch eine Reihe von Angelhaken in verschiedenen Formen zu platzieren Stufen des Fortschritts. Die Kalifornier verwendeten die Panzer von *Mytilus Californicus* und *Haliotis* zur Herstellung von Angelhaken, und diese waren noch stärker gebogen als solche aus Knochen. Die Form scheint zum Angeln nur wenig geeignet zu sein, doch auch heute noch verwenden die Ureinwohner der Samoa-Inseln ähnliche Geräte mit großem Erfolg. Die Indianer der Nordwestküste fertigen Angelhaken aus Epicea-Holz, und die Indianer Arizonas nutzen zu demselben Zweck die langen Stacheln des Kaktus. Es ist sehr wahrscheinlich, dass sowohl europäische als auch amerikanische Rassen wussten, wie man Holz auf die gleiche Weise verwendet. Im Laufe der Jahrhunderte wurden diese zerbrechlichen Objekte jedoch zu Staub zerfallen, und wir können keine weiteren Vermutungen zu diesem Thema anstellen.

Die Verwendung von Bronze, dem ersten Metall, das allgemein verwendet wurde, scheint keine großen Veränderungen bei Angelgeräten mit sich gebracht zu haben. Angelhaken aus Bronze sind jedoch dünner und leichter als solche aus anderen Materialien und ähneln denen, die heutzutage von Fischern verwendet werden. Eine gewisse Anzahl wurde in den Seestationen der Schweiz, in den Seen Peschiera und Bourget sowie in Schottland, Irland und auf der Insel Fünen vor der Küste Dänemarks gefunden. Wir dürfen nicht vergessen, die bedeutende Gießerei von Larnaud oder den *Cache* von Saint-Pierre-en-Chatre zu erwähnen, die beide so reich an Bronzegegenständen sind. In Amerika, wo vor langer Zeit die Kupferminen des Lake Superior betrieben wurden, wurden einige seltene Kupfer-Angelhaken gefunden, die größere Anzahl in der Nekropole von Ancon. 22 Goldfischhaken sind vergleichsweise zahlreicher und wurden in Neu-Granada und im Bundesstaat Cauca entdeckt. 23 Eines davon wurde etwa 49 Fuß unter der Erdoberfläche gefunden, und da es keine Spur einer Störung gibt, können wir ihm keinen neueren Ursprung zuordnen. Die

goldenen Angelhaken sind etwa zehn Zentimeter lang und sehen aus wie
große Nadeln, deren unteres Ende nach hinten über das obere gebogen ist.

Auch andere Angelgeräte wurden von unseren prähistorischen Vorfahren
verwendet. In Laugerie-Basse zeigt uns eine grobe Zeichnung einen Mann,
der mit einer Harpune auf einen Fisch einschlägt, der zu entkommen
versucht. Diese Harpunen wurden im Allgemeinen aus Rentierhorn
hergestellt (Abb. 10 und 13). Manche hatten nur einen Widerhaken, andere
mehrere. Einer der größten wurde in der Madeleine-Höhle gefunden; Es ist
20 cm lang und hat auf der einen Seite drei und auf der anderen fünf
Widerhaken. Die meisten dieser Waffen verfügen über eine Kerbe im Griff,
mit deren Hilfe sie fest an einem Speer oder einer Lanze befestigt werden
können. An verschiedenen Orten herrschten unterschiedliche Moden vor,
und oft wurden Sehnen, Lederriemen, grob geflochtene Schnüre,
Schlingpflanzen und harzige Substanzen in das Service eingepresst.

Abbildung 13.

A, ein großer Stachelpfeil von einer Seite des Plantade-Unterstands (Tarn-et-Garonne). B, unterer Teil einer Stachelharpune aus der Plantade-Lagerstätte.

In den Höhlen Südfrankreichs wurden viele Harpunen gefunden; andere kommen aus Belgien, aus Keyserloch in Deutschland, Kent's Hole in England, aus Conches, Wauwyl und Concise in der Schweiz. Ausgrabungen in der Victoria-Höhle in der Nähe von Settle (Yorkshire) förderten unter anderem eine spitz zulaufende Knochenharpune mit zwei Widerhaken auf beiden Seiten zutage. An den Ufern der Uswiata, einem kleinen polnischen Fluss, der in den Dnjepr mündet, wurden zwei Harpunen aus den Hörnern eines Rindes gefunden, beide in perfektem Zustand und mit mehreren Widerhaken. 24 Graf Ouvaroff erwähnt in einem hervorragenden Werk, das kurz vor seinem Tod veröffentlicht wurde, einen Knochenspeer vom Ufer der Oka, und Madsen und Montelius sprechen von skandinavischen Harpunen. Diese Waffen müssen im Norden während der strengen Winterfröste besonders nützlich gewesen sein. Der Fischer bohrte ein Loch in das Eis und schlug mit seiner Harpune auf den Fisch ein, als die armen Tiere an die Oberfläche kamen, um zu atmen.

Seit jeher wussten die Amerikaner, wie man Harpunen herstellt und benutzt. Es sind bis zu 28 verschiedene Arten bekannt. 25 Bei einigen sind die Widerhaken beidseitig, bei den meisten jedoch nur auf einer Seite. Einige bestehen jedoch aus Hirsch- oder Elchhorn, und eine Harpune aus Maine besteht aus Fischbein. Eine in der Nähe von Detroit (Michigan) gefundene Harpunenspitze ist fast einen Fuß lang und einen Zoll dick. Bei Ausgrabungen in einem Felsunterstand in Alaska wurde eine Harpune gefunden, die Seite an Seite mit einigen der ältesten quartären Säugetiere Amerikas lag. Es werden auch zahlreiche Harpunenköpfe aus Kupfer erwähnt; einer der größten aus Wisconsin ist zehn Zoll lang. Andere wurden auf der Insel Santa Barbara (Kalifornien) und in Feuerland gefunden, wo die Einheimischen noch heute ähnliche verwenden. Bei diesen Harpunen mit Widerhaken handelt es sich keineswegs um einfache Waffen, deren Idee dem menschlichen Geist ganz natürlich in den Sinn kommt, so dass es wirklich äußerst seltsam ist, so völlig ähnliche Waffen in so unterschiedlichen und so weit voneinander entfernten Regionen zu finden. Diese ständige Ähnlichkeit im Wirken des menschlichen Genies ist, wie wir nicht müde werden zu wiederholen, eine der auffallendsten Tatsachen, die prähistorische Forschungen offenbart haben.

Herodot erzählt, dass die Pœni (Karthager) Körbe ins Wasser warfen und sie voller Fische herauszogen. Es ist wahrscheinlich, dass die Pfahlbewohner von Helvetia ein ähnliches Verfahren anwandten, aber diese alten Schweizer waren bereits weiter fortgeschritten. Sie wussten, wie man Hanf anbaut, spinnt und Netze daraus macht; Die Überreste einiger dieser Netze wurden in den letzten Jahren oft aus dem Grund der Seen entnommen.

Es ist fast unmöglich, die zahlreichen Seestationen der Schweiz mit Sicherheit zu klassifizieren. Einige wenige stammen sicherlich aus der Steinzeit, andere aus der Übergangszeit zwischen ihr und der frühen Verwendung von Metallen oder sogar aus der Bronzezeit. Da sie daher zu unterschiedlichen Zeiten von verschiedenen Personen bewohnt wurden und einige von ihnen sogar noch zur Zeit der Römer in Gebrauch waren, ist es äußerst schwierig, das genaue Datum zu bestimmen, zu dem die verschiedenen unter ihnen zusammengemischten Gegenstände gehören tiefes Wasser der Seen. Wir können nur sagen, dass sich die Netze sehr stark in der Größe der Maschen und der Dicke des verwendeten Seils unterscheiden. Die in Robenhausen gefundenen Exemplare ähneln denen, die heute in Frankreich verwendet werden. Tatsächlich hat es seit den fernen Tagen der Seebewohner keinen Fortschritt in der Kunst der Herstellung von Angelgeräten gegeben.

Wir wissen nichts über die Herstellungsweise prähistorischer Netze. Benutzten die Seebewohner, wie einige Archäologen vermuten, einen Webstuhl? Benutzten sie Schiffchen und Walzen, wie sie heute von den Esquimaux und Kaliforniern eingesetzt werden? Das lässt sich nicht sagen, aber es wird vermutet, dass die spitz zugespitzten Zähne der Bären, die in einigen Stationen zu finden sind, zum Festziehen der Maschen verwendet wurden. Diese Maschen waren im Allgemeinen quadratisch und jedes war an jedem Schnittpunkt mit einem Knoten gleicher Größe versehen.

Die Bleigewichte, die für die heutigen Fischer zum Versenken der Netze so unverzichtbar sind, wurden in prähistorischen Zeiten durch Steine dargestellt. Diese gebohrten oder gekerbten Steine sind in allen Seestationen zu finden. Die in Schussenried, einer steinzeitlichen Seestation am Federsee (Württemberg), gefundenen Keramikfragmente mit Löchern dienten vermutlich demselben Zweck. In einigen Schweizer Seestationen wurden auch Holz- und Korkstücke gefunden, die mit einem oder mehreren Löchern durchbohrt waren und sicherlich als Schwimmkörper gedient hatten.

Auf einigen Inseln Griechenlands sowie auf Korsika, Sardinien, Elba und Sizilien wurden zahlreiche Steingeräte der primitivsten Form gefunden, oft aus nicht heimischem Gestein. Diese Entdeckungen zeugen von der Anwesenheit des Menschen auf diesen Inseln in sehr ferner Antike, obwohl dort bisher keine weiteren Spuren der Existenz prähistorischer Menschen gefunden wurden. Diese Männer können die Inseln nur über das Meer erreicht haben. Boote waren das einzige Kommunikationsmittel zwischen den Seebewohnern der Schweiz und dem Festland, und wie wir gesehen haben, jagten die alten Skandinavier in der Tiefsee Fische. Wir müssen daher zugeben, dass Navigationsversuche bereits in den frühesten Tagen der Menschheit unternommen wurden. Alan, getrieben von der Notwendigkeit oder vielleicht auch nur von Neugier, scheute sich nicht, seine Barke zunächst auf den Flüssen und später auf den gewaltigeren Wellen des Meeres zu Wasser zu lassen

> Illi robur et æs Triplex
> Circa pectus erat, qui fragilem truciCommisit pelago
> ratemPrimus. 26

Der lateinische Dichter hat recht, und wir können nicht umhin, diejenigen zu bewundern, die als erste den Schrecken der Tiefe und den Schrecken des Sturms trotzten; denn sie waren gleichermaßen mit der Intelligenz begabt, die zeugt, dem Mut, der es wagt, und der Kraft, die etwas bewirkt.

Bäume, die von der Kraft des Wassers mit ihren Wurzeln ausgerissen wurden und auf der Wasseroberfläche schwammen, erregten natürlich die Aufmerksamkeit des Urmenschen, und die ersten Boote waren zweifellos die Stämme solcher Bäume, die grob zurechtgeschnitten und dann mit Hilfe ausgehöhlt wurden aus Feuer. Spätere Erfahrungen führten dazu, dass ein Bug hinzugefügt wurde, der das Wasser leichter spalten konnte, und ein Heck, das als Drehpunkt dienen sollte. Diese Kanus, wenn ihnen ein solcher Name schon gegeben werden darf, wurden zunächst durch entblätterte Äste oder mit langen Stangen geführt. Dann wurden Ruder oder Paddel eingeführt, die sich besser zum Schlagen des Wassers eignen, und in späteren Schiffen wurden Spuren von einem angeblichen Mast angebracht, was auf die Verwendung eines Segels hindeutet. Man könnte sagen, dass die Kunst der Navigation nun eingeführt wurde. In verschiedenen Teilen Europas wurden Boote gefunden, die sicherlich aus sehr fernen Zeiten stammen, deren genaues Datum jedoch nicht festgestellt werden kann. Ihre Konstruktion ähnelt stark der der Pirogen der Polynesier oder den Kajaks der Grönländer. Eines der ältesten Exemplare, heute im Berliner Landesmuseum, wurde aus einem brandenburgischen Torfmoor entnommen. 27 Es ist 27 Fuß lang und kaum 16 Zoll breit.

Sir W. Wilde beschreibt mehrere Boote aus den Sümpfen und Torfmooren Irlands, 28 von denen viele an den Enden in das Holz eingeschnittene Griffe haben, mit deren Hilfe sie leicht über Land gezogen werden konnten. Sir W. Wilde fügt hinzu, dass die Iren auch *Curraghs* oder *Coracles* verwendeten , bei denen es sich lediglich um Korbgestelle handelte, die mit Ochsenfellen bedeckt waren. Diese zerbrechlichen Rinden führen uns in eine neue Art der Navigation ein; Sie kommen nicht nur in verschiedenen Ländern Europas, sondern auch in Amerika vor und wurden dort bereits in präkolumbianischer Zeit verwendet. Noch interessantere

Beispiele wurden in Schottland gefunden. 29 Gegen Ende des letzten Jahrhunderts wurde eine Piroge aus dem alten Bett des Clyde in Glasgow entnommen. Seitdem wurden in Tiefen zwischen sechs und zwölf Fuß mehr als zwanzig ähnliche Boote entdeckt. Die Ablagerungen, in denen sie lagen, befanden sich früher unter dem Meer, liegen heute aber etwa zwanzig Fuß über dem Meeresspiegel. Daher haben große Veränderungen stattgefunden, seit diese Barken auf die Wellen geschleudert wurden. 30 Ihre Bauweise ist ein hervorragender Hinweis auf die Datierung, zu der sie gehören. Einige, die mithilfe von Feuer oder mit einem stumpfen Werkzeug aus Eichenstämmen ausgehöhlt wurden, stammen laut Lyell aus der Steinzeit. Andere haben sauber geschnittene Kerben, die offensichtlich mit Metallwerkzeugen hergestellt wurden. Einige bestehen aus Brettern, die mit Holzpflöcken verbunden sind, und ein in der Grafschaft Galway gefundenes Kanu enthielt sogar Kupfernägel. Die meisten Boote aus dem Grund des Clyde scheinen in stillen Gewässern untergegangen zu sein. Einige wurden jedoch in vertikaler Position entdeckt, andere hatten den Kiel nach oben und diese letzteren waren offensichtlich in einem Sturm gesunken. In einem dieser Boote befand sich ein Dioritbeil, wie es für die Jungsteinzeit charakteristisch war; ein anderer, dessen Holz vollkommen schwarz war, war so hart wie Marmor geworden, und darin befand sich ein Korkstopfen. Damals wie heute war die Korkeiche im kalten Klima Schottlands fremd.

Wir zitieren nur eine der in England gemachten Entdeckungen. Im Jahr 1881 wurde in Bovey-Tracey in Devonshire ein aus einem Baumstamm ausgehöhltes Kanu gefunden. Es lag in einer Ablagerung aus Ziegelsteinerde, mehr als 29 Fuß unter dem höchsten Pegel, den das Wasser des Bovey erreichte. 31 Es war mehr als 35 Zoll breit und seine Länge konnte nicht genau bestimmt werden, da die Arbeiter es zerbrochen hatten, als sie es herausholten. Ein bedeutender Archäologe ist der Meinung, dass dieses Boot aus der Eiszeit stammt, vielleicht sogar aus einer noch weiter zurückliegenden Zeit. Wenn diese Hypothese, deren Verantwortung wir ihm überlassen, richtig ist, handelt es sich um den ältesten existierenden Zeugen prähistorischer Schifffahrt. Wir müssen auch ein Boot erwähnen, das in der Nähe von Brigg (Lincolnshire) gefunden wurde, nur wenige Meter von einem kleinen Fluss entfernt, der in den Humber mündet. Es ist etwa 45 Fuß lang, 3,5 Fuß breit und etwa einen Meter hoch. Der Bug ist geriffelt. Es gibt keine Spuren eines Mastes, obwohl die Größe des Bootes es schwierig gemacht haben muss, allein mit Rudern zurechtzukommen.

Eine der im Kopenhagener Museum aufbewahrten Pirogen besteht aus einer etwa zwei Meter langen Baumstammhälfte, die in Form einer Mulde ausgehöhlt und an beiden Enden gerade geschnitten ist. 32 Es ist merkwürdig, dieses klobige Bauwerk mit einem Boot zu vergleichen, das kürzlich unter einem Tumulus bei Gogstadten in Norwegen entdeckt wurde

(Abb. 14), von dem wir eine Zeichnung geben, obwohl es aus historischen Zeiten stammt, da es ein gutes Beispiel dafür ist Fortschritte gemacht. Der tote Wikinger war als prächtigstes Grab in sein Boot gelegt worden; mit seinem Bug, der zum Meer zeigt, denn würden die ersten Gedanken des Häuptlings, als er in einem anderen Leben erwachte, nicht an das Meer gerichtet sein, das Zeuge seiner Triumphe gewesen war? Die Seiten des Bootes, das an der breitesten Stelle mehr als sechsundsechzig Fuß lang und fünfzehn Fuß breit war, waren bemalt, und rundherum war eine Reihe von Schilden angebracht, die wie die Schuppen eines Fisches übereinander lagen und in der Zeichnung nicht unähnlich waren gesehen im berühmten Teppich von Bayeux. Ein Eichenblock, der den Mast aufnehmen sollte, wurde in die Mitte des Bootes gelegt, und in der Nähe des Skeletts befanden sich etwa fünfzehn Fuß lange Ruder, deren Form den heute verwendeten ähnelte.

Altes skandinavisches Boot, gefunden unter einem Tumulus bei Gogstadten.

Beim Einlegen der Fundamente der Invalidenbrücke in Paris wurde ein Boot aus dem Schlamm gehoben, der viele Jahrhunderte dort gelegen hatte. Wie die meisten der bereits erwähnten Exemplare war es aus einem einzigen, grob quadratischen Stamm gefertigt. Überall, wir müssen es noch einmal wiederholen, waren die ursprünglichen Ideen der Menschen dieselben; Überall weckte der auf dem Wasser schwimmende Baum seine Neugier und wurde zum Ausgangspunkt für eine seiner wichtigsten Entdeckungen. Spuren ähnlicher Schifffahrtsversuche findet man auch in anderen Teilen Frankreichs; In der Loire in der Nähe von Saint-Mars wurde ein Kanu gefunden, und das Dijon-Museum besitzt ein weiteres Kanu aus demselben Fluss, das etwa sechzehn Fuß lang ist, und es wurden Spuren von Sitzen gemacht, bei denen es sich jedoch möglicherweise nur um Erfindungen handelte zur Verstärkung des Bootes. Ein letztes Jahr aus dem Flussbett des Cher geborgenes Kanu hat die Form eines Troges, der am Ende mit Holzstücken verschlossen ist, die mittels vertikaler Rillen befestigt sind. Der Bug war ursprünglich im Rumpf selbst geformt worden und musste wahrscheinlich aufgrund eines Unfalls, vielleicht einer Kollision, auf diese Weise repariert werden (Abb. 15).

Altes Boot im Bett des Cher entdeckt.

Die Seebewohner der Schweiz besaßen seit ihrer ersten Ansiedlung in ihren Wasserhäusern Boote. Einer von ihnen, der in Robenhausen gefunden wurde, ist mehr als zehn Fuß lang und sehr flach und schwankt zwischen sechs und acht Zoll. Wie die meisten der bereits erwähnten wurde es aus dem Stamm eines Baumes ausgehöhlt, zur Mitte hin ausgebaucht und an den Enden abgerundet. Bisher wurden am Bahnhof Robenhausen nur Steinwerkzeuge gefunden, so dass wir davon ausgehen müssen, dass das Boot mit solchen Werkzeugen gebaut wurde. Die Bieler Seen und. Genf und die Stationen Morges und Estavayer haben ebenfalls Boote hervorgebracht, die zweifellos weniger alt sind als die, von denen ich gerade gesprochen habe. Bei fast allen ist der Bug merkwürdig spitz. Einer von ihnen aus dem Neuenburgersee, groß genug für zwölf Personen, hat einen Schnabel am Heck und einen runden Bug; aber es gibt keine Anzeichen einer Vorrichtung, um die Ruder an Ort und Stelle zu halten.

Schließlich wurde in der Schweiz etwa 3.900 Fuß über dem Rheintal ein Boot gefunden, aber niemand kann sagen, wie es zu dieser Höhe kam.

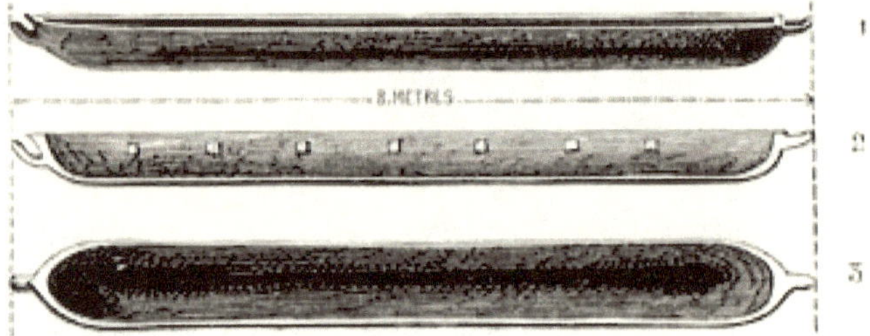

Eine im Neuenburgersee gefundene Seepiroge. 1. Von außen gesehen. 2 und 3. Längs- und Querschnitte.

Diese Kanus, unabhängig von ihrer Form oder Größe, können nur mit Rudern gefahren werden, dennoch wurden Ruder selten gefunden. Das Genfer Museum verfügt jedoch über eines, das aus dem schlammigen Grund eines italienischen Sees stammt, und andere sind im Royal Museum of Dublin aufbewahrt und weisen alle Anzeichen großer Antike auf. Abgesehen von den tatsächlichen Rudern verfügen wir über andere Beweise für deren Verwendung. Gross 33 erwähnt ein Boot (Abb. 16), bei dem in den oberen Teilen der Seiten Löcher angebracht waren, um die Ruder zu halten. 1882 wurde bei Cordon (Ain) eine Piroge aus dem Rhonebett geholt, die zur Hälfte im Flussschlamm vergraben war. Das Holz war schwarz und die oberen Teile waren verkohlt, aber der mittlere Teil war noch intakt und sehr hart. Die in regelmäßigen Abständen in die Seiten gebohrten Löcher dienten möglicherweise dazu, die Ruder an Ort und Stelle zu halten. Die Position der Ruderer am Boden des Bootes war sehr unbefriedigend. Doch erst später finden wir Sitze, die so platziert sind, dass die Ruderer ihre ganze Kraft entfalten können. Bei einem kürzlichen Treffen der Anthropologischen Gesellschaft (21. Juli 1887) stellte M. Letourneau fest, dass das Ruder nur sehr langsam zum Einsatz kam. Es war weder den Ägyptern noch den Phöniziern bekannt, noch, was noch seltsamer ist, den Griechen und Römern. Ihre Schiffe wurden, unabhängig von ihrer Größe, von zwei großen Rudern (*gubernaculum*) am Heck geführt. Die Chinesen scheinen die einzigen Menschen gewesen zu sein, die seit jeher mit der Verwendung des Ruders vertraut waren. Es ist wahrscheinlich, dass es von ihnen auf die Araber und vielleicht sogar auf die Menschen in Europa überging.

Eine in der Nähe von Abbeville gemachte Entdeckung ist das älteste uns bekannte Beispiel für die Verwendung des Mastes. Bei einigen Arbeiten an den Befestigungsanlagen der Stadt kam ein Boot zum Vorschein, das etwa 21 Fuß lang gewesen sein muss. Zwei Vorsprünge bilden einen Teil der

Beplankung und lassen dazwischen einen rechteckigen Raum, in dem vermutlich der Mast befestigt war. 34

Professor Gastaldi spricht von einem hölzernen Anker, der aus einem Torfmoor in der Nähe von Arona stammte und unter dem sich ein Pfahlbau befand. Er datiert es auf die Zeit, als sich die Verwendung von Bronze im Norden Italiens bereits zu verbreiten begann. Ein in Niddau gefundener Stein von besonderer Form soll ein *Ankerstein sein* . Diesen Namen gibt Friedel auch einem großen runden Sandsteinklumpen mit einer tiefen Rille in der Mitte. Schließlich fand Kerviler beim Durchqueren eines Beckens der Bucht von Penhouet in der Nähe von Saint-Nazaire mehrere Steine, die offenbar dazu verwendet wurden, Boote vor Anker zu halten, und mit deren Hilfe wir uns eine Vorstellung von den Methoden der Antike machen können Navigatoren (Abb. 17).

Abbildung 17.

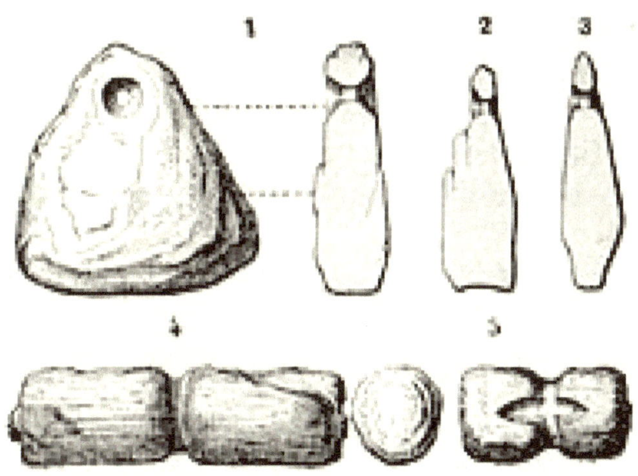

Als Anker verwendete Steine, gefunden in der Bucht von Penhouet. 1, 2, 3, Steine mit einem Gewicht von jeweils etwa 160 Pfund. 4 und 5, hellere Steine, wahrscheinlich für Kanus verwendet.

Dies sind die einzigen Details, die wir über das wichtige Thema der prähistorischen Anker haben, aber wir können hinzufügen, dass sich die alten Fischer wahrscheinlich nur in kurzer Entfernung vom Land entfernten und keine Anker brauchten, da sie ihre leichten Boote leicht an Land tragen konnten.

Wir lassen nun einen Rückblick auf die Lebensbedingungen unserer entfernten Vorfahren und werfen dabei einen Blick auf die Tiere, die ihre

Zeitgenossen waren, und auf die Fische, die die Wasserläufe bevölkerten, in deren Nähe sie lebten. Wir haben die frühesten Navigationsversuche zur Jagd auf Fische studiert und müssen nun zurückgehen, um die Waffen, Werkzeuge und Ornamente dieser alten Völker zu untersuchen und in diesen Objekten den Beginn der Kunst aufzuspüren. Dies wird das Ziel unseres nächsten Kapitels sein.

1 In dieser Höhle wurden die Knochen von 45 Bären gefunden. In der Goyet-Höhle (die die Nummer 3 trägt) wurden vollständige Sätze der Knochen von 12 Mammuts, 8 Nashörnern, 57 Bären, 57 Pferden, 24 Hyänen, 35 Rentieren, 6 Urusen, 2 Löwen sowie die Knochen eines großen Löwen gefunden Anzahl der Ziegen, Gämsen und Wildschweine. Dupont: „L'Homme Pendant l'Âge de la Pierre", S. 86.

2 Diese Vögel gehörten zu den Gruppen der Raubvögel, Sperlingsvögel, Hühnervögel, Watvögel und Schwimmvögel. Jede Ordnung ist vertreten, und fast alle Knochen stammten von essbaren Arten, die dem Menschen sicherlich als Nahrung gedient hatten.

3 Richard Andrée: „Die Anthropophagie eine Ethnographische Studie", Leipzig, 1887.

4 „Les Hommes de Chavaux et d'Engis", *Bul. Acad. Roy. de Belgique* , vol. xx., 1853; Bd. xviii. (neue Folge), 1863; Bd. xxii., 1866; *Matériaux* , 1872. S. 517.

5 „L'Homme Pendant les Âges de la Pierre", S. 225.

6 „Compte Rendu", S. 363.

7 „Hist. Nat.", Buch VII., Sek. 2.

8 Belgrand: „Le Bassin Parisien", Bd. ich., p. 232.

9 *Stier. Soc. Anth* ., 1869, S. 476.- *Ac. des Sciences* , 1870, erste Woche, S. 167.

10 *Archives du Musée National de Rio de Janeiro* , Bd. ich., 1876.

11 Siehe meine Übersetzung von De Nadaillacs „Prehistoric America", S. 53, 58 und 59." – N. D'Anvers.

12 „Geographie", Buch IV.

13 „Oper", Bd. ii., Migne-Ausgabe, S. 335. Richard aus Cirencester sagt, dass die Attacotes an den Ufern des Clyde lebten, jenseits der großen Hadriansmauer.

14 Schwedens „Urgeschichte", S. 341.

15 Die Felidæ waren im Quartär in Europa sehr zahlreich. Wir können zwei Arten von Löwen erwähnen, *Leo nobilis* und *Leo spelæus*, wobei letztere oft mit den in französischen Höhlen so häufig vorkommenden *Delis spelæus verwechselt werden*, sowie zwei Tigerarten, *Tigris Edwardsiana* und *Tigris Europæa*, die größte der quartären Felidæ etwa zwölf Fuß lang. Wir kennen auch sieben Leopardenarten und sechs Katzenarten, vom Serval bis zu kleinen Felis, die kleiner sind als unsere Hauskatze; zwei Luchsarten und schließlich der *Machairodus*, ein Raubtier von beträchtlicher Größe, das sich durch außergewöhnlich lange obere Eckzähne auszeichnet, die wie eine Säge gezahnt sind. Wahrscheinlich waren diese Raubtiere nicht alle Zeitgenossen, sondern folgten einander nach. (Bourguignat: „Histoire des Felidæ Fossiles en France dans les Dépôts de la Période Quaternaire", Paris, 1879.)

16 „Zeugnis der Felsen", S. 127, Edinburgh und Boston, 1857.

17 *Ossements Fossiles Trouvés à Odessa*. Die Höhlenhyäne ähnelt derjenigen, die heute am Kap lebt.

18 Ducrost und Arcelin: „Stratigraphie de l'Éboulis de Solutré", *Mat*., 1876, S. 403. *Archive des Museum d'Hist. Nat. de Lyon*, Bd. 1.

19 M. de Baye fand in den Petit-Morin-Höhlen zahlreiche ähnliche Pfeilspitzen.

20 Nilsson: „Die Ureinwohner Skandinaviens."

21 Kapitän Edward Johnson, der von 1628 bis 1632 durch Neuengland reiste, berichtet, dass die Kinder dort ihre Tage damit verbrachten, auf die Fische zu schießen, die auf der Wasseroberfläche auftauchten, und dass es ihnen mit wunderbarem Geschick gelang, sie zu fangen. „Eine Geschichte Neuenglands", London, 1654.

22 Reiss und Steubel: „Die Nekropole von Ancon in Peru", London und Berlin.

23 *Matériaux*, 1870, S. 348.

24 *Wiadomosei Archéologizne*, Nr. iv., Warschau, 1882.

25 Kap. Rau: „Prähistorische Fischerei in Europa und Amerika."

26 Horaz: „Oden", Buch I., Ode III.

27 Friedel: „Führer durch die Fischerei Abtheilung."

28 „Ein Katalog der Antiquitäten im Museum der Royal Academy."

29 *Proceedings of the Royal Academy of Scotland*, Bd. iii. Dr. R. Munro „Ancient Scottish Lake Dwellings or Crannoges", Edinburgh, 1882.

30 Geikie, *Edinburgh New Philosophical Journal*, Bd. xv. De Lapparent „Traité de Géologie", Erstausgabe, S. 518.

31 „Entdeckungen in den neueren Lagerstätten des Bovey-Beckens", *Trans. Devonshire Ass*., 1883.

32 „Nordische Oldtimer im Konggele Museum in Kjobenhawn."

33 „Les Proto-Helvètes", *Nature*, 1880, 1. Woche, S. 151.

34 „Mém. Soc. d'Emulation d'Abbeville", 1867.

KAPITEL III.
Waffen, Werkzeuge, Töpferwaren; Ursprung der Verwendung von Feuer, Kleidung, Ornamenten; Frühe künstlerische Bemühungen.

Die Veden zeigen uns, wie Indra mit einer Holzkeule bewaffnet einen Stein ergreift, um Vritra, den Geist des Bösen, zu durchbohren. 1 Ruft dies nicht ein Bild der frühesten Tage des Menschen auf der Erde hervor? Seine erste Waffe war zweifellos ein knorriger Ast, den er von einem vorbeieilenden Baum gerissen hatte, oder ein Stein, den er von denen aufgelesen hatte, die zu seinen Füßen lagen. Dies waren jedoch nur schwache Mittel, um mit furchtbaren katzenartigen und dickhäutigen Feinden fertig zu werden. Dem Menschen fehlte es an ihrer großen körperlichen Stärke; er war kein so schneller Läufer wie viele von ihnen; seine Nägel und Zähne waren für ihn weder zum Angriff noch zur Verteidigung nutzlos; Seine glatte Haut bot selbst vor dem rauen Klima keinen ausreichenden Schutz. Eine solche Ungleichheit hätte sehr schnell zur Niederlage des Menschen führen müssen, wenn Gott ihm nicht zwei wunderbare Werkzeuge gegeben hätte: das Gehirn, das schwanger wird, und die Hand, die ausführt. Mit roher Gewalt stellte sich der Mensch der Intelligenz entgegen, ein glorreicher Kampf, aus dem er mit Sicherheit als Sieger hervorgehen würde, denn in den Worten von Victor Hugo: „Ceci devait tuer cela." Die riesigen Tiere des Quartärs sind für immer verschwunden, während der Plan als Sieger über die Natur selbst überlebt hat. Schon vor seiner Geburt hatte ein unumstößliches Dekret verfügt, dass nichts auf der Erde seine Entwicklung behindern dürfe.

Der einzige Mensch unter den unzähligen Lebewesen um ihn herum wusste etwas über die Vergangenheit und er allein war in der Lage, die Zukunft vorherzusagen. Sogar Affen, so groß die ihnen zugeschriebene Intelligenz auch sein mag, sind von Anfang an weitgehend das geblieben, was sie waren. Vergebens hat eine Generation die andere abgelöst; Sie gehorchen immer noch dem Diktat ihrer brutalen Instinkte, wie es ihre Vorfahren vor ihnen taten; Und wenn die Affen ihre Spezies in Tausenden von Jahren weiter vermehren, werden sie das bleiben, was wir heute in ihnen sehen. Auch Hunde bleiben Hunde, Elefanten bleiben Elefanten; Biber werden ihre Dämme genauso bauen wie die heutigen, Wespen werden nie lernen, wie Bienen Honig zu machen, und Bienen werden nie wie Ameisen in der Lage sein, Blattläuse zu ihren Dienern zu erziehen oder andere Familien zu versklaven . Ihre Instinkte sind unfähig, Fortschritte zu machen, und schon bei ihren ersten Bemühungen stoßen sie an die Grenzen, die ihnen die ewige Weisheit gesetzt hat. Dem Menschen allein ist es gegeben, zu verstehen, was seine Vorgänger getan haben, fester auf dem Weg zu gehen, den sie eingeschlagen haben, und die Worte, die sie gestammelt haben, klar auszusprechen. Ohne Zweifel stammen wir von den Menschen ab, die mitten in Urwäldern oder in stehenden Sümpfen lebten und in Höhlen lebten, um deren Besitz sie oft mit den sie umgebenden wilden Tieren kämpfen mussten. Diese Männer wussten jedoch, dass ein erzieltes Ergebnis zu einem anderen führen würde, wenn ähnliche Mittel eingesetzt würden; Sie sahen, dass ein spitzer Stein dem von ihnen gejagten Tier eine tiefere Wunde zufügen würde als ein stumpfer, und lernten daher, Steine künstlich zu schärfen. die über ihre Schultern geworfenen Tierhäute schützten sie vor der Kälte, und sie lernten, Kleidungsstücke herzustellen; Um sie herum sprossen Samen, und sie lernten, sie zu pflanzen; Sie bemerkten die Wirkung von Hitze auf Metalle und versuchten, sie zu mischen. wilde Tiere wanderten um sie herum und sie lernten, sie in die Sklaverei zu zwingen. Jedes gewonnene Wissen und jeder erzielte Fortschritt wurden zum Ausgangspunkt für neue Errungenschaften, neue Fortschritte, die von nun an für immer das gemeinsame Erbe der Menschheit blieben.

So lehrte die Erfahrung schon früh unsere entfernten Vorfahren, dass Gestein unter Hammerschlägen leichter zersplittert, wenn es frisch aus dem Steinbruch kommt; und überall lernten die Menschen, den für ihren Zweck am besten geeigneten Stein auszuwählen. Für Beile, Keile und Hämmer verwendeten sie Jade und verwandte Materialien wie Fibrolit, Diorit und Basalt, die gleichzeitig äußerst haltbar und sehr stoßfest waren. Für Speer- und Pfeilspitzen, Messer, Sägen und alle Instrumente, die scharfe Spitzen und Schneidkanten erfordern, verwendeten sie je nach Situation des Arbeiters Quarz, Jaspis, Achat und Obsidian; Obwohl alle diese Materialien extrem hart sind, lassen sie sich leicht in dünne, scharfe Flocken spalten. Die Steinblöcke wurden sehr methodisch zerschnitten; Sie waren tatsächlich, um einen sehr passenden Ausdruck von M. Dupont zu verwenden, skaliert (*écaillés*). Wir geben Zeichnungen einiger dieser Geräte (Abb. 18 , 19 und 20), die die frühesten Bemühungen von Lean veranschaulichen, Bemühungen, die als Ausgangspunkt all jener Industrien angesehen werden können, die im Laufe der Jahrhunderte entstanden sind Es wurden Ergebnisse erzielt, die man nicht ohne Staunen betrachten kann.

Abbildung 18.

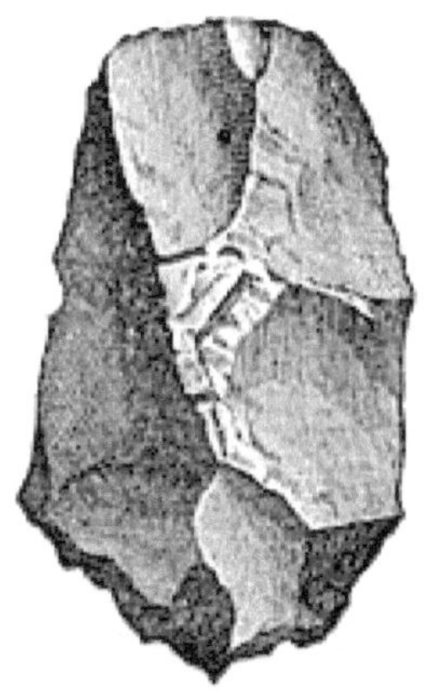

Schaber aus dem Delaware Valley.

Abbildung 19.

Implement aus dem Delaware Valley.

Die vielen antiken Werkzeuge, die uns überliefert sind, waren schwerfällig und schwer, beidseitig geschliffen und spitz (Abb. 20). Sie können in Material, Größe und Verarbeitung variieren, sind aber immer leicht zu erkennen. 2 Waren sie die einzigen Waffen des Menschen? Wir zögern, es zu glauben, und die sorgfältigen Nachforschungen von M. d'Acy verstärken unsere Ungläubigkeit. 3 Er erzählt uns, dass in Saint-Acheul, der Wiege dieser seltsamen Entdeckungen, die Mandelform mit der Spitze unter den Moustier-Feuersteinen vermischt vorgefunden wird, so dass das, was an einem Ort wahr ist, an einem anderen nicht wahr ist, und zwar überhaupt nicht Diese Schlussfolgerung wäre sicherlich verfrüht.

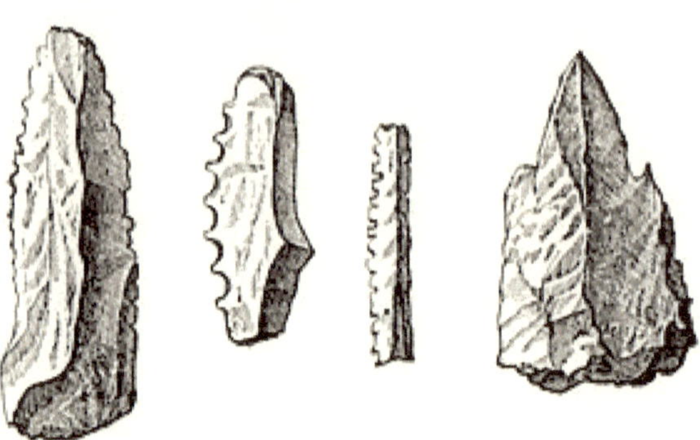

Bearbeitete Feuersteine aus den Schutzhütten Lafaye und Plantade (Tarn-
et-Garonne).

Es würde lange dauern, die Länder aufzuzählen, in denen Werkzeuge vom
Typ Chelléen 4 gefunden wurden. Man trifft sie in den Flusstälern
Frankreichs an, bald eingebettet in das steinige Schwemmland, bald verstreut
auf der Erdoberfläche. Obwohl sie in Deutschland selten sind, kommen sie
im Südosten Englands in Hülle und Fülle vor, und dieser Zeit müssen die
Entdeckungen in Hoxne sowie in den Becken der Themse, der Ouse und
des Avon zugeordnet werden. Ähnliche Entdeckungen wurden häufig in
Italien, Spanien, Algerien und Indien gemacht. Dr. Abbott spricht vom Fund
solcher Geräte im eiszeitlichen Alluvium des Delaware (Abb. 18 und 19),
Miss Babitt in den alluvialen Ablagerungen des Mississippi, Mr. Haynes in
New Hampshire, Mr. Holmes in Kolumbien und andere Entdecker im
Becken des Bridget und in Guanajuato in Mexiko. Überall sind diese Geräte
in Form und Bauweise identisch und sehr oft werden sie mit den Knochen
von Tieren ausgestorbener Arten in Verbindung gebracht.

Manchmal haben diese Chelléen-Werkzeuge (die Franzosen nennen sie
Coups de Poing) an der Basis einen Vorsprung, damit der Benutzer sie besser
greifen kann; Diese hatten sicherlich nie Griffe, aber es ist nicht angebracht,
aus dieser Tatsache allgemeine Schlussfolgerungen zu ziehen; und eine
Untersuchung der Sammlung von M. d'Acy, der vollständigsten, die wir an
Relikten aus der Chelléen-Zeit haben, beweist im Gegenteil, dass bestimmte
Werkzeuge nicht hätten verwendet werden können, wenn sie nicht in
Griffen befestigt worden wären.

In der folgenden Epoche, die von der Moustier-Höhle (Dordogne) den
Namen Moustérien erhalten hat, treffen wir bereits auf vielfältigere Formen,
darunter Schaber, Sägen, Messerklingen und Speer- oder Pfeilspitzen
Besonderes Merkmal: nur einseitiger Schnitt. Diese Geräte finden sich nicht

nur im Schwemmland wie die Chelléen- *Coups de Poing* , sondern auch in Höhlen- oder Felsablagerungen. Zu den Säugetierresten, mit denen sie in Verbindung gebracht werden, gehören die des Mammuts, des *Rhinoceros tichorhinus* , des Elchs, des Pferdes, des Auerochsen, des Höhlenlöwen, der Höhlenhyäne und des Höhlenbären, die sich durch ihre Beständigkeit auszeichnen Eigenschaften. Die zur Vorperiode gehörenden Elephas antiquus und Rhinoceros Merckii sind inzwischen vollständig ausgestorben, und die jetzt zum ersten Mal auftretenden Rentiere sind noch lange *nicht* zahlreich .

In der Solutréen-Zeit, so benannt nach der berühmten Seestation von Solutré, finden wir gestielte Pfeilspitzen mit seitlichen Kerben, 5 Feuersteinspitzen in Form von Lorbeerblättern, die sich durch ihre Regelmäßigkeit in der Form und die Feinheit der Verarbeitung auszeichnen; Im Vergleich zu denen früherer Perioden sind die Formen viel filigraner und eleganter. Viele der Höhlen im Süden Frankreichs stammen aus dieser Zeit. Es ist schwierig, sie alle aufzuzählen, und noch schwieriger ist es, eine vollständige Liste der heutigen Säugetiere zu erstellen. Die Einlagen berühren in der Regel tatsächlich solche aus einer anderen Zeit, und die Trennung der darin enthaltenen Objekte wurde nicht immer mit der erwünschten Sorgfalt vorgenommen . In Solutré überwiegen Überreste des Pferdes; während man andernorts in beträchtlicher Menge Rentierknochen findet und mit ihnen auch die Knochen des Höhlenbären, der Wildkatze (ein Wesen, das erheblich größer ist als die heutigen Tiger) und des Mammuts findet, die viele Jahrhunderte in Europa weiterlebte.

Zur Madeleine-Zeit schließlich, die nach der Madeleine-Höhle (Dordogne) benannt ist und als eine der bedeutendsten Höhlenepochen gilt, gehören Werkzeuge und Waffen aller möglichen Formen und Materialien, darunter Knochen-, Born- und Rentiergeweihe; Aus dieser Zeit stammen auch Pfeile und Harpunen mit Widerhaken, Amtsstäbe, die von der sozialen Organisation berichten; Die Gravuren und Schnitzereien zeugen von der Entwicklung des künstlerischen Gefühls. Andererseits sind die Pfeilspitzen und Messerklingen aus Feuerstein nicht so fein geschliffen; Wir sehen, dass der Mensch gelernt hatte, andere Materialien als Stein zu verwenden. Das Rentier ist die charakteristischste Tierform der Madeleine-Zeit.

Auf die Zeiten, die wir gerade betrachtet haben, folgten andere ganz anderer Art, denen man die allgemeine Naivität des Neolithikums zuschrieb. Die Fauna erfuhr, vermutlich durch den Einfluss klimatischer und orographischer Veränderungen, einen völligen Wandel; das Mammut, der Höhlenbär, der Megaceros und die großen Felidae starben aus, das Nilpferd sah man nur noch im Herzen Afrikas; die Rentiere und andere Säugetiere, die sich gerne in Regionen mit ewigem Schnee aufhalten, haben sich in den äußersten Norden zurückgezogen; und an ihrer Stelle erschienen unsere frühesten Haustiere, der Ochse, das Schaf, die Ziege und der Hund. Der Mensch, der diese Veränderungen miterlebte, machte weiterhin Fortschritte; er verließ seinen Nomaden für ein sesshaftes Leben; Er hörte auf, ein Bunter zu sein, und wurde Landwirt und Hirte. Überall treffen wir auf Spuren neuer Bräuche, neuer Ideen und einer neuen Lebensweise. Dieser Fortschritt ist insbesondere in der industriellen Kunst zu beobachten. Metalle sind zwar noch unbekannt, aber neben Werkzeugen, die lediglich gesplittert oder grob geschnitten sind, finden wir zum ersten Mal Beile, Kelten, kleine Messerklingen und Pfeilspitzen, die durch langes Reiben vortrefflich poliert wurden von einem Stein auf dem anderen. Polierer, die so stark abgenutzt sind, dass sie von langer Lebensdauer zeugen, sind in allen Sammlungen zahlreich vorhanden, und in Steinen und Findlingen sind Einschnitte zu sehen, die offenbar demselben Zweck dienten. 6

Es ist unmöglich, die Anzahl der gefundenen polierten Beile aufzuzählen; Ihre Zahl ist einfach unkalkulierbar. Von allen zeichnen sich jedoch diejenigen aus Skandinavien am meisten durch ihre feine Verarbeitung aus. Mit den feinen Beilen der Bretagne lassen sich die in Wolgu gefundenen und im Museum von Kopenhagen aufbewahrten Klingen und die aus rosa, grauem und braunem Feuerstein gefertigten Klingen aus der Sordes-Höhle im Süden Frankreichs vergleichen; Wir können jedoch für keines davon das Datum ihrer Produktion festlegen. Eine der großen Schwierigkeiten der prähistorischen Forschung, eine Schwierigkeit, die beim gegenwärtigen Stand unseres Wissens nicht zu überwinden ist, besteht darin, mit einiger Sicherheit die Perioden zu unterscheiden, in die versucht wurde, die Lebensgeschichte des Menschen von seinem ersten an zu unterteilen Erscheinung auf der Erde.

Gab es einen abrupten Übergang von einer Periode zur anderen? Müssen wir die Theorie einer langen Pause akzeptieren, die durch geologische Phänomene verursacht wurde, und der vorübergehenden Entvölkerung, die eine der Folgen dieser Phänomene war? Beginnte die neue Ära der Zivilisation mit der Ankunft fremder Rassen, die stärker und besser geeignet waren als ihre Nachfolger für den Kampf ums Dasein? Oder sind diese Veränderungen lediglich das Ergebnis des natürlichen Fortschritts, der eines der Gesetze unseres Seins ist? Diese Fragen können jetzt nicht gelöst werden, und wenn die Industrien, die derzeit Gegenstand unserer Forschungen sind, von der Anwendung eines neuen Verfahrens, nämlich des Polierens, zeugen, müssen wir hinzufügen, dass überall paläolithische Formen noch bestehen bleiben. Nur angeschlagene Feuersteine sind unhandliche Werkzeuge, aber es gibt keinen Bruch in ihrer Reihe, bis wir zu den prächtigen Exemplaren aus Skandinavien oder Mexiko kommen. Von den sieben Typen der Solutréen-Zeit sind in der hier betrachteten Zeit sechs anzutreffen. 7 Fünf Arten von Solutréen-Speeren wurden auch in der

Durfort-Höhle und unter den Dolmen von Aveyron und Lozère gefunden. Neolithische Waffen, wie sie in der Moustier-Höhle gefunden wurden, sind nicht so zahlreich, aber der dort verwendete Typ ist weder besonders schön noch so sorgfältig verarbeitet, weshalb er seltener kopiert wurde. Wenn wir die Messer, Ahlen, Schaber und Sägen untersuchen, kommen wir zum gleichen Ergebnis, auch wenn der Vergleich nicht so einfach ist. „Ein Messer ist immer ein Messer, eine Ahle ist immer eine Ahle", bemerkt M. Cartailhac; „Sie wurden zu jeder Zeit hergestellt, und ihre Ähnlichkeit untereinander beweist nichts mit Sicherheit."

Abgerundete Steine aus Granit oder Sandstein scheinen jedoch eigentümliche Waffen der Jungsteinzeit gewesen zu sein. Dr. Pommerol sprach kürzlich vor der Anthropologischen Gesellschaft von Paris über zwei solche runden Steine, die im Puy-de-Dôme gefunden wurden. Ähnliche Steine wurden in Viry-Noureuil entdeckt, und M. Massénat hat einen in seiner Sammlung von Chez-Pourré. Haben diese abgerundeten Steine nicht einen ähnlichen Charakter wie die *Bolas*, die von den alten Galliern geworfen wurden und noch immer von den Bewohnern der Pampa Südamerikas verwendet werden?

Wie wir bereits bemerkt haben, muss der Plan seit frühester Zeit oft die Steine in seinen Händen gehalten haben, die ihm als Waffen oder Werkzeuge dienten. Die Hämmerspuren auf den glatten Oberflächen, die abgerundeten Vorsprünge und die in diese Steine eingearbeiteten Rillen wurden offensichtlich angebracht, um ein Abrutschen der Hand oder des Daumens zu verhindern. Doch schon bald erkannte der Mensch durch Nachdenken, dass er durch die Hinzufügung eines Griffs aus Holz, Horn, Hirsch- oder Rentiergeweih zum Stein an Kraft gewinnen würde. Das Hinzufügen eines Griffs war recht einfach: Der Arbeiter befestigte ihn lediglich mit faserigen Wurzeln, Lederriemen oder Bändern, die er aus den Eingeweiden der bei der Jagd getöteten Tiere entnommen hatte, am Beil (Abb. 21). Auf den ersten Blick sind wir erstaunt über die Ergebnisse, die mit solch erbärmlichen Materialien erzielt werden, aber es ist unmöglich, sie zu bestreiten, denn wir haben das Gleiche schon in unserer Zeit gesehen.

Abbildung 21.

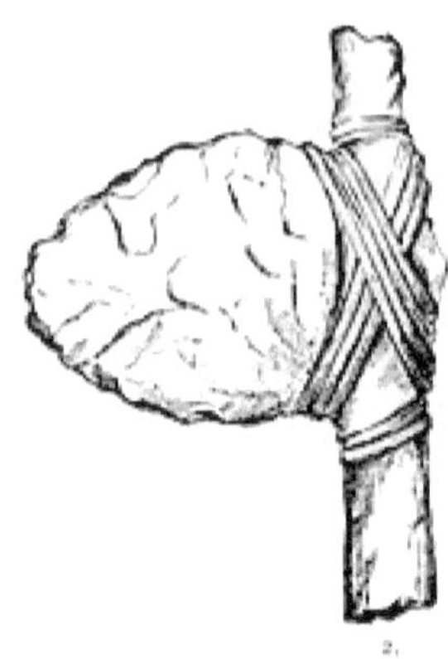

1. Speerkopf aus Stein mit Griff. 2. Steinbeil mit Griff.

Andere Beile, hauptsächlich kleine, wurden in Scheiden aus Hirschhorn befestigt, und zwei Haupttypen davon wurden tatsächlich hergestellt. 8 Die Hüllen des ersten Typs sind kurz und enden in viereckigen Perlen. Am häufigsten kommen sie in der Schweiz, in den Einzugsgebieten der Rhone und der Saône sowie im gesamten Süden Frankreichs vor. Die zweite Art wird mit einem Loch durchbohrt, das groß genug ist, um den Griff hindurchzuführen. Man findet sie im Nordwesten Frankreichs, in Belgien und in England.

Feuersteinpfeile in dreieckiger oder ovaler Form, mit Kerbe oder Stiel, wurden über einen längeren Zeitraum überall verwendet. Man findet sie in den zahlreichen Höhlen Frankreichs, unter den *Antas* Portugals, in den Gräbern von Mykene sowie bei den Ainos Japans und den Patagoniern Südamerikas. Bei ihrer Verwendung handelt es sich zwangsläufig um die eines Bogens, doch aus der Altsteinzeit ist uns keine einzige Waffe dieser Art oder eine solche bekannt, die sie ersetzen könnte. Wahrscheinlich hat die schnelle Zersetzung des Holzes, aus dem Bögen hergestellt wurden, zu ihrem Verschwinden geführt. De Mortillet 9 erwähnt einen Bogen, der in einem Pfahlbau in einem Moor bei Robenhausen gefunden wurde und den er der Jungsteinzeit zuschreibt. Ein weiteres ist bekannt, das bei Lutz, ebenfalls in der Schweiz, gefunden wurde. Auf den ersten Blick ähneln die ältesten Bögen der Geschichte diesen beiden prähistorischen Beispielen sehr.

Obwohl Feuerstein im Quartär das Material schlechthin für Waffen und Werkzeuge war, konnte es nicht lange für die ständig wachsenden Bedürfnisse des Menschen ausreichen. In unseren Museen finden wir eine vollständige Reihe von Werkzeugen aus Knochen oder Hirschhorn wie Pfeilspitzen, Pfeilspitzen, Widerhakenpfeile, Harpunen, Fibeln und fein geschnittene Nadeln, die oft mit Ösen durchbohrt sind (Abb. 22).

Besondere Beachtung verdient die Erfindung der Widerhaken; Die Reihe von Spitzen machte den Schlag viel gefährlicher, da das Projektil im Fleisch eines verwundeten Tieres verblieb, das es nicht herausbekommen konnte. Aber das war nicht der einzige Zweck der Widerhaken. Symmetrisch auf beiden Seiten des Pfeils angeordnet hielten sie ihn wie die Flügel eines Vogels in der Luft, was möglicherweise auf ihre Verwendung hindeutete und die Wirkung und Präzision des Schusses steigerte.

Abbildung 22.

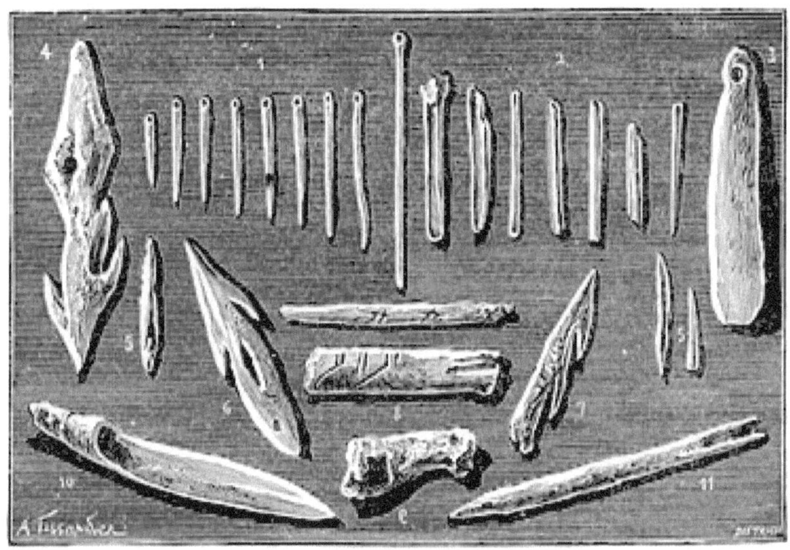

1. Feine Nadeln. 2. Grobe Nadeln. 3. Amulett. 4 und 6. Ornamente. 5. Feuerstein schneiden. 7. Fragment einer Harpune. 8. Fragmente eines Rentiergeweihs mit Zeichen oder Zeichnungen. 9. Pfeife. 10. Ein Ende eines Bogens (?). 11. Pfeilspitze. (Aus den Höhlen Vache, Massat und Lourdes.)

In der Marsoulas-Höhle wurde ein abgeschrägter Pfeilschaft aus Rentiergeweih mit einer tiefen Rille auf der Oberfläche gefunden. Eine ähnliche Pfeilspitze wurde in der Pacard-Höhle gefunden, und an anderen Orten wurden Pfeile mit einer oder mehreren Rillen auf der Oberfläche gefunden. Waren diese Rillen oder Bohrer dazu gedacht, Gift zu halten, und kannte der Mensch diese melancholische Diode der Zerstörung bereits? Wir wissen, dass der Einsatz von Gift bereits in der ältesten Antike bekannt war. 10 Die Griechen und Skythen nutzten das Gift der Viper, andere Völker verwendeten Pflanzengifte. Es spricht nichts dagegen, zu glauben, dass in prähistorischen Zeiten ähnliche Methoden angewendet wurden.

Amulett aus dem Penisknochen eines Bären, gefunden in der Marsoulas-Höhle.

Es besteht kein Zweifel, dass es die Höhlen im Süden Frankreichs sind, die die interessantesten Objekte hervorgebracht haben; Nadeln mit gebohrten Öhr und Pfeile mit Widerhaken wurden in großer Zahl in Eyziès, Laugerie-Basse, in Bruniquel, Massat und in der Madeleine-Höhle gefunden. Dr. Garrigou erwähnt einige in Ariège-Höhlen gefundene Rentier- oder Rehgeweihe, die zu normalen Stilettos verarbeitet wurden. In den Lagerstätten von Lafaye befanden sich verschmutzte Stilettos oder Bodkins, deren Länge zwischen zwei und sechs Zoll variierte; Nadeln mit einer Größe von neunzehn bis einhundertfünf Millimetern und Ösen; In Marsoulas wurden ein Amulett aus dem Penisknochen eines Bären (Abb. 23), einige Anhänger und einige spitze Knochenstücke gefunden, die uns durch die Feinheit ihrer Verarbeitung und die Zeichnungen, mit denen sie geschmückt waren, in Erstaunen versetzen.

Abbildung 24.

Verschiedene Stein- und Knochenobjekte aus Kalifornien.

In Paviland entdeckte Dr. Buckland einen spitz zugeschnittenen Wolfsknochen. Kent's Hole brachte eine Reihe von Nadeln hervor, die denen der Madeleine-Höhle ähnelten; In Aggtelek (Ungarn) wurden einige Knochen des Höhlenbären gefunden, die zugespitzt waren, um als Dolche zu dienen, in Schaber geschnitten oder durchbohrt, um als Amulette oder Schmuck zu dienen. In Belgien wurden sehr ähnliche Objekte aus

Rentiergeweih aus längst vergangenen Zeiten gefunden. Besonders gefragt waren die im Frühjahr von den Rentieren gemauserten Geweihe.

Bei Ausgrabungen in den Grabhügeln in der Nähe von San Francisco (Kalifornien) wurden Tausende von Knochengeräten gefunden (Abb. 24). Andere, ihnen ähnliche wurden in den Ascheschichten von Madisonville (Ohio) und unter den zahlreichen Küchenmulden an den Küsten des Atlantiks und des Pazifiks gefunden.

Die von den Höhlenmenschen angewandten Verfahren waren sehr einfach. Bei einer der von ihm geleiteten Ausgrabungen fand M. Dupont 11 den Radius eines Pferdes, das symmetrische Einschnitte trug, um Knochensplitter zu entfernen. Diese Splitter wurden abgerundet, indem man sie entweder mit Feuersteinspänen oder mit solchen Polierern, wie sie in jedem Museum zu sehen sind, reibt; Dann wurde ein Ende geschärft und das andere, falls nötig, mit einem Loch durchbohrt. Es ist erstaunlich, dass einige von ihnen so fein sind wie die heutigen Stahlnadeln und mit vollkommen runden Öhrchen, die nur mit Hilfe von grobem Feuerstein hergestellt wurden, und es gäbe immer noch Zweifel an diesem Thema, wenn Herr Lartet 12 hatte bei der Bearbeitung von Knochenfragmenten mit den Feuersteinen, die er bei diesen Ausgrabungen verunreinigt hatte, nicht ganz ähnliche Ergebnisse erzielt. Andere Experimente ähnlicher Art waren nicht weniger schlüssig, denn Merk 13 durchbohrte alle Elfenbeinplatten mit einem spitzen Feuerstein, den er als Bohrer benutzte.

Einige Objekte, die vermutlich aus der Jungsteinzeit stammen, zeugen von einem völlig unerwarteten Grad an Zivilisation. Im Herzen Deutschlands, in den Torfmooren von Laybach und Wörbzig an den Ufern der Saale, wurden irdene Löffel in der Form moderner Spachtel gefunden; bei Geraffin am Bielersee ein fein geformter Löffel aus Eibenholz; und in Lagozza ein weiteres aus glänzend schwarzem Steingut. Lartet hatte bereits ein mit Reliefornamenten bedecktes Knochengerät ans Licht gebracht, das er dem Paläolithikum zuschrieb und das seiner Meinung nach zur Gewinnung von Knochenmark verwendet wurde; und ein anderer Archäologe berichtet von Objekten aus Rentiergeweihen, die in der Gourdan-Höhle gefunden wurden und seiner Meinung nach für einen ähnlichen Zweck verwendet wurden. Im Saint-Germain-Museum sind Reste von Löffeln aus dem Grund der Seine erhalten, und in den Sammlungen Englands befinden sich Knochenfragmente, die unter dem West-Kennet-Dolmen entnommen wurden und wahrscheinlich alle zur Gewinnung von Knochenmark verwendet wurden. Aber die wichtigste Entdeckung von allen, die keinen Zweifel an diesem Thema lässt, ist die von M. Perrault im Chassey Camp in der Nähe von Chalon-sur-Saône, unter einer Feuerstelle aus der Jungsteinzeit. Er sammelte vierzehn Steingutlöffel; einer von ihnen war rund und aufgrund seiner Größe bemerkenswert groß und leider zerbrochen (Abb. 25). Es besteht aus braunem Steingut mit einer ziemlich rauen Oberfläche, vermischt mit Feuersteinstücken, und ist so stark abgenutzt, dass es offensichtlich schon seit langer Zeit in Gebrauch war. Schließlich wurden kürzlich zwei Löffel, ebenfalls aus Steingut, in der Nähe von Dondas (Lot-et-Garonne) gefunden. Die Verwendung von Löffeln, die sicherlich einen großen Fortschritt darstellte, muss sich also schnell verbreitet haben.

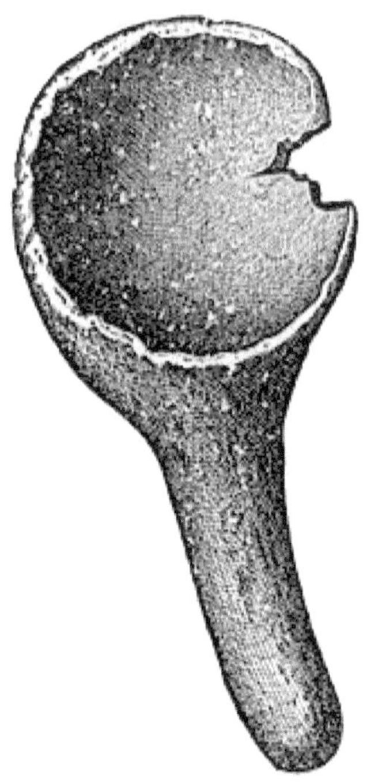

Dipper wurde bei den Ausgrabungen im Chassey Camp gefunden.

Doch schon lange vorher zeugten Töpferwaren in den unterschiedlichsten Formen von der erschöpften plastischen Kunstfertigkeit des Menschen. Überall finden wir Gefäße aus grobem Material, gemischt mit Sand- oder Glimmerkörnern, um der im Feuer gebackenen Paste mehr Konsistenz zu verleihen, und hatten oft keine weitere Verzierung als die Fingerabdrücke des Töpfers. Stammt diese Keramik aus der Altsteinzeit oder handelte es sich bei den Tongefäßen um spätere Ergänzungen zur Zeit jener Ablagerungsstörungen, an denen Archäologen verzweifeln? Einige Beispiele helfen uns vielleicht, diese Frage besser zu beantworten.

Fraas erzählt uns, dass in allen Höhlen Deutschlands, in denen Ausgrabungen durchgeführt wurden, Keramikfragmente gefunden wurden. Er zitiert das von Hohlefels, wo er selbst solche Fragmente zwischen den Knochen des Mastodon, des Mammuts, des Nashorns und des Höhlenlöwen aufsammelte, als die Überreste dieser Tiere zum ersten Mal in Deutschland gefunden wurden. Im Jahr 1872 brachte der Bau der Eisenbahnstrecke von Nürnberg nach Regensburg eine Höhle von beträchtlicher Tiefe ans Tageslicht. In den unteren Ablagerungen wurden nichts als die Knochen von Hyänen, Bären und Löwen gefunden, deren Aufenthaltsort die Höhle jahrhundertelang gewesen war. In den ältesten Lagerstätten wurden zahlreiche Relikte ähnlicher Art gefunden, die jedoch heute mit zahlreichen Keramikfragmenten, bearbeiteten Feuersteinen und Fischgräten, darunter Karpfen und Hechten, vermischt waren, wobei die Knochen von Säugetieren überwiegen die des Nashorns, die meisten von ihnen sind absichtlich aufgeplatzt. In Argecilla, zwanzig Meilen von Madrid entfernt, entdeckte Vilanova eine reguläre Werkstatt, in der sich Messer und Pfeilspitzen aus Feuerstein sowie einige sehr primitive Töpferwaren aus Ton befanden, die offensichtlich von weit her gebracht worden waren, da es in der Gegend keine gibt In einer oberen Lagerstätte sammelte Vilanova mehr als zweihundert Geräte aus Diorit, einem in Spanien häufig verwendeten Gestein, einige sehr bemerkenswerte Kelten aus Serpentin aus der Jungsteinzeit und zahlreiche Fragmente sehr empfindlicher Keramik. Nicht weit entfernt entdeckte er eine weitere Werkstatt, in der sich einige sehr schöne, perfekt polierte Beile und geschmackvoll verzierte Keramikwaren befanden. Die erzielten Fortschritte sind bei den Waffen und Werkzeugen ebenso deutlich wie bei der Töpferei.

Wir haben auch einige Steingutfragmente aus den Höhlen von Chiampo und Laglio in der Nähe des Comer Sees sowie aus der sogenannten Cave dei Colombi auf der Insel Palmaria gesehen, die kurz vor der Jungsteinzeit besiedelt war. Aber es ist Belgien, das den entscheidendsten Beweis zu diesem Thema liefert, und ein Besuch im Brüsseler Museum reicht aus, um die Ungläubigsten zu überzeugen. Die unter M. Dupont durchgeführten Ausgrabungen in den Höhlen der Maas und der Lesse brachten immer wieder Keramikfragmente ans Licht, die mit den Knochen paläolithischer Tiere in Zusammenhang stehen. Auch Schmerling hatte bereits in der Engis-Höhle ähnliche Fragmente gefunden, vermischt mit Feuersteinwaffen der gröbsten Art; und seine Entdeckungen wurden durch die kürzlich in Spy bei Namur gemachten 14 und durch andere von M. Fraipont eindrucksvoll bestätigt. 15 In Teilen derselben Engis-Höhle, die zuvor noch nicht erforscht worden waren, fand der gelehrte Lütticher Professor 1887 Fragmente einer eiförmigen Vase, einige Feuersteine vom Typ Moustérien und einige Knochen ausgestorbener Säugetiere. Die meisten Töpferwaren im Brüsseler Museum sind schwarz und von primitiver Qualität; Einige wenige Fragmente sind jedoch von fertiger Arbeit. Besonders hervorzuheben ist eine eiförmige Vase, die sich durch ihre Größe und ihre seitlichen Vorsprünge auszeichnet. Diese handmodellierte Vase stammt aus der Frontalhöhle; Der Ton hat eine schwärzliche Farbe und ist mit kleinen Stückchen Kalkspat vermischt. M. Ordinaire, Vizekonsul für Frankreich in Callao, spricht von den *Cayanes* oder *Macahuas* , bei denen es sich um Tonbecken mit großer Formsymmetrie handelt, die von den Combos-Frauen hergestellt wurden, ohne dass sich Räder oder Mühlen jeglicher Art drehten. Obwohl uns die elegante Form der Frontal-Vase und anderer Vasen zunächst überrascht, überzeugt uns das

Nachdenken, dass Männer, die Steine mit solch seltenem Geschick schneiden könnten, sicherlich in der Lage wären, ebenso gute Töpferwaren herzustellen.

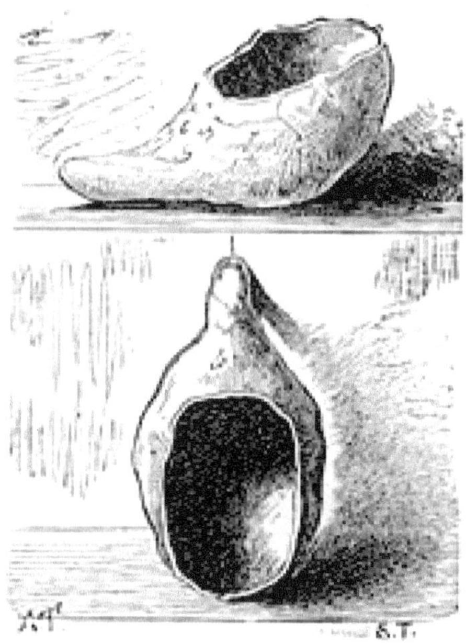

Keramik eines bisher nicht klassifizierten Typs, gefunden in der Argent-
Höhle (Frankreich).

Ähnliche Beispiele lassen sich leicht aus Frankreich anführen. Bei
Ausgrabungen in Solutré wurden mehrere Fragmente gelber, handgefertigter
Keramik gefunden, die sehr unzureichend gebrannt war. und andere Stücke
wurden in den Torfmooren von Bastide de Béarn mit Rentierknochen und
bearbeiteten Feuersteinen gefunden, die denen ähneln, die in quartären
Lagerstätten gefunden wurden. Wir können hinzufügen, dass in Lafaye, Bize
und Pondre (Hainault) Keramikfunde gemacht wurden, die mit
menschlichen Überresten und denen von inzwischen ausgestorbenen Tieren
vermischt waren; und in der Argent-Höhle (Basses-Alpes) wurde ein neuer
Typ gefunden, der in Abb. 26 dargestellt ist und besondere Aufmerksamkeit
verdient. In den allerersten Tagen der prähistorischen Forschung wurde die
Nabrigas-Höhle (Lozère) von M. Joly ausgegraben, der darin viele
Keramikfragmente fand. In einem Band, der kurz vor seinem Tod
veröffentlicht wurde, schildert er die Umstände seiner Entdeckung und
beteuert nachdrücklich deren Authentizität. Spätere Ausgrabungen, die unter
der Leitung von Meistern der prähistorischen Wissenschaft durchgeführt
wurden, hätten einige Zweifel an den Behauptungen des Professors von
Toulouse aufkommen lassen, wenn MM. Martel und Launay hatten keinen
neuen Beweis dafür vorgelegt. „Am 30. August 1885", heißt es dort, „fanden

wir in Nabrigas in einem tiefen Loch, das von früheren Ausgrabungen unberührt blieb und nicht durch Wasser verdrängt wurde, einige menschliche Knochen und ein Stück Ton neben zwei Skeletten von Ursus. *spelœus* . Zu den menschlichen Knochen unbestimmter Rasse gehörten ein oberer linker Oberkiefer, der noch drei Zähne enthielt, eine unvollständige Mastoidapophyse und sieben Schädelstücke, die verschiedenen Individuen gehörten. Das Keramikstück hatte nur die Maße 1,5 mal 2,5 Zoll; Der Ton ist grau und bröckelig, zusammengehalten von großen Quarzstücken, Glimmer und ein paar Holzkohlepartikeln." Es scheint keinen ausreichenden Grund zu geben, die Genauigkeit einer so sorgfältig untersuchten Entdeckung in Frage zu stellen.

Viele bedeutende Archäologen behaupten jedoch, dass Töpferwaren im Paläolithikum völlig unbekannt waren, und sie zögern nicht, jede Lagerstätte, in der sie vorkommt, einer späteren Zeit zuzuordnen, wenn ihr Vorkommen nicht durch spätere Verschiebungen erklärt werden kann. Herr Cartailhac erklärt, dass er weder im Süden Frankreichs noch im zentralen Hochland eine einzige Tatsache feststellen konnte, die uns zu der Behauptung rechtfertigen würde, dass die Menschen der Rentierzeit, geschweige denn die Menschen früherer Epochen, wussten, wie Töpferwaren herstellen. Die ersten Entdecker, fügt er hinzu, hätten die Überreste verschiedener Epochen, die Relikte unterschiedlicher Herkunft, nicht immer sorgfältig genug unterschieden. Wie oft wurden Knochen, die vom Wasser mitgeschleppt oder von Tieren dorthin gebracht wurden, wo sie gefunden wurden, mit denen vermischt, die von Menschen zurückgelassen wurden, oder die Ablagerungen der Jungsteinzeit mit denen des frühesten Quartärs! Wie oft wurde der Inhalt eines Zugangs zu einer Höhle mit dem Inhalt der Höhle selbst verwechselt! Daher bedauerliche Fehler, die jetzt nicht mehr behoben werden können. Evans und Geikie wiederum behaupten, dass in England keine paläolithische Keramik vorhanden sei, und Sir J. Lubbock vertritt diese Meinung energisch.

Zweifellos handelt es sich hierbei um große Autoritäten, und doch ist es angesichts der heute bekannten Fakten schwer zu glauben, dass dem Menschen die Kunst des Töpferns lange Zeit fremd war. Seine Erfindung erforderte keinen großen Intelligenzaufwand und seine Herstellung bereitete keine großen Schwierigkeiten. Der Mensch brauchte nur den weichen Ton zu kneten, den er unter seinen Füßen betrat, und dessen Plastizität ihm nicht entgehen konnte. Dieser Ton härtete in der Sonne aus und beim Schrumpfen bildeten sich Vertiefungen – das erste Gefäß wurde entdeckt! Die Erfahrung lehrte den Menschen bald, die Hitze der Sonne durch die des Feuers zu ersetzen und ein paar Stücke einer harten Substanz hinzuzufügen, um dem Ton eine größere Konsistenz zu verleihen. Diese ersten groben und klobigen Vasen sind bis heute als unwiderlegbare Zeugen der Arbeit unserer

Vorfahren erhalten geblieben. Obwohl wir daher nicht sicher sein können, dass alle Rassen, die Europa bevölkerten, im Quartär Töpferwaren hergestellt haben 18 , lässt sich nicht leugnen, dass viele von ihnen über diese Kunst verfügten. Dieser Unterschied im Grad der Zivilisation, den Menschen erreichen, die nur in geringem Abstand voneinander leben, muss uns nicht überraschen, denn alle Reisenden berichten von ähnlichen Tatsachen bei zeitgenössischen wilden Rassen.

Das Backen von Töpferwaren ist ein Beweis dafür, dass der Einsatz von Feuer schon in der Antike bekannt war. Das Vorhandensein von Massen von Asche, Bruchstücken verkohlten Holzes und halb verkohlten Knochen an verschiedenen Orten beweist dies noch deutlicher. In Solutré, in Louverné (Mayenne), in Saint-Florent (Korsika), um nur einige Beispiele zu nennen, finden wir große Platten aus halbkalziniertem Stein, flach ausgelegt und mit Haufen von Asche und allerlei Müll bedeckt. Diese Platten bildeten den Familienherd, wo der Mensch sein Essen mit Hilfe des Feuers zubereitete, das er zu entzünden und weiter brennen gelernt hatte.

Wie kam der Mensch zu einer Entdeckung, die für seine Existenz so lebenswichtig war? Die Veden führen den Ursprung des Feuers auf das Aneinanderreiben der trockenen Äste der Bäume in einem Sturm zurück. „Die ersten Menschen", sagt Vitruv, 19 „wurden wie andere Tiere in Wäldern, Höhlen und Wäldern geboren." Die vom Sturm heftig aufgewühlten dichten Bäume fingen Feuer, weil ihre Äste aneinander rieben; Die Wut der Flammen erschreckte die Männer, die sich in ihrer Nähe befanden, und ließ sie in die Flucht schlagen. Bald jedoch beruhigt, näherten sie sich allmählich wieder und erkannten, welche Vorteile die sanfte Wärme des Feuers für ihren Körper haben könnte. Sie füllten die Flammen mit Öl, sie hielten das Feuer am Feuer, sie holten andere Männer, denen sie durch Schilder die Nützlichkeit dieser Entdeckung deutlich machten. Die so versammelten Männer artikulierten einige Laute, die, jeden Tag wiederholt, zufällig bestimmte Wörter bildeten, die zur Bezeichnung von Gegenständen dienten, und bald hatten sie eine Sprache, die es ihnen ermöglichte, zu sprechen und einander zu verstehen. Es war also die Entdeckung des Feuers, die die Menschen dazu veranlasste, sich zu einer Gesellschaft zusammenzuschließen, zusammenzuleben und an denselben Orten zu leben."

Ohne die etwas kindischen Theorien von Vitruv oder die Mythen zu betrachten, die die Bedeutung bezeugen, die der Urmensch dem Feuer beimisst, können wir annehmen, dass es sich um eine Feuersbrunst handelt, die durch einen Blitz oder durch die spontane Verbrennung pflanzlicher Materialien in einem solchen Zustand verursacht wird Gärung oder andere ähnliche Phänomene machten dem Menschen die Macht des Feuers und den Nutzen, den es für ihn haben könnte, bewusst. Durch das zufällige

Zusammenschlagen zweier Feuersteine entstand ein Funke; Die Beobachtung lehrte den Menschen, durch denselben Prozess ein ähnliches Ergebnis zu erzielen; Es wurde ein großer Schritt vorwärts gemacht und die Zukunft der Menschheit gesichert. M. Dupont hob in der Chaleux-Höhle ein nierenförmiges, auf besondere Weise ausgehöhltes Stück Eisenpyrit auf, das offenbar zur Gewinnung des kostbaren Funkens verwendet worden war. Die Christy-Sammlung enthält einen Granitkiesel mit einem becherförmigen Loch, der offenbar dazu verwendet wurde, Feuer zu erzeugen, indem man einen Stab aus sehr trockenem Holz darin herumrieb. Die beiden heute verwendeten Methoden waren daher bereits im Einsatz. Lumholz erzählt uns, dass die Australier von Herbert River Feuer bekommen, indem sie zwei Holzstücke aneinander reiben. Die Indianer im Nordwesten Colorados, die Yapais der Karolinen und die Mincopies der Andamanen sowie viele andere Rassen kennen kein anderes Verfahren. Wir müssen jedoch immer noch eine gewisse Zurückhaltung im Umgang mit Feuer erzeugenden Geräten bewahren, die von so unvollkommener Natur sind und aus so fernen Zeiten wie den sogenannten prähistorischen Zeiten stammen.

In schlechten Jahreszeiten oder in der bitteren Kälte des Winters begnügte sich der Urmensch damit, die Häute der Tiere, die er getötet hatte, über seine Schultern zu werfen. Er präparierte diese Häute mit Feuersteinschabern und nähte sie mit Knochennadeln zusammen. Bei heißem Wetter streifte der Mann wahrscheinlich völlig nackt umher. Scham ist kein natürlicher Instinkt; Bildung allein entwickelt es. Fynes Morison schrieb 1617, er habe in Cork junge Mädchen ganz nackt gesehen, die damit beschäftigt waren, Mais mit einem Stein zu zerkleinern. Die Tchoutchi-Frauen, sagt Nordenskiöld, tragen in ihren Zelten keine Kleidung, egal wie groß die Kälte ist. In tropischen Ländern gingen Männer, Frauen und Kinder, alle völlig nackt, den Reisenden entgegen, die an ihren Küsten landeten. Als Graf Ursel kürzlich auf einer Reise durch Bolivien eine kleine Stadt durchquerte, sah er „in der Nähe des öffentlichen Brunnens einige junge Mädchen, die bereits heranwuchsen, ihre Waschungen machten und im Gewand des irdischen Paradieses herumspielten." Reisende, die Japan vor einigen Jahren besuchten, berichteten, dass die Bewohner, ohne Unterschied von Alter oder Geschlecht, in völliger Nacktheit aus dem Wasser kamen, was für europäische Augen ein seltsames Schauspiel darstellte. Wenn wir sehen, was in unseren Tagen tatsächlich unter vergleichsweise zivilisierten Menschen vor sich geht, können wir besser verstehen, wie der Stand der Dinge gewesen sein muss, als sich die ganze Welt in einem Zustand der Barbarei befand.

Erst viel später, in der Zeit, die als Neolithikum bezeichnet wird, stellten die Menschen Stoffe her und ersetzten Tierhäute durch leichtere und flexiblere Kleidungsstücke. Die Bewohner der Seestationen der Schweiz und Italiens bauten Hanf an. In Wangen und Robenhausen wurden Fetzen von grob gewebtem Stoff und in Lagozza Fragmente von noch primitiverem Material gefunden. An manchen dieser Stücke sind Spuren von Fransen und Verzierungsversuchen zu erkennen. Sogar in den Höhlen des Périgord bemerkte Lartet einige lange, schlanke Nadeln, die nicht zum Nähen von Häuten verwendet werden konnten; und er kam zu dem Schluss, dass sie für feinere Arbeiten gedacht waren, vielleicht sogar für Stickereien. Eine neue Kunst, mit deren Entdeckung wir sicherlich nicht gerechnet hätten, begegnet uns nun zum ersten Mal.

Es ist wahrscheinlich, dass sich unsere wilden Vorfahren tätowierten oder ihre Körper bemalten, wie es die Briten zur Zeit Cäsars taten, und wie es moderne Wilde tun, oder, um nicht so weit zu gehen, wie englische Seeleute und einige der Arbeiter von Frankreich. 20 In Montastruc wurden einige Fragmente roter Kreide und in Mayenne rotes Eisenerz gefunden, während in der Höhle von Spy ein mit sehr feinem rotem Pulver gefüllter Knochen und in der Höhle von Saltpêtrière etwas Pulver der gleichen Art gefunden wurde wurde in einer Muschel vor der Zerstörung bewahrt entdeckt. Ähnliche Entdeckungen haben Lartet und Christy in den Höhlen der Dordogne gemacht; M. Dupont in einer Schutzhütte in Chaleux und M. Rivière in Baoussé-Roussé. Der Abbé Bourgeois fand in Villehonneur nicht nur ein nussgroßes Stück Rötelkreide, sondern auch einen ovalen Kieselstein, der zum Mahlen verwendet worden war und dessen Zwischenräume noch Spuren von Farbstoff enthielten.

Rötel war nicht die einzige verwendete Substanz. In Chatelperron wurden Manganfragmente aufgesammelt; in Cueva de Rocca, in der Nähe von Valentia, Stücke von Zinnober; in der Placard-Höhle Stücke von schwarzem Blei; und in den verschiedenen Stationen in den Pyrenäen, insbesondere in der von Aurensan, wurde Ocker gefunden, der zweifellos für denselben Zweck verwendet wurde. In Solutré wurden Ocker, Mangan und Graphit gefunden; Letzterer war mit einem Feuerstein abgekratzt worden, und die dadurch entstandenen Kratzer sind noch deutlich sichtbar. Aus einer westfälischen Höhle holte Schaafhausen etwas dunkelgelben Ocker; in Castern (Staffordshire) wurde ein Stück derselben kalkhaltigen Substanz, die durch lange Dienstzeit abgenutzt war, aus der Spitze gepflückt; in Cantire (Argyleshire) ein Stück roten Hämatit, das offensichtlich aus Westmoreland oder Lancashire mitgebracht worden war; und schließlich wurde in Kent's Hole etwas Manganperoxid gefunden.

Alle diese Fragmente aus Ocker oder Mangan, Rötel oder schwarzem Blei wurden mit Hilfe künstlich ausgehöhlter Kieselsteine zu Pulver zerkleinert. Überall treffen wir auf diese primitiven Mörser und daneben auf andere Kieselsteine in ihrem natürlichen Zustand, die offenbar zum Zerkleinern der Farbstoffe verwendet wurden.

Eine neuere Entdeckung bestätigt tendenziell die Hypothese, dass diese Farben zur Dekoration des menschlichen Körpers verwendet wurden. Eine merkwürdige Gravur auf einem Knochen stellt den Kopf und Arm eines Mannes dar, und auf dem unteren Teil des Unterarms ist leicht ein vierseitiges Muster zu erkennen, das offensichtlich auf eine Tätowierung hindeutet.

In jedem Land und in jedem Klima finden wir sowohl Männer als auch Frauen, die eine Vorliebe für Ornamente zeigen. Der Fortschritt der Zivilisation hat diesen Geschmack stark verstärkt, aber er existierte als natürlicher Instinkt in den allerersten Tagen der Menschheit, und der Zeitgenosse des Mammuts und des Höhlenbären, der Höhlenmensch, der in seiner elenden Höhle kauerte, suchte nach Schmuck mit dem er sich schmücken kann. In den Höhlen in der Nähe der von Urmenschen bewohnten Stationen finden wir kleine Stücke versteinerter Korallen, Perlen aus gehärtetem Ton, Zähne von Bären, Wölfen und Füchsen, Stoßzähne von Wildschweinen und die Kieferknochen kleiner Säugetiere, Fischgräten und Belemniten mit Löchern durchbohrt und als Amulette oder Schmuck zum Tragen um den Hals gedacht. Bei Lafaye finden wir die Schneidezähne kleiner Nagetiere, die demselben Zweck dienen. Der Bewohner der Sordes-Höhle besaß eine kostbare Halskette aus vierzig Bären- und drei Löwenzähnen. Die gefundenen Zähne weisen oft Zierlinien auf, die zweifellos auf den Rang hinweisen oder die Taten des Häuptlings würdigen. Der Abbé Bourgeois beschreibt einige in Villehonneur (Charente) gefundene Hirschzähne, von denen zwei Kratzer aufwiesen, die möglicherweise eine Bedeutung hatten. Bei Cro-Magnon wurden einige mit drei Löchern durchbohrte Elfenbeintafeln aufgesammelt; In Kents Baumstamm wurden einige ovale Scheiben mit einer Größe von fünf mal drei Zoll gefunden, die durch die Feinheit ihrer Verarbeitung einen merkwürdigen Kontrast zu den anderen Objekten aus derselben Höhle darstellten. In den belgischen Höhlen wurden hier einige dünne Jet-Scheiben und einige Elfenbeinplatten gefunden, und in denen im Süden Frankreichs Fragmente von Speckstein, die in rechteckige und rautenförmige Formen geschnitten wurden, während in der Thayngen-Höhle ein Anhänger aus Braunkohle gefunden wurde (Abb . 27). Männer gaben sich nicht mit Naturprodukten zufrieden; Mode verlangte nach neuen Formen und frischen Materialien.

Abbildung 27.

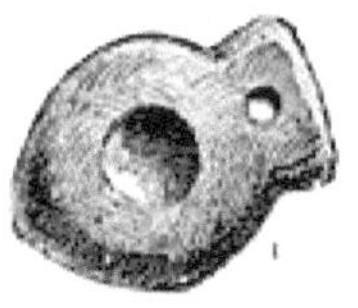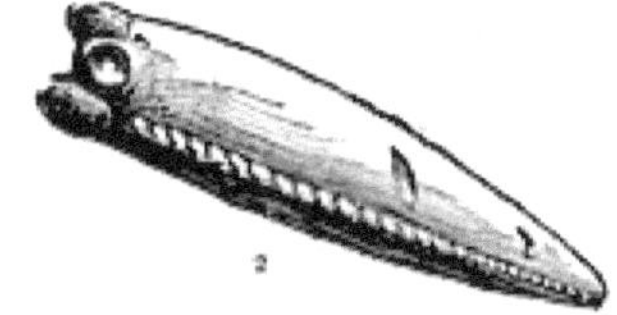

1. Braunkohleanhänger. 2. Knochenanhänger (Thayngen-Höhle).

Aber was die Aufmerksamkeit der alten Bewohner Frankreichs am meisten auf sich zog, waren bunte Muscheln. Die Höhlen von Roquemaure haben fast tausend Scheiben und Perlen aus Herzmuschelschalen hervorgebracht; Bei Cro-Magnon wurden mehr als dreihundert Muscheln gesammelt, die einen Kragen oder eine Halskette bildeten, die jedoch nicht so wertvoll war wie die des Mannes von Sordes. M. de Maret entdeckte bei Placard zahlreiche Muscheln; Einige gehören noch existierenden Meeresarten an, andere sind Fossilien inzwischen ausgestorbener Formen. Viele von ihnen sind dem Land, in dem sie gefunden wurden, fremd. Seit jeher fischten die Bewohner des heutigen Departements Charente im Golf der Gascogne, durchquerten Aquitanien, besuchten die Muschelmergelvorkommen von Anjou und Touraine und drangen bis zum heutigen Pariser Becken vor. Der Fund der *Cyprina Islandica* in einer der französischen Höhlen beweist, dass die prähistorischen Menschen Frankreichs sogar bis in den Norden Englands vordrangen. Dies ist keineswegs eine isolierte Tatsache; Zahlreiche Granaten aus dem Departement Champagne waren an die Ufer der Lesse und der Maas gebracht worden. In Solutré wurden Belemniten, Ammoniten und miozäne Muscheln gefunden, die sicherlich nie in dieser Gegend heimisch waren, außerdem Bergkristallstücke aus den Alpen und Perlen aus Jadeit unbekannter Herkunft.

In Schottland wurden Halsketten aus Neriten und Napfschnecken gefunden; in Aurignac achtzehn kleine Plättchen aus Herzmuschelschalen, die in der Mitte mit Löchern durchbohrt sind. In Laugerie-Basse war ein Mann, der von einem Erdrutsch überrollt worden war, von den Steinen zerquetscht worden, die auf ihn gefallen waren; Die Zeit hat seine Kleidung zerstört, aber die Muscheln, mit denen er sich geschmückt hatte, sind noch erhalten. 21 Er trug vier auf seiner Stirn, zwei auf jeder Schulter, vier auf jedem Knie und zwei auf jedem Fuß. Jeder Gedanke, diese Muscheln hätten eine Halskette gebildet, muss aufgegeben werden; Sie waren alle eingekerbt und dienten entweder zum Verzieren oder Befestigen der Kleidung.

Die interessantesten Entdeckungen wurden jedoch in den Höhlen von Baoussé-Roussé gemacht, von denen wir so oft gesprochen haben. M. Rivière hob die Skelette zweier Kinder auf, einige tausend künstlich durchbohrte Muscheln (*Nassa neritea*), *die zur Verzierung ihrer Kleidungsstücke verwendet worden waren: In der Nähe eines Erwachsenen wurden weitere Muscheln getragen, die eine Halskette, ein Armband, ein Amulett und ein Strumpfband bildeten* am linken Bein; Auf dem Kopf befand sich hingegen ein normales *Résille* oder Netz, das dem der spanischen Nationaltracht nicht unähnlich war. Dieses Netz bestand aus kleinen Nerita-Muscheln und wurde mit Knochenstiften an Ort und Stelle gehalten.

Unter den beliebtesten Schmuckstücken müssen wir auch Perlen aus Jett und sehr feinem, in der Sonne getrocknetem ockerfarbenem Ton, aus kalkhaltigem Kristallgestein und grauem Schiefer sowie an anderen Stellen Perlen aus Bernstein oder hyalinem Quarz erwähnen, deren Glanz anzog die Aufmerksamkeit. Am Bahnhof von Menieux (Charente) mit Feuersteinen einer Art, die üblicherweise als Moustérien oder Solutréen bezeichnet werden, haben Ausgrabungen zahlreiche sorgfältig polierte Calx-Kugeln mit einem Durchmesser von 1 bis 2 Zoll hervorgebracht. Hätten Zweifel an ihrer Verwendung bestanden, wären diese Zweifel durch die Entdeckung eines Bruchstücks des Schulterblatts eines Rentiers in Laugerie-Basse ausgeräumt worden, auf dem die Figur einer Frau eingraviert war, die um den Hals eine Halskette trug von ungeschickten runden Bällen. Es wurden noch andere, noch seltsamere Ornamente gefunden, auf die das, was wir über den Kannibalismus des frühen Menschen gesagt haben, den Leser hätte vorbereiten sollen. Unsere Vorfahren der Steinzeit schmückten sich mit Halsketten aus menschlichen Zähnen, und es wurden zwei Skelette ausgegraben, die dieses Zeichen ihrer Siege um den Hals trugen. M. de Baye besitzt in seiner Sammlung einige runde, mit Löchern durchbohrte Schädelstücke (Abb. 28), und auf dem Treffen der American Association im Jahr 1886 in Ann Arbor (Michigan) wurden einige Ornamente aus menschlichen Knochen eines Hügels präsentiert in Ohio.

Als Pruner Bey aus dem Ganggestein, in das er eingebettet war, einen Schädel aus dem Megalithdenkmal von Vauréal entnahm, bemerkte er ein Fragment eines menschlichen Schulterblatts, das mit einem Einschnitt durchbohrt war, in dem ein kleines abgerundetes Knochenstück befestigt war. Dieser Ornamentstil scheint noch viele Jahrhunderte lang in Gebrauch geblieben zu sein, denn M. Nicaise hat kürzlich in Moulin d'Oyes (Marne) eine Halskette aus Calx-Kugeln, Muscheln und Anhängern entdeckt, die aus den Schuppen von Unio-Muscheln geschnitten wurden. An dieser Halskette hing ein rundes Stück eines menschlichen Schädels, und auf dem gallischen Friedhof von Varille wurde die äußere Schicht eines menschlichen Lendenwirbels an einer Halskette aus Korallenperlen befestigt.

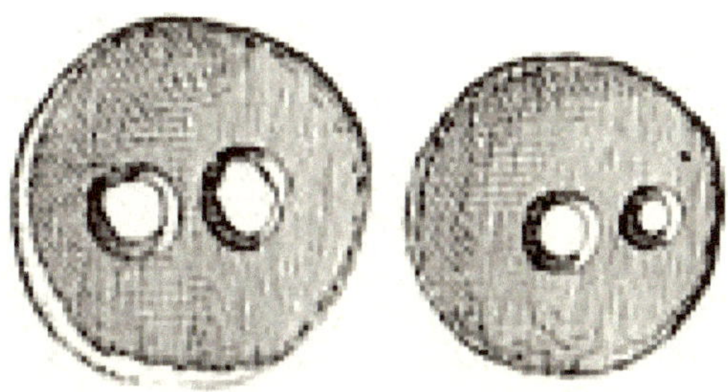

Runde Schädelstücke mit Löchern (Sammlung von Al. de Baye).

Uns sind auch Tatsachen anderer Art bekannt, die in diesem Zusammenhang erwähnt werden können. Die Männer von Marjevols tranken aus menschlichen Schädeln; das Grenoble-Museum besitzt ein solches Trinkgefäß; andere wurden in Billancourt, in Chavannes, im Chassey Camp und in Sutz, Æfelé und Loci-as in der Schweiz sowie in Brookville im Bundesstaat Indiana entdeckt. Dr. Prunières besitzt einen halben menschlichen Radius, wahrscheinlich den einer Frau, sorgfältig poliert und in ein Stilett umgewandelt (Abb. 29). Dr. Garrigou hat eine Pfeilspitze aus einem menschlichen Knochen, Pellegrino eine Fibel, die in eine Poliermaschine umgewandelt wurde und in den unteren Schichten des berühmten Castione *Terremare* in der Nähe von Parma gefunden wurde. Auf der Tagung des Prähistorischen Kongresses in Paris im Jahr 1869 erwähnte Pereira da Costa eine Femora, die in ein Zepter oder einen Amtsstab umgewandelt wurde, und um diese melancholische Liste abzuschließen, erwähnt Longpérier einen menschlichen Knochen, der mit regelmäßigen Öffnungen durchbohrt war, was eine seltsame Ironie darstellt des Todes diente als Flöte, um die Ohren der Lebenden zu erfreuen. .

Teil eines abgerundeten Stücks eines menschlichen Parietal-Stiletts,
hergestellt aus dem Ende eines menschlichen Radius – Scheibe aus dem
Grat eines Hirschgeweihs.

Eines der frühesten Bedürfnisse der menschlichen Natur muss
Kameradschaft gewesen sein; denn Hilfe war unbedingt notwendig, um den
Menschen in die Lage zu versetzen, mit den ihn umgebenden Gefahren
zurechtzukommen. Stämme, die zunächst aus Mitgliedern derselben Familie
bestanden, müssen seit den Anfängen der Menschheit existiert haben. Die
als Pfeifen durchbohrten Rentier-Phalangen (Abb. 30), gefunden in Eyziès,
Schussenreid, Laugerie-Basse, Bruniquel, in der Chaffaud-Höhle und den
belgischen Schutzhütten, in einem Torfsumpf von Scania auf der Insel
Palmaria, und an vielen anderen Orten wurden sie zweifellos verwendet, um
Männer in den Krieg oder zur Jagd zu rufen. In der Cottes-Höhle wurden
einige Rentier- und Auerochsenschenkel gefunden, von denen natürlich
angenommen werden kann, dass sie demselben Zweck gedient haben. Die
merkwürdigen Gegenstände, die in den Christy-Sammlungen aufbewahrt
werden, müssen auch im Krieg oder bei der Jagd verwendet worden sein. Sie
tragen neben dem Zeichen ihres Besitzers Kerben unterschiedlicher Form,
die an seine Heldentaten im Kampf oder bei der Jagd erinnern. Bei Solutré,
MM. Ducrost und Arcelin bemerkten Fragmente von Elefantenstoßzähnen,

Kalkplatten und einige Sandsteinscheiben aus der Trias, deren Kerben und äquidistante Linien offenbar einen ähnlichen Zweck hatten.

<h1 style="text-align:center">Abbildung 30.</h1>

Pfeife aus der Massenat-Sammlung.

Von Pfeifen zu normalen Musikinstrumenten ist der Übergang einfach. Ohne die von Herrn de Longpérier erwähnte zu beschreiben, von der wir nicht mit Sicherheit sagen können, dass sie von großem Alter ist, entdeckte Herr Piette bei einer seiner zahlreichen Ausgrabungen eine primitive Flöte, die aus zwei Vogelknochen bestand, die, wenn sie zusammengefügt und in sie geblasen wurde, erzeugte Modulationen, die denen der Pfeifen ähnelten, die von den Menschen in Ozeanien verwendet wurden; auf deren eintönige Musik Cook anspielt. Einige Zeit später bemerkte M. Piette ähnliche Knochen in der Rochebertier-Sammlung. Bisher ist uns keine andere Entdeckung dieser Art bekannt.

Die merkwürdigen Gegenstände, die unter dem Namen „Amtsstäbe" bekannt sind, würden bei Bedarf einen weiteren Beweis dafür liefern, dass die Männer der Steinzeit in Gesellschaften lebten, eine Organisation besaßen und einen Häuptling anerkannten. Die Amtsstäbe bestehen aus großen Rentier- oder Hirschgeweihstücken, die kunstvoll bearbeitet sind und ein recht einheitliches Aussehen haben. Ihre Oberfläche ist mit Schnitzereien und Gravuren verziert, die Tiere, Pflanzen und Jagdszenen darstellen. Sie sind dicker als breit, und die oft angewandte Sorgfalt bei der Reduzierung der Dicke ist ein Beweis dafür, dass versucht wurde, Eleganz und Leichtigkeit mit Solidität zu verbinden (Abb. 31 , 32 , 33 , 34 und 35). Fast alle von ihnen sind an einem Ende mit großen Löchern durchbohrt, deren Anzahl schwankt. Einige dieser Löcher wurden später hinzugefügt. Können wir in ihnen vielleicht die Zeichen eines Priestertums erkennen, in dem aufeinanderfolgende Ränge erreicht wurden und in dem jede neue Errungenschaft mit einer neuen Auszeichnung belohnt wurde? Dies ist schwer zu beweisen, aber diese Stäbe konnten weder als Waffen noch als Werkzeuge verwendet worden sein; Die Sorgfalt, mit der sie mit Ornamenten bedeckt wurden, und die lange Zeit, die für diese Dekoration benötigt wurde, zeigen den Wert, den ihre Besitzer ihnen beimaßen. Die Unmöglichkeit einer anderen Hypothese ist der beste Beweis, den wir für ihre Verwendung haben.

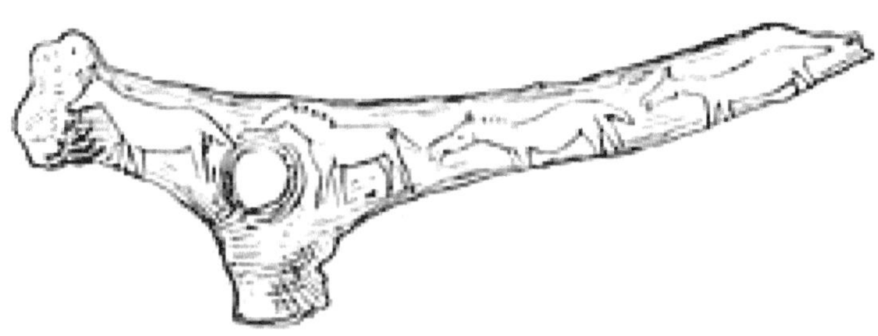

Mitarbeiter des Büros.

Zu den wunderbaren Gegenständen, die Dr. Schliemann in Hissarlik gesammelt hatte, gehörten zwei Fragmente eines Rentiergeweihs, die mit Löchern durchbohrt waren und eine einzigartige Ähnlichkeit mit den von uns beschriebenen hatten. Wir können mit ihnen auch das *Pogomagan vergleichen* , das Amtsabzeichen der Indianerhäuptlinge am Mackenzie River, die tatarischen *Kemous* , die Stöcke, auf denen die Australier mit konventionellen Zeichen jedes Ereignis markieren, das für sie oder ihren Stamm von Bedeutung ist, und ähnliche Gegenstände von ihnen Persien, Assam, Celebes und Neuseeland. Aber warum sollte man so weit entfernte Beispiele suchen? Ist die Erinnerung an diese alten Insignien nicht auch in unserer Zeit erhalten geblieben, und könnten sie nicht die ursprünglichen Formen der Zepter unserer Könige und der Krummstäbe unserer Bischöfe gewesen sein?

Abbildung 32.

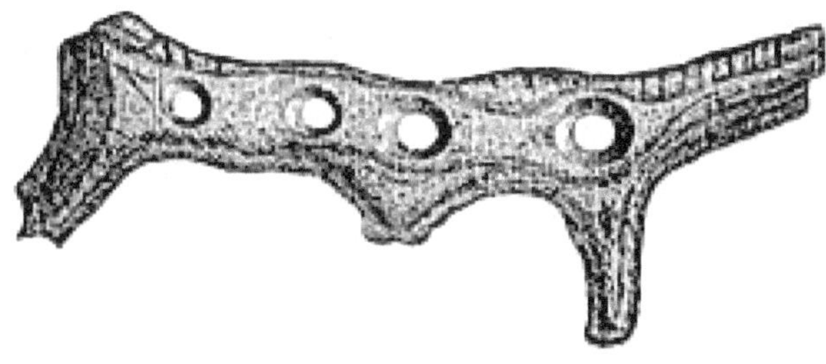

Bürostab aus Hirschhorn mit vier Löchern.

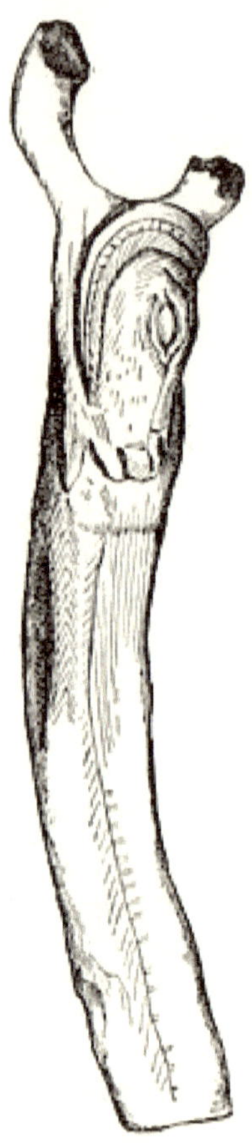

Mitarbeiter des Büros in Lafaye gefunden.

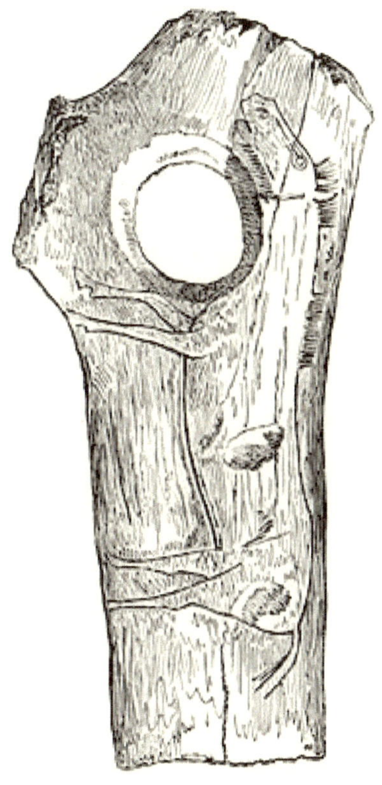

Amtsstab aus Rentiergeweih mit eingraviertem Pferd, gefunden in
Thayngen.

Diese Stäbe, von denen inzwischen Hunderte gefunden wurden, wurden
an vielen verschiedenen Orten gefunden, darunter in der Goyet-Höhle in
Belgien, in den Höhlen von Périgord und Charente sowie in der Veyrier-
Station in Savoyen. In Thayngen wurden bis zu dreiundzwanzig gefunden,
alle mit nur einem Loch. [22] Wir dürfen unter diesen Reliquien vergangener
Zeiten nicht vergessen, eines der interessantesten zu erwähnen, das 1887 in
Montgaudier (Charente) gefunden wurde (Abb. 35), das auf der einen Seite
die Darstellung zweier Siegel und auf der anderen die Darstellung von zwei
Siegeln trägt zwei Aale, von denen vor allem erstere mit einer
wahrheitsgetreuen Form, Kühnheit in der Ausführung und Feinheit der
Berührung ausgeführt sind, die geradezu erstaunlich sind, wenn man
bedenkt, dass der Künstler (diesen Titel können wir ihm nicht verweigern)
keine Werkzeuge zur Verfügung hatte außer einem ein paar elende
Feuersteine oder grob spitze Knochen. Die bei Amphibien so seltsam

platzierten Hinterbeine sind originalgetreu wiedergegeben; Jede Pfote hat fünf Zehen, die Beschaffenheit der Haut ist erkennbar, der Kopf ist fein modelliert; Die Schnauze mit den Schnurrhaaren, das Auge, die Ohröffnung zeugen von echtem Können. Die Existenz der Robbe im Quartär in Südfrankreich war erst vor kurzem bekannt, als Herr Hardy in einer Höhle in der Nähe von Périgueux die Überreste einer Robbe (Phoca grœnlandica) fand, die mit einer recht arktischen Fauna in Verbindung gebracht *wird* . Zumindest in einem Teil des Quartärs muss daher im Périgord sehr große Kälte geherrscht haben. 23

Mit diesem Bürostab wurden einige mit geometrischen Mustern bedeckte Elfenbeinstücke, in die scharfe Gegenstände eingraviert waren, Stilettos, Knochennadeln, Messer, Feuersteinschaber und, noch seltsamer, die Überreste des Höhlenlöwen, der Höhlenhyäne, mitgenommen und das *Nashorn tichorhinus* , allesamt Zeitgenossen der ältesten quartären Fauna.

Abbildung 35.

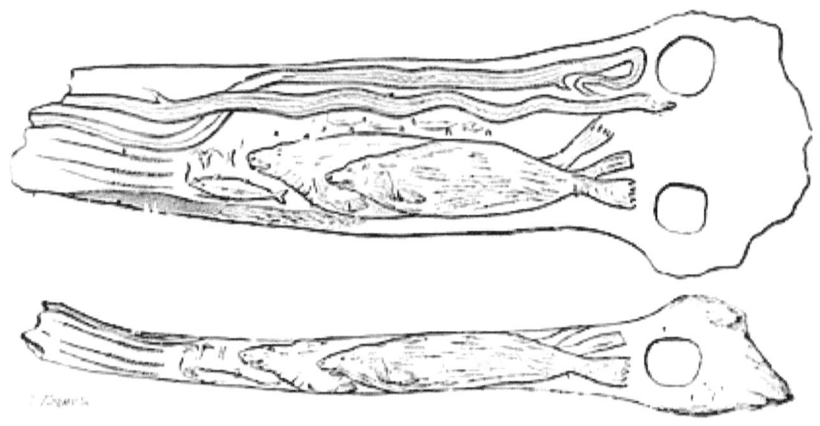

Mitarbeiter des Büros in Montgaudier gefunden.

Die Männer der Steinzeit übten ihr Talent nicht nur auf den Ämtern aus. Vielfältig und vielfältig sind die Motive, die auf Elfenbeintafeln oder Stein eingraviert und in Bärenzähnen oder Hirschgeweihen eingraviert wurden. Wir stellen einen dar, der den Griff eines Dolches bildet (Abb. 36), und einen anderen, der einen Bären mit der für die Art charakteristischen konvexen Stirn darstellt, der auf einem Stück Schiefer eingraviert ist (Abb. 37), und ein Mammut, das auf einer Elfenbeintafel eingraviert ist mit langer Mähne, Rüssel und gebogenen Stoßzähnen (Abb. 38). Der Künstler, der diese Tiere mit solch getreuer Genauigkeit darstellte, lebte offensichtlich unter ihnen. Die erste Entdeckung dieser Art machte Joly-Leterme in der

Chaffaud-Höhle (Wien); Es handelte sich um einen Rentierknochen, auf
dem zwei Hirsche abgebildet waren. 24

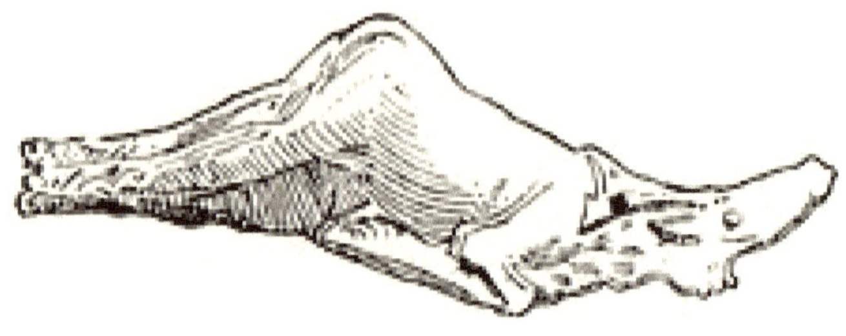

Geschnitzter Dolchgriff (Laugerie-Basse).

Der große Höhlenbär, gezeichnet auf einem Kieselstein aus der Massat-Höhle (Garrigou-Sammlung).

In der Lortet-Höhle wurde der Knochen eines Hirsches gefunden, auf dem eine Darstellung von Fisch und Rentier zu erkennen war, während in Sordes ein Bärenzahn mit eingraviertem Siegel entdeckt wurde (Abb. 39), in Marsoulas ein Stück Rippe darauf ist ein Tier abgebildet, bei dem es sich angeblich um einen Moschusochsen handelt (Abb. 40), und in Feyjat (Dordogne) ein Vogelknochen mit einer Zeichnung von drei Pferden, die sich schnell vorwärtsbewegen. Ich muss viele andere sehr interessante Beispiele außer Acht lassen, aber ich darf nicht unterlassen, die großartigen Beispiele zu erwähnen, die Teil der Peccadeau-Sammlung in Lisle sind. Cartailhac erwähnt einige Gämsen, einen Ochsen und einen Elefanten; Einige sind in die Knochen von Hirschen eingraviert, andere in Elfenbeinfragmente oder in Rentiergeweihe. Die Kunst der Höhlenmenschen befand sich nun auf ihrem Höhepunkt.

Mammut oder Elefant aus der Lena-Höhle.

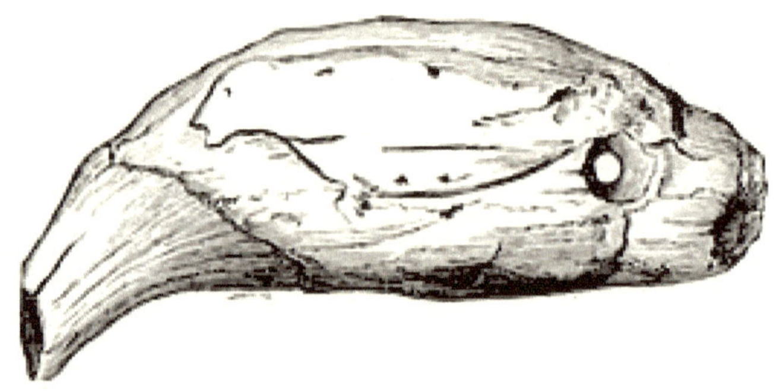

Siegel eingraviert auf einem in Sordes gefundenen Bärenzahn.

Abgesehen von einer Ausnahme, auf die ich mich noch einmal beziehen werde, ist es merkwürdig, dass wir diese Gravuren und Schnitzereien, die unser Erstaunen so zu Recht erregen, nur in einem begrenzten Gebiet finden, das im Norden durch die Charente, im Süden durch die Charente begrenzt wird die Pyrenäen und erstreckt sich im Osten nicht weiter als bis zum Departement Ariège. Es ist ein erfreulicher Gedanke, dass unsere entferntesten Vorfahren, die Zeitgenossen des Mammuts und des Löwen, mitten in ihrem Kampf ums Dasein und als sie mit gigantischen Dickhäutern und furchterregenden Raubtieren zu kämpfen hatten, bereits jene künstlerischen Tendenzen entwickelten, die sie zum Leben erweckten sind der Ruhm ihrer Nachkommen.

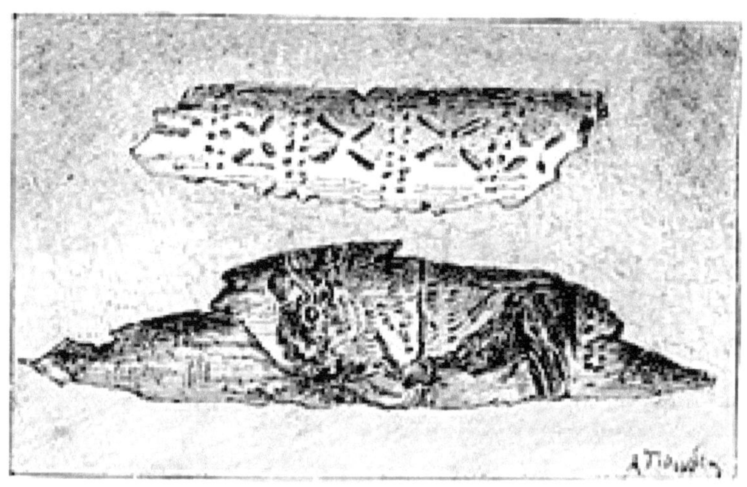

Knochenfragment mit regelmäßigen Mustern. Rippenfragment mit der Gravur eines Moschusochsen, gefunden in der Marsoulas-Höhle.

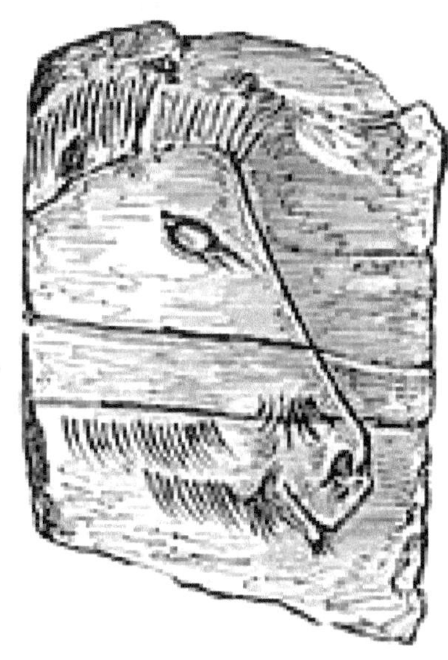

Kopf eines Pferdes aus der Thayngen-Höhle.

Bär auf einem Knochen aus der Thayngen-Höhle eingraviert.

Ich habe oben auf ein außergewöhnliches Beispiel prähistorischer Kunst hingewiesen, das außerhalb der Grenzen Frankreichs gefunden wurde. Bei Ausgrabungen in der Thayngen-Höhle an der Grenze zwischen der Schweiz und Württemberg wurden zwanzig bemerkenswerte Exemplare gefunden, in denen man leicht das Pferd (Abb. 41), den Bären (Abb. 42) und das grasende Rentier (Abb. 42) erkennen kann. Abb. 43). 25 Alle, besonders die letztgenannten, sind mit solcher Perfektion wiedergegeben, dass man zunächst annahm, sie seien das Werk eines Fälschers. Eine gründliche Untersuchung hat ergeben, dass sie nichts dergleichen sind; Zur Darstellung des *Ovibos moschatus* (Abb. 44), der sich vor vielen Jahrhunderten in den äußersten Norden zurückzog, wäre ein geschickter Zoologe erforderlich gewesen . Wenn wir in anderen Bezirken ein paar seltene Kunstversuche finden, sind sie absolut rudimentär. Das in der Goyet-Höhle gefundene Büropersonal ist von sehr grober Arbeit. Das Brüsseler Museum beherbergt einige weitere Exemplare, von denen das wichtigste ein Sandsteinfragment aus der Frontalhöhle ist, auf dem ein paar unsichere Kratzer etwas darstellen, das wie ein Hirsch aussieht. Auf den in der Altamira-Höhle in der Nähe von Santander gefundenen Knochen wurden einige undeutliche Spuren einer Gravur festgestellt, und kürzlich wurde in Cresswell's Crags, Derbyshire, in einer im Bezirk bekannten Höhle ein Knochen gefunden, auf dem eine Art Pferd eingraviert war als *Mother Grundy's Parlour* . Dieses Exemplar wurde, wie auch die von Thayngen, mit zahlreichen Knochen quartärer Tiere in

Verbindung gebracht, von denen die des Nilpferds am merkwürdigsten
waren.

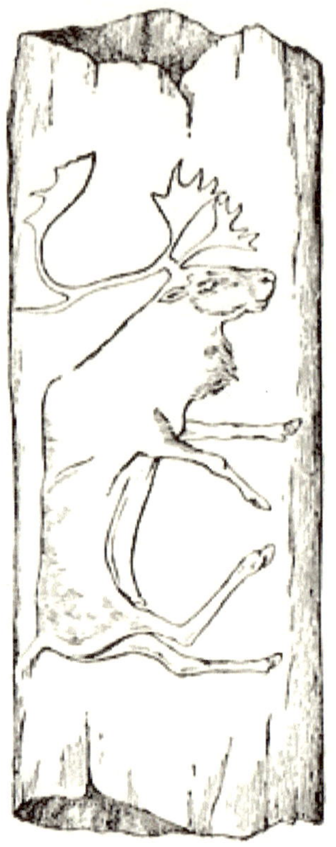

Weidende Rentiere aus der Thayngen-Höhle.

Die Darstellung der menschlichen Figur ist äußerst selten. Ich habe bereits den jungen Mann erwähnt, der versuchte, einen Auerochsen zu schlagen, der vor ihm davonlief; und die Frau trägt eine Halskette. Ersteres (Abb. 45), gefunden in Laugerie, ist in ein etwa fünfundzwanzig Zentimeter langes Stück Rentiergeweih eingraviert. Der Auerochse mit gesenktem Kopf und vielen Borstenhaaren, weit geöffneten Nasenlöchern und gewölbtem und emporgehobenem Schwanz wirkt wie ein verängstigtes Tier, das versucht, der ihm drohenden Gefahr zu entkommen. Der Mann ist nackt und hat einen runden Kopf, sein Haar ist steif und scheint auf seinem Schädel zu stehen; am Kinn ist deutlich ein kurzer Bart zu erkennen; Das Gesicht drückt die Freude und Aufregung der Jagd aus. Der Hals ist lang, der Arm kurz und die Wirbelsäule ungewöhnlich lang. In dem anderen Beispiel der Darstellung der menschlichen Figur, der Frau mit einer Halskette, die auf ein Stück Schulterblatt eines Rentiers gezeichnet ist, liegt sie neben einem Hirsch und scheint sich in einem fortgeschrittenen Zustand zu befinden der Schwangerschaft. Das Knochenstück ist jedoch zerbrochen und der Kopf der Frau geht verloren, was den Wert der Reliquie natürlich erheblich mindert.

Abbildung 44.

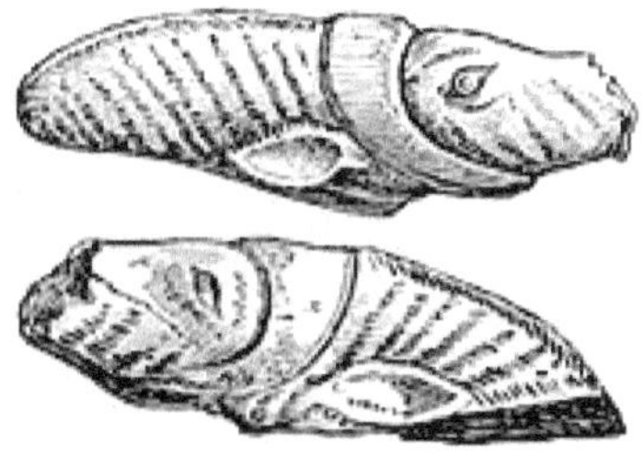

Kopf von *Ovibos moschatus* , gefunden in der Thayngen-Höhle.

Abbildung 45.

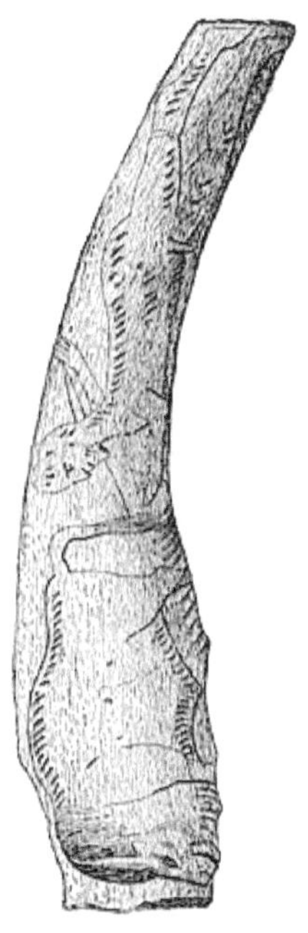

Junger Mann, der den Auerochsen jagt, aus Laugerie.

Auf einem Fragment eines Amtsstabes aus der Madeleine-Höhle ist ein Mann zwischen zwei Pferdeköpfen eingraviert (Abb. 46). Auf einem Rentiergeweih ist eine Frau mit flachen Brüsten und sehr hohen Hüften dargestellt, gefolgt von einer Schlange; Auf einer Seite einer Muschel vom Felsen in der Nähe von Walton-on-the-Naze war grob ein menschliches Gesicht eingraviert . Die Abtei Bourgeois fand bei den so fruchtbaren Ausgrabungen in Rochebertier eine grobe Schnitzerei eines menschlichen Gesichts (Abb. 47); M. Piette fand in Mas d'Azil eine kleine Frauenbüste, die in die Zahnwurzel eines Pferdes geschnitzt war. Diese Statuette hatte eine niedrige Stirn, eine hervorstehende Nase, ein zurückgezogenes Kinn und Brüste vom heutigen Negertypus; Merkmale, die sich von denen der Skelette, die aus dieser Höhle oder denen in der Nähe stammen, ganz unterscheiden. Wir fragen uns, ob der Künstler die Merkmale einer anderen Rasse als seiner eigenen darstellen wollte. 26 M. du Bouchet erwähnt eine grobe Skizze, die auf einem in der Nähe von Dax entdeckten Feuerstein eingraviert war; Der Arbeiter, der zweifellos von den Schwierigkeiten seiner Aufgabe eingeschüchtert war, hatte sie unvollendet zurückgelassen. Es ist jedoch leicht zu erkennen, wofür es gedacht war. Der Schädel ist niedrig und flach, die Nase nur leicht hervorstehend, die Augen sind schräg und weder der Mund noch das Kinn sind vollendet. Die prächtige Sammlung des Marquis de Vibraye enthält eine kleine Figur aus Laugerie, die eine nackte Frau ohne Arme darstellt. Sie ist dünn und steif und zeichnet sich vor allem durch die übertriebene Größe der Geschlechtsorgane und einige eigenartige Ausstülpungen an den Lenden aus. Wir verweilen bei der erstgenannten Besonderheit, weil sie bisher äußerst selten ist, während bestimmte Relikte der Griechen und Römer trotz der vergleichsweise fortgeschrittenen Zivilisation dieser beiden großen Rassen so beschaffen sind, dass sie nur in privaten Museen ausgestellt werden können. Eine solche Verderbtheit, wie sie impliziert wird, war damals bei den Höhlenmenschen eine ziemliche Ausnahme, und abgesehen von dem einen Beispiel, das ich gerade erwähnt habe, habe ich keine phallischen Darstellungen, auf die ich mich beziehen kann, außer den wenigen aus der Massenat-Sammlung, die auf der Ausstellung von gezeigt wurden 1889.

Abbildung 46.

Fragment eines Amtsstabes aus der Madeleine-Höhle.

Auf einem Rentiergeweih geschnitztes menschliches Gesicht, gefunden in der Rochebertier-Höhle (Charente).

Wir dürfen diesen Bericht über die künstlerischen Bemühungen der Männer der Steinzeit nicht abschließen, ohne die bemerkenswerte Entdeckung von M. Siette zu erwähnen, bei der es sich um Feuersteine handelte, die mit Linien und geometrischen Mustern bedeckt waren, die mit roter Kreide gefärbt waren. Dies sind die allerersten Beispiele der Malkunst, die uns bisher bekannt geworden sind. Sie zeugen von den bemerkenswerten Fortschritten unserer entfernten Vorfahren in den Tälern der Pyrenäen.

Wir können dieses Kapitel nicht passender abschließen, als den großartigen Vers von Lucretius zu zitieren, der uns besser als eine lange Beschreibung den Zustand dieser Männer und den bescheidenen Ausgangspunkt vor Augen führt, von dem aus die Menschheit ihre unsterbliche Bestimmung erreicht hat :

> Necdum res igni scibant tractare neque uti
> Pellibus et spoliis corpus vestire ferarum, Sed nemora atque
> Caveos monteis sylvasque colebantEt frutices inter
> condebant squalida membraVerbera ventorum vitare
> imbreisque coactei. 27

---

1 Indra, der Allsehende, dem es gegeben ist, die durch Vritra verkörperte Wolke zu durchdringen und „die Gefäße des Wassers mit seinen weitreichenden Donnerschlägen zu

öffnen", ist natürlich die Sonne, deren Verehrung was einer der frühesten und natürlichsten Instinkte der Menschheit war; während Vritra in erster Linie lediglich das Symbol der Wolke war, die zwischen Himmel und Erde lag, den Menschen das Licht der Sonne versperrte und den erfrischenden Regen zurückhielt. Die allmähliche Umwandlung dieser Naturphänomene in eine gute und eine bösartige Macht, die immer um ihre Herrschaft kämpft, ist ein eindringliches Beispiel für die Art und Weise, wie Mythen entstehen. – Trans.

2 De Mortillet: „Le Préhistorique", Paris, 1883, S. 133.

3 „Limon du Plateau du Nord de la France", Paris, 1878. Acheuléen et Moustérien: *Revue des Questions Scientifiques* , Oktober 1880. *Bul. Soc . Anth* ., 1884, 1887.

4 *Chelléen* , so genannt, weil sie in Chelles (Seine-et-Marne) gefunden wurden, wo die Überreste des *Elephas antiquus* , des ältesten der heute in Europa bekannten Dickhäuter, mit diesen Werkzeugen in Verbindung gebracht wurden.

5 De Mortillet: „Musée Préhistorique", Taf. xvi. bis xix.

6 M. de Mortillet zählt 127 Polierer auf, die an verschiedenen Orten in dreißig Departements Frankreichs gefunden wurden. „Le Préhistorique", Erstausgabe, S. 534.

7 Piette: *Ass. Franc. pour l'Avancement des Sciences* , Nantes, 1875, S. 909.

8 De Mortillet: „Le Préhistorique", S. 544; „Musée Préhistorique", Abb. 431 bis 434.

9 „Musée Préhistorique", Abb. 410.

10 Lagneau: „De l'Uusage des Flèches empoisonnées chez les Anciens Peuples l'Europe", Ac. des Insc., 2. November 1877.

11 „Les Temps Préhistoriques en Belgique", S. 151.

12 „Reliquiæ Aquitanicæ", S. 127.

13 *Natur*, 1876, zweite Woche, S. 5.

14 In dieser Höhle wurden in der zweiten Knochenlagerstätte vier Keramikfragmente gefunden. De Puydt und Lohest: „L'Homme Contemporain du Mammouth."

15 „La poterie en Belgique à l'age du mammouth", *Revue d'Anthropologie*, 1887.

16 *Ac. des Sciences*, 9. November 1885. Wir müssen hinzufügen, dass M. Cartailhac bei einer späteren Sitzung, wenn nicht die Fakten, so doch die daraus gezogenen Schlussfolgerungen bestritt.

17 Aber welchen Wert haben kategorische Behauptungen dieser Art angesichts der Keramikfragmente, die auf verschiedenen Ebenen in Kent's Hole gefunden wurden? Eines dieser Fragmente war so verrottet, dass es beim Einlegen in Wasser einen schwarzen, flüssigen Schlamm bildete, der sich zersetzte.

18 Ich habe hier keinen Platz, um über die seltsame Keramik zu sprechen, die in Amerika gefunden wurde. Darüber hinaus stammen die ältesten Exemplare aus einem viel späteren Datum als dem Quartär. Ich kann diejenigen, die sich für das Thema interessieren, nur auf mein Buch über „Prähistorisches Amerika" verweisen, das auf Französisch von M. Masson aus Paris und auf Englisch in Amerika von den Herren GP Putnam's Sons veröffentlicht wurde.

19 „De Architectura", Buch II., ci

20 Zum Thema Tätowierung kann ein hervorragendes Werk von Dr. Magitot zu Rate gezogen werden („Ass. Franç. pour l'Avancement des Sciences", Alger, 1881).

21 *Cypræa rufa, Cypræa lurida (Comptes rendus Acad. des Sciences*, Bd. lxxxiv., S. 1060).

22 Zu diesem Punkt sei auf ein hervorragendes Werk von S. Reinach verwiesen: „Le Musée de Saint Germain“, S. 232. -

23 Vaudry: *Acad. des Sciences*, 25. August 1890.

24 A. Bertrand: *Acad. des Inschriften*, 29. April und 6. Mai 1887.

25 Reinach gibt in seinem „Katalog des Saint-Germain-Museums“ die beste Beschreibung dieses mittlerweile berühmten Rentiers, die ich kenne.

26 A. Milne Edwards: *Acad. des Sciences*, 8. Mai 1888.

27 „De Natura Rerum“, Buch V., V. 951 usw.

KAPITEL IV.
Höhlen, Kitchen-Middings, Lake Stations, „Terremares", Crannoges, Burghs, „Nurhags", „Talayoti" und „Truddhi".

Die frühesten Menschenrassen lebten in einem Klima, das weniger streng war als das unsere, an den Ufern breiter Flüsse, inmitten fruchtbarer Gebiete, wo Fischfang und Jagd ihren gesamten Bedarf problemlos deckten. Diese Rassen waren zahlreich und fruchtbar, und wir finden ihre Spuren in ganz Westeuropa, von Norfolk bis in die Mitte Spaniens. Was waren die Häuser dieser Männer und ihrer Familien? Hockten sie in Höhlen, wie es Tacitus zu seiner Zeit bei den germanischen Stämmen behauptete? In seinem Werk „Ancient Wiltshire" sagt Sir R. Coalt Hoare, dass die frühesten menschlichen Behausungen in die Erde gegrabene und mit Baumzweigen bedeckte Löcher waren. In der Nähe von Joigny gibt es noch einige kreisförmige Löcher im Boden, die etwa fünfzig Fuß im Durchmesser und sechzehn bis zwanzig Fuß tief sind und im Land unter dem Namen *Buvards bekannt sind*. Der Stamm eines Baumes war unten befestigt und ragte über den Boden hinaus, und die mit Lehm verputzten Äste bildeten das Dach. Der Boden dieser *Buvards* besteht aus fettiger schwarzer Erde, vermischt mit Knochen, Asche, Holzkohle und bearbeiteten Feuersteinen. Unter den letztgenannten überwiegen polierte Beile, was beweist, dass diese Zufluchtsorte bereits in der Jungsteinzeit bewohnt waren, es spricht jedoch nichts dagegen, anzunehmen, dass sie auch in der Altsteinzeit bewohnt waren. Ameghino gibt ein noch eindrucksvolleres Beispiel eines Erdbewohners. In der Nähe von Mercedes, etwa zwanzig Meilen von Buenos Ayres entfernt, sammelte er zahlreiche menschliche Knochen ein, darunter Pfeilspitzen, Meißel, Feuersteinmesser, Knochenstilette und Polierer sowie von Menschen zerkratzte und zerschnittene Tierknochen. Später entdeckte Ameghino die tatsächliche Behausung dieses Urmenschen und sein seltsames Zuhause befand sich unter dem Panzer eines riesigen Gürteltiers, des inzwischen ausgestorbenen Glyptodons, das in Abb. 48 zu sehen ist.

Abbildung 48.

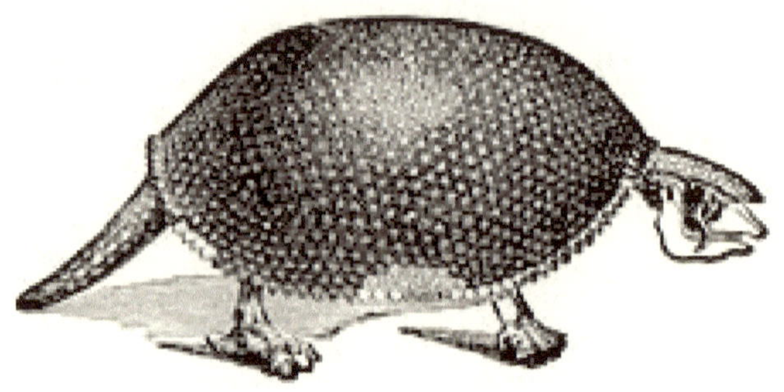

Das Glyptodon.

„Rund um den Panzer herum", sagt Ameghino, „lagen im rötlichen Agglomerat des ursprünglichen Bodens Holzkohle, verbrannte und gespaltene Knochen und Feuersteine." Beim Graben darunter wurde ein Gerät aus Feuerstein gefunden, mit einigen langen, gespaltenen Lama- und Hirschknochen, die offensichtlich von Menschen gehandhabt worden waren, sowie einigen Toxodon- und Mylodonzähnen." Abb. 49 stellt den inzwischen ausgestorbenen Mylodon dar. Einige Zeit später bestätigte die Entdeckung eines weiteren Panzers unter ähnlichen Bedingungen Ameghinos Vermutung. 1 Mitten in der Pampa, diesen riesigen baumlosen Ebenen, wo kein Fels oder Zufall der Beschaffenheit Schutz vor Hitze oder Kälte oder ein Versteck vor wilden Tieren bietet, war der Mensch nicht ratlos; Er grub sich ein Loch in die Erde, überdachte es mit dem Panzer eines Glyptodons und sicherte sich so einen Rückzugsort, an dem er zumindest eine Zeit lang in Sicherheit sein konnte.

Abbildung 49.

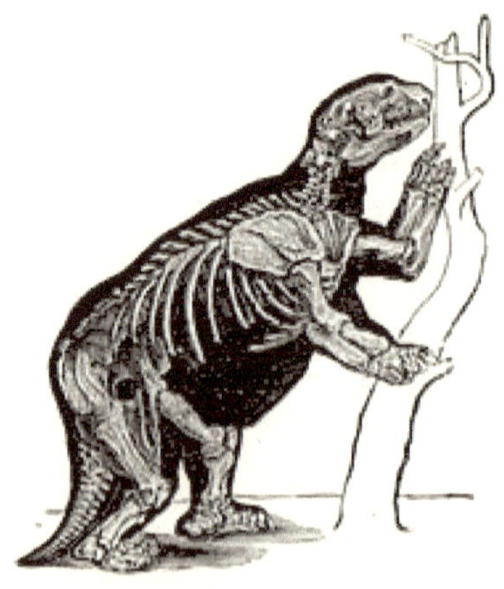

Mylodon robustus.

Erst später, von der Kälte dazu getrieben, lernte der Mensch, die in Kalksteinfelsen ausgehöhlten natürlichen Höhlen zu nutzen, sei es bei geologischen Erschütterungen oder durch die ruhigere Wirkung des Wassers. Das Fehlen von Geräten vom Chelléen-Typ, den ältesten bisher bekannten, in den in Amerika ausgegrabenen Höhlen würde auf diese Schlussfolgerung hindeuten, obwohl es unmöglich ist, das früheste Datum ihrer Nutzung festzulegen. Darüber hinaus ist dieses Datum von Ort zu Ort sehr unterschiedlich. Die Erde wurde erst nach und nach bevölkert, und unsere Vorfahren drangen in aufeinanderfolgenden Wanderungen in verschiedene Länder vor. Kürzlich wurden in Wales inmitten von Gletscherablagerungen einige Höhlen entdeckt. 2 Der Boulder Clay und die Meeresdrift auf benachbarten Höhen sind unwiderlegbare Beweise für das Untergehen dieser Region, als Großbritannien fast vollständig mit Eis bedeckt war. Ausgrabungen im Jahr 1886 brachten eine Reihe übereinander liegender Ablagerungen ans Tageslicht. Der Kies und die rote Erde enthielten quartäre Knochen und bearbeitete Feuersteine, während die Stalagmiten und der Schlamm offensichtlich neueren Ursprungs sind. Dies ist der übliche Zustand in allen englischen Gemeinden; aber in denen des Clyde waren die Knochenbetten gestört und mit gestreiften Kieselsteinen und Gletscherdrift vermischt. Daraus schloss Hicks, der die Ausgrabungen leitete, dass Menschen und Tiere des Quartärs vor der Eiszeit und vor dem großen Untergang, der an manchen Stellen nicht weniger als etwa 1.300 Fuß unter dem heutigen Meeresspiegel lag, in diesen Höhlen gelebt hatten . Wenn dies der Fall wäre, wäre dies einer der ältesten Beweise nicht nur für die Anwesenheit des Menschen, sondern auch für die Art der Behausung, in der er zuerst lebte. Diese Schlussfolgerungen wurden jedoch heftig bestritten. M. Arcelin 3 bemerkt, dass es in England zwei außergewöhnliche geologische Wahrzeichen gibt, das Forest Bed, das die letzten Formationen des Pliozäns darstellt, und die River Gravels, die ältesten quartären Ablagerungen. Zwischen beiden finden wir Geschiebelehm glazialen Ursprungs. Nun scheint die Fauna der Höhlen des Clyde keineswegs der des Forest Bed zu ähneln, sondern jünger zu sein als die der alten Ablagerungen des River Gravels. Unter dieser Fauna finden wir weder den *Elephas antiquus* noch den *Rhinoceros Merckii* ; Die bearbeiteten Feuersteine ähneln nicht denen, von denen bekannt ist, dass sie zum Flusskies-Typ gehören, aber die Relikte ähneln eher denen aus der Rentierzeit in Frankreich. Daher ist es nach dem gegenwärtigen Stand unseres Wissens unmöglich zu behaupten, dass der Mensch in der Eiszeit im Südwesten Englands gelebt hat, deren Phänomene er schließlich zum Opfer gefallen sein muss, wenn er sie miterlebt hat.

Unsere Vorfahren müssen ständig mit Tieren um den Besitz ihrer Zufluchtshöhlen gekämpft haben, aber es gibt oft einen gewissen Unterschied zwischen den Höhlen, die hauptsächlich von Menschen bewohnt werden, und den bloßen Höhlen wilder Tiere. Letztere sind im

Allgemeinen schwieriger zu erreichen und können nur über lange, niedrige, enge und dunkle Gänge betreten werden. Die ständig von Menschen bewohnten Gebiete sind breit, nicht sehr tief und gut beleuchtet. Das in Montgaudier zum Beispiel hat einen gewölbten Eingang, der etwa fünfzehn Meter breit und achtzehn Fuß hoch ist. Schon die Höhlenmenschen hatten die Vorteile von Luft und Licht zu schätzen gelernt.

Die Höhlen haben oft eine beträchtliche Höhe; die von Massat ist etwa 560 Fuß hoch, die von Lherm ist 655, die von Bouicheta fast 755, die von Loubens 820 und die von Santhenay sogar 1.344 Fuß hoch. Auch die von Eyziès, Moustier und Aurignac sind sehr hoch. Als die Täler durch die reißenden Ströme der quartären Überschwemmungen ausgehöhlt wurden, suchten die Menschen eine Heimat in der Nähe der Gewässer, die für ihre Existenz unverzichtbar waren, und ließen sich an den Ufern der Flüsse nieder. Die ältesten bewohnten Höhlen befinden sich daher auf den höchsten Ebenen, aber der Unterschied in der Natur des Landes und die unterschiedliche Kraft der geologischen Wirkung haben zu so vielen Ausnahmen geführt, dass wir nur dies mit Sicherheit sagen können Die Höhlen waren zu verschiedenen Zeiten bewohnt. Das von Montgaudier zum Beispiel war mit einer etwa zwölf Meter dicken Schlammansammlung gefüllt. Waffen und Werkzeuge liegen von unten nach oben übereinander, und die Abfolge der Feuerstellen ist leicht an der geschwärzten Erde, Asche, Holzkohle und zerkleinerten Knochen zu erkennen, die um sie herum liegen.

In der Placard-Höhle zeugen acht verschiedene Lagerstätten von der Anwesenheit des Menschen; und diese werden durch andere getrennt, die keine Spuren menschlicher Besetzung aufweisen. Die unterste Lagerstätte, die sich etwa 25 Fuß unter dem gegenwärtigen Bodenniveau befindet, enthält bearbeitete Feuersteine vom Typ Moustérien, über denen sich, jedoch getrennt durch eine Ansammlung von Trümmern, die vom Dach gefallen sind, eine Schicht befindet, in der *sich* befand fand eine Reihe von Pfeilspitzen in Form von Lorbeerblättern. Zur Fauna dieser beiden Ebenen gehören Rentiere, Pferde und Auerochsen. Als wir nach oben gehen, finden wir über einer weiteren Schuttschicht *Werkzeuge* und Waffen vom Solutréen-Typ, dargestellt durch Knochengeräte und zahlreiche Pfeilspitzen, diesmal mit Stiel und Kerben. Die vier folgenden Ebenen entsprechen denen des sogenannten Madeleine-Typs und die Pfeilspitzen sind mit geometrischen Mustern verziert. Die Spuren menschlicher Besiedlung zu unterschiedlichen Zeiten, die zweifellos durch lange Zeiträume voneinander getrennt waren, sind daher sehr deutlich erkennbar. Die Fontabert-Höhle in Dauphiné enthielt in einer Tiefe von etwa sechs Fuß Spuren von Feuer und grob bearbeiteten Feuersteinen, und etwa drei Fuß unter der Oberfläche lag das Skelett eines Mannes, der möglicherweise von einem Erdrutsch überrollt worden war. Er hielt immer noch einen polierten, fein gearbeiteten

Schöpflöffel in der Hand. Doch eine dritte und offensichtlich jüngere Periode ist durch einen Jade-Halbmond gekennzeichnet. Wir könnten leicht Beispiele ähnlicher Art vervielfachen, möchten aber so viele Wiederholungen vermeiden.

Bald finden wir Hinweise auf den Fortschritt des Menschen, und obwohl er in der Jungsteinzeit weiterhin Höhlen bewohnte, lernte er, sie besser an seine Bedürfnisse anzupassen. Die von Herrn de Baye so gut erforschten Felsunterstände des Petit-Morin-Tals sind die besten Beispiele, die wir nennen können.

Diese Höhlen sind in einen sehr dicken Gürtel aus Kreidekalkstein gehöhlt. Sie stammen aus verschiedenen Epochen und weisen jeweils besondere Merkmale auf, die leicht zu erkennen sind. Einige wurden als Begräbnisstätten genutzt, andere als Wohnstätten. Im ersteren hat der Eingang eine unregelmäßige Form, die Wände sind grob geschnitten und die Arbeit ist von der einfachsten Art. Die Traufe des Grabes wurde einfach mit einem großen Stein verschlossen, der an Ort und Stelle gerollt und mit Müll bedeckt wurde, um den Eingang besser zu verbergen. Die früher bewohnten Unterstände weisen eine viel sorgfältigere Arbeit auf und sind durch eine in den lebenden Fels gehauene Mauer in zwei ungleiche Teile geteilt. Um in die zweite Trennwand zu gelangen, muss man Stufen hinuntergehen, die in den Kalkstein gehauen sind, und diese Stufen sind durch lange Nutzung abgenutzt. Der Eingang wurde aus einem massiven Felsstück herausgeschnitten, das absichtlich dick belassen wurde, und an den Rändern auf beiden Seiten der Öffnung ist noch der Falz sichtbar, der die Tür aufnehmen sollte. Zwei kleine Löcher rechts und links dienten vermutlich dazu, an der Vorderseite eine Stange zu befestigen, um den Eingang zu verstärken. Viele dieser Traufen sind mit einer Öffnung zur Belüftung versehen, und es wurden einige geschickte Vorrichtungen eingesetzt, um das Eindringen von Wasser zu verhindern. Im Inneren finden wir verschiedene Böden, Regale und in die Kreide geschnittene Töpfe, und auf den Böden sammelte M. de Baye Muscheln, Ornamente und Feuersteine auf, die genau dort lagen, wo ihre Besitzer sie zurückgelassen hatten. Das alles ist ganz anders als in den Vezère-Höhlen, und alles beweist eine unbestreitbare Verbesserung der Lebensbedingungen.

Die interessantesten aller in diesen Höhlen gefundenen Gegenstände sind jedoch die Schnitzereien; aber nur wenige stammen aus der Jungsteinzeit, und einige Archäologen haben aufgrund ihrer Abwesenheit dafür gesorgt, dass alte Rassen überall durch das Eindringen neuer Völker verdrängt wurden. Einige dieser Schnitzereien stellen Beile mit Heften dar, wobei der Feuerstein schwarz bemalt ist, um das erhabene Design besser zur Geltung zu bringen. Andere stellen menschliche Figuren dar. In der Coizard-Höhle wurde beispielsweise eine grob umrissene Darstellung einer Frau mit einer hervorstehenden Nase, durch schwarze Punkte angedeuteten Augen, hochentwickelten Brüsten, aber ohne untere Gliedmaßen gefunden. Eine Halskette schmückt ihren Hals und ein Anhänger, der an dieser Halskette hängt, ist gelb gefärbt. Auf dem Gang, der zur Tür führt, ist eine weitere Figur eingraviert, die ursprünglich genauer gezeichnet war als die anderen, aber nicht so gut erhalten ist. In der Courjonnet-Höhle sehen wir eine Frau mit einer Vogelperle; sie war wahrscheinlich eine der *lares penates* , der Beschützerinnen des häuslichen Herdes. Wir treffen dieselbe Göttin auf Santorin, in Troja und an den Ufern der Weichsel, was eine sehr interessante ethnologische Tatsache ist.

Die in den Grabhöhlen gefundenen Gegenstände sind wichtig, darunter eine Reihe von Pfeilspitzen mit quer verlaufenden Schneidkanten. An ihrer Verwendung besteht kein Zweifel; Sie wurden in schwarzer Erde aufgenommen, in Kontakt mit menschlichen Knochen, deren Zersetzung der Weichteile dazu führte, dass sie aus der tödlichen Wunde fielen, die sie verursacht hatten. Bei diesen Pfeilspitzen wurden Feuersteinmesser, große abgeschrägte Schaber, Polierer und Knochenstilette, die Femora eines Wiederkäuers mit einem an jedem Ende befestigten Schweinezahn, Hacken aus Hirschhorn, Perlen und Anhänger aus Knochen, Muscheln, Schiefer, Quarz und Aragonit, mit den Zähnen von Bären, Wildschweinen, Wölfen und Füchsen, alle mit Löchern durchbohrt. Einige der Muschelantischieferperlen waren auf der Oberfläche des Schädels verteilt und bildeten möglicherweise ein Netz oder eine *Resille* , wie sie bereits in Baoussé-Roussé gefunden wurde.

Über Jahrhunderte hinweg wurde diese Besiedlung der Höhlen fortgesetzt, da sie einen Schutz boten, der im Winter trocken und warm und im Sommer kühl war. Homer erzählt uns, dass die Zyklopen auf den Höhen der Berge und in den Tiefen der Höhlen lebten, 4 und Prometheus sagt, dass die Menschen wie die schwache Ameise in tiefen unterirdischen Höhlen lebten, wo die Sonne nie eindrang. 5

Während die Menschen im Petit-Morin-Tal Höhlen aushöhlten oder von der Natur geschaffene Höhlen vergrößerten, flüchteten andere in Höhlen aus getrocknetem Lehm und verflochtenen Ästen oder in Zelte aus den Häuten der Tiere, die sie getötet hatten, und durch diese hindurch Zerbrechliche Behausungen sind verschwunden und haben keine Spuren hinterlassen, doch es bleiben unauslöschliche Zeugnisse der Anwesenheit vieler aufeinanderfolgender Generationen. Überall auf der Welt finden wir Müllhaufen, die hauptsächlich aus Muschel- und Krustentierschalen, gebrochenen Knochen, Feuersteinsplittern sowie Fragmenten von Steinen und Knochengeräten bestehen und weite Flächen bedecken und oft eine beträchtliche Höhe erreichen.

Erst in unserer Zeit erregten diese Müllhaufen Aufmerksamkeit, und es war unserer eigenen Generation vorbehalten, die so sehr an allem interessiert war, was mit der Vergangenheit zu tun hatte, ihre wahre Bedeutung zu erkennen. Steenstrup bemerkte im Norden Europas, dass diese Hügel fast ausschließlich aus den Schalen essbarer Arten wie Austern, Muscheln und *Littorina littorea bestanden* ; dass es sich bei allen um erwachsene Exemplare handelte, die jedoch nicht alle ähnlichen Lebensbedingungen unterlagen oder in denselben Gewässern heimisch waren. Die Küchenrückstände oder Küchenabfallhaufen – so hießen diese Muschelhügel – konnten nicht die natürlichen Ablagerungen gewesen sein, die die Wellen nach Stürmen hinterlassen hatten, denn in diesem Fall wären sie mit Mengen Sand und Sand vermischt gewesen Kieselsteine. Die Schlussfolgerung ist unausweichlich, dass der Mensch allein diese Ansammmlungen hätte anhäufen können, die den Müll darstellten, der Tag für Tag nach seinen Mahlzeiten weggeworfen wurde. Die Ausgrabung der Küchenverkleidung bestätigte auf bemerkenswerte Weise die Meinung von Steenstrup, und überall wurden eine Reihe wichtiger Gegenstände entdeckt. An mehreren Stellen wurden die alten Feuerstellen ans Licht gebracht. Sie bestanden aus flachen Steinen, auf denen Schlackenhaufen mit Holz- und Holzkohlefragmenten lagen. Es wurde nun endlich bewiesen, dass diese Hügel an der Stelle antiker Siedlungen standen, deren Bewohner selten die Küste verließen und sich hauptsächlich von den Weichtieren ernährten, die in den Gewässern der Nordsee reichlich vorhanden waren.

An Intelligenz mangelte es diesen Urrassen nicht, so wild sie auch gewesen sein mochten. Die frühesten Bewohner Russlands errichteten ihre Behausungen in der Nähe von Flüssen oberhalb des höchsten ihnen bekannten oder vorhergesehenen Überschwemmungspegels. Die Skandinavier waren bei der Ausrichtung ihrer Häuser am genauesten, und M. de Quatrefages weist darauf hin, dass die Küchenmitte von Sœlager an einem Hügel in der besten Position liegt, um die Bewohner in der Nähe vor den Nordwinden zu schützen, die so sind wegen ihrer Gewalt in diesen Bezirken vor Gericht gestellt. In Havelse, sagt Sir John Lubbock, lag die Siedlung auf etwas höher gelegenem Gelände und war, obwohl nahe am Ufer, weit außerhalb der Reichweite der Wellen. Die englischen Besucher ließen während ihrer Anwesenheit eine Ausgrabung durchführen und fanden in zwei oder drei Stunden etwa hundert Knochenfragmente, viele grobe Flocken, Schleudersteine und Feuersteinfragmente sowie einige grobe Äxte des gewöhnlichen Muschelhügels Typ. Die Ausgrabungen bei Meilgaard etwas später durch dieselben Entdecker waren noch fruchtbarer.

Skandinavien scheint im Paläolithikum nicht besiedelt gewesen zu sein, und die ältesten Tatsachen darüber stammen lediglich aus den Feldzügen der Römer gegen die Germanen, und selbst über sie ist unser Wissen sehr unvollständig. 6 Wir wissen immer noch nichts von vielem, was den Karthagern und Phöniziern bekannt gewesen sein könnte. Es ist möglich, dass die Skandinavier in den fernen Tagen, die uns bekannt sind, keine Ahnung von der Kunst der Bodenbearbeitung hatten, denn bis jetzt wurden weder Getreide noch landwirtschaftliche Produkte irgendeiner Art entdeckt, noch die Knochen eines Haustieres, mit Ausnahme derer Hund, der sich jedoch möglicherweise noch in einem wilden Zustand befunden hat. Unter den aus den Küchenabfällen gesammelten Knochen sind die des Hirsches, des Ziegenbocks und des Ebers am zahlreichsten. Außerdem wurden der Bär, die Urne, die Wildkatze, der Otter, der Schweinswal, die Robbe und die Kleinsäugetiere Marder, Wasserratte und Maus gefunden. In Havelse wurden mehr als 3.500 Säugetierknochen gesammelt, darunter weder die des Moschusochsen noch des Rentiers, des Elchs oder des Murmeltiers; Ihr Fehlen zeugt von einem gemäßigteren Klima als heute in den untersuchten Regionen. Die gefundenen Hirschgeweihe gehören zu jeder Jahreszeit, woraus wir schließen können, dass die Menschen in diesen Gegenden, wie die Höhlenmenschen der Pyrenäen, ihr Nomadenleben aufgegeben hatten und das ganze Jahr über zu Hause blieben die Wohnungen, die sie an den Ufern des Meeres gebaut hatten.

Unter den gefundenen Vögeln können wir den heute ausgestorbenen großen Pinguin, das Moorhuhn, das sich ausschließlich von Kiefernknospen ernährte, und mehrere Arten von Gänsen und Gänsen erwähnen; Unter den Fischen befanden sich Hering, Kabeljau, Kliesche und Aal. Die zahlreichen Relikte von Chelonia belegen die Existenz des Schildkrötenstammes in großer Zahl in der Nordsee.

Unter den Küchenverkleidungen wurde eine große Vielfalt an Gegenständen gefunden, die meisten davon grober Art; Metalle fehlen jedoch völlig und es ist wahrscheinlich, dass sie den Skandinaviern nach ihrer Ankunft im Land mehrere Jahrhunderte lang völlig unbekannt waren.

Es ist leicht, ähnliche Fakten aus anderen Ländern zu zitieren. Im Jahr 1877 erwähnte Graf Ouvarof auf dem Archäologischen Kongress in Kasan einige Küchensiedlungen in der Nähe der Oka, einem kleinen Fluss, der in der Nähe von Nijni-Nowgorod in die Wolga mündet. Bei der Ausgrabung einiger *Bougrys* , kleiner Sandhügel mit Blick auf das Tal, entdeckte er zwischen den Alluviumschichten aufeinanderfolgende Ablagerungen von Asche und Holzkohlefragmenten, die offenbar die Überreste eines Feuers waren. Etwas weiter unten in einer anderen Lagerstätte befanden sich Fragmente von Töpferwaren, Steinwaffen und -geräten sowie eine große Anzahl von Granaten. Diesen Relikten ihres täglichen Lebens nach zu urteilen, muss sich diese zahlreiche Population ausschließlich von Fischen und Weichtieren ernährt haben, denn Ausgrabungen brachten nur wenige Säugetierknochen zutage . Bei den Mollusken handelte es sich allesamt um

Arten, die nur im Salzwasser leben. Daraus wissen wir, dass die Wellen die Küsten in der Nähe dieser *Bougry umspülten* und dass in diesen Regionen wahrscheinlich ein milderes Klima herrschte, was das Leben erträglicher machte.

Virchow hat an den Ufern des Burtneek-Sees in Deutschland eine Küchensiedlung aus der frühesten Jungsteinzeit, vielleicht sogar aus dem Ende der Altsteinzeit, erkannt. Dort sammelte er einige Stein- und Knochengeräte auf und bemerkte einerseits das Fehlen von Rentieren und andererseits, wie in Skandinavien, das Fehlen von Haustieren. Aber in diesem Fall wurde das Zuhause der Lebenden zum Grab der Toten, und zahlreiche Skelette lagen neben den verlassenen Feuerstellen. Ähnliche Entdeckungen wurden in Portugal gemacht; Muschelhaufen wurden 35 bis 40 Meilen von der Küste entfernt und 65 bis 80 Fuß über dem Meeresspiegel gefunden. Auch hier haben Ausgrabungen verschiedene Feuerstellen ans Tageslicht gebracht; und in vielen der ältesten Küchenmitten im Tal des Tigris wurden kauernde Skelette gefunden, was beweist, dass auch hier das Haus zum Grab geworden war. 7

Ähnliche Vorkommen sind in Frankreich keine Seltenheit. M. du Chatellier erwähnt eines in der Bretagne, dessen Größe er auf 325 Kubikfuß schätzt. Daraus hat er Speer- und Pfeilspitzen, Messer und Schaber gewonnen, von denen einige sehr bearbeitet, andere nur grob geschnitten und oft kaum formbar waren. Die Population war offensichtlich Ichthyophage, wie aus den riesigen Ansammlungen von Muschelschalen, Austern, Napfschnecken, Pectens und anderen Weichtieren hervorgeht. Die wenigen Tierknochen stammen vom Hirsch, vom Bären und bestimmten Stelzvögeln.

In Canche, in der Nähe von Étaples, wurde eine Reihe von Hügeln ausgegraben, die einen Halbkreis von etwa achthundertfünfzig Fuß Länge bilden. Diese Hügel bestehen aus aufeinanderfolgenden Schichten von Muscheln und Holzkohle, den Relikten aufeinanderfolgender Besetzungen. Schließlich müssen wir noch eine Küchensiedlung an der Mündung der Somme erwähnen, die achthundertzwanzig Fuß lang und etwa hundertzwanzig Fuß breit ist. Es besteht hauptsächlich aus Schalen erwachsener Arten, denen Fragmente grober schwarzer Keramik und zahlreiche Ziegen- und Schafsknochen beigemischt sind, wobei letztere von einem jüngeren Datum als dem der Küchenhühner in Skandinavien oder Deutschland zeugen.

In ganz Europa kommen ähnliche Fakten ans Licht. Evans erwähnt Haufen von Muscheln an den Küsten Englands. Chantre spricht von anderen in der Nähe des Gotchai-Sees im Kaukasus und Nordenskiöld von anderen am Nordkap, dem er seinen wahren Namen Jokaipi zurückgeben möchte. Er behauptet, diese Hügel seien genau wie die in Dänemark.

Vor allem in Amerika erregen diese Haufen jedoch Aufmerksamkeit, denn dort erstrecken sich riesige Muschelhügel entlang der Küste in Neufundland, Nova Scotia, Massachusetts, Louisiana, Kalifornien und Nicaragua. Wir treffen sie wieder in der Nähe des Orinoco und des Mississippi, auf den Aleuten und in den Guayanas, in Brasilien und in Patagonien, an den Küsten des Stillen Ozeans und des Atlantiks. Aufgrund der dunkleren Farbe der darauf wachsenden Vegetation sind die Muschelhaufen Feuerlands für den Seefahrer schon von weitem sichtbar. Der wahre Charakter dieser Hügel war lange Zeit nicht bekannt und man führte sie auf natürliche Ursachen zurück, beispielsweise auf das Heraustreten der alten Küstenlinie aus dem Meer Arbeit der Männer.

Einige dieser Küchenverkleidungen sind sehr groß. Sir Charles Lyell beschreibt einen auf St. Simon's Island an der Mündung des Altamaha (Georgia), der zehn Acres Land bedeckt und in der Höhe zwischen fünf und zehn Fuß variiert. Es bestand fast ausschließlich aus Austernschalen. In Amerika wie in Europa brachten Ausgrabungen Beile, Feuersteine, Pfeile und Keramikfragmente ans Tageslicht. Ein weiterer dieser Hügel in der Nähe des St. John River besteht, wie der von Lyell besuchte, aus Austernschalen und ist mit einer Länge von 300 Fuß von außergewöhnlicher Größe, und obwohl die genaue Breite nicht bestimmt werden kann, sind es doch sicherlich mehrere hundert Fuß breit. Putnam 8 berichtet über die Ausgrabung eines dieser Hügel, die aus Muscheln der Gattungen *Mya*, *Venus*, *Pecten*, *Buccinum* und *Natica bestanden* . Es erstreckte sich entlang der Meeresküste über eine Strecke von mehreren hundert Fuß, war zwischen vier und fünf Fuß dick und reichte bis weit unter die Erdoberfläche. Die Ventile waren mit Hilfe von Hitze geöffnet worden, und die bei den Muscheln gefundenen Tierknochen waren mit schweren Hämmern zerschlagen worden, die man in der Küchenmitte gefunden hatte. Zu den Knochen gehörten die des Hirsches, des Wolfes und des Fuchses. Fische waren auch durch Reste des Kabeljaus, der Scholle und der Schildkrötenpanzer von Seeschildkröten vertreten. Es wurden auch einige Vogelknochen gefunden, und die Messer, Pfeil- und Speerspitzen, Schaber usw. waren allesamt von grober Arbeit. Herr Phelps hat bis zum Monat Penobscot noch weitere wichtige Ausgrabungen in Damariscotta 9 und entlang der gesamten Küste beaufsichtigt. In den untersten Schichten entdeckte er alte Feuerstellen und fand zahlreiche Keramikfragmente, die ältesten Beispiele für Keramikwaren in Neuengland, die mit eingeschnittenen Ornamenten von beträchtlicher Raffinesse bedeckt waren.

Noch bemerkenswerter sind die Küchenviertel in Florida und Alabama. Auf Amelia Island gibt es einen, der eine Viertelmeile lang ist, eine mittlere

Tiefe von drei Fuß und eine Breite von fast fünf Fuß. Das von Bear's Point umfasst sechzig Acres Land, das von Anercerty Point einhundert und das von Santa Rosa fünfhundert. Andere verjüngen sich zu einer großen Höhe. Turtle Mound, in der Nähe von Smyrna, besteht aus einer Masse von Austernschalen, die eine Höhe von fast zehn Metern erreichen, und die Höhe einiger anderer beträgt mehr als zwölf Meter. 10 In allen von ihnen wurden bereits Scheffel Muscheln gefunden, obwohl ein großer Teil der Standorte, an denen sie sich befinden, noch unerforscht ist; Riesige Bäume, Wurzeln und tropische Schlingpflanzen haben sie im Laufe vieler Jahrhunderte mit einem fast undurchdringlichen Dickicht bedeckt.

Unabhängig davon, ob der Mensch in den entferntesten Zeiten, die uns bekannt sind, im Becken des Delaware lebte oder nicht, stoßen wir auf Spuren seiner Beschäftigung in denselben Breitengraden in jüngerer Zeit. Bei Long-Nick-Branch gibt es einen Muschelhügel, der sich über eine halbe Meile erstreckt, und in Kalifornien gibt es einen noch größeren Küchenhügel. Es misst eine Meile in der Länge und eine halbe Meile in der Breite, und wie in ähnlichen Ansammlungen haben Ausgrabungen Tausende von Steinhämmern und Knochengeräten hervorgebracht (Abb. 24).

Die Muschelhügel, von denen wir bisher gesprochen haben, liegen alle in der Nähe des Meeres, aber fünfzig Meilen hinter Mobile gibt es noch einen weiteren, der vollständig aus Meeresmuscheln besteht. Diese Tatsache scheint auf eine beträchtliche Veränderung des Bodenniveaus seit der ersten Besiedelung durch den Menschen hinzudeuten, denn es ist unwahrscheinlich, dass er sich die ganze Mühe gemacht hat, die für seine tägliche Nahrung notwendigen Mollusken bis hierher zu tragen, obwohl er es hätte tun können so leicht haben sie sich in Ufernähe niedergelassen.

Ich kann diesen Bericht über die Küchenarbeiten nicht abschließen, ohne die Aufmerksamkeit auf zwei sehr interessante Tatsachen zu lenken. Die Bedeutung dieser Hügel zeugt sowohl von der Zahl der Einwohner, die in ihrer Nähe wohnten, als auch von der langen Dauer ihres Aufenthalts. Worsaae verschiebt das ursprüngliche Datum des ältesten Muschelhügels der Neuen Welt um mehr als dreitausend Jahre. Dies ist jedoch eine heikle Frage, zu der es beim gegenwärtigen Stand unseres Wissens schwierig ist, eine ernsthafte Meinung zu wagen. In anderen Punkten ist es einfacher, zu einer Schlussfolgerung zu kommen: zum Beispiel der großen Ähnlichkeit zwischen den amerikanischen Küchen und denen Europas. Auf beiden Kontinenten ernährten sich die frühen Bewohner fast ausschließlich von Fisch; ihre Waffen, Werkzeuge und Töpferwaren hatten einen nahezu identischen Charakter; und in beiden Fällen waren die charakteristischen Tiere des Quartärs verschwunden und die Verwendung von Metallen blieb immer noch unbekannt. Sind diese bemerkenswerten Zufälle das Ergebnis eines Zufalls, oder müssen wir nicht vielmehr annehmen, dass Menschen gleicher Herkunft zur gleichen Zeit auf beiden Seiten des Atlantiks lebten?

Der Mann aus der Küche hatte offenbar einen festen Wohnsitz. Längst war das Zelt, der vorübergehende Unterschlupf des Nomaden, dem Aber gewichen. Wir haben bereits gesagt, wie das gewesen sein mag, aber die sichersten Daten, die wir über menschliche Besiedlung in dieser noch wenig bekannten Epoche haben, stammen von den Seestationen der Schweiz, und wir sind es für unsere eigene Generation verdanken wir die ersten diesbezüglichen Entdeckungen.

Die Erinnerung an diese Seestationen war völlig verschwunden, und erst die lange Dürre, die die Schweiz in den Jahren 1853 und 1854 verwüstete, und das außergewöhnliche Absinken des Zürichsees, bei dem die noch stehenden Pfähle zum Vorschein kamen, erregten die Aufmerksamkeit der Archäologen. In dem noch von diesen Haufen umschlossenen Raum lagen durcheinandergewürfelte Steine, Knochen, verbrannte Asche antiker Feuerstellen, Stößel, Hämmer, Töpferwaren, Beile in verschiedenen Formen, Geräte aller Art und unzählige Gegenstände des täglichen Gebrauchs. Diese Relikte beweisen, dass einige der alten Schweizer Bewohner am See, in dem sie gefunden wurden, in einem Zufluchtsort gelebt hatten, in den sie sich wahrscheinlich zurückgezogen hatten, um den Angriffen ihrer Mitmenschen oder wilden Tiere zu entgehen. Obwohl es ihnen nicht gelang, diesen Feinden zu entkommen, fielen sie einem noch gefährlicheren Gegner zum Opfer, und die halb verbrannten Pfähle haben bis heute die Spuren einer Feuersbrunst bewahrt, die die so mühsam errichtete Siedlung am See zerstörte.

Die Entdeckung dieser Pfähle erregte allgemeines Interesse, ein Interesse, das sich verdoppelte, als ähnliche Entdeckungen zeigten, dass alle Seen der Schweiz mit Stationen übersät waren, die vor vielen Jahrhunderten mitten im Wasser errichtet worden waren. Zwanzig solcher Stationen befanden sich am Bielersee, vierundzwanzig am Genfersee, dreißig am Bodensee, neunundvierzig am Neuenburgersee und weitere, wenn auch nicht so viele, am Sempachersee, Murtensee, Mooseendorfer See und Pfeffikonsee. Tatsächlich sind in der Schweiz mittlerweile mehr als zweihundert Seestationen bekannt; und wie viele weitere könnten völlig verschwunden sein?

Die Tatsache, dass mitten im Wasser Gebäude aufragen, überrascht uns wirklich nicht. Sie sind in historischen Zeiten bekannt; Herodot berichtet, dass die Bewohner der Pfahlbauten am Prasias-See die Angriffe der Perser unter dem Kommando von Megabasus erfolgreich abwehrten. Alonzo de Ojeda, der Gefährte von Amerigo Vespucci, spricht von einem Dorf, das aus zwanzig großen, auf Pfählen errichteten Häusern mitten in einem See bestand und dem er zu Ehren seiner Heimatstadt Venedig den Namen Venezuela gab. Pfahlbauten treffen wir heute auf den Celebes, in Neuguinea, auf Java, auf Mindanao und auf den Karolinen. Sir Richard Burton sah Pfahlbauten in Dahomey, Kapitän Cameron an den Seen Zentralafrikas und der Bischof von Labuan erzählt uns, dass die Häuser der Dayaks auf hohen Plattformen an den Ufern von Flüssen gebaut sind. Die Berichte von Historikern und Reisenden helfen uns, den Grundstein für den Bau der Lake Stations und die Lebensweise ihrer Bewohner zu verstehen.

Die Pfahlbauten der Schweiz lassen sich drei verschiedenen Epochen zuordnen. Das von Chavannes am Bielersee gehört zum frühesten Typus. Die gefundenen Beile sind klein, kaum poliert und bestehen immer aus einheimischem Gestein, wie Serpentin, Diorit oder Saussurit; Die Keramik ist grob und mit Sandkörnern oder Quarzstücken vermischt. Die Böden der Vasen sind dick und es sind keine Spuren von Ornamentik erkennbar. Die Pfahlbauten der zweiten Periode, etwa die von Locras und Latringen, weisen erhebliche Fortschritte auf; Die zum Teil sehr großen Beile sind gut verarbeitet. Einige von ihnen bestehen aus Nephrit, Chloromelanit und Jade; und ihre Zahl schwankt im Vergleich zu denen in in der Schweiz heimischen Mineralien zwischen fünf und acht Prozent. Vereinzelt finden sich zwischen den Pfählen auch ein paar Kupfer- oder Bronzelamellen. Die Töpferwaren bestehen jetzt aus feinerem Ton und sind besser geknetet. und Verzierungen, darunter Chevrons, Wolfszähne und Säugetiermuster, sind häufiger anzutreffen. Der Griff ist jedoch immer noch eine bloße Projektion. Die dritte Periode, die wir vom Übergang vom Stein zur Bronze datieren können, ist weitgehend vertreten; Kupferwaffen und -werkzeuge sind bereits zahlreich vorhanden, und auch Bronze fängt an, vorzukommen. Die steinernen Beile und Hämmer sind kunstvoll durchbohrt, häufig findet man auch Holz- oder Hornwerkzeuge. Die Vasen haben verschiedene Formen, alle sind mit Henkeln versehen und mit Ornamenten bedeckt, von denen einige mit den Fingern des Töpfers, andere mit Hilfe eines Zweigs oder einer dünnen Schnur hergestellt wurden. Andererseits gibt es keine Beile aus fremdem Gestein; Handel und Verkehr mit Menschen aus der Ferne hatten aufgehört oder waren zumindest seltener geworden. Die Werkzeuge werden in Griffen aus Hirschhorn befestigt, die in jeder Fertigungsstufe zu finden sind. Zum persönlichen Besitz der Seebewohner gehörten Perlenketten, Anhänger, Knöpfe, Nadeln und Hornkämme. Die Zähne von Tieren dienten als Amulette, und die Knochen, die aus dichterem Material als geboren waren, wurden als Speer- oder Pfeilspitzen verwendet. Die Pfeile hatten im Allgemeinen eine dreieckige Form und waren nicht mit Widerhaken versehen. 11

Die Entfernung der ältesten Siedlungen am See vom Ufer variiert zwischen 131 und 298 Fuß. Allmählich begannen die Menschen, immer größere Vorsichtsmaßnahmen gegen Gefahren zu treffen, und die jüngsten Stationen liegen 656 bis 984 Fuß vom Ufer des Sees entfernt. Die Pfähle der Steinzeit haben einen Durchmesser von elf bis zwölf Zoll; diejenigen der späteren Epochen sind kleiner. Sie sind an den Enden spitz und durch Feuer gehärtet. Nachdem die Pfähle in den Grund des Sees gerammt worden waren, wurde eine Plattform darauf gelegt, die stabil genug war, um das Gewicht der Pfähle zu tragen. Diese Plattform bestand aus horizontal verlegten Balken, die durch ineinander verschlungene Äste miteinander verbunden waren. Es lassen sich leicht zwei Bauweisen unterscheiden. In einem wurden die Plattformen durch zahlreiche, zehn Meter lange Pfähle gestützt, die fest in den Schlamm gerammt waren. So wurden im Allgemeinen die in flachen Gewässern gelegenen *Pfahlbauten, Palafitten* oder Pfahlbauten zusammengesetzt. In anderen Fällen schien es einfacher zu sein, die Erde um die Pfähle herum anzuheben, als sie in das harte Gestein zu rammen, das den Grund des Sees bildete. Anschließend wurde darauf geachtet, sie zu festigen und mit Steinblöcken, Lehm und Pfahlreihen an Ort und Stelle zu halten. Keller gibt diesen letzteren den Namen *Packwerbauten*, andere deutsche Archäologen nennen sie *Steinbergen*.

Die durchschnittliche Wassertiefe in den Teilen der Seen, in denen sich früher die Pfahlbauten befanden, beträgt dreizehn bis sechzehn Fuß, und wir können die Pfähle noch erkennen, wenn das Wasser ruhig und klar ist. So abgenutzt sie auch sein mögen, ihre Spitzen ragen immer noch in einer Höhe von einem bis drei Fuß über den Schlamm am Grund des Sees hinaus. Ihre Zahl war ursprünglich beträchtlich, und es wird geschätzt, dass es in Wangen vierzigtausend und in Robenhausen hunderttausend waren. Die von den Stationen eingenommene Fläche variiert erheblich; Laut Troyon war das bei Wangen siebenhundert Schritt lang und einhundertzwanzig breit. Baron von Mayenfisch erkundete siebzehn Standorte im Bodensee, deren Fläche zwischen drei und vier Hektar variiert. In Inkwyl gibt es eine kleine künstliche Insel mit einem Durchmesser von etwa 48 Fuß. Die Pfahlsiedlung von Morges, die noch in der Bronzezeit bewohnt war, erstreckt sich über eine Fläche von 1200 Fuß Länge und einer mittleren Breite von 150 Fuß. Es ist jedoch sinnlos, die verschiedenen durchgeführten Berechnungen aufzuzählen, da sie lediglich auf mehr oder weniger wahrscheinlichen Vermutungen beruhen.

Ausgrabungen zeigen, dass die Pfeiler, die sich von den Plattformen erhob, aus Flechtwerk und Hürdenwerk bestanden. An verschiedenen Stellen wurden kalzinierte und verklebte Fragmente sowie Tonstücke, die als Verkleidung gedient hatten, aufgesammelt. Das Haus, zu dem sie gehörten, war durch einen Brand zerstört worden, und der in den Flammen erstarrte Lehm hatte der zersetzenden Wirkung des Wassers widerstanden. Auf der einen Seite ist dieser Ton glatt, auf der anderen Seite weist er noch die Spuren der ineinander verschlungenen Äste auf, die zur Bildung der Innenwände beigetragen haben. Einige dieser Markierungen sind so deutlich und regelmäßig, dass Troyon, als er die Art und Weise ihrer Krümmung bemerkte, behaupten konnte, dass die Markierungen kreisförmig seien und dass ihr Durchmesser zwischen zehn und fünfzehn Fuß schwanke.

Ein neuerer Fund in Schussenreid (Württemberg) vervollständigt unser Wissen über die Schweizer Pfahlbauten. Inmitten eines Torfmoores erhebt sich ein sogenannter *Knüppelbau* , der aus der Steinzeit stammen soll. Es hat eine rechteckige Form und ist in zwei Abschnitte unterteilt, die durch eine Fußgängerbrücke aus drei nebeneinander liegenden Balken miteinander verbunden sind. Die Böden bestehen jedoch aus abgerundetem Holz und die Wände aus in zwei Hälften geteilten Pfählen. Ausgrabungen brachten mehrere Stockwerke ans Tageslicht, die übereinander lagen und durch dicke Lehmschichten getrennt waren. Der Anstieg des Torfspiegels zwang den Seebewohner zweifellos dazu, die Höhe seines Hauses schrittweise zu erhöhen.

Die Proto-Helvetier waren gut entwickelte Männer, und die gesammelten Knochen zeigen, dass es ihnen weder an Formsymmetrie noch an Schädelkapazität mangelte. Die gefundenen Schädel sind eindeutig dolichocephal, und ihre Besitzer verfügten offensichtlich über ein beachtliches Maß an Kultur und technischem Können. Gemessen an der Länge der gefundenen Femora waren die alten Seebewohner nicht so groß wie die heutigen Bewohner Europas, obwohl hinzugefügt werden muss, dass es sich hauptsächlich um Frauen handelte. Die Kleinheit der Griffe ihrer Waffen und Werkzeuge lässt auf die gleiche Schlussfolgerung schließen. 12

Obwohl die Schweiz aufgrund ihrer Bedeutung und Anzahl der Entdeckungen das klassische Land der Seestationen ist, ist sie nicht das einzige Land, in dem solche Entdeckungen gemacht wurden. Sie wurden im Lago Maggiore und in den Seen Varèse, Peschiera und Garda in der Lombardei entdeckt; im Salpi-See in der Capitanata und in anderen Teilen Italiens. Den an diesen Stationen geborgenen Gegenständen zufolge gehörten sie teils zur Steinzeit, teils zur Bronzezeit.

Der Pfahlbau von Lagozza ist einer der interessantesten, die wir kennen. Es bildet ein langes, genau nach Osten ausgerichtetes Quadrat und erstreckt sich über eine Fläche von zweitausendsechshundert Yards, die jetzt vollständig mit sechseinhalb Fuß dickem Torf bewachsen ist. Unter den noch stehenden Pfosten sind einige halb verbrannte Bretter zu erkennen, bei denen es sich wahrscheinlich um Überreste des Bahnsteigs handelt. Einer der Pfosten war noch mit Rinde bedeckt, und man konnte die Hänge-Birke (*Betula alba*) gut erkennen. Andere Pfähle bestanden aus Stämmen harzhaltiger Bäume, etwa des *Pinus picea* , des *Pinus sylvestris* und der Lärche, die heute nur noch in den Hochtälern der Alpen wachsen. Zu den Industriegegenständen, die im Pfahlbau von Lagozza gefunden wurden, gehörten polierte Steinbeile, Hämmer, Polierer aus hartem Stein, Messerklingen, Feuersteinschaber und sieben oder acht Pfeile mit quer verlaufenden Schneidkanten, eine in Italien seltene Form.

Castelfranco, 13 von dem wir diese Einzelheiten übernommen haben, hat bei den von ihm geleiteten Ausgrabungen auch eine Reihe von Steingut-Spindelwirteln mit einem Loch in der Mitte, Amulette und zahlreiche Tongefäße, einige davon fein, andere grob, gefunden dem Zweck entsprechen, für den sie bestimmt waren. Die erste Form war in den meisten Fällen mit Hilfe einer Art Rüttelmeißel mit einer Schicht aus sehr feinem Ton bedeckt worden. Erwähnenswert ist auch ein Knochenkamm. Die in Schweizer Seehäusern gefundenen Kämme bestehen aus Horn, mit Ausnahme eines von Locras aus Eibenholz.

Was die Pfahlbauten von Lagozza jedoch vor allem auszeichnet, ist das Fehlen von Knochen, Zähnen oder Hörnern von Tieren sowie von Angelhaken, Harpunen oder Netzen, so dass wir schlussfolgern müssen, dass die Bewohner weder jagten noch fischten. dass sie keine Haustiere züchteten und wahrscheinlich Vegetarier waren. Die Forschungen von Professor Sordelli bestätigen diese Hypothese; Unter den aus dem Torf entnommenen Gegenständen erkannte er zwei Arten von Mais (*Triticum vulgare antiquorum* und *Triticum vulagere hibernum*), sechsreihige Gerste (*Hordeum hexastichum*), Moose, Farne, Flachs, den Indischen Mohn (*Papaver somniferum*), Eicheln und eine immense Menge an Nüssen und Äpfeln.

Die Eicheln stammen von der gewöhnlichen Eiche, und ihre Schalen und die äußere Schale waren entfernt worden, so dass sie offensichtlich dazu bestimmt waren, als Nahrung für den Menschen zu dienen; Die Äpfel waren klein und lederartig und ähnelten dem modernen Holzapfel. der indische Mohn kann ohne Anbau nicht gewachsen sein; aber dies war vielleicht nur ein Beispiel derselben Art, die bereits in den Pfahlbauten der Schweiz bekannt war. Es ist schwer zu sagen, ob es als Nahrung verwendet wurde oder ob daraus Öl gewonnen wurde.

Wir haben bereits über die Entdeckungen in Österreich und Ungarn gesprochen. Graf Wurmbrand hat die Schwierigkeiten beschrieben, mit denen die Entdecker zu kämpfen hatten. In vielen Fällen sind die Seen zu unzugänglichen Sümpfen geworden, und in anderen Fällen wurde das Wasser künstlich gedämmt, um seinen Überlauf zu regulieren, und die Standorte der Pfahlbauten liegen so weit unter dem Niveau der Seen, dass Ausgrabungen unmöglich sind. Langwierige und mühsame Forschungen wurden jedoch mit einigen Erfolgen belohnt, und die zahlreichen geborgenen Objekte zeugen, wie in der Schweiz, vom allmählichen

Fortschritt der aufeinanderfolgenden Generationen, die diese Pfahlbauten bewohnten.

Abbildung 50.

Fundstücke in den Torfmooren von Laybach. A. Vase aus Steingut. B. Fragment einer verzierten Keramik. C. Knochennadel. D. Steingutgewicht für Fischernetz. E. Kieferknochenfragment.

Ein See in der Nähe von Laybach hatte sich durch die Austrocknung in ein riesiges Torfmoor mit einem Umfang von fast achtunddreißig Meilen verwandelt, das rechts und links von hohen Bergen begrenzt war. 14 Als dieses Moor unter Wasser stand, befanden sich dort mehrere Seestationen. Eines wurde beispielsweise mehr als dreihundertzwanzig Meter vom Ufer entfernt entdeckt. Die Pfähle, die aus Eichen-, Buchen- und Pappelstämmen mit einem Durchmesser von 20 bis 20 Zentimetern bestanden, wurden in regelmäßigen Abständen aufgestellt. Die aus dem Torfmoor entnommenen Gegenstände sind einfach unzählig (Abb. 50) und umfassen Hunderte von Nadeln unterschiedlicher Größe, Stilettos, Dolchklingen, Pfeile und Beile mit Hirschhorngriffen. Grobe schwarze Steingutvasen sind ebenso zahlreich und von sehr unterschiedlicher Form, aber ihre Verzierung ist von der primitivsten Art und wurde manchmal mit dem Nagel des Töpfers und manchmal mit einem spitzen Knochen ausgeführt. Es wurden auch kleine Steingutfiguren (Abb. 51 und 52) gefunden, von denen einige aus dem Laybach-Museum zur Frankreich-Ausstellung von 1878 geschickt wurden. Eine von ihnen soll eine Frau darstellen, wahrscheinlich ein Idol. Dies ist eines der ersten bekannten Beispiele für die Darstellung der menschlichen Figur aus einer Pfahlbausiedlung. In Nimlau, in der Nähe von Olmutz, brachte das Austrocknen eines kleinen Sees eine Seestation ans Licht, die von großen Eichenstämmen umgeben war. Sie waren übereinander gestapelt und mit Korbweiden fest zusammengebunden. Diese Stämme dienten offenbar der Befestigung des Bahnhofs.

Abbildung 51.

Kleine Terrakotta-Figuren, gefunden in den Laybach-Pfahlbauten.

Die Bauweise der Seestationen der pommerschen Marschen unterscheidet sich stark von der in der Schweiz oder in Österreich angewandten. Die Fundamente ruhen auf horizontalen Balken und werden entweder durch große Felsblöcke oder durch vertikal eingerammte Pfähle an Ort und Stelle gehalten. In vielen Fällen waren offensichtlich Kerben angebracht worden, um die Querträger besser platzieren zu können; während in anderen Fällen gegabelte Äste ausgewählt wurden, damit ein zweiter Ast in die Gabel eingepasst werden konnte. Der Urmensch lernte bald die Solidität einer solchen Kombination zu schätzen. Aber stammen diese Stationen tatsächlich aus prähistorischer Zeit? Virchow kehrt zu seiner ersten Meinung zurück und meint nun, dass die Pfahlbauten Deutschlands derselben Epoche angehören wie die als *Burgwallen bekannten Schanzen* , als Metalle und sogar Eisen bereits allgemein verwendet wurden. Sie waren bis zum 13. Jahrhundert bewohnt, und wie in denen der Schweiz lassen sich an ihnen leicht die Spuren der aufeinanderfolgenden Besetzungen erkennen, da die Behausungen offensichtlich verlassen und später von Neuankömmlingen restauriert wurden.

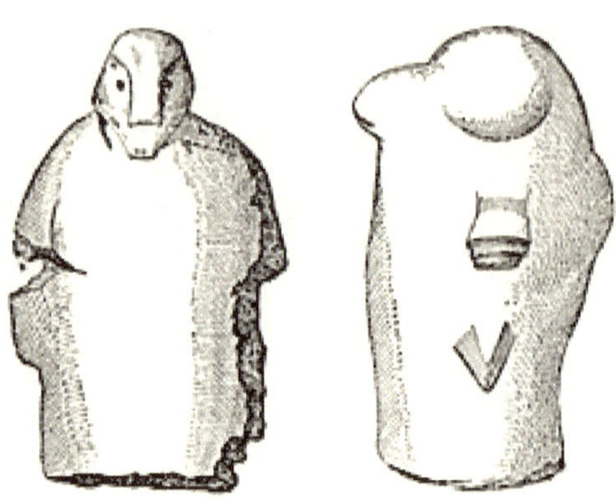

Kleine Terrakotta-Figuren aus den Laybach-Pfahlbauten.

Auf dem Treffen der British Association in Newcastle im Jahr 1863 beschrieb Lord Lovaine eine Lake Station im Süden Schottlands, und Sir J. Lubbock erwähnt eine im Norden Englands. Andere sind in Holderness (Yorkshire), in Thetford, auf Barton Mere, in der Nähe von Bury St. Edmunds bekannt; aber der Beschreibung nach zu urteilen, stammen sie nicht aus der Bronzezeit.

Andere Stationen sind älter. Vor einigen Jahren wurden etwas oberhalb von Kew unter einer Schwemmschicht mehrere Pfähle gefunden, die in den Kies eingebettet waren, der das alte Bett der Themse bildete. Überall um diese Haufen herum lagen verstreut die Knochen von Tieren, von denen die des *Bos longifrons* am bemerkenswertesten waren. Die langen Knochen waren gespalten worden, um das Mark herauszuholen, ein offensichtlicher Beweis für das intelligente Handeln des Menschen. In London wurden zwei ähnliche Exemplare an der Stelle des heutigen Mansion House und unter den alten Stadtmauern gefunden. Sie sollen aus früheren Zeiten stammen, nicht nur vor der Durchtrennung des heutigen Laufs der Themse, sondern auch vor der Invasion des Meeres, die der Entstehung des Themse-Tals vorausging, das heute die Heimat von mehr als vier Millionen Männern und Frauen ist .

Die Seestationen Frankreichs sind weniger wichtig als die der Nachbarländer. Es wird angenommen, dass Vatan, eine kleine Stadt in Berry, an der Stelle einer Seestadt errichtet wurde. Es liegt mitten in einem ausgetrockneten Sumpfgebiet und an verschiedenen Stellen wurden Pfähle entfernt, die tief in den Schlamm gerammt wurden. Wir hören auch von Pfahlbauten im Jura, in den Pyrenäentälern Haute-Garonne, Ariège und Aude sowie in den östlichen Pyrenäen. Im Departement Landes, das auf der einen Seite an die Hochebene von Lannemezan und auf der anderen Seite an die hohen Ebenen des Béarn angrenzt, gibt es viele sumpfige Senken, in denen zahlreiche Pfähle mit verkohltem Holz und Tonscherben gefunden wurden.

Nicht weniger merkwürdige Entdeckungen wurden im Bourget-See gemacht, aber die auf seiner Oberfläche emporragenden Wohnhäuser stammen aus einer vergleichsweise jungen Epoche. Die zahlreichen gefundenen Keramikfragmente beweisen, dass Terrakotta-Geschirr eine Schönheit in Form und Farbe erreicht hatte, die in der Urzeit unbekannt war. Tatsächlich tragen einige der Vasen tatsächlich den Namen des römischen Töpfers, der sie hergestellt hat. Einer Epoche später als der Steinzeit müssen wir auch die Gebäude zuordnen, deren Reste in den Torfmooren von Saint-Dos bei Salies (Basses-Pyrénées) gefunden wurden. In einer Tiefe von etwa 32 Zoll wurde ein regelmäßiger Boden gefunden, der aus Baumstämmen bestand, die auf Pfählen ruhten und auf primitive Weise mit Wurzelfäden zusammengebunden waren. Diese Pfähle weisen eine Reihe tiefer, sauber geschnittener Kerben auf, wie sie nur mit einem Eisenwerkzeug hergestellt werden konnten. In anderen Teilen Frankreichs gibt es Seestationen, die bis zur Zeit der Karolinger bewohnt waren. Aus dieser Zeit stammen die Pfahlbauten des Paladru-Sees (Isère), die, soweit wir wissen, von ihren Besitzern verlassen wurden, als sie durch den Anstieg des Wassers überschwemmt wurden.

Als die Seestationen Europas bewohnt waren, waren die charakteristischen Tiere des Quartärs, wie Elefanten, Nashörner, Löwen und Nilpferde, von diesem Kontinent verschwunden, und an ihre Stelle traten die frühesten Haustiere. Die Seefauna der Schweiz umfasst etwa siebzig Arten, dreißig Säugetiere, sechsundzwanzig Vögel, zehn Fischarten und vier Reptilien. 15 Die Säugetiere waren der Hirsch, der Hund, das Schwein, die Ziege, das Schaf und zwei Arten von Ochsen. Diese Tiere waren bereits domestiziert, daran kann überhaupt kein Zweifel bestehen, denn in vielen *Pfahlbauten* wurde ihr Mist gefunden, ein schlüssiger Beweis dafür, dass sie Seite an Seite mit dem Menschen lebten.

Die Überreste des Hirsches und des Ochsen sind zahlreicher als die aller anderen Tiere, und es ist leicht zu erkennen, dass mit jedem Ton die Bedeutung eines Hirtenlebens deutlicher erkannt wurde. In den ältesten Seestationen, zum Beispiel in Mooseedorf, Wangen und Meilen, überwiegt der Hirsch; in denen der westlichen Seen, die vergleichsweise jünger sind, sind Relikte des Ochsen zahlreicher. Im Seedorf Nidau, das aus der Bronzezeit stammt, wurden vermehrt Knochen von Haustieren gefunden, während solche von Wildtieren immer seltener werden. Der Fortschritt der Domestizierung ist offensichtlich, und es ist nicht weniger sicher, dass für die Bildung der Herden, die offensichtlich an bestimmten Orten existierten, Jahrhunderte vergangen sein müssen. Es ist möglich, dass diese Tiere im

Gefolge ausländischer Eindringlinge zunächst nach Europa gelangten und bevor sie in die Knechtschaft gezwungen wurden, in freier Wildbahn umherstreiften und sogar Zeitgenossen mit inzwischen ausgestorbenen Arten waren. Wie dem auch sei, in einem Punkt besteht kein Zweifel: Sie konnten sich nicht domestizieren; Eine Rasse von Geschöpfen nach der anderen muss unter die Unterwerfung des Menschen geraten sein, der nach und nach zum Herrn aller Tiere wurde, die uns noch umgeben.

Wir treffen in den Pfahlbauten nicht auf die gemeine Maus, die Ratte oder die Katze, und das Pferd ist sehr selten. Das Gleiche gilt für die Küchengräben und Höhlen, die in der Jungsteinzeit bewohnt waren. Das Verschwinden des Pferdes, das in früheren Epochen so häufig vorkam, ist allgemein und wäre unerklärlich, wenn die Geschichte das Rätsel nicht lösen würde. Die Bibel, die uns so vollständige Einzelheiten über das Hirtenleben der Hebräer liefert, spricht zum ersten Mal vom Pferd nach dem Auszug der Kinder Israels aus Ägypten, und in Ägypten selbst ist das Pferd in keinem früheren Denkmal dargestellt Datum als die Siebzehnte Dynastie. So ist es auch in Amerika: Die Pferderasse, die es in frühen geologischen Zeiten so zahlreich gab, war bei der Ankunft der Spanier längst verschwunden, und die Pferde, die sie mitbrachten, erfüllten die Mexikaner und Peruaner mit unaussprechlichem Schrecken.

Haustiere benötigen während der langen Wintermonate regelmäßige Nahrung; so dass ihre Anwesenheit allein ausreicht, um zu beweisen, dass ihre Besitzer Ackerbauern waren. Der Fund von kalziniertem Getreide in vielen Helvetierseestationen bestätigt diese Hypothese. Unter den gefundenen Getreidearten kommt Mais am häufigsten vor, und mehrere Scheffel davon wurden gesammelt. Im Departement Gironde wurden regelmäßig Silos oder unterirdische Lagerplätze für Getreide gefunden, in denen der kalzinierte Mais gelagert wurde. In den Lake Stations wurden auch Hirse, Erbsen, Mohn, Nüsse, Pflaumen, Himbeeren und sogar getrocknete Äpfel und Birnen gefunden, die zweifellos als Vorrat für den Winter aufbewahrt wurden. Aus dem Wasser von Cortaillod wurden einige Ähren Gerste, Kirschkerne, Eicheln und Bucheckern entnommen 16 ; und bei Laybach einige Wasserkastanien (*trapa natans*), eine Art, die in Krain längst verschwunden ist. Manchmal wurde das Getreide grob geröstet, zerkleinert und in großen Tongefäßen aufbewahrt; aber mancherorts wurden regelmäßige, flache, runde Brote mit einer Dicke von etwa ein bis zwei Zoll gefunden, die ohne Sauerteig gebacken wurden. Wir können durchaus behaupten, dass seit der ersten Ankunft des Menschen auf der Erde große Veränderungen stattgefunden haben.

Die sogenannten *Terremares* Italiens stammen aus der gleichen Zeit wie die dänischen Küchenhütten und die Schweizer Pfahlbauten. Sie kommen hauptsächlich in der Lombardei und in den alten Herzogtümern Parma und

Piacenza vor und bestehen aus niedrigen Hügeln, die dreizehn bis sechzehn Fuß über die Erdoberfläche ragen. In einigen Fällen bilden mehrere nahe beieinander liegende *Terremares regelmäßige Dörfer mit einer Fläche von fünf bis sechs Meilen im Quadrat*. Ausgrabungen des *Terremare* haben Reihen von Pfählen von sieben bis zehn Fuß Länge ans Tageslicht gebracht, die durch Querbalken verbunden waren und einen regelmäßigen Boden bildeten, aus dem Rosetten gebaut wurden, die denen der Schweizer Pfahlbauten ähnlich waren, aus ineinander verschlungenen Zweigen oder aus Lehm und Stroh, denn von der Verwendung von Ziegeln oder Steinen ist keine Spur erkennbar. Der Abfall der Küche und Abfälle aller Art sammelten sich schnell um diese Hinterhöfe herum und bildeten den ersten Kern des Hügels, der bald zu einer beträchtlichen Höhe anwuchs, als ein Bewohner des Hauses auf den anderen folgte. Als der Müll zu lästig wurde, errichtete der Eigentümer des Mülls an derselben Stelle neue Haufen in größerer Höhe, errichtete eine weitere Plattform und baute einen neuen Müll. An einigen Stellen wurden drei solcher Plattformen übereinander gefunden.

Wie in den Lake Stations haben Ausgrabungen in den *Terremares* zahlreiche Knochen von Haustieren ans Tageslicht gebracht; aber solche von Wildtieren wie Bären, Hirschen, Rehen und Wildschweinen sind noch seltener als in der Schweiz. Offensichtlich verfügten die Bewohner über andere Ressourcen als die Jagd, und obwohl die von ihnen angewandten Verfahren nur elementar waren, bauten sie Mais, Bohnen, Weinreben und verschiedene Früchte an. Obwohl Eisen noch unbekannt war, wurden in bestimmten *Terremares* einige Bronzegegenstände gefunden , bei denen es sich jedoch nur um grob geschmolzene Metallstücke handelte, die keinerlei Spuren von Hämmern oder Löten aufwiesen. Unter den in den *Terremares gefundenen Töpferwaren* müssen wir eine Reihe kleiner Objekte erwähnen, die in ihrer Form Eicheln ähneln, der Länge nach durchbohrt und mit eingeschnittenen Linien verziert sind, von denen einige gerade, andere gebogen sind. Italienische Archäologen nennen sie *Fusaïoles* , und Schweizer Gelehrte, die in den Seen ihres Heimatlandes sehr viele gefunden haben, geben ihnen den Namen *pesons de Fuseau* . Beide Namen verbinden sie mit dem Prozess des Spinnens; aber ihre Zahl macht diese Hypothese unzulässig, und wenn wir einen Bericht über die Ausgrabungen geben, die in Hissarlik unter Dr. Schliemann durchgeführt wurden, werden wir in der Lage sein, ihren Charakter zu bestimmen (siehe Kapitel VII).

In Castione, in der Nähe der Stadt Parma, und in mehreren anderen Teilen der Provinzen Parma und Reggio wurden *Terremares* entdeckt, die sich inmitten riesiger, künstlich ausgehöhlter rechteckiger Becken erheben. Einige haben daraus den Schluss gezogen, dass die *Terremarecolli* , wie die Bewohner der *Terremares* genannt wurden, von den Menschen abstammten, die die Pfahlbauten in der Schweiz errichteten, und dass sie, getreu den

Traditionen ihrer Rasse, Teiche aushöhlten, ohne dafür natürliche Ressourcen zu benötigen Seen. Wenn dem so wäre, müsste Italien von einer Rasse bevölkert gewesen sein, die über die Alpen kam. 17 Wer oder was diese Rasse war, lässt sich nur spekulieren. Es können jedoch nicht die Liguren gewesen sein, ein Zweig der großen iberischen Familie, die von der Kultur völlig unwissend waren und denen die Erbauer der ältesten Terremares sicherlich *überlegen* waren; Es können auch nicht die Etrusker gewesen sein, denn alle Relikte dieser Rasse, die zudem leicht erkennbar sind, wurden ganz abseits der tiefen Ablagerungen gefunden, in denen sich die *Terremares befanden* . Vieles deutet darauf hin, dass die Kenntnisse der Kelten in der Metallurgie bereits fortgeschrittener waren als die der Erbauer der *Terremares , als sie nach Italien kamen* . Wir sind daher geneigt, mit Heilbig zu denken, dass die *Terremarecolli* die Italier arianischer Abstammung waren, die die Vorfahren der Sabiner, Umbrer, Osker und Lateiner waren. Bei den großen Völkerwanderungen trennten sich die Italiener von ihren Brüdern, den Pelasgi, die in Epirus geblieben waren, und setzten ihren Marsch fort, bevölkerten die Schweiz, überquerten die Alpen und ließen sich in den fruchtbaren Ebenen nieder, die vom Po bewässert wurden es ist auch jetzt noch leicht, ihre Anwesenheit nachzuweisen.

Als er die Ausgrabung eines *Terremare* in Toszig in Ungarn leitete, war Pigorini 18 von der Ähnlichkeit mit ähnlichen Bauten in Italien, insbesondere der von Casarolo, sehr beeindruckt. Dies spricht sehr dafür, dass die Italiener die Erbauer waren. Aber die in einigen Terremares gesammelten Gegenstände , zum Beispiel denen von Varano und Chierici, beweisen, dass sie seit der Jungsteinzeit bewohnt waren, so dass die Itali Italiens, sofern sie Itali waren, lediglich den Traditionen ihrer Vorgänger folgten. Trotz eifriger Forschung bleibt jedoch alles, was sich auf den Ursprung von Stämmen und Rassen bezieht, in größter Dunkelheit, und wir können nur in die Zukunft blicken, um das zu liefern, was die Gegenwart überhaupt nicht zu bieten hat.

Wir haben noch weitere Zeugnisse der Anwesenheit der alten Völker, die Italien bevölkerten. Dr. Concezio Rosa 19 bemerkte in den Abruzzen ausgedehnte schwarze Flecken auf dem Boden, die von der ehemaligen Wohnstätte der Menschen zeugten. Bei der Ausgrabung dieser sogenannten *Fondi di Cabane* wurden zahlreiche Steinmesser und -schaber mit zahlreichen Knochenstiletten sowie Knochen verschiedener Tiere gefunden, allesamt noch lebende Arten. Später wurden ähnliche *Fondi* zwischen den Ostalpen und dem Gargano gefunden. In Reggio, in Rivaltella, in Castelnuovo de Sotto und in Calerno bildeten sie regelmäßige Gruppen, und von einer dieser Stationen wurden mehr als tausend bearbeitete Feuersteine gesammelt. Wir erwähnen sie besonders, weil sie rautenförmige (*selci romboidali*) und halbrautenförmige (*semi-rombi*) Formen hatten, Formen, die in anderen Bezirken unbekannt sind.

Aus diesen Feuersteinen wurden handgefertigte Vasen mit Henkeln hergestellt, deren Ton nicht mit Sand oder Quarz vermischt und mit Linien, Rillen und erhabenen Knöpfen verziert war. Diese Vasen unterscheiden sich stark von denen, die man in den *Terremares findet* ; Sind sie dann, wie gesagt, von früher (später)? Es ist unmöglich, darüber eine Entscheidung zu treffen.

Bevor wir unseren Bericht über prähistorische, von Wasser umgebene Gebäude abschließen, müssen wir noch ein paar Worte zu den Crannoges sagen, obwohl es hinsichtlich ihrer Datierung die größten Meinungsverschiedenheiten gibt.

, die durch eine Reihe von Erd- und Steinschichten über das Niveau bestimmter Seen in Irland und Schottland 20 gehoben und durch Pfähle verstärkt werden, von denen einige aufrecht, andere in Längsrichtung ausgelegt sind. Wylde zählte zu seiner Zeit in Irland sechsundvierzig, einige davon von beträchtlicher Größe. Der See von Ardkellin Lough (Roscommon) ist von einer Mauer aus Trockensteinen umgeben, die auf Pfählen ruhen. An anderen Orten wurden Überreste von Palisaden gefunden, die sehr geschickt so errichtet wurden, dass sie die Kraft des Wasserstoßes abfangen konnten.

Um die Auseinandersetzung mit dem Thema Crannoges noch schwieriger zu machen, wurden sie jahrhundertelang sukzessive behandelt. Sie werden in den ältesten irischen Legenden erwähnt und dienten den Königen des Landes bereits im 16. Jahrhundert als Zufluchtsort bei den ständigen Aufständen. Die aus den Seen entnommenen Objekte stammen aus sehr unterschiedlichen Epochen und über den Zeitpunkt ihrer Erbauung lässt sich nichts Positives sagen.

Ein in Donegal gefundener But könnte jedoch aus einem sehr fernen Zeitalter stammen. 21 Es ruhte auf einer dicken Sandschicht, die vor dem benachbarten Ufer lag, und war von einem Torfbett bedeckt, das weniger als sechzehn Fuß dick war. Da der Griff vom Menschen verlassen wurde, hatte sich der Torf allmählich angesammelt, bis er schließlich in die Behausung selbst eingedrungen war. Das Erdgeschoss umfasste ein Erdgeschoss und ein Stockwerk von etwa zwölf Fuß Länge, neun Fuß Breite und vier Fuß Höhe. Die Wände bestanden aus kaum rechtwinkligen Balken, die mit hölzernen Zapfen und Pflöcken verbunden waren. Das vermutlich flache Dach bestand aus Eichenbrettern, deren Zwischenräume mit Mörtel aus Sand und Fett ausgefüllt waren. Im Erdgeschoss lagen mehrere Feuersteingeräte, die keine Anzeichen von Polierung zeigten, ein Quarzkeil und ein Steinmeißel, die offensichtlich schon lange im Einsatz waren. Dieser Meißel, sagen die Entdecker, entsprach genau den Kerben um die

Einsteckschlösser. Ein regelmäßig gepflasterter Weg, der aus Strandkieseln bestand, die auf einem Fundament aus ineinander verschlungenen Ästen lagen, führte zu einer Feuerstelle aus flachen Steinen, die in jeder Richtung etwa einen Meter misst. Überall lagen Holzkohlesplitter und zerbrochene Nüsse, letztere teilweise verbrannt. Ein weiterer Stein mit einem auf vier Pfosten ruhenden Eichenboden wurde kürzlich in der Grafschaft Fermanagh unter einer etwa sechs Meter dicken Torfablagerung entdeckt. In keinem dieser Iren wurden Spuren von Metall gefunden, und die Dicke des Torfs, unter dem sie lagen, ist ein weiterer Beweis für ihr großes Alter. Ein ernstzunehmender Einwand lautet jedoch: Waren die Iren in prähistorischen Zeiten weit genug fortgeschritten, um Wohnhäuser zu errichten, die ein so hohes Maß an Zivilisation voraussetzten?

Crannoges findet man sowohl in Schottland als auch in Irland, und Ausgrabungen im Loch Lee haben es Forschern ermöglicht, die Art ihrer Konstruktion herauszufinden. Die Seebewohner begannen damit, eine Reihe von Baumstämmen im flacheren Wasser eines Sees aufzutürmen. Anschließend verstärkten sie diese Stämme mit Ästen oder Balken, um die sich der Schlamm sammelte, bis das Ganze eine Insel bildete. Überall auf dieser Insel wurden unter dem Wasser des Sees verschiedene Gegenstände aus Stein, Holz und Horn sowie einige mehrere Fuß lange Kanus gefunden. Ähnliche Crannoges sind an den Seen Kincardine und Forfar zu sehen, die laut Troyon aus der Steinzeit stammen. 22 Wenn er recht hat, und wir möchten keine Behauptung auf die eine oder andere Weise aufstellen, beweisen die Bronzegegenstände und die emaillierten Glasschalen, die in der Nähe dieser Wohnungen gefunden wurden, dass sie von mehreren aufeinanderfolgenden Generationen bewohnt wurden.

Es ist wahrscheinlich, dass Pfahlbauten seit prähistorischer Zeit auch in Asien und in Afrika genutzt wurden. Die Geschichte erzählt uns, dass die Bewohner von Phasis, die heutigen Mingrelianer, in Schilfhütten am Wasser lebten und in Kanus, die aus Eichenstämmen ausgehöhlt waren, von einer Insel zur anderen fuhren. Ein Flachrelief aus dem Palast von Sanherib, das im British Museum aufbewahrt wird, stellt Krieger dar, die auf künstlichen Inseln aus großen Schilfrohren kämpfen. Aber hier betreten wir den Bereich der Geschichte und müssen in die Jungsteinzeit zurückkehren und von den Behausungen sprechen, die aus haltbareren Materialien gebaut wurden und deren Ruinen noch immer stehen.

Es ist unmöglich, mit Sicherheit zu sagen, aus welcher Zeit die ältesten dieser Bauwerke stammen. Es ist wahrscheinlich, dass der Mensch schon früh gelernt hat, Steine aufzuhäufen und sie zunächst mit Ton und dann mit etwas stärkerem Zement zusammenzubinden. Die *Bürger* Schottlands, die *Nurhags* der Insel Sardinien, die *Talayoti* der Balearen, die *Castellieri* Istriens, sie alle sind antike Zeugen der Bauweise, die in längst vergangenen Zeiten angewandt wurde.

Burghs, Brocks oder *Broughs gibt es in Schottland* 23 und auch auf den Inseln des Atlantiks zahlreich . Lange Zeit ging man davon aus, dass sie skandinavischen Ursprungs seien, aber Sir J. Lubbock 24 bemerkt mit Grund, dass es in Norwegen oder Dänemark überhaupt kein vergleichbares Gebäude gibt und es schwierig ist, die Idee zu akzeptieren, dass die Skandinavier sich dort niederließen Die ihnen zufließenden Inseln waren Gebäude, die auf dem eigenen Festland unbekannt waren. Wir neigen daher zu der Annahme, dass diese merkwürdigen Bauwerke, die bis zum 12. und 13. Jahrhundert der christlichen Ära bewohnt waren, viel älter sind als die erste Invasion der Nordmänner und dass die Burg noch immer auf der kleinen Insel Moussa steht , eines der Shetlandinseln, ist eines der besten Beispiele, die wir zitieren können. Am Ufer des Meeres erhebt sich ein einundvierzig Fuß hoher Turm. Die Mauern bestehen aus unbehauenen Steinen, die ohne Zement aufgestapelt sind, und sie bilden zwei Kreise, die durch einen vier Fuß breiten Durchgang getrennt sind. In jeder Etage gibt es eine Reihe sehr kleiner Öffnungen, die Luft und Licht in die zellenartigen Räume im Inneren und zu einer Treppe bringen sollen, die zur Spitze des Turms führt. Der einzige Weg in diese Stadt führt durch eine nur zwei Meter hohe Tür, die so schmal ist, dass zwei Personen nicht nebeneinander gehen können.

Die Regelmäßigkeit des Baus dieser Stadt und das damit verbundene architektonische Wissen verhindern, dass wir sie entweder der Stein- oder sogar der Bronzezeit zuordnen können. aber wir finden in Schottland selbst, wenn wir uns so ausdrücken dürfen, ältere Beispiele häuslicher Architektur. Bei diesen Beispielen handelt es sich um unterirdische Behausungen aus grob behauenen Steinen von beträchtlicher Größe, die in regelmäßigen Schichten angeordnet sind und denen die Namen Erdhäuser , *Piktenhäuser* und *Weems* gegeben wurden. Die Mauern laufen zur Mitte hin zusammen und lassen oben eine Öffnung frei, die mit großen flachen Steinen abgedeckt wurde. Diese Behausungen sind sicherlich älter als die Burghs, und die Entdeckung eines *Piktenhauses* tatsächlich unter den Ruinen einer Burgh ermöglicht es uns, in diesem Punkt mit Sicherheit zu sprechen.

In Irland wurden ähnliche Beweise für das große Alter des Rotschimmels gefunden. In diesem Land wurden mehr als hundert Türme gefunden, alle aus großen Steinen gebaut und in der Höhe von 70 bis 130 Fuß und mit einem Durchmesser von 8 bis 15 Fuß unterschiedlich. Diesen Türmen werden die unterschiedlichsten Ursprünge zugeschrieben, von der Vorgeschichte bis zu den Jahrhunderten unmittelbar vor der christlichen Ära; von der Zeit der Druiden bis zur Zeit der Mönche. Nach Ansicht verschiedener Archäologen wurden sie Sonnentempel, Einsiedeleien, phallische Denkmäler oder Signaltürme genannt.

Nurhags stoßen wir auf ein ähnliches Problem wie bei der Betrachtung der Bürger. Sie wurden zu Recht als eine Seite der Geschichte bezeichnet, die von einem unbekannten Volk überall auf Sardinien niedergeschrieben wurde. Graf Albert de la Marmora zählte vor einigen Jahren dreitausend von ihnen, und neuere Forscher sagen uns, dass diese Zahl bei weitem überschritten wird. Wie die Burghs, denen sie seltsamerweise ähneln, sind die *Nurhags* konische Türme mit sehr dicken Mauern aus riesigen Steinen, von denen einige behauen, andere in ihrem natürlichen Zustand sind und in regelmäßigen Reihen ohne Mörtel angeordnet sind. Beim Betreten eines von ihnen finden wir uns in einem gewölbten Raum wieder, der in seiner Form genau wie die Hälfte eines Eies aussieht. In den oberen Stockwerken befinden sich zwei, manchmal auch drei Räume übereinander, zu denen man über in die Wände eingeschnittene Stufen gelangt. Der gesamte Bau wird von einer Terrasse gekrönt (Abb. 53). Wir müssen hinzufügen, dass der Eingang zum *Nurhag* durch eine Öffnung auf Bodenhöhe erfolgt und so niedrig ist, dass man nur auf dem Bauch kriechen kann.

Über die Verwendung dieser Türme wurden viele Vermutungen angestellt. Waren es Tempel zur Anbetung oder Siegestrophäen? Ihre Zahl widerspricht jeder dieser Hypothesen. Waren sie dann Wohnhäuser oder Beobachtungstürme? Ersteres sicherlich nicht, denn niemand konnte zwischen 16 oder 22 Fuß dicken Mauern leben, die von Luft und Licht ausgeschlossen sind. Einige Reisende glauben, es handele sich um Gräber, doch bei Ausgrabungen wurden weder Knochen noch Grabreliquien gefunden. Wir können sie mit nichts anderem als den Türmen der Stille vergleichen, auf denen die Parsen ihre Toten den Vögeln des Himmels aussetzen, die immer bereit sind, sich ihrer melancholischen Funktionen zu entledigen.

Nurhag in Santa Barbara (Sardinien).

Der Ursprung der *Nurhags* ist ebenso ungewiss wie ihre Verwendung. Diodorus Siculus hielt sie für sehr alt, und in unserer Zeit ist eine Tatsache ans Licht gekommen, die es uns ermöglicht, zu einer etwas genaueren Entscheidung zu gelangen. Die Insel Sardinien wurde 238 v. Chr. von den Römern von den Karthagern eingenommen und ein Aquädukt, dessen Ruinen noch zu sehen sind, wurde von den Eroberern auf den Fundamenten eines antiken Nurhag errichtet, so dass dieser zu einem *gehören* muss früher (spätes drittes Jahrhundert vor unserer Zeitrechnung). Fergusson, der mit Autorität über alles spricht, was die Denkmäler der Steinzeit betrifft, ordnet die *Nurhags* der mystischen Zeit des Trojanischen Krieges zu. Aller Wahrscheinlichkeit nach wurden sie von einem einfallenden Volk erbaut. La Marmora glaubt, dass diese Eindringlinge die Libyer waren; M. de Rougemont sagt in seiner Geschichte der Bronzezeit, dass das geschwungene Gewölbe das charakteristische Merkmal der pelasgischen Architektur ist, die oft mit der der Phönizier verwechselt wird. Allerdings gibt es keine abschließende Schlussfolgerung Wäre es verfrüht, denken wir selbst, dass die Erbauer der *Nurhags* zu dem großen Auswanderungsstrom aus dem Osten gehörten, dessen Verlauf in vielen Teilen der Welt durch Megalithdenkmäler gekennzeichnet ist. In einigen Fällen waren *Nurhags* von Cromlechs umgeben , von denen die meisten Steine inzwischen abgeworfen wurden. Einige dieser Steine trugen Vorsprünge, die den Brüsten einer Frau ähnelten.

Die Ansammlungen von Erde und Müll rund um die *Nurhags* sind teilweise sechs bis zehn Fuß hoch. In den unteren Ablagerungen wurden grobe Töpferwaren ohne Versuch einer Verzierung, Fragmente von Feuerstein und Obsidianbeile aus schwarzem Basalt oder Porphyr vom paläolithischen Typ, Pfeilspitzen, Feuersteinmesser, Steine, die in Schleudern verwendet wurden, und zahlreiche Muscheln gefunden ; während in den oberen Lagerstätten schwarze Keramik und Bronzefragmente aus der Übergangszeit zwischen der Steinzeit und der Metallzeit gefunden wurden.

Überall auf der Insel Sardinien erheben sich neben den *Nurhags* Gräber, denen der Name „ *Sepolture dei Giganti" gegeben wurde* . Sie sind 32 bis 39 Fuß lang und fast gleich breit und bestehen teils aus riesigen Steinplatten, teils aus kleineren Steinen. Sie werden in jedem Fall von einem Giebel überragt, der aus einem einzigen Block besteht und oft mit Skulpturen aus verschiedenen Epochen bedeckt ist. Diese Gräber stammen sicherlich aus einem späteren Datum als die *Nurhags* , und in ihnen wurden zahlreiche Geräte aus Bronze, aber keines aus Stein gefunden.

Abbildung 54.

„Talayoti" in Trepuco (Menorca).

Die *Talayoti* , von denen noch einhundertfünfzig auf der Insel Menorca stehen, sind kreisförmige oder elliptische Kegelstümpfe, die aus riesigen unbehauenen Steinen gebaut sind, die ohne Zement übereinander gelegt wurden (Abb. 54) . Das bemerkenswerteste von allen ist das in Torello, in der Nähe von Mahon, 33 Fuß hoch. In vielen Fällen befinden sich vor dem *Talayoti zwei Steine, einer aufrecht, der andere quer darüber* . Die Bedeutung dieser Bilithen ist unbekannt.

Eine weitere Reihe zyklopischer Denkmäler ist unter dem Namen *Nanetas bekannt* und ähnelt umgestürzten Booten. Sieben solcher *Nanetas* sind noch auf den Balearen zu sehen. Der am besten erhaltene besteht aus großen, unbehauenen Steinen von rechteckiger Form, die eine innere Kammer mit einer Breite von etwa sechs Fuß umschließen. Da das Dach eingestürzt ist, lässt sich seine Höhe nicht genau bestimmen; Wir wissen nur, dass die Seitenwände etwa fünfzehn Meter hoch sind.

In Algerien sind auch einige Türme aus Steinen ohne Zement erhalten geblieben. Einige von ihnen sind quadratisch (*basina*) und werden von einem kleinen Dolmen gekrönt, andere sind rund (*chouchet*) und oben durch eine große Steinplatte verschlossen, wie bei den gerade beschriebenen *Nurhags* .

Es ist schwierig, diesen Bericht abzuschließen, ohne die *Truddhi* und *Specchie* von Otranto zu erwähnen. 25 Ein *Truddhi* ist ein massiver konischer Turm, der aus einem Haufen kaum behauener Steine besteht, die ohne Zement aufgestapelt sind und eine Außenverkleidung haben. Im Inneren befindet sich ein runder Raum, dessen Dach aus einer Reihe kreisförmiger, übereinander ragender Steinreihen besteht. Manchmal erhebt sich über der ersten eine zweite Kammer, die über in die Fassade eingeschnittene Stufen erreicht *wird* , die auch zur Plattform oben auf dem Turm führen. Tausende von *Truddhi* sind in Italien zu sehen; Sie stammen aus allen Epochen, und die Einwohner von Lecce und Bari errichten sie weiterhin wie ihre Väter vor ihnen. Seite an Seite mit den *Truddhi* erheben sich die *Specchie* , konische Steinmassen, größer und wahrscheinlich älter als die Türme. Lenormant glaubt, dass dort früher gewohnt wurde; aber seine Meinung wurde vielfach in Frage gestellt, und es ist notwendig, über diesen Punkt mit großer Zurückhaltung zu sprechen.

Die *Castellieri* Istriens, die die slawonischen Bauern *Starigrad nennen* , sind bisher nur wenig bekannt. Zweifellos wird eine Untersuchung ihrer Ähnlichkeit mit den *Nurhags* und *Talayoti aufdecken* . Es handelt sich jedoch um mehr als bloße Türme, die regelmäßige *Umzäunungen* zwischen Mauern bilden, die aus zwei Verkleidungen aus Trockensteinen bestehen und deren Zwischenraum mit kleineren Steinen ausgefüllt ist. Fünfzehn dieser *Castellieri* *gibt es* im Bezirk Albona, einer kleinen Stadt südöstlich von Triest. Sie wurden zunächst der römischen Epoche zugeschrieben, doch spätere Forschungen verweisen sie eher auf prähistorische Zeiten, und die Entdeckung zahlreicher Steingeräte in ihrer Nähe stützt eher diese letztere Meinung, darf jedoch nicht als schlüssig angesehen werden.

Vielleicht sollten wir auch die von MM kürzlich in Spanien entdeckten Stationen mit den frühesten Zeitaltern der Menschheit in Verbindung bringen. Siret. 26 Offensichtlich handelte es sich dabei um Siedlungszentren, die von Mauern sehr primitiver Art umgeben waren. Auf diese Entdeckungen werden wir noch einmal zurückkommen müssen; Wir fügen jetzt nur hinzu, dass in der schwarzen Erde, die den Boden bildete, bearbeitete Feuersteine, polierte Dioritbeile, durchbohrte Muscheln, verschiedene Tongefäße und Mühlen zum Mahlen von Mais gefunden wurden. Obwohl viele der Stationen erkundet wurden, wurden bisher jedoch keine Spuren der Verwendung von Metallen gefunden.

Seit dem Ende des Paläolithikums ist eine gewaltige Zeitspanne, tatsächlich unzählige Jahrhunderte, vergangen. Die Burghs, *Nurhags* und *Castellieri* zeigen den Fortschritt der Zivilisation und beweisen gleichzeitig, dass sich dieser Fortschritt über ganz Europa erstreckte, und das zu einer Zeit, die nicht so weit von unserer entfernt war. Die große Ähnlichkeit zwischen Gebäuden unterschiedlichen Datums ermöglicht es uns, mit Sicherheit von der Verbindung zwischen den Rassen zu sprechen, die in Europa aufeinander folgten. Die Bedeutung dieser Schlussfolgerungen ist sehr groß und wird in unserem Studium der Megalithdenkmäler noch deutlicher hervortreten.

---

1 „Der Mann hat die Glyptodon-Herzen sicher bewohnt, aber er muss nicht an der Stelle bleiben, an der er sich befindet." – „La Antiguedad del Hombre en el Plata", Bd. ii., S. 532.

2 „Über einige neuere Forschungen in Kegelhöhlen in Wales", *Proc. Geol., Asso* ., vol. ix. „Über die Flynnon-, Benno- und Gwyu-Höhlen", *Geol. Mag* ., Dez. 1886.

3 *Revue des Questions Scientifiques* , April 1887.

4 „Odyssee", Buch ix., Vers 105–124.

5 Aeschylos: „Der gefesselte Prometheus."

6 A. Maury: „La Vieille Civilization Scandinave", *Revue des Deux Mondes* , September 1880.

7 F. de Olivera: „As Raças dos Kjoekkenmoeddings de Mugem", Lissabon, 1881.

8 *Bericht Peabody Museum* , 1882.

9 *Bericht Peabody Museum* , 1882 und 1885.

10 Brinton: „Notizen zur Floridian-Halbinsel“, Philadelphia, 1849.

11 Viele dieser Details entnehmen wir Dr. Gross‘ hervorragender Arbeit über die „Pfahlbauten der Schweiz“.

12 Virchow: „Drei Schädel aus der Schweiz.“

13 *Revue d'Anthropologie* , 1887, S. 607.

14 G. Cotteau: *Nature* , 1877, erste Woche, S. 161.

15 Rutimeyer: „Fauna der Pfahlbauten in der Schweiz.“

16 *Anzeiger für Schweizerisches Alterthums Künde* , April 1884.

17 Comte Conestabile: „Sur les Anciennes Immigrations en Italie.“ Heilbig: „Beiträge zur Altitalischen Kultur und Kund Geschichte“, i. Band. G. Boissier: *Révue des Deux-Mondes* , Oktober 1879.

18 *Bul. di Palethnologia Ital* ., 1879. Die *Warften* von Holland sind, obwohl sie viel moderner sind, den *Terremares sehr ähnlich* .

19 „Ricerce di Archeologia Preistorica nella Valle della Vibrata.“

20 Wylie, *Arch. Brit* ., Bd. xxxviii. Wylde, *Proc. Royal Irish Acad* ., Bd. ich., p. 420.

21 *Bogen. Brit* ., Bd. xxvi., S. 361. *Proc. Royal Irish Academy* , Bd. vii., S. 155.

22 „Habitations Lacustres des Temps Anciens et Modernes“, S. 170.

23 R. Munro: „Alte schottische Pfahlbauten oder Crannoges, mit einem ergänzenden Kapitel über Überreste von Pfahlbauten in England“, Edinburgh, 1882.

24 „Prähistorische Zeiten.“ Wilson: „Prähistorisches Schottland.“

25 Nicolucci: „Scelse Lavorate, Bronzi e Monumenti di Terra d'Otranto." Lenormant, *Revue d'Ethnographie* , Februar 1882 (*Bul. Soc. Anth* ., 1882 und 1884). S. Reinach: „Esquises Archéologiques."

26 „Les Premiers Âges du Métal dans le Sud-Est de l'Espagne", Brüssel, 1887.

KAPITEL V.
Megalithdenkmäler.

Megalithdenkmäler sind vielleicht die interessantesten Zeugen der fernen Vergangenheit, deren Geschichte wir jetzt erforschen und über die so wenig bekannt ist. Von den Küsten des Atlantiks bis zum Uralgebirge, von den Grenzen Russlands bis zum Pazifischen Ozean, von den Steppen Sibiriens bis zu den Ebenen Hindustans sehen wir vor uns Denkmäler der gleichen charakteristischen Form auftauchen, die auf die gleiche Weise erbaut wurden. Dies ist eine sehr wichtige Tatsache in der Geschichte der Menschheit, deren Bedeutung kaum zu überschätzen ist.

Wie alt sind all diese Denkmäler? Wurden sie alle von einer Rasse errichtet, die so ihre Traditionen von Generation zu Generation weitergetragen hat? Waren sie die Tempel der Götter dieser Rasse oder die Gräber ihrer Vorfahren? Kamen die Menschen, die sie errichteten, aus dem Osten oder aus dem Norden auf dem Weg in die wärmeren Regionen des Südens? Diese und viele andere Fragen werden eifrig diskutiert, aber beim gegenwärtigen Stand unseres Wissens lässt sich keine davon vollkommen zufriedenstellend beantworten. *Scire ignorare magna scientia* , sagte ein antiker Philosoph, und das ist eine Wahrheit, die wir oft wiederholen müssen, wenn wir uns mit prähistorischen Zeiten befassen.

Abbildung 55.

Dolmen von Castle Wellan (Irland).

Zu den Megalithdenkmälern zählen *Grabhügel, Dolmen, Cromlechs, Menhire* und *überdachte Alleen*. Es mag auf den ersten Blick seltsam erscheinen, Tumuli zu Steindenkmälern zu zählen, aber sie umfassen fast immer einen Dolmen, eine Cist oder eine Krypta, die über einen überdachten Gang mit der Außenwelt verbunden ist. Bei der Ausgrabung von mehr als vierhundert Grabhügeln in England wurde nun eine steinerne Truhe ans Licht gebracht, die aus mehreren hochkant angeordneten Steinen bestand und Kistvaen genannt wurde: jetzt ein *Grab*, das unter der Erdoberfläche ausgehöhlt und von riesigen Steinen umgeben ist Steinblöcke. 1 Hügel gibt es in Portugal ebenso zahlreich wie Hügelgräber in England, und die Tatsache, dass sie von geringer Höhe sind, hat dazu geführt, dass sie „*Mamoas*" oder „*Maminhas*" genannt werden, was „kleine Hügel" bedeutet. In Polen bestehen Tumuli aus massiven Steinhaufen; Unter jedem befindet sich eine Kiste aus vier großen Platten, die bis zu acht oder zehn Urnen voller kalzinierter Knochen enthält. Die Ausgrabung eines Tumulus in der Ebene von Tarbes brachte einen riesigen Granitblock ans Tageslicht, der auf Quarzblöcken ruhte. Die Zwischenräume zwischen diesen Blöcken wurden mit Schutt aufgefüllt, der aus kleinen Steinen bestand, die mit Lehm zu einer Masse verklebt waren. Der Edwin-Harness Mound in der Nähe von Liberty (Ohio) ist 160 Fuß lang, 80 oder 90 Fuß breit und in der Mitte 13 bis 18 Fuß hoch. Es enthielt ein Dutzend Grabkammern.

Abbildung 56.

Der große Dolmen von Coreoro, in der Nähe von Plouharnel.

Seltener sind Tumuli lediglich künstliche Erdhügel, die manchmal große Höhen erreichen. Die aus Nordamerika sind die bemerkenswertesten bekannten. Die von Cahokia ist jetzt 91 Fuß hoch und wurde früher von einer niedrigen Pyramide überragt, die jetzt zerstört ist. Seine Basis misst 560 Fuß mal 720 Fuß, die Plattform an der Spitze ist 146 Fuß mal 310 Fuß breit und es wurde geschätzt, dass für den Bau 25 Millionen Kubikfuß Erde verwendet wurden. Major Pearse erwähnt einen Tumulus in der Nähe von Nagpore, der einen Umfang von 3.900 Fuß und eine Höhe von 174 Fuß hat. Ein weiterer zwischen Tyrus und Sarepta ist 130 Fuß hoch und hat einen Durchmesser von 650 Fuß. Es wurde nie ausgegraben. 3

Abbildung 57.

Dolmen von Arrayolos (Portugal).

Der Dolmen-Denkmaltyp ist ein Rechteck aus behauenen aufrechten Steinen, die mit einer darübergelegten Platte bedeckt sind. Diese Platte war der größte Steinblock, der in der Nachbarschaft gefunden oder von den Bauherren beschafft werden konnte.

Dolmen befinden sich im Allgemeinen entweder auf der Spitze eines natürlichen oder künstlichen Hügels, mitten in einer Ebene oder am Ufer eines Wasserlaufs. Wir müssen unter anderem diejenigen in Persien erwähnen, die etwa 7.000 Fuß hoch und 21 bis 26 Fuß lang und sechs Fuß breit sind; das in der Nähe von Mykenæ, das von Aumède-Bas, ausgegraben von Dr. Prunières; das von New Grange in Irland, überragt von einem Cromlech aus Steinen von beträchtlicher Größe, von denen viele aus der Ferne herbeigebracht wurden; das von Hellstone in der Nähe von

Dorchester, bestehend aus neun aufrechten Steinen, die einen Tisch mit einem Umfang von über sieben Fuß, einer Breite von mehr als sieben Fuß und einer Dicke von zweieinhalb Fuß tragen. Die Dolmen in der Nähe von Saturnia, einer der ältesten etruskischen Städte, bestehen aus einem viereckigen Raum, der einige Fuß in die Erde eingelassen ist und über Wände aus Steinblöcken und ein Dach aus einigen großen Platten verfügt, die leicht geneigt sind, um den Regen ablaufen zu lassen aus. Wir geben Abbildungen der Dolmen von Castle Wellan in Irland (Abb. 55), von Coreoro bei Plouharnel (Morbihan) (Abb. 56), von Arrayolos in Portugal (Abb. 57) und Acora in Peru (Abb. 58). Dies wird es dem Leser ermöglichen, die verschiedenen Bauweisen zu beurteilen, die beim Bau dieser Megalithdenkmäler zum Einsatz kamen.

Abbildung 58.

Megalithgrab in Acora (Peru).

In einigen Fällen ist der Dolmen, der allein von außen sichtbar ist, auf einem Hügel errichtet und bedeckt eine verborgene Grabkammer, während in anderen Fällen die Krypta durch eine einfache Steinkiste ersetzt wird, die im Allgemeinen eine rechteckige Form hat. In diesem Zusammenhang sei der Dolmen von Bekour-Noz in St. Pierre Quiberon erwähnt, der sich durch seine große Größe auszeichnet und sich inmitten eines Friedhofs erhebt, auf dem zahlreiche Särge gefunden wurden. Die darin enthaltenen Knochen waren zum Zeitpunkt ihrer Entdeckung leider verstreut.

Dolmen sind in großer Zahl im Kouban-Becken und an den von den Tscherkessen bewohnten Küsten des Schwarzen Meeres verstreut. Diese merkwürdigen Überreste einer unbekannten Zivilisation sind für uns immer noch ein ungelöstes Rätsel, ebenso wie die Westeuropas; Sie bestehen im Allgemeinen aus vier aufrechten Platten, auf denen eine fünfte horizontal liegt, und eine der Stützplatten ist fast immer mit einer kleinen runden oder ovalen Öffnung durchbohrt. Bei Ausgrabungen wurden Pfeilspitzen, Ringe und Bronzespiralen ans Licht gebracht, aber Chantre, eine Autorität von beträchtlichem Gewicht, der darüber hinaus den Vorteil hatte, diese Megalithdenkmäler im Süden Russlands tatsächlich zu sehen, führt die darunter gefundenen Objekte darauf zurück sekundäre Bestattungen und zögert nicht, die älteren Denkmäler selbst der Steinzeit zuzuordnen. Wir dürfen nicht vergessen, die Dolmen zu erwähnen, die im südlichen Teil der Insel Yezo (Japan) gefunden wurden, 4 und auch nicht den von Darwin in Puerto Deseado (Patagonien) beschriebenen. Beide sind denen Europas sehr ähnlich.

Um es noch einmal zusammenzufassen: Dolmen, in Deutschland *Hünengräber*, auf Korsika *Stazzona*, *in Portugal Antas* und in Schweden *Stendos genannt*, haben alle gleichermaßen eine große flache horizontale Platte, die auf zwei oder mehr aufrechten unbehauenen Steinen liegt. Dies ist die einzige feste Regel; Die örtlichen Gegebenheiten, vielleicht sogar die Willkür der Bauherren, bestimmten die Lage und die Art der Errichtung. Wie ich bereits bemerkt habe, sind Dolmen oft unter Hügelgräbern begraben, es gibt jedoch zahlreiche Ausnahmen. Nachdem General Faidherbe mehr als sechstausend Dolmen in Algerien untersucht hat, bestätigt er, dass die meisten Dolmen nie mit Erde bedeckt waren. 5 Auf den Orkney-Inseln gibt es mehr als hundert Dolmen ohne Grabhügel, und Martinet konnte in Berry keine Spur von Hügeln finden. In Schottland und der Bretagne finden wir Dolmen, die nicht unter Erdhügeln, sondern unter Ansammlungen von Kieselsteinen vergraben sind, in Schottland *Cairns und in der Bretagne Galgals genannt*. So unterschiedlich kleine Details auch sein mögen, und sie variieren unendlich, eine Grundidee dominierte die Bauherren überall, und das war der Wunsch, die Ruhestätte dessen, was einst ein Mensch gewesen war, vor jeglicher Entweihung zu schützen.

Cromlechs sind Kreise aus aufrechten Steinen, die oft Dolmen oder Hügelgräber umgeben. Manchmal bilden sie einzelne Kreise, manchmal zwei, drei oder sogar sieben separate Umzäunungen. Sie sind in Algerien, Schweden und Dänemark verbreitet, und im letztgenannten Land werden zwei Arten unterschieden: die *Langdysser*, die eine Ellipse bilden, und die *Rundysser*, die einen perfekten Kreis bilden. In anderen Ländern gibt es so viele Cromlechs; In Frankreich gibt es nur wenige, darunter Kergoman (Morbihan), Lestridion in Plomeur und Landaondec in Crozon (Finistère). Der letztgenannte, auch *Le Temple des Faux Dieux genannt*, wird von einer doppelten Reihe kleiner Menhire abgeschlossen. In Italien sind die einzigen bekannten Cromlechs die von Sesto-Calende und die der Hochebene von

Mallevalle in der Nähe des Tessins. In einem der letzteren sind noch 59 riesige Granitblöcke in ihrer ursprünglichen Position erhalten, die eine kreisförmige Einfriedung, einen Halbkreis und eine Eingangsallee bilden. Ein paar Meilen vom antiken Tyrus entfernt ist noch immer ein Kreis aus aufrechten Steinen zu sehen. Ouseley beschreibt einen anderen in Darab in Persien; ein Missionar spricht von drei großen Kreisen in Khabb in Arabien, die er mit denen in Stonehenge vergleicht; und Dr. Barth erzählt uns von einem Cromlech zwischen Mourzouk und Ghât.

Als im Bezirk Cherson ein Kurgan oder Tumulus eröffnet wurde, wurden darunter drei oder vier konzentrische Kreise entdeckt, die ein Bauwerk von beträchtlicher Größe umgaben. 6 Der Cromlech von Anajapoura in Ceylon, wahrscheinlich jedoch erst vor relativ kurzer Zeit errichtet, besteht aus zweiundfünfzig etwa dreizehn Fuß hohen Granitsäulen, die einen buddhistischen Tempel umgeben. In Peshawur gibt es einen weiteren Kreis, von dem vierzehn Steine noch aufrecht stehen, während Spuren aus einer äußeren Umzäunung aus kleineren Steinen erkennbar sind; In Peru gibt es mehrere Cromlechs, während andere am Fuße des Elephant Mount in den Wüstenebenen Australiens gefunden wurden. Die letztgenannten haben einen Durchmesser von zehn bis tausend Fuß, aber Ausgrabungen unter ihnen haben nur wenige menschliche Knochen ans Tageslicht gebracht.

In Mzora in Marokko wird der Reisende einen etwa 21 bis 22½ Fuß hohen elliptischen Hügel bemerken, der im Westen von einer Gruppe von Menhiren flankiert und von einem Zaun aus aufrechten Steinen umgeben ist, deren Zahl jetzt etwa vierzig beträgt. Im Jahr 1831 waren es noch neunzig, und auf der Südseite fielen zwei parallel zueinander verlaufende runde Säulen auf, die vermutlich einen Eingang bildeten. 7 Diese Gruppe bildete offenbar ursprünglich das Zentrum einer Reihe von Megalithmonumenten, denn im Norden und Südwesten sind noch etwa fünfzig Monolithen zu erkennen, einige noch aufrecht, andere gefallen. 8

In Großbritannien scheinen die Cromlechs jedoch ihre höchste Entwicklung erreicht zu haben. Das von Salkeld in Cumberland umfasst siebenundsechzig Menhire; das in der Nähe von Loch Stemster in Caithness, 33, während *Long Meg und ihre Töchter in Westmoreland* immer noch Gegenstand abergläubischer Verehrung sind. Die Überreste in Avebury gehören zu den bemerkenswertesten noch erhaltenen prähistorischen Denkmälern und gehörten offenbar ursprünglich zu einer äußerst wichtigen Gruppe. Diese Gruppe hatte einen äußeren Erdwall mit einem Graben auf der Innenseite, in dem sich ein Kreis aus aufrechten Steinen befand, wahrscheinlich bis zu einhundert. Innerhalb dieses Kreises befanden sich zwei weitere kleinere Kreise, von denen jeder wiederum einen weiteren Kreis aus aufrechten Steinen umschloss. In der Mitte eines dieser inneren Kreise, im Norden, befand sich ein Dolmen, während der im Süden in der Mitte nur einen einzigen aufrechten Menhir umschloss. Die für den Bau dieser verschiedenen Gruppen verwendeten Steine waren allesamt solche, die noch heute in den Wiltshire Downs zu finden sind. Vom südöstlichen Teil des ausgedehnten Erdwalls erstreckte sich eine Steinallee über eine beträchtliche Strecke in einer vollkommen geraden Linie und ist noch immer als Kennet's Avenue bekannt, da sie zum Dorf Kennet führt. Die Überreste auf dem Hakpen Hill und auf dem Silbury Hill sollen ursprünglich alle mit denen in Avebury in Verbindung stehen. Die Überreste in Hakpen bestehen aus Reliquien zweier Kreise, von denen einer etwa 140 Fuß im Durchmesser hat, der andere nicht mehr als vierzig Fuß. Ungefähr achtzig Meter vom inneren Kreis entfernt wurde eine doppelte Reihe von Skeletten gefunden, deren Füße alle zur Mitte zeigten. Silbury Hill selbst ist ein künstlicher kegelförmiger Hügel, der größte in England, 170 Fuß hoch, auf dem ursprünglich nicht weniger als 650 aufrechte Steine lagen, von denen nur noch zwanzig stehen und von einem Graben umgeben sind. In der Mitte des Steinkreises befindet sich noch ein einzelner Menhir von großer Höhe und drei weitere, die so geneigt sind, dass sie eine Art Krypta bilden.

Die Megalithdenkmäler von Stonehenge, die wahrscheinlich bekannter sind als alle anderen auf der Welt, sind vielleicht auch die merkwürdigsten. Die Gruppe soll ursprünglich aus einem äußeren konzentrischen Steinkreis mit einem Durchmesser von etwa hundert Fuß bestanden haben, der aus dreißig Pfeilern aus massivem Mauerwerk bestand, von denen noch etwa zwanzig zu erkennen sind, einige wenige stehen, andere liegen zerbrochen auf dem Boden. Dieser äußere Kreis umschloss einen zweiten mit ähnlicher Form, aber geringerem Durchmesser, in dem sich wiederum elliptische Taro-Kreise befanden, wobei der äußere aus zehn oder zwölf Sandsteinblöcken von etwa 22 Fuß Höhe bestand, die paarweise standen und jedes Paar durch eine horizontal liegende Platte verbunden war , um ein Trilithon zu bilden. Die innere Ellipse wurde aus neunzehn aufrecht stehenden Granitblöcken gebildet, in denen sich die berühmte Platte aus blauem Marmor befand, von der viele annahmen, sie sei ein Altar gewesen. Die Säulen und Stürze des äußeren Portikus und die der Trilithons sind mit größtem Geschick mit Zapfen und Zapfen zusammengefügt, eine bemerkenswerte Ausnahme von der allgemeinen Regel bei Megalithdenkmälern. Überall in der Umgebung von Stonehenge, so weit das Auge reicht, befinden sich Grabhügel, die alle fast gleich weit von der Hauptgruppe der Denkmäler entfernt sind, eine Tatsache, die viele Archäologen, darunter auch Henry Martin, zu ihrer Betrachtung veranlasst hat. Stonehenge als Tempel umgeben von einer Nekropole. Bei Ausgrabungen in Stonehenge wurden einige menschliche Knochen gefunden, die den Flammen entkommen waren, sowie einige Waffen aus Stein und Bronze.

Die Megalithdenkmäler Irlands sind nicht weniger wichtig, und eine kürzlich durchgeführte Untersuchung ergab, dass nicht weniger als 276 noch stehen. 9 Die Cromlechs von Moytura 10 sollen an die schrecklichen Kämpfe erinnern, die zwischen den *Firbolgs* oder Belgæ, wie sie von irischen Antiquaren genannt werden, und den Tuatha de Dananns stattfanden, als die Ebenen von Sligo und Meath vor der Zeit mit Blut gefärbt wurden Erstere wurden besiegt und nach Arran zurückgezogen. Es gibt immer noch nicht weniger als vierzehn Dolmen und neununddreißig Cromlechs. Die unter den Steinkreisen aufgesammelten Knochen, die die Erinnerung an diese blutigen Konflikte lebendig halten, stammen von Kriegern, die auf dem Schlachtfeld gefallen sind, aber die Geschichte, wie sie ihr Schicksal trafen, gehört eher der Geschichte als dem Thema an, mit dem wir uns befassen . So ist es auch mit den beiden riesigen Monolithen von Cornwall. die an eine Schlacht zwischen dem walisischen König Howel Dha und dem sächsischen Athelstane erinnern, sowie mit den Cromlechs von Ostgotland, wo im Jahr 736 die Schlacht stattfand, in der der alte König Harold Hildebrand von seinem Neffen Sigurd besiegt und getötet wurde. Ring. Eine Gruppe von 44 Kreisen markiert auch den Ort der berühmten Schlacht von 1030, in der Knut der Große Olaf, dem Schutzpatron Norwegens, die Stirn bot. In diesem Zusammenhang können wir auch die zwanzig Steinkreise nennen, die in Upland zum Gedenken an das Massaker am dänischen Prinzen Magnus Henricksson im Jahr 1161 errichtet wurden. Eine weitere Gruppe von Kreisen markiert die Stelle, an der um 1150 die schwedische Heldin Blenda besiegte König Sweyne Grate. Wir könnten die Beispiele für die Errichtung ähnlicher Denkmäler in historischer Zeit leicht vervielfachen, aber wir haben genug gesagt, um zu zeigen, dass die megalithische Form keineswegs auf prähistorische Tage beschränkt war.

in der Bretagne auch *Lechs* genannt , sind in Wirklichkeit isolierte Monolithen oder einzelne aufrechte Steine, oft von beträchtlicher Größe. Einer der bekanntesten ist der von Locmariaker (Abb. 59), der fast siebzig Fuß hoch war. 11 Im Jahr 1659 stand es noch, ist aber heute umgestürzt und in vier Teile zerbrochen. Der flache Stein, der auf einem Teil davon ruht, ist als Cæsars Tisch bekannt. Auf einigen Menhiren, insbesondere auf der Sweno-Säule in Schottland, ist auf einer Seite ein Kreuz eingeschnitten, was zeigt, dass diese Form des Denkmals entweder schon früh von den Christen übernommen wurde, oder, was wahrscheinlicher ist, dass es an ihre Verwendung angepasst wurde, nachdem es lange zuvor ein Denkmal gewesen war Relikt aus prähistorischen Zeiten. Auf der anderen Seite von Swenos Säule befindet sich ein recht gut ausgeführtes Flachrelief.

In manchen Fällen markieren Menhire die Stelle eines Grabes, und manchmal, wie im Fall der Obelisken in Ägypten, erinnern sie an ein freudiges Ereignis. Ein Menhir in Schottland bewahrt die Erinnerung an die

Schlacht von Largs, die im 13. Jahrhundert stattfand, und eine sorgfältig erhaltene Legende erzählt, wie der Menhir von Aberlemmo zu Ehren eines Sieges über die Dänen im 10. Jahrhundert errichtet wurde.

Abbildung 59.

Der große zerbrochene Menhir von Locmariaker mit Cæsars Tisch.

Einige Archäologen gehen angesichts der Form bestimmter Menhire und des damit verbundenen Aberglaubens davon aus, dass es sich um phallische Denkmäler handeln muss. In diesem Zusammenhang werden Menhire in Frankreich zitiert, die in die Form des Phallus geschnitten sind; und die gleiche Form kommt in einigen Menhiren in der Nähe von Saphos auf der Insel Zypern vor12 und in anderen, die in den Ruinen von Uxmal in Yucatan gefunden wurden. Herodot berichtet, dass Sesostris in den von ihm eroberten Ländern Spielzeugmonolithen aufstellen ließ, die als Relief Darstellungen der weiblichen Geschlechtsorgane trugen. Dabei handelt es sich jedoch nur um Ausnahmen, um isolierte Tatsachen, und es wäre sicherlich nicht sinnvoll, daraus zu argumentieren, dass Menhire mit der Verehrung der zeugenden Blumen der Natur verbunden seien.

Es ist äußerst schwierig, an die Statistiken der Menhire heranzukommen. Sehr viele wurden gestürzt, und noch mehr sind ganz verschwunden. Wahrscheinlich sind außer den Reihen- oder Steinalleen nicht mehr als zwanzig davon noch erhalten. 13 Eines ist sicher: Die monolithische Form des Denkmals übte schon immer eine große Anziehungskraft auf die Menschheit aus und wir begegnen ihr in Ägypten, Assyrien, Persien und Mexiko sowie in England und der Bretagne. Der Historiker spricht in den frühesten vorhandenen Aufzeichnungen von solchen Denkmälern; Homer erwähnt sie in der Ilias 14 und in der Bibel finden wir die Erzählung, dass der Herr Josua befahl, zwölf Steine zum Gedenken an die Überquerung des Jordan durch die Israeliten aufzustellen. 15

Anordnungen sind Gruppen von Menhiren, die in einer oder mehreren Reihen aufgestellt sind. Manchmal werden große Platten darüber gelegt, wenn sie einen Bogen bilden, sogenannte überdachte Alleen. Eine solche Anordnung in Saint Pantaléon (Saône et Loire) besteht aus zwanzig Menhiren. Die Menhire von El Wad in Algerien bilden lange Alleen, die von Westen nach Osten verlaufen. Die Araber nennen sie *Essenam* und der Überlieferung nach wurden sie in Erfüllung eines Gelübdes errichtet, in der Hoffnung, den Vormarsch eines Feindes aufzuhalten. Der Tumulus von Run-Aour (Finistère) verfügt über zwei Alleen, die im rechten Winkel zueinander verlaufen. 16 Diese sehr seltene Anordnung kommt auch in Karleby in Schweden vor, und durch einen bemerkenswerten Zufall ist die Länge der Alleen (ungefähr neununddreißig und fünfundfünfzig Fuß) in beiden Fällen gleich. Manchmal bilden solche Alleen Verbindungen zwischen mehreren Dolmen, was uns vermuten lässt, dass in der Nähe des Häuptlings die Mitglieder seiner Familie oder seine Lieblingsgefährten schliefen.

Die überdachten Alleen sind oft unter Erdmassen gebaut, und die Innenräume wurden zu regelmäßigen Hypogäen. Diese Hypogäen oder unterirdischen Kammern sind in der Nähe von Paris sehr häufig, und wir können unter vielen anderen die von Meudon, Argenteuil und Conflans-Sainte-Honorine erwähnen , Marly, Chamant, La Justice und Compans. Die Gräber Dänemarks, der *Gang Graben* von Nilsson, weisen eine ähnliche Anordnung auf: Eine riesige unterirdische Kammer ist über einen Gang erreichbar, der in einer kleinen Steinkiste endet. Der Tumulus von Dissignac in der Nähe von Saint-Nazaire (Abb. 60) zeigt diese seltsame Anordnung zweier parallel zueinander verlaufender Galerien in einem Abstand von etwa achtzehn Fuß. Die Wände und Decken bestehen aus Platten, die Zwischenräume sind mit Feuersteinen ausgefüllt. Diese Galerien sind etwa dreißig Fuß lang und ihre Höhe nimmt unmerklich von etwa drei auf neun Fuß zu.

Überdachte Allee von Dissignac (Loire-Inférieur); Blick auf die Kammer
am Ende der Nordgalerie.

Erwähnenswert ist auch die Cueva de Mengal in der Nähe des Dorfes
Antequera in der Provinz Malaga (Abb. 61). Zwanzig Steine bilden die
Wände der Krypta, fünf Blöcke von bemerkenswerter Größe dienen als
Dach und drei Säulen sorgen für Stabilität werden aufrecht innerhalb der
Verbindungsstelle der Dachblöcke aufgestellt. Die Krypta ist etwa
neunundsiebzig Fuß lang, ihre größte Breite beträgt etwa neunzehn Fuß und
ihre Höhe variiert zwischen etwa acht und neun Fuß. Die Länge des Pastora-
Raums in der Nähe von Sevilla beträgt etwa 87 Fuß, aber seine Höhe ist nicht
mit der des Raums in Antequera zu vergleichen. Die quadratische Krypta in
Pastora ist sehr interessant. Da einer der Dachsteine gebrochen war, wurde
er durch den Einbau einer Innensäule verstärkt. 17

Überdachte Allee in der Nähe von Antequera.

In Gavr'innis beträgt die Länge des zur Krypta führenden Durchgangs mehr als zweiundvierzig Fuß (Abb. 62), und der Long Barrow von West Kennet ist mehr als dreiundsiebzig Fuß lang und an einigen Stellen sogar mehr als zweiunddreißig Fuß breit Füße. In den Long Barrows von Littleton, Nempnitt und Uley ist die Krypta über eine Allee erreichbar, deren Eingang durch ein Trilithon verschlossen ist, und eine ähnliche Anordnung findet sich in vielen Megalithdenkmälern von Scania. Die ovalen Grabkammern, wie man sie auf der Insel Moen findet, wurden von einem etwa 100 Meter hohen Tumulus überragt. im Umfang; zwölf unbehauene Steine bildeten die Wände und fünf große Blöcke das Dach. Beim Entfernen der Erde aus dem Moen-Grab wurden die Knochen mehrerer menschlicher Individuen gefunden; und ein Skelett, zweifellos das des Häuptlings, lag ausgestreckt in der Mitte der Kammer, während die Knochen der anderen offenbar entweder im Sitzen oder in der Hocke an den Wänden aufgereiht waren. Bei den Knochen fand man ein Beil aus Feuerstein, das anscheinend nie benutzt wurde, eine Reihe von Bernsteinkugeln und mehrere Vasen unterschiedlicher Form.

Grundriss des Gavr'innis-Denkmals.

Die Megalithdenkmäler Mecklenburgs stammen vermutlich aus der Jungsteinzeit und sind auf zwei sehr unterschiedliche Arten errichtet. Die *Hünengräber* , bestehend aus riesigen, im rechten Winkel zueinander angeordneten Granitblöcken, ähneln den überdachten Alleen in Frankreich und anderswo; Bei den sogenannten *Riesenbetten* hingegen ist die Grabkammer lediglich in die Erde eingelassen.

Erwähnenswert ist auch die sogenannte *Grotte des Fées* , die Feengrotte, die zu vielen Megalithdenkmälern der Provence gehört. Diese Feengrotte umfasst eine in den Bergkalkstein gehauene Freiluftgalerie, die mit riesigen flachen Steinen überdacht ist. Diese Galerie führt zu einer Grabkammer, die nicht weniger als neunundsiebzig Fuß lang ist.

Die Steine, die für die überdachte Allee von Mureaux (Seine et Oise) verwendet wurden, stammten von der anderen Seite der Seine, sodass die Bauherren den Fluss wahrscheinlich in einem Floß überquert haben. Ausgrabungen brachten mehrere ohne Orientierungsversuch vergrabene Skelette zutage, deren Bohrungen sich noch in ihrer natürlichen Position befanden. Die in diesem Grab gefundenen Gegenstände waren aus der Mitte der Jungsteinzeit sehr zahlreich. 18

Wir haben nun die Hauptformen und Anordnungsweisen megalithischer Denkmäler spezifiziert und müssen hinzufügen, dass sie oft nebeneinander vorkommen. In Mané-Lud zum Beispiel finden wir auf einer künstlich geglätteten Felsplattform mit einer Länge von etwa 246 Fuß und einer Fläche von 162 Fuß am östlichen Ende eine Allee aus aufrechten Steinen, im Westen einen Dolmen und in in der Mitte eine Krypta, überragt von einem kegelförmigen Steinhaufen. Zwischen dem Kegel und der Allee ist der Boden mit einem künstlichen Pflaster aus zusammenzementierten kleinen Steinen bedeckt, das in Frankreich als Nappe *Pierreuse bekannt* ist. Unter den Steinen, aus denen dieses Pflaster besteht, wurden große Mengen Holzkohle und Tierknochen gefunden. Der Megalith war vollständig unter einem Hügel aus Erde bzw. getrocknetem Schlamm begraben, dessen Menge auf mehr als 37.986 Kubikfuß geschätzt wurde. In Lestridiou (Finistère) bildet ein Cromlech den Ausgangspunkt einer Reihe aus sieben Reihen kleiner Menhire, deren mittlere Höhe über dem Boden nicht mehr als drei Fuß beträgt; und diese Ausrichtungen führen zu zwei überdachten Alleen und einem zentralen Dolmen. In anderen Fällen, zum Beispiel in England und im Land Moab, führen Angleichungen einfach zu Cromlechs; während in einigen wenigen Fällen, wie in Stennis (Abb. 63), die Menhire in großer Zahl über eine Ebene verstreut sind, ohne dass weder ihre Form noch ihre Position noch die sie betreffenden Überlieferungen das geringste Licht darauf werfen könnten ihre Herkunft.

Abbildung 63.

Monolithen in Stennis, auf den Orkney-Inseln.

Eines der bedeutendsten Denkmäler, die uns überliefert sind, ist das von Carnac. Die Reihen von Menec, Kermario und Kerlescant umfassen 1.771 Menhire, von denen 675 noch stehen. Die Linien von Erdeven, die denen von Carnac folgen, erstrecken sich über eine Länge von mehr als anderthalb Meilen. Ursprünglich umfasste sie 1.030 Menhire, von denen noch 288 erhalten sind.

Die Archäologen der Bretagne, vielleicht von ihrem patriotischen Enthusiasmus mitgerissen, behaupten, dass zu diesen Denkmälern, als sie intakt waren, zweitausend Menhire gehörten. Was jedoch wirklich sicher ist,

ist, dass offensichtlich ein bestimmter Plan befolgt wurde und die Abstände zwischen den Ausrichtungen genau übereinstimmten; Die Menhire sind in geraden, parallelen Linien aufgestellt und nehmen nach Osten hin allmählich an Größe ab. Ausgrabungen in der Nähe brachten Holzkohlefragmente, Schlackenmassen, Silikat- und Feuersteinsplitter sowie zahlreiche Keramikfragmente und Werkzeuge aus Quarzit, Granit, Schiefer und Diorit ans Licht, ähnlich denen, die man unter allen anderen Megalithen findet von Morbihan. Dies ist ein weiterer Beweis dafür, dass sie alle das Werk derselben Rasse waren und wahrscheinlich alle aus derselben Zeit stammen, wenn es denn überhaupt nötig wäre.

Die Zahl der Megalithdenkmäler auf der Welt ist einfach unkalkulierbar. MA Bertrand schätzt die Gesamtzahl in Frankreich auf 2.582, verteilt auf 66 Departements und 1.200 Gemeinden. Am zahlreichsten sind sie in der Bretagne; 491 gibt es in den Côtes-du-Nord, 530 in Ille-et-Vilaine. Ich bin mir nicht sicher, wie hoch die Zahl im Morbihan ist, aber ich weiß, dass sie sehr beträchtlich ist. Die auf Betreiben von Henry Martin eingesetzte Kommission kam zu dem Schluss, dass es in Frankreich bis zu 6.310 Megalithen gab, darunter aber auch Poliersteine und becherförmige Steine sowie andere ähnliche Relikte aus der fernen Vergangenheit. Schließlich schätzt MA Proust in einem kürzlich der Abgeordnetenkammer vorgelegten Bericht die Zahl der von der Regierung eingestuften Gruppen auf 419. In anderen Ländern werden diese Zahlen deutlich überschritten. Auf den Orkney-Inseln gibt es 2.000 Megalithen und sehr viele im äußersten Norden Scanias und in Otranto am südlichen Ende Europas, wo sie den *Pedras Fittas* Sardiniens ähneln. Pallas und nach ihm Haxthausen erzählen uns, dass es in den Steppen Zentral- und Südrusslands Tausende von Kurganen gibt. 19 Bei diesen Kurganes handelt es sich um Cromlechs, Gräber mit aufrechten Steinen, quadratischen oder konischen Hypogäen, die alle ohne ersichtliches System verstreut sind und von grob geformten weiblichen Büsten gekrönt werden, die im einfachen Volk als Kamena Baba *oder* Steinfrauen bekannt sind. Auch an den Ufern des Irtisch und des Jenissei gibt es zahlreiche Grabhügel, stumme Zeugen der einstigen Anwesenheit einer verschwundenen Rasse, deren Vorfahren und Nachkommen wir nicht kennen. Diese Denkmäler werden jedoch von einigen den Tchoudes zugeschrieben, einem Volk, das aus dem Altai-Gebirge stammte. Die Esten, die Ogris oder Ulgres, die Finnen und vielleicht sogar die Kelten gelten als Zweige desselben ethnologischen Stammes. Dies ist jedoch eine recht junge Idee und bestenfalls eine bloße Hypothese. 20

Algerien stellt ein weites Forschungsgebiet dar, und es ist leicht, Dolmen und Cromlechs zu finden, wie das in Abb. 64 gezeigte , bei dem es sich um Gräber mit einem zentralen Dolmen handelt, der von einer doppelten oder dreifachen Umzäunung aus in den Boden gerammten Monolithen umgeben ist. Diese Denkmäler sind, so sehr sie sich auch in Form und Anordnung unterscheiden, zweifellos das Werk einer starken und mächtigen Rasse, die den gesamten Norden Afrikas beherrschte; und werden in historischen Zeiten durch die Berber und heute durch die Kabylen vertreten.

keltischer Form bedeckt, wie Dolmen, Halbdolmen, Menhire, Alleen und Hügelgräber. Kurz gesagt, es gibt Beispiele für fast jeden in Europa bekannten Typ. Aus Angst, mit Übertreibungen belastet zu werden, werde ich die Zahl nicht nennen, aber ich kann bestätigen, dass ich in den drei Tagen der Erkundung mehr als tausend gesehen und untersucht habe, auf dem Berg selbst und an den Abhängen, wo immer es möglich war ihnen. Alle Denkmäler sind von einem mehr oder weniger vollständigen Zaun aus großen Steinen umgeben, die manchmal kreisförmig, manchmal quadratisch angeordnet sind. In einigen Fällen bildet der lebende Fels den Kern der Umzäunung, die mit Hilfe anderer an anderer Stelle herumtollender Blöcke vervollständigt wurde. Es ist oft schwierig zu entscheiden, wo das Denkmal aufhört und der Felsen beginnt. Wenn die Böschung zu steil war, wurde sie mit Hilfe einer Art Stützmauer eingeebnet, die eine Terrasse um den Dolmen herum bildete. Die Dolmen in der Ebene scheinen mit noch größerer Sorgfalt errichtet worden zu sein. Die Umzäunungen sind breiter und die Platten der Tische größer." Sogar in der Wüste findet man Megalithdenkmäler. In den von den Touaregs bewohnten Vierteln erhebt sich eine Pyramide aus Steinen ohne Mörtel; und ganz in der Nähe befinden sich vier oder fünf Gräber, die von stehenden Steinen umgeben sind.

In Algerien treffen wir auch auf viereckige Pyramiden , die *Djedas genannt* werden und auf jeder Seite bis zu 90 Fuß lang sind, aber nicht mehr als einen Meter über dem Boden ragen. Das Blei wurde in geduckter Haltung unter ihnen begraben. Wir wissen weder über den Ursprung dieser Djedas noch über das Datum, zu dem sie gehören.

Die Denkmäler Tunesiens waren wahrscheinlich ebenso zahlreich wie die Algeriens. Besonders hervorzuheben ist das ausgedehnte Gebiet in Enfida, das vollständig mit Dolmen bedeckt ist, von denen noch einhundert stehen und sich in ausgezeichnetem Zustand befinden, während die Ruinen anderer den Boden verstreuen und ihre ursprüngliche Zahl auf mindestens dreitausend erhöhen. Noch interessanter sind die von M. Girard de Rialle 23 beschriebenen. In der Nähe des Dorfes Ellez, an der Straße von Kef nach Kerouan, erstrecken sich etwa fünfzehn überdachte Alleen, die ohne erkennbare Ordnung verteilt aus römischen Ruinen emporragen. Die aufrechten Steine sind etwa zehn bis dreizehn Fuß lang und werden von riesigen Platten gekrönt. Der Hauptdolmen verfügt über bis zu zehn Kammern.

Auch in Syrien gibt es zahlreiche Grabhügel. Wir haben bereits auf das von Sarepta hingewiesen; und es gibt andere in der Nähe von Antiochia und in der Ebene von Beka, zwischen Libanon und Anti-Libanon. Major Conder, der als Kapitän die interessante Kampagne der Palestine Exploration Society in den Jahren 1881 und 1882 leitete, bezeichnet die Erkundung der Rohsteindenkmäler als eines der interessantesten Merkmale der

Untersuchungen und sagt: „Die Verteilung der Zentren." Wo sich diese Denkmäler in Syrien befinden, ist eine Frage von nicht geringer Bedeutung … In Judäa wurden keine Dolmen, Menhire oder antiken Kreise entdeckt und in Samaria nur ein zweifelhafter Kreis. In Untergaliläa wurde ein einzelner Dolmen gefunden; in Obergaliläa sind vier mittelgroße Exemplare bekannt. Westlich von Tiberias befindet sich ein Kreis und zwischen Tyrus und Sidon eine Anlage aus Menhiren. Bei Tell el Kady, einer der jordanischen Quellen, gibt es ein Zentrum von Basaltdolmen, und bei Kefr Wal … gibt es ein weiteres großes Zentrum. Es ist bekannt, dass es in Amman mehrere schöne Dolmen und große Menhire gibt … Es ist jedoch zweifelhaft, ob alle diese Beispiele zusammengenommen den großen Feldern roher Steindenkmäler entsprechen würden, die in Moab zu finden sind, denn es wird geschätzt, dass siebenhundert Exemplare gefunden wurden von den Landvermessern im Jahr 1881. 24 Es gibt eine Gruppe von Dolmen in Ali Safat in Palästina, bei denen die Stützen des Tisches mit einer Öffnung durchbohrt sind. Dies ist eine sehr interessante Tatsache, auf die ich bereits hingewiesen habe und auf die ich noch einmal zurückkommen muss. Eine weitere Gruppe von etwa zwanzig Dolmen wurde von M. de Saulcy auf dem Plateau von El Azemieh entdeckt, von denen sich einer in der Mitte eines Gürtels aus grob behauenen aufrechten Steinen erhebt; und doch ist eine dritte Gruppe in der Nähe des Berges Nebo zu sehen, den Major Conder so beschreibt: „Hier wurde nordwestlich des flachen, zerstörten Steinhaufens, der den Gipfel des Ritts markiert, ein klar definierter Dolmen gefunden. Der Deckstein war sehr dick und seine Spitze befand sich etwa fünf Fuß über dem Boden. Die Seitensteine waren grob gestapelt und keiner der Blöcke war geschnitten oder geformt … Bei späteren Besuchen wurde festgestellt, dass sich am Südhang des Berges ein Kreis mit einem Durchmesser von etwa 250 Fuß und einer zwölf Fuß dicken Wand befindet. bestehend aus kleinen Steinen, die in einer Art Pergament gestapelt sind." 25

Bezüglich der Megalithdenkmäler Indiens können wir nur wiederholen, was wir bereits gesagt haben. Colonel Meadows Taylor hat allein im Distrikt Bellary (Deccan) 2.129 gezählt. Mit ihnen sind viele Legenden verbunden, die uns an die Legenden Europas erinnern. Einige schreiben ihre Errichtung Zwergen oder Feen, Feen oder Genien zu, während andere glauben, sie seien das Werk der Kauranas und Pandaves, der berühmten Familien, deren langer Kampf beschrieben wird im Mahabharata und waren wahrscheinlich Ureinwohner des Kontinents. Die Ebenen von Jellalabad und Nagpore sowie das Tal von Cabul sind buchstäblich mit diesen Denkmälern übersät. Sie sind in der Präsidentschaft von Madras nicht weniger zahlreich, wo sie hauptsächlich aus unterirdischen Kammern aus riesigen unbehauenen Steinen oder aus oberirdischen Dolmen bestehen, die von einem oder mehreren Kreisen aufrechter Steine umgeben sind, wie sie in Abb. 65 geschoren sind . Als Major Biddulph die Täler der Hindu-Koosh-Berge

hinaufstieg, war er erstaunt, auf allen Seiten megalithische Denkmäler zu
sehen, die denen seines eigenen Landes ähnelten und wie diese das Werk
einer unbekannten Rasse waren. 26

Abbildung 65.

Dolmen in Pallicondah, in der Nähe von Madras (Indien).

Dies ist natürlich nur ein sehr schneller Überblick über die Megalithdenkmäler unseres Globus. Bei den meisten von ihnen handelt es sich entweder um Gräber, in denen die Leichen der Toten aufbewahrt werden sollen, oder um Denkmäler, die ihnen zu Ehren errichtet wurden. In diesem Zusammenhang kommen ständig neue Tatsachen ans Licht, und wir können zu dem, was wir bereits gesagt haben, hinzufügen, dass sich unter dem Tumulus von Mugen, wie im Cabeco d'Aruda (Portugal), zahlreiche Skelette befinden; zweiundsechzig ruhen in der Grabkammer von Monastier (Lozère); Der als Mas de l'Aveugle (Gard) bekannte Dolmen bedeckt einen kreisförmigen Hohlraum, in den fünfzehn Leichen gelegt wurden. das von La Mouline (Charente) enthielt ebenfalls eine Reihe von Skeletten, alle in geduckter Haltung, während über ihnen zwei klobige Vasen standen, eine fromme Opfergabe an die unbekannten Toten. Der prähistorische Friedhof von Maupas enthält mehrere Krypten unregelmäßiger Form, die aus Bruchsteinen gebaut wurden und von einem riesigen Stein überragt werden, der im Laufe der Zeit korrodiert war. Auch in diesen Krypten wurden die Toten übereinander gestapelt, abnd die bei ihnen gefundenen Reliquien rechtfertigen eine Zuordnung zur Jungsteinzeit. Unter den Dolmen von Port-Blanc (Morbihan) befanden sich zwei obere Schichten von Toten, die horizontal ausgestreckt und durch flache Steine getrennt waren. Auf der Isle de Thinie (Morbihan) haben Ausgrabungen 27 Steinkisten oder Särge unterschiedlicher Größe ans Tageslicht gebracht, die alle für die Bestattung bestimmt waren. Unter den Menhiren des Finistère zeugen vom Feuer verkohlte Asche und Steine von der Einäscherung der Toten. „Immer wenn im Finistère ein Dolmen geöffnet wurde", sagt Dr. Floquet, „wurden Asche oder Knochen aufgesammelt; Warum sollten wir dann nicht zugeben, dass alle Dolmen Gräber sind?" Das ist wirklich eine Schlussfolgerung, zu der wir fast gezwungen sind, zu kommen, und die von der Volkstradition überlieferten Namen sind, wenn es sein muss, ein weiterer Beweis dafür. Ein Dolmen in Locmariaker zum Beispiel ist als „ *le tombeau du vieillard* " bekannt , eine überdachte Allee in Saint Gildas ist „ *le champ du tombeau* " und ein weiter entfernter Weg, der zu einer Megalithruine führt, ist als „chemin *du tombeau* " *bekannt* . Der Abbé Harvard spricht von einem bemerkenswerten Monolithen, der als „ *la pierre du champ dolent* " bekannt ist , und ein weiterer *champ dolent* findet man in der Nähe von Reims, während eine Gruppe von Denkmälern in der Nähe von Tréhontereuc „ *jardin des tombes* " genannt wird und die aufrechten Steine der Auvergne unter diesem Namen bekannt sind charakteristischer Name der *Plourouses* .

Ob wir die Megalithen Deutschlands oder Polens, die Hügel von Ohio oder Kentucky, Missouri oder Arkansas untersuchen, es ist immer dasselbe; Ausgrabungen bringen eindrucksvolle Beweise für ihre Bestimmung ans Licht, und überall werden wir zu den gleichen Schlussfolgerungen geführt.

Archäologen dürften sicherlich zu Recht gehofft haben, dass die auf diese Weise über die ganze Welt verstreuten Gräber so nützliche Informationen liefern würden, dass sie zu einigen endgültigen Schlussfolgerungen führen würden. Leider ist dies jedoch nicht der Fall gewesen. Oftmals sind bei aufeinanderfolgenden Umsiedlungen alle Spuren einer Bestattung verschwunden, und noch häufiger wurde das Zuhause der Toten in der Hoffnung, Schätze zu finden, die sich als eingebildet herausstellte, missbraucht; während in anderen Fällen die ersten Bewohner der Gräber entfernt wurden, um ihren Nachfolgern Platz zu machen, die ihrerseits bald darauf vertrieben wurden. Sieg und Niederlage waren nicht mit dem Leben vorbei, sondern wurden im Grab noch einmal erlebt.

Abbildung 66.

Dolmen in Maintenon, mit einem etwa 19½ Fuß langen Tisch.

Fergusson hat in seinen „Rude Stone Monuments" treffend darauf hingewiesen, dass die megalithische Architektur der fernen Vergangenheit etwas ganz Besonderes ist; Seine besondere Form zeigt einmal die Tendenzen einer Rasse oder Rassengruppe der Menschheit an, mal den besonderen Grad der Zivilisation, den eine Rasse in einem bestimmten Zeitraum ihrer Entwicklung erreicht hat. Ein flüchtiger Blick auf diese Denkmäler als Ganzes würde uns dazu verleiten, sie alle als Massen von groben, kaum behauenen Steinen einzustufen, die ohne Zement und fast immer ohne Verzierung aufgetürmt sind. Wenn wir sie jedoch einzeln untersuchen, stellen wir fest, dass es trotz ihrer unbestreitbaren Familienähnlichkeit, wenn wir einen solchen Begriff verwenden dürfen, recht einfach ist, bestimmte Unterschiede herauszuarbeiten, die auf die besondere Genialität der Rasse zurückzuführen sind sie errichtet wurden, oder von der Art der Materialien, die den Bauherren zur Verfügung standen. Um ein typisches Beispiel zu nennen: Cromlechs sind in England am zahlreichsten und Dolmen in Frankreich, und in beiden Ländern treffen wir auf eine Form von Dolmen (Abb. 66), wie sie in anderen Bezirken selten errichtet wird; Eines der Enden des Tisches ruht auf dem Boden und das andere besteht aus zwei Stützsteinen. In Skandinavien sind die Stützen unregelmäßige Blöcke, in Indien sind Bruchstücke der umliegenden Felsen zu finden, in Algerien und Südfrankreich trifft man oft auf Reihenbauten; In der Bretagne sind die Denkmäler Mané-er-H'roek und Mané-Lud mit großen Steinen gepflastert. Der Boden, aus dem sich der Dolmen von Caranda in der Nähe von Fère in Tardenois (Aisne) erhebt, ist mit Platten bedeckt, und die Öffnung ist mit einem flachen Stein verschlossen, der auf zwei Stürzen ruht. Wir können nicht von Caranda sprechen, ohne uns auf die Entdeckungen und großartigen Veröffentlichungen von MF Moreau zu beziehen, dank dessen uns das tägliche Leben der Gallier, Gallo-Römer und Merowinger anschaulich vor Augen geführt wird. Um jedoch auf unsere

Denkmäler zurückzukommen: Wie wir gesehen haben, war die Krypta in vielen Fällen durch Mauern aus Steinen in zwei oder mehr Grabkammern unterteilt. Wir finden diese Anordnung in Gavr'innis, in Gamat (Lot), in Alt-Sammit in Mecklenburg, in Wayland Smiths Höhle in Berkshire und in vielen Denkmälern in Skandinavien. M. du Chatellier spricht von mehreren Megalithdenkmälern im Finistère, darunter einem zentralen Dolmen und mehreren seitlichen Kammern. Die Kammergräber in Park Cwn in Wales und in Uley in Gloucestershire enthalten Seitenkammern, die ersteren mit einem überdachten Durchgang dazwischen, während die Seitenkammern der letzteren um eine zentrale Wohnung gruppiert sind. In New Grange in Irland führt ein über 92 Fuß langer Gang zu einer kreuzförmigen Doppelkammer mit einem Dach aus zusammenlaufenden Steinen. Ein weiteres schönes Beispiel dieser Art ist Maeshow auf den Orkney-Inseln. Das Grab von Vauréal (Seine-et-Oise) enthält drei Krypten unterschiedlicher Größe. Das lange Hügelgrab von Moustoir-Carnac enthielt vier separate Kammern, von denen die westliche ein Dolmen der Art ist, die als *Grottes des Fées bekannt ist* , und vermutlich viel älter ist als der Rest der Gruppe. Eine zentrale kreisförmige Kammer mit Wänden aus aufrechten Steinen hat ein Dach, in dem versucht wurde, eine Art Kuppel zu bilden, deren Steine einander hervorragen und überlappen und so bei der ungeschickten Konstruktion einen beträchtlichen Fortschritt markieren alles, was zuvor erreicht wurde, und trägt erheblich zur Stabilität des Denkmals bei.

Eine Untersuchung der noch erhaltenen Megalithdenkmäler ermöglicht es uns, angesichts der primitiven Natur ihrer Werkzeuge die Schwierigkeiten zu beurteilen, mit denen ihre Erbauer zu kämpfen hatten. Wir haben bereits die Abmessungen der Steine angegeben, die die Ausrichtungen von Carnac bilden. Die Höhe derjenigen in Avebury variiert zwischen etwa vierzehn und sechzehn Fuß, und im Deccan befindet sich ein Tumulus, der von sechsundfünfzig Granitblöcken von noch größerer Größe umgeben ist. Eine der Platten von Pedra-dos-Muros (Portugal) ist wegen ihrer Größe bemerkenswert; und die Länge der Tafel eines Dolmens auf der Straße von Loudun nach Fontevrault beträgt mehr als zweiundsiebzig Fuß; der Dolmen von Tiaret (Algerien) ist etwa 75 Fuß lang, fast 26 Fuß breit und 9,5 Fuß dick. Dieser extrem schwere Block ruht auf Stützen, die mehr als 10 Meter über dem Boden aufragen. 27

Sowohl Stein als auch Holz lassen sich in einer Richtung viel leichter schneiden als in jeder anderen. Schon früh lernten die Menschen, diese Besonderheit zu erkennen und sie beim Angriff auf Felsen auszunutzen. Mit ihren Steinhämmern schlugen sie in geraden Linien, immer auf die gleichen Punkte zielend, und dann gelang es ihnen, wahrscheinlich mit Hilfe einer heftigen Feile, Bruchstücke abzubrechen. Sie verwendeten auch Holzkeile, die sie in natürliche oder künstliche Spalten trieben und auf die sie immer wieder Wasser schütteten. Das Holz quoll durch die Feuchtigkeit auf und mit der Zeit löste sich ein Steinblock. Es fehlte weder an Zeit noch an sehnigen Armen, und Fergusson hat bemerkt, dass jeder, der gesehen hat, mit welcher Leichtigkeit chinesische Kulis die größten Monolithen über beträchtliche Entfernungen transportieren, die Schwierigkeiten des Transports nicht für unüberwindbar halten wird. Eine größere Schwierigkeit wäre das Aufstellen des Dolmentisches auf den Stützen, die oft weit über dem Boden angebracht sind. Es wird angenommen, dass die Erde gegen die Pfosten aufgetürmt wurde, um eine schiefe Ebene zu bilden, auf der der Tisch mit Hebeln und Rollen der primitivsten Form, wie sie in der fernsten Antike verwendet wurden, an seinen Platz geschoben wurde. Manchmal ist die Art und Weise, wie diese Steine ausbalanciert sind, vollkommen wunderbar. Der Martine-Stein in der Nähe von Livernon (Lot) zum Beispiel hat die Form eines Bootes und die kleinste Berührung genügt, um ihn auf seinen beiden Stützen zum Wackeln zu bringen. Der von Castle Wellan (Abb. 55) ruht auf drei nach oben gerichteten Steinen, und einige der Trilithons Indiens sind von noch bemerkenswerterer Konstruktion.

Obwohl megalithische Denkmäler in der Regel ohne Verzierungen sind, gibt es bei Dolmen aus sehr hartem Granit, auf denen zahlreiche Schnitzereien und Gravuren angebracht sind, zahlreiche Ausnahmen. Es ist jedoch unmöglich, einige dieser Zeichen zu entziffern, seien es Kreise, Scheiben, Punkte, Zahn- oder Blattleisten, Spiralen, Schlangenlinien, Rauten oder Streifen.

M. du Chatellier beschreibt in Commana (Finistère) eine Eingangsgalerie voller Schnitzereien, und die Wände eines der Deux-Sèvres-Denkmäler weisen einige sehr grobe Darstellungen der menschlichen Figur im Tiefdruckverfahren auf, während verschiedene Megalithen Irlands *geschmückt* sind mit Kreisen, Spiralen, Sternen usw. Auf einer der Stützen des Dolmens von Petit-Mont-en-Arzon sind zwei menschliche Füße im Relief dargestellt; das von Couedic in Lockmikel-Baden ist mit flachen, mit Gravuren bedeckten Steinen gepaart. Auf der Granitdecke der Krypta unter dem Dolmen der Kaufleute, oder wie er in der Bretagne Dol *Varchant genannt* wird, ist die Figur eines großen Tieres eingraviert, bei dem es sich vermutlich um ein Pferd handelte, dessen Kopf jedoch leider abgebrochen wurde irgendein fernes Datum. 28 Wir treffen oft auf Darstellungen von Hämmern, mal mit, mal ohne Stiel. Wir geben eine Abbildung einer der Wände des Mané-Lud-Denkmals (Abb. 67), die es dem Leser ermöglichen wird, den allgemeinen Charakter dieser Gravuren zu beurteilen.

Abbildung 67.

Teil des Mané-Lud-Dolmens.

Das Denkmal der Insel Gavr'innis, von dem wir bereits gesprochen haben, ist aufgrund des Reichtums seiner Dekoration das bemerkenswerteste von allen. Es umfasst eine Galerie, bestehend aus 49 Granitblöcken und zwei Quarzblöcken, die zu einer geräumigen Wohnung führt. Diese Blöcke wurden aus der Ferne herbeigebracht, und die Tatsache, dass der kleine Meeresarm, der die Insel vom Festland trennt, überquert wurde, beweist, dass die Männer, die das Denkmal errichteten, Boote besaßen, die stark genug waren, um schwere Lasten zu tragen. Bei Ausgrabungen im Jahr 1884 kam ein Pflaster aus zehn großen Granitplatten zum Vorschein. Unter diesem Pflaster wurde eine Art Krypta von mindestens einem Meter Tiefe gefunden, wobei der untere Teil der seitlichen Menhire die Mauern bildete. Wir müssen jedoch hinzufügen, dass Dr. de Closmadeuc, und seine Meinung sollte Gewicht haben, der Meinung ist, dass die Insel zum Zeitpunkt der Errichtung des Gavr'innis-Denkmals mit dem Festland verbunden war. Drei der Stützen, die die Wände der Krypta bilden, und alle der Galerie sind mit Chevron- oder Zick-Zack-Ornamenten, Kreisen, Rauten und Schriftrollen bedeckt, von denen Abb. 68 einen Eindruck vermitteln soll und mit denen Mérimée vergleicht Tätowierungen der Einwohner Neuseelands. Megalithdenkmäler Irlands und bestimmte Steine in Northumberland sind in einer Weise verziert, die der Gravur von Gavr'innis ähnelt, wobei ähnliche Muster mit ähnlichen Mitteln hergestellt werden, und obwohl die Gravuren von Morbihan im Allgemeinen klarer geschnitten und deutlicher sind, sind die Ave-Noten in allen gleich das Fehlen von Regelmäßigkeit, die gleiche Rauheit in der Ausführung, die gleichen seltsamen Typen, die gleiche

Unordnung in der Anordnung der Zeichen und die gleiche Sorgfalt, die Oberfläche des Blocks in ihrem natürlichen Zustand zu bewahren.

Abbildung 68.

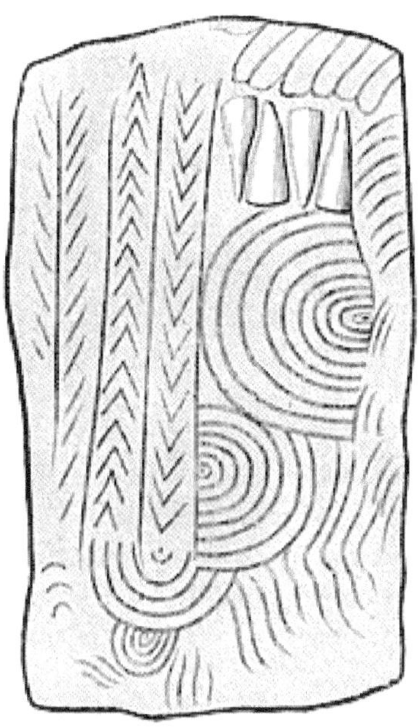

Skulpturen auf den Menhiren der überdachten Allee von Gavr'innis.

Über die Ausrichtung von Megalithdenkmälern wurde viel diskutiert, und wenn die Wahrheit in diesem Punkt einmal geklärt ist, könnte das Ziel der Erbauer etwas Licht ins Dunkel bringen. Es ist jedoch offensichtlich, dass es nie ein allgemeines Orientierungssystem gab. Die Dolmen von Morbihan sind zwar fast alle nach Osten ausgerichtet, zweifellos als Hommage an die Sonne, die in ihrer Pracht aufgeht; Dies ist jedoch im Finistère nicht der Fall, und die Dolmen von Kervinion und Kervardel beispielsweise liegen genau im Norden und Süden. Als wir die Bretagne verlassen, erfahren wir von Rev. W. Lukis, dass die Lage der Megalithdenkmäler Englands erheblich schwankt: Die meisten Dolmen von Berry, Poitou, Aveyron und der Insel Bornholm sind nach Westen ausgerichtet; und die von Algerien liegen südwestlich und nordöstlich, so dass es wirklich unmöglich ist, zu einer endgültigen Schlussfolgerung zu kommen.

Einige der bereits erwähnten Megalithdenkmäler weisen eine Besonderheit auf, auf die wir hier wegen ihrer Bedeutung hinweisen müssen. Eine der Stützen, in fast allen Fällen diejenige, die den Eingang verschließt, ist mit einer kreisförmigen Öffnung durchbohrt. Manchmal ist die Öffnung jedoch elliptisch oder quadratisch.

Abbildung 69.

Dolmen mit Öffnung (Indien).

Auf diese Weise unterschiedene Dolmen treffen wir in Indien (Abb. 69), in Schweden, in Algerien, in Frankreich und in Palästina, wo sie oft mit aus dem Felsen gehauenen Grabnischen in Verbindung gebracht werden, die ebenfalls mit einer Öffnung versehen sind, die der von entspricht der Eingang. In Alemtejo (Spanien) kommen quadratische Öffnungen vor. Westlich von Karleby in Schweden befindet sich eine etwa 29 Fuß lange Grabkammer, die aus aufrecht aufgestellten Platten besteht, wobei alle nach Süden gerichteten Platten mit einer fast kreisförmigen Öffnung durchbohrt sind; und an den Ufern des Schwarzen Meeres gibt es Dolmen, die aus vier aufrechten Steinen bestehen und von einer Platte gekrönt sind. In jedem Fall ist einer der Pfosten mit einer künstlichen Öffnung von etwa sechs Zoll Durchmesser durchbohrt. Die Landbevölkerung sagt, diese Dolmen seien von einer Rasse von Riesen errichtet worden, die sie als Zufluchtsort für ein Zwergenvolk errichteten, mit dem sie Mitleid hatten.

Abbildung 70.

Dolmen in der Nähe von Trie (Oise).

In Frankreich gibt es so viele Dolmen mit Öffnungen, dass es schwierig ist, eine Auswahl zu treffen. Die sogenannte La Justice in der Nähe von Beaumont-sur-Oise besteht aus einem kleinen Vestibül und einer sehr langen Leichenkammer, die durch eine Platte mit einer runden Öffnung getrennt sind. Erwähnenswert sind auch das Megalithdenkmal von Villers-Saint-Sépulchre in Trie (Oise) (Abb. 70), das von Grand-Mont und viele von Morbihan, von denen das von Kerlescant eine ovale Öffnung hat; Die überdachte Allee von Conflans-Sainte-Honorine, ursprünglich am Zusammenfluss von Seine und Oise errichtet und jetzt genau so angelegt, wie sie in Saint Germain vorgefunden wurde, hat eine ovale Öffnung und bietet das außergewöhnliche Merkmal, von dem ich nichts weiß ein anderes Beispiel: ein Stein zum Verschließen der Öffnung, falls nötig; die überdachte Allee von Bellehaye in der Normandie, die auf der Pariser Weltausstellung von 1889 präzise nachgebildet wurde und durch einen Querstein mit einer Öffnung von einigen Zoll Durchmesser verschlossen war.

Von englischen Beispielen können wir die Dolmen von Rodmarten und Avening erwähnen; Mérimée zitiert mehrere Megalithdenkmäler in Wiltshire; und Sir J. Simpson, das bekannte und oft beschriebene *Kit's Cotty House* , das nichts weiter als ein Dolmen mit einer Öffnung ist. *Lochsteine* , wie sie genannt werden, gibt es in Cornwall zahlreich, wobei die Größe der Öffnungen erheblich variiert; das in Men-an-Tol zum Beispiel hat einen Durchmesser von mehr als einem Fuß, während andere nur wenige Zoll lang sind. Bei Orry's Grave auf der Isle of Man sind zwei große Steine so platziert, dass zwischen ihnen ein kreisförmiger Raum verbleibt, der offensichtlich demselben Zweck dienen sollte oder zumindest demselben Aberglauben entsprach und ähnliche Merkmale aufwies anderswo. Abgesehen von den endlosen Legenden, die mit Dolmen mit Öffnungen verbunden sind, besteht kein Zweifel daran, dass diese Besonderheit der Struktur, die wir in Indien wie in Skandinavien, im Kaukasus wie in Frankreich antreffen, zeigt, dass die Erbauer aller von ihnen von a angetrieben wurden ähnliche Idee. Diese Öffnungen sind zu klein, um die Einführung anderer Leichen zu ermöglichen oder den Lebenden eine Zuflucht im Haus der Toten zu bieten; sie hätten nur dazu dienen können, Nahrungsmittel zu überreichen, von denen so oft ein Vorrat für die Verstorbenen übrig blieb; Oder es ist noch eine andere Interpretation möglich: Sie könnten der Seele oder dem Geist überlassen worden sein, um ihr irdisches Gefängnis zu verlassen und in jene glücklichen Regionen zu fliehen, an die alle Rassen mehr oder weniger glauben und von deren Glauben diese Öffnungen bezeugt werden können heutige Tag. M. Cartailhac wagt jedoch noch eine andere Erklärung und schlägt vor, dass die Megalithdenkmäler für die Bestattung ganzer Familien gedacht waren und dass die Leichen erst in die Gräber gebracht wurden, als alles Fleisch verschwunden war und die Skelette hätten herausrutschen können durch die dafür vorgesehenen Öffnungen. Die wiederholten Störungen der Überreste in den Gräbern haben leider oft dazu geführt, dass alle menschlichen Knochen vollständig zerstreut wurden.

In der Bretagne erreichte die Kunst des Dolmenbaus ihre größte Entwicklung, und dort sind die in den Gräbern gefundenen Reliquien von größter Bedeutung. Nirgendwo finden wir Waffen, die sorgfältiger erhalten sind, fein gearbeitetere Verzierungen von bemerkenswerterer Art. Das Museum von Vannes, in dem die meisten wertvollen Gegenstände der Ausgrabungen aufbewahrt werden, besitzt Quarzit-, Fibrolit-, Diorit- und sogar Nephrit- und Jadeitbeile, von denen einige nicht in Europa heimisch sind; sowie Bernsteinperlen und eine Halskette aus Calait, dem von Plinius beschriebenen Edelstein, der nach seiner Zeit lange Zeit unbekannt blieb.

Beile oder Kelten sind zahlreicher als alle anderen Gegenstände, die unter Dolmen der Bretagne gefunden werden. Ein Bericht, den MR Galles der Société Polymathique von Morbihan vorgelesen hat, listet die Gegenstände auf, die bei den Toten unter dem Dolmen von Saint-Michel gefunden wurden. Bei diesem Bericht handelt es sich um eine regelmäßige Bestandsaufnahme, in der elf Jadekelten von großer Eleganz in der Form und zwischen etwa dreieinhalb und sechzehn Zoll, zwei größere Kelten von grober Arbeit, beide gebrochen, und sechsundzwanzig kleine Fibrolitkelten mit scharfen Kanten, neun Anhänger, mehr als hundert Jaspisperlen, die Teil einer Halskette waren, und schließlich ein Elfenbeinring. Andere Megalithdenkmäler waren nicht weniger reich an Relikten. Dreißig Beile wurden in Tumiac abgeholt; mehr als hundert, fast ausschließlich aus Tremolit, in Mané-er-H'roek; die sich durch ihre Regelmäßigkeit in der Form, ihren Glanz und die Vielfalt ihrer Farben auszeichneten. Sie weisen selten Gebrauchsspuren auf und scheinen in vielen Fällen absichtlich zerbrochen worden zu sein, wahrscheinlich im Einklang mit einem Bestattungsritual. Finistère war zwar nicht so reich wie Morbihan, stellte aber ein wichtiges Kontingent. Die Ausgrabungen des Kerhué-Bras-Tumulus brachten eine Grabkammer ans Licht, die 33 Pfeilperlen enthielt. Unter anderen Dolmen befanden sich mehrere kleine Schiefertafeln, alle mit Löchern durchbohrt; Auf einem dieser Schieferstücke, das eine längliche Form hatte, war eine Sonne mit Strahlen abgebildet, umgeben von Ornamenten, die nicht leicht zu erkennen waren. Die bretonischen Megalithdenkmäler enthielten auch zahlreiche Keramikfragmente, von denen einige Teil von Vasen ohne Ständer waren, wie sie beispielsweise auf Santorin und in Troja gefunden wurden.

In anderen Teilen Frankreichs wurden ähnliche Entdeckungen gemacht; Muscheln, die oft von fernen Küsten mitgebracht wurden, Glasperlen, Bernsteinschalen, Beile und Kelten aus landesfremdem Stein. Dr. Prunières überreichte der französischen Vereinigung bei ihrem Treffen in Bordeaux eine Sammlung von Waffen und Ornamenten, die aus den Megalithdenkmälern von Lozère stammten. M. Cartailhac beschrieb auf dem Prähistorischen Kongress von Kopenhagen den Dolmen von Grailhe (Gard). Darunter wurde ein Skelett gefunden, das in einer Ecke kauerte; Um ihn herum lagen ein Messer, eine Pfeilspitze aus Feuerstein, eine Vase aus grobem Ton, und in der Erde, die den Tumulus bildete, wurden zwanzig Pfeilspitzen, ein Beil aus Chloromelanit sowie zahlreiche Perlen und Tonscherben aufgesammelt. Wurden diese Opfergaben den Toten oder den höllischen Gottheiten dargebracht, in der Hoffnung, sie zugunsten des Verstorbenen zu versöhnen? Unter dem Megalith von Saint Jean d'Alcas wurden Perlen aus blauem Glas und Emaille gefunden, die Dr. Prunières nach einem Vergleich mit denen in der Campana-Sammlung im Louvre für phönizischen Ursprung hält. Die Hügelgräber der Pyrenäen haben Calaitperlen in der Form kleiner, mit Löchern durchbohrter Zylinder hervorgebracht; und der Dolmen von Breton (Tarn-et-Garonne) achthundertzweiunddreißig Halskettenperlen, einige davon in Herzform. Unter dem Vauréal-Dolmen wurden fünf Schädel in einer Reihe gefunden, und neben einem von ihnen, dem einer Frau, lag eine Halskette aus runden Knochen- und Schieferstücken, an der ein kleines Jadeitbeil als Amulett hing. Diese menschlichen Relikte wurden auch von einem Fibrolit-Kelten, zahlreichen wenig bearbeiteten Feuersteinen und einigen Keramikfragmenten begleitet. Diese Anordnung von Schädeln in einem Grab ist sehr selten, und das Einzige, mit dem ich sie vergleichen kann, ist die Reihe von fünf Pferdeköpfen am Ende der Eingangsgalerie von Mané-Lud.

In Alt-Sammit (Mecklenburg) gab es runde Steinbeile, Feuersteinmesser und mit Streifen und Ornamenten bedeckte Tonscherben; in Tenarlo

(Holland), Urnen und Bernsteinperlen. In Ancress auf der Insel Jersey finden wir eine regelmäßige Nekropole aus der Jungsteinzeit, in der einhundert Vasen oder Urnen unterschiedlicher Form gesammelt wurden. Auch im Long Barrow von West Kennet wurden zahlreiche Keramikfragmente und mit diesen Fragmenten Eberstoßzähne gefunden, die länger waren als die des Ebers des heutigen Tons, die Knochen von Schafen, Ziegen, Rehen, Schweinen und einem großen Ochsenarten, die allesamt vermutlich Relikte eines Totenfestes sind. In einiger Entfernung von West Kennet fand Rev. Doyen Merewether mehrere Feuersteingeräte. Auch hier, wie auch anderswo, lag das Zuhause der Lebenden Seite an Seite mit der Ruhestätte des (Blei).

Unter den Dolmen Westgotlands wurden polierte Steinwaffen und Werkzeuge gefunden, die mit den Knochen von Haustieren in Verbindung gebracht werden und in vielen Fällen Spuren menschlicher Arbeit aufweisen. In Olleria, im Königreich Valencia, in Xeres de la Frontera, finden wir Dioritbeile und in Algerien Vasen, die mit den Schalen von Landmollusken gefüllt sind. In jedem Klima treffen wir auf Zeichen des Respekts, den man den Toten entgegenbrachte.

Dieser Respekt ist wirklich sehr bemerkenswert. Die Erbauer der Dolmen scheuten sich nicht, ihre wertvollsten Gegenstände, ihren reichsten Schmuck, ihre Beile und Edelsteine zu opfern, die ihr Stamm auf seinen langen Wanderungen aus der Ferne mitgebracht hatte. Niemand käme auf die Idee, die heilige Sammlung zu rauben. Unsere eigenen Zeitgenossen würden sich nicht als desinteressiert erweisen, so zivilisiert wir uns auch schmeicheln mögen.

Beile, Töpferwaren und persönliche Schmuckstücke aus Steinknochen usw. sind nicht die einzigen künstlichen Gegenstände, die unter den Megalithdenkmälern gefunden wurden. Auch Metalle wurden entdeckt, und M. Piette stieß bei einer seiner Ausgrabungen auf eine Platte, die aus sehr dünnen, durch Hämmern zusammengeschweißten Blattgoldschichten bestand; und in mehreren Teilen Südfrankreichs wurden Oliven aus Gold gefunden, die der Länge nach durchbohrt waren. Der Dolmen von Carnouet in der Bretagne, so unbedeutend er auch erscheint, enthält nur eine kleine Grabkammer ohne Zugangsgalerie oder seitliche Krypten, unter einem etwa dreizehn Fuß hohen und etwa fünfundachtzig Fuß großen Tumulus, der bis zu unserem Besitz unberührt blieb Tag enthielt tatsächlich eine goldene Halskette mit einem Gewicht von über sieben Unzen; In der Krypta des Castellet-Denkmals wurden eine goldene Plakette und eine goldene Perle gefunden. während der Ors-Dolmen auf der Insel Oléron ein Nugget verbarg, das wahrscheinlich nach dem Zerschlagen mit einem Hammer in die Form einer Perle gerollt worden war. In Plouharnel wurden zwei goldene Amulette unter einem dreifachen Dolmen gefunden, und M. du Chatellier fand bei Ausgrabungen unter einem Megalithdenkmal im Finistère eine prächtige Goldkette. Eine etwas ähnliche Kette wurde aus dem Leys-Dolmen in der Nähe von Inverness entnommen, und 1842 fand Lord Albert Cunningham in New Grange (Irland) zwei Halsketten, eine Brosche und einen Ring, allesamt aus Gold.

Es wurde festgestellt, dass mehr als hundert Megalithdenkmäler in Frankreich Bronze enthalten, und diese Zahl würde sich mehr als verdoppeln, wenn wir die Funde in Gräbern mitzählen, die nicht mit Megalithen in Verbindung stehen, wie beispielsweise in denen von Aveyron und Lozère, wo sich einige Bronzestücke befanden gefunden gemischt mit zahlreichen Steingegenständen. Ein Fünftel der Waffen, insbesondere die Schwerter und Dolche, die unter den Dolmen gefunden wurden, sind aus Bronze. In Kerhué im Finistère waren mehrere Bronzeschwerter kreisförmig um einen kleinen Haufen Asche und schwarzer Erde angeordnet, vermutlich Reliquien der Einäscherung der Toten, zu deren Ehren der Tumulus errichtet worden war.

Unter den Dolmen von Roknia (Algerien) wurden dreizehn Bronzeschmuckstücke und zwei aus vergoldetem Silber von höchster Qualität gefunden, und unter denen aus dem Kaukasus befanden sich blaue Glasperlen, Pfeilspitzen und Bronzeringe; aber M. Chantre, der eine Autorität auf diesem Gebiet ist, glaubt, dass diese Objekte aus Bestattungen nach der Errichtung der Dolmen stammen.

Eisen wurde im größten Teil Europas deutlich seltener verwendet als Bronze. Vor der christlichen Ära war es in Skandinavien noch nicht einmal bekannt. In Deutschland, Pannonien und Noricum geht seine Verwendung auf das 6. oder 7. Jahrhundert v. Chr. zurück. Unter den Hügeln Mittelamerikas finden wir nur wenige Fragmente von Meteoreisen, deren Seltenheit sie äußerst wertvoll machte; Andererseits war Eisen den Hellenen bereits im 14. Jahrhundert v. Chr. bekannt und wurde bereits viele Jahrhunderte zuvor in Ägypten verwendet. Die ältesten Gräber von Malabar enthalten eiserne Dreizacke, und Genesius datiert ihre Verwendung auf die Zeit vor der Sintflut. Es ist daher überraschend, dass einige Rassen für eine unbegrenzte Zeit keine Ahnung davon hatten, wie man ein Metall von so großem Nutzen beschaffen kann.

Eisen wurde in der Bretagne erst gegen Ende der Zeit verwendet, in der Megalithdenkmäler errichtet wurden. Stein, Bronze und Eisen wurden zusammen im Nignol-Grab in Carnac gefunden, das aus der Zeit stammt, als die Einäscherung bereits praktiziert wurde. Die gleiche Verbindung unterschiedlicher Materialien finden wir im Rocher-Dolmen.

Auf den Britischen Inseln, insbesondere in Schottland und Irland, sind Bronze- und Eisenobjekte zahlreicher als in Frankreich. In Aspatria, in der

Nähe von St. Bees in Cumberland, wurde eine Kiste entdeckt, die das Skelett eines Mannes enthielt, der vom Scheitel bis zu den Füßen sieben Fuß groß war. In der Nähe des Riesen lagen zahlreiche wertvolle Gegenstände, darunter ein mit Silber eingelegtes Eisenschwert, eine goldene Schnalle, die Fragmente eines Schildes und einer Streitaxt sowie das eiserne Gebiss einer Trense. Der große Steinhaufen von Dowth in Irland enthielt eiserne Messer und Ringe, gemischt mit Knochennadeln, Kupfernadeln sowie Glas- und Bernsteinperlen, die alle einen raschen Fortschritt in der industriellen Kunst zeigten. Die bemerkenswerten Steinhaufen in der Nähe von Lough Crew (Irland), die bis 1863 unberührt und den Archäologen tatsächlich unbekannt waren, enthielten neben vielen anderen interessanten Objekten zahlreiche menschliche Knochen, Keramikfragmente, Muschelschalen von Meeresmollusken, 4.884 Knochengeräte und vieles mehr sieben Stücke Eisen stark oxidiert. Die Grabhügel des Großherzogtums Posen und Preußens bedecken Kistvaens mit Grabvasen, Waffen sowie Silber- und Goldschmuck.

Über das Datum oder die Verwendung der verschiedenen in diesen Gräbern gefundenen Gegenstände sind wir völlig im Dunkeln, und die Münzen mit Datumsangaben, die oft mit ihnen in Verbindung gebracht werden, scheinen uns nicht viel zu helfen, da sie zweifellos zu viel dazugehören spätere Zeit als die Errichtung der Denkmäler. Wir können jedoch erwähnen, dass nahe der Oberfläche des Hügels von Mané-er-H'roek elf Medaillen römischer Kaiser von Tiberius bis Trajan gefunden wurden; während unter dem Tumulus von Rosmeur, auf der Penmarch-Spitze (Finistère), verschiedene römische Münzen lagen; in Bergous in Locmariaker, in Mané-Rutual und an anderen Orten in der Bretagne Münzen der ersten christlichen Kaiser; in Uley, Gloucestershire, einige Münzen aus der Zeit der Söhne Konstantins; in Mining-Low (Derbyshire), unter einem von einem Cromlech umgebenen Kistvaen, einige Medaillen von Valentinianus; in Galley-Low, mit einer prächtigen goldenen Halskette, besetzt mit Granaten, einer Münze von Honorius, aber da diese letzteren am äußeren Rand des Hügels gefunden wurden, bestehen Zweifel hinsichtlich des Zeitpunkts ihrer Hinterlegung; Diese Zweifel wurden jedoch teilweise durch den Fund einer Geta-Münze unter dem Denkmal selbst ausgeräumt. Wir könnten die Zahl ähnlicher Funde vervielfachen, aber ich möchte nur noch einen einzigen erwähnen: den Fund unter einigen schottischen Hügelgräbern mit silbernen Halsketten und Münzen der Kalifen von Bagdad, deren Datierung zwischen 88 887 und 945 n. Chr. liegt

Diese letzte Entdeckung bestätigt, was ich bereits gesagt habe, dass die Einführung der Münzen viel später erfolgte als die Errichtung des Denkmals. Eine weitere Tatsache verleiht dieser Entscheidung zusätzliches Gewicht. Die ältesten gallischen Münzen stammen aus der Zeit etwa drei Jahrhunderte vor unserer Zeitrechnung, die frühesten britischen aus einem Jahrhundert davor. Wie kommt es, dass bei Ausgrabungen keine Exemplare von beidem zutage gefördert wurden? Die Römer besetzten nacheinander alle Länder, von denen wir gerade gesprochen haben; die Gräber selbst zeugen von ihren Eroberungen; und der Verletzung der Gräber, der Umsiedlungen und sekundären Bestattungen verdanken wir die Einführung von Münzen, Töpferwaren und Ziegeln, die zweifellos aus der Römerzeit stammen und wahrscheinlich von den römischen Legionären neben ihre Toten gelegt wurden.

Was auch immer die Schwierigkeiten sein mögen, wir sind bereits in der Lage, zu bestimmten eindeutigen Schlussfolgerungen zu gelangen. Wir können die Megalithdenkmäler keiner der bekannten antiken Religionen zuordnen. Sie wurden sicherlich nicht zu Ehren von Odin oder Osiris, von Astarte oder Athene, den phönizischen oder ägyptischen, den griechischen oder römischen Göttern errichtet; Ihre Errichtung scheint nur ein Ziel gehabt zu haben: den Toten Ehre zu erweisen. Unter keinem von ihnen finden wir die Überreste eines Höhlenbären oder eines Rentiers, geschweige denn eines Mammuts oder eines Nashorns; wohingegen wir ständig auf die Knochen von Tieren stoßen, die für die Jungsteinzeit charakteristisch sind. Daher müssen wir die ältesten dieser geheimnisvollen Monumente dieser Zeit zuordnen. Und die Errichtung solcher Denkmäler wurde in der Zwischenzeit zwischen der Stein- und Bronzezeit sowie in der Bronze- und Eisenzeit fortgesetzt. Tatsächlich wurde es in den früheren Jahrhunderten der christlichen Ära noch hin und wieder praktiziert. Darüber hinaus werden solche Denkmäler auch heute noch gelegentlich errichtet. Die Khassias in Indien fertigen Cromlechs aus großen, flachen, unbehauenen Steinen, die etwa sechs bis sieben Fuß hoch sind, und die Angami-Nagas im äußersten Norden Britisch-Indiens errichteten ausgedehnte Menhirreihen, ähnlich denen in Frankreich. Inschriften in der alten irischen Chiffrierschrift, bekannt als Ogham, beweisen, dass in Irland nach der Zeit des Heiligen Patrick Megalithdenkmäler errichtet wurden; und wie wir bereits bemerkt haben, sind einige der bretonischen Menhire von Kreuzen umgeben. Auch in Indien finden wir das Symbol des christlichen Glaubens, und im Jahr 1867 wurden an den Ufern des Godavery zwischen Hyderabad und Nagpore einige Dolmen entdeckt, die aus vier aufrechten Steinen bestanden und von einer oder zwei Sandsteinplatten gekrönt waren ein Kreuz, das angeblich aus der gleichen Zeit stammt wie die Dolmen selbst. Wir müssen jedoch hinzufügen, dass die kompetentesten Archäologen der Meinung sind, dass diese Form des Kreuzes erst etwa im sechsten oder siebten Jahrhundert unserer Zeitrechnung in Indien eingeführt wurde. Wahrscheinlich wurde die Errichtung von Megalithdenkmälern in England oder Frankreich erst gegen das 8. oder 9. Jahrhundert nach Christus eingestellt; und die später in Schottland und Skandinavien aufgestellten Menhire beweisen, wie sehr die

Menschen dieser Länder an alten Traditionen festhielten. Diese groben Steindenkmäler wurden von einer Rasse zur anderen weitergegeben, von Eindringlingen zu Eindringlingen, von Eroberten zu Eroberern.

Allerdings dürfen wir einen schwerwiegenden Einwand nicht außer Acht lassen. Römische Historiker, so genau sie Gallien, Britannien und Germanien beschreiben, schweigen über Steindenkmäler. Tacitus bezieht sich weder auf Stonehenge noch auf Avebury. Cäsar war bei der Seeschlacht zwischen seiner eigenen Flotte und der der Veneter im Golf von Morbihan dabei, und wenn die Megalithdenkmäler von Carnac damals dort gewesen wären, hätten sie dann nicht die Aufmerksamkeit des großen Kapitäns erregt? Dieses Schweigen ist umso unerklärlicher, als einer der frühesten Geographen den Stein von Iapygia erwähnt; Ptolemaios spricht von einem ähnlichen Stein am Ufer des Ozeans; Strabo aus einer Gruppe von Dolmen in der Nähe von Kap Cuneus; Quintus Curtius von einer wichtigen Linie in Bactriana; Plinius, der eine schiefe Säule in Kleinasien erwähnt, erwähnt nichts von den Megalithdenkmälern Galliens, die er mehrmals durchquerte. Darüber hinaus schweigen Ausonius, Sidonius, Appollinaris und Fortunatus, die so sehr darauf bedacht sind, ihr eigenes Land zu verherrlichen, in Bezug auf diese Bauwerke. Auch Sulpicius, Severus und Gregor von Tours, alte Chronisten der französischen Geschichte, übergehen sie wortlos. Darüber hinaus schreibt Madame de Sévigné, die 1689 in Auray Halt machte und die Umgebung besuchte, ihrer Tochter alles, was sie gesehen und getan hatte, ohne auf die Ausrichtungen von Carnac oder Erdeven hinzuweisen, die es natürlich gab , zu ihrer Zeit viel vollständiger als zu unserer Zeit. Tatsächlich werden sie zum ersten Mal von Sauvagère in seinem „Recueil des Antiquites de la Gaule" erwähnt, in dem er sie den Römern zuschreibt. Wir können daher vielleicht zu dem Schluss kommen, dass diese verfallenen und ungeschickt aussehenden Denkmäler über Generationen hinweg verachtet wurden, ohne dass sich jemand ihrer Bedeutung bewusst war oder sich die Mühe gemacht hatte, in ihre Geheimnisse einzudringen.

Wenn es nötig wäre, hätten wir noch andere Beweise für ihr extremes Alter. Bei der Ausgrabung einer Linie in dem von der Kermario-Gruppe besetzten Gebiet wurde ein römisches Lager entdeckt. Die Umzäunung wird durch eine lange, etwa sechs Fuß dicke Mauer dargestellt, und an diese Mauer gelehnt fand man eine Reihe flacher, vom Rauch geschwärzter Steine, auf denen die Legionäre zweifellos ihr Essen kochten. In einigen Fällen wurden diese Feuerstellen auf einem umgestürzten Menhir errichtet, und andere Menhire, die zur Ausrichtung gehörten, wurden in die Wände eingebaut. In der Nähe von Avebury verläuft eine römische Straße, und entgegen ihrer allgemeinen Sitte hatten die hochmütigen Eroberer einen Umweg gemacht, um dem Tumulus auszuweichen. Dies sind entscheidende Beweise dafür, dass in Frankreich und England zumindest die Megalithdenkmäler bereits vor der Ankunft der Römer errichtet wurden.

So schwierig es ist, eine eindeutige Aussage über das Alter der Denkmäler zu treffen, so schwierig ist es noch, festzustellen, welcher Rasse ihre Erbauer angehörten. Zunächst fragen wir: Sind sie alle das Werk einer einzigen Rasse? Das Gegenteil, wie Herr de Mortillet ernsthaft behauptet, ist seit langem die allgemeine Meinung. M. Worsaae erklärte auf dem Brüsseler Kongress29, dass die Dolmen von verschiedenen Völkern errichtet wurden; M. Cazalis de Fondouce, 30 M. Broca, 31 und M. Cartailhac, 32 teilen diese Überzeugung. „Sind die Denkmäler aus riesigen Steinen nicht das Produkt einer schrittweise wachsenden fortschrittlichen Zivilisation und nicht das Werk eines einzelnen Volkes, das inmitten der alten primitiven Bevölkerung, die es besuchte, seine eigenen Sitten und Bräuche aufrechterhielt.", ohne etwas von ihren Gastgebern zu borgen?" Für Broca beweist die Ähnlichkeit zwischen den Dolmen Europas, Afrikas und sogar Amerikas nur eines: die Ähnlichkeit der Bestrebungen und Kräfte aller Menschen. Überall und zu jeder Zeit haben Menschen bei ihren Denkmälern nicht nur auf Dauerhaftigkeit geachtet, sondern auch auf den Ausdruck von Kraft und Macht. Zu diesem Zweck errichteten sie Menhire und wählten riesige Steine für ihre Megalithdenkmäler aus. Der Dolmen, der wie ein architektonisches Gebäude aussieht, ist nur eine Abwandlung primitiver Gräber. Der Höhlenmensch wandte sich zunächst der Suche nach natürlichen oder künstlichen Felsunterkünften zu, und als diese nicht zu haben waren, ahmte er sie aus den Materialien nach, die ihm zur Verfügung standen. Daher haben wir Krypten, Kistvaens und Dolmen; und die Ähnlichkeit zwischen ihnen beweist nichts über die Abstammung ihrer Erbauer.

Wir können hinzufügen, dass die Entfernungen zwischen den sogenannten Megalithzonen beträchtlich sind. Wir treffen zum Beispiel auf Dolmen in Tscherkessien und auf der Krim, aber näher als an der Ostsee gibt es keine anderen. Es gibt keine in den von den Belgiern bevölkerten Gebieten von Drenthe bis an die Grenzen der Normandie, noch gibt es welche in den Tälern des Rheins oder der Schelde. Es gibt nur wenige in Italien oder Griechenland, wo schon früh pelasgische Gebäude errichtet wurden und von einer fortgeschritteneren Zivilisation zeugten. Wir treffen sie jedoch in Palästina wieder, müssen aber viele Meilen zurücklegen, bevor wir in Peshawur und im Tal von Cabul weitere Beispiele finden. Es ist schwierig, die Bedeutung dieser Tatsachen zu überschätzen oder diese Lücken zu erklären. Sind sie jedoch so vollständig wie angenommen? Die wenigen Reisenden, die Afghanistan und Dagestan durchquert haben, haben Hügelgräber gesehen, die möglicherweise als Verbindungspunkte zwischen den Denkmälern Indiens und denen des Kaukasus gedient haben. Die Megalithdenkmäler Palästinas und Arabiens sind möglicherweise noch mit denen Algeriens verbunden, beispielsweise in den wenig bekannten Regionen zwischen dem Nil und der Regentschaft Tripolis. Wenn uns unsere Unwissenheit verbietet, in diesem Punkt irgendetwas zu behaupten, so verbietet sie uns ebenso, irgendetwas mit Zuversicht zu leugnen. Wir können noch eine allgemeine Bemerkung hinzufügen: Die Länder, in denen Megalithdenkmäler gefunden werden, sind reich an Granit, Sandstein und Feuerstein, während andere Gebiete nur sehr brüchige Kalksteine haben; und ihre Denkmäler wären, wenn sie jemals errichtet worden wären, leichter zerstört worden, da selbst die Ruinen verschwunden wären und keine Spuren hinterlassen hätten.

Es wurde außerdem gesagt, dass die Bauweise der Dolmen, und wir hassen es, wenn wir das Gleiche sagen, bei weitem nicht überall gleich ist. Die Dolmen der Bretagne haben Grabkammern mit langen Gängen, die zu ihnen führen. diejenigen im Pariser Viertel haben breite überdachte Alleen mit einer sehr kurzen Eingangshalle. Im Süden Frankreichs sehen wir nichts als rechteckige Felder, die aus vier oder fünf riesigen Steinen bestehen. Das alles ist wahr genug; Aber wenn wir unsere alten Kathedralen vergleichsweise modernen Datums untersuchen, deren gemeinsamer Ursprung nie bestritten wird, stellen wir nicht weniger bemerkenswerte Unterschiede fest. Andererseits wird betont, dass, wenn Megalithdenkmäler alle von einer Rasse errichtet würden, die darin enthaltenen Objekte einander sicherlich weitgehend ähneln würden. Aber selbst das ist nicht der Fall. Die im Westen Frankreichs so zahlreichen Beile sind im Süden selten; Die Denkmäler Algeriens sind immer von grober Arbeit, während die Denkmäler Dänemarks von höchster Qualität sind. Wir könnten die Beispiele vervielfachen, aber sehen wir in der Tat nicht dasselbe in der heutigen Zeit, trotz unserer Eisenbahnen und anderer Arten der schnellen Kommunikation und der ständigen Heirat moderner Völker? Vergleichen Sie die Ornamente der Normandie mit denen der baskischen Provinzen, die der Bretagne mit denen Burgunds, und sicherlich werden die Unterschiede zwischen ihnen genauso groß sein, wie wir es bei den Waffen und Ornamenten der Erbauer der Megalithdenkmäler feststellen.

Um es zusammenzufassen: Nach der Meinung vieler bedeutender Gelehrter hatten zahlreiche Rassen die Angewohnheit, Megalithdenkmäler zu errichten, deren Form je nach dem Genie oder den Umständen jeder Rasse und je nach der Natur der jeweiligen Rasse *bis ins Unendliche variierte* Boden oder Material, das den Bauherren zur Verfügung steht. Alle gehören jedoch zu einem allgemeinen Typus und zeugen von einem allgemeinen Einfluss, der sich zu einer bestimmten Epoche über die ganze Welt erstreckte. M. Cazalis de Fondouce, von dem ich diese letzten Beobachtungen übernommen habe, würde es wahrscheinlich ebenso schwer finden zu sagen, wie sich ein allgemeiner Einfluss auf Rassen ausdehnte, deren gemeinsame Abstammung er leugnet, und deren Verwandtschaft und Zeitgenossenschaft er nur vermuten kann Ich selbst sollte – wenn man die gegenteilige Hypothese zulässt – erklären, wie ein Volk in unaufhörlichen Wanderungen durch die Welt wandern konnte, ohne seine eigenen Gewohnheiten zu ändern oder anderen seine Riten und die Art und Weise, Denkmäler zu errichten, mitzuteilen.

Wir können jedoch nicht umhin, die Beweise von Tatsachen anzuerkennen. Wir können verstehen, wie Menschen überall dazu gedrängt wurden, Hügel über den Körpern ihrer Vorfahren zu errichten, um ihr Andenken zu verewigen, oder ihre sterblichen Überreste zwischen flachen Steinen einzuschließen, um sie vor der Zermalmung durch das Gewicht der Erde über ihnen zu bewahren. Wir könnten sogar, wenn wir einen Punkt betonen, die Idee zugeben, dass sich eine große Cist zu einem Dolmen entwickelt hat, aber wenn wir in Bezirken sind, die durch enorme Entfernungen voneinander getrennt sind, sehen wir Denkmäler, deren Mauer mit einer kreisförmigen Öffnung durchbrochen ist oder die eine innere Krypta mit einem äußeren Hügel kombinieren In den Dolmen ist es unmöglich, diese großen Ähnlichkeiten als das Ergebnis eines zufälligen Zufalls zu betrachten, und ebenso unmöglich ist es, den Schluss zu ziehen, dass die Männer, deren Bestattungsriten durch eine solche große Ähnlichkeit auffielen, derselben Rasse angehörten.

Was war denn dieses Rennen? Sind diese Denkmäler Zeugen der großen arischen Einwanderung, die sich so lange von Indien aus über die Kontinente Asien und Europa ausgebreitet haben sollte und an die die indogermanischen Sprachen die Erinnerung bewahren sollen? Oder liegt es wirklich daran, dass eine Sprachbeziehung keine Rassenbeziehung impliziert? Waren die Erbauer der Dolmen Kelten oder Gallier, Liguren oder Cymrer? Hatte Henry Martin Recht, als er den Cimeriern Skandinaviens die Errichtung der Megalithen Irlands in der Bronzezeit zuschrieb? Waren es die Turanier, die mit ihrer Ahnenverehrung, ihrem Respekt vor den Gräbern ihrer Vorfahren und ihrem Wunsch, ihre Erinnerung für die Ewigkeit zu bewahren, die Dolmen der Bretagne errichteten? Waren es nicht vielleicht eher die Iberer, deren Nachkommen noch heute Spanien und den Norden Afrikas bevölkern? Laut Maury markiert die Verbreitung der Megalithdenkmäler in Europa den letzten Zufluchtsort besiegter neolithischer Völker, die vor ihren Eroberern flohen. Alle diese Hypothesen sind plausibel, alle können mit Argumenten verteidigt werden, deren Gewicht man nicht leugnen kann, aber keine ist schlüssig zu beweisen, keine kann den Studenten endgültig überzeugen. 33

Ein alter walisischer Dichter sagt über die langen Hügelgräber seines Heimatlandes, dass sie völlig unerklärlich seien und dass es unmöglich sei zu entscheiden, wer sie aufgestellt habe oder wer unter ihnen begraben sei. Und sicherlich hat dieser alte Barde 34 auch jetzt Recht. Vergeblich stellen wir diese stillen Zeugen der fernen Vergangenheit in Frage. Sie geben uns keine Antwort, und wir müssen hier nur wiederholen, was wir zu Beginn dieser Untersuchung gesagt haben: Die menschliche Wissenschaft ist machtlos, den Schleier zu lüften, der über die frühe Geschichte der Menschheit liegt. Wird es jemals so sein? Oder wird der Tag noch anbrechen, an dem der Schleier endlich zerrissen wird? Die Zeit allein kann diese Frage lösen, die zu den Geheimnissen der Zukunft gehört, die ebenso schwer zu ergründen sind wie die der Vergangenheit.

---

1 Bateman: „Ten Years' Diggings", Vorwort, S. 11.

2 W. MacAdams: „Der große Hügel von Cahokia." Bin. Ass., Minneapolis, 1883.

3 Pelagaud: „Préhistoire en Syria."

4 Moore, *Popular Science Monthly*, New York, März 1880; *Zeitschrift für Ethnologie*: Berlin, 1887.

5 „Monuments de Roknia", S. 18.

6 Haxthausen: „Mém. sur la Russie", Bd. ii., S. 204; A. Bogdanow: „Mat. pour Servir à l'Histoire des Kurganes", Moskau, 1879; Margaret Stokes: „La Disposition des Principaux Dolmens de l'Irlande", *Rev. Arch*., Juli 1882.

7 Sir A. de Capell Brooke: „Skizzen in Spanien und Marokko."

8 Tissot: „Recherches sur la Géographie Comparée de la Mauritanie Tinigitane."

9 Margaret Stokes: „La Distribution des Principaux Dolmens de l'Irlande." *Revue Arch*., Juli 1882.

10 Sir W. Wilde: „Irland, Vergangenheit und Gegenwart." Miss Buckland: „Prähistorische Denkmäler aus Cornwall und Irland." *Anth. Inst., Nov.* 1879. O'Curry: „Vorlesungen über die Manuskriptmaterialien der irischen Geschichte."

11 *Bul. Soc. Pol. du Morbihan* , April 1885.

12 S. Reinach, *Rev. Arch* ., 1888. Wilson: „Megalithic Monuments of Bretagne." Cartailhac: „La France Préhistorique", in dem die Maße der wichtigsten Denkmäler der Bretagne angegeben sind.

13 A. Bertrand: „Archéologie Celtique et Gauloise", S. 105.

14 Ilias, Buch xxiii., Vers 380.

15 Josua, Kap. iv., v. 13 *ff*.

16 P. du Chatellier, *Mém . Soc. d'Emulation des Côtes-du-Nord* , Bd. xix.

17 Cartailhac: „Les Âges Préhistoriques en Espagne et en Portugal."

18 Verreaux, *L'Anthropologie* , 1890, S. 157.

19 Haxthausen: „Mém. sur la Russie Mér., Bd. ii., S. 204. „Fouilles des Kourganes", von M. Sarnokoasof, *Revue Arch* ., 1879. Viel: *Mittheilungen der Anth. Gesell. in Wien* , 1878.

20 Siehe hierzu das hervorragende Werk von Maury, „Les Monuments de la Russie et les Tumulus Tchoudes", und „Tumulus des Anciens Habitants de la Sibérie" von Meynier und Eichtal.

21 *Revue d'Anth* ., 1880, S. 655.

22 *Mém. de la Soc. Bogen. de la Province de Constantine* , 1863.

23 „Monuments Mégalithiques de la Tunisie", *Ant. Afrika* , Juli 1884. Dr. Rouire: „Les Dolmens de l'Enfida", *Bull. Geog. Hist* ., 1886.

24 „Heth und Noah", S. 191 und 192.

25 „Heth und Moab", S. 249.

26 „Tribes of the Hindu Koosh", Kalkutta, 1881.

27 *Matériaux* , 1887, S. 458. M. Pallart („Mon. Meg. de Mascaro") glaubt, dass dieser Dolmen nicht von Menschen errichtet wurde, sondern dass eine lange Steinplatte die Hänge des Berges hinuntergerutscht ist und auf zwei natürlichen Stützen ruht. Es ist nicht einfach, diese Ansicht zu akzeptieren.

28 Dr. de Closmadeuc, der, glaube ich, mit Henry Martin übereinstimmt, leitet den Namen *Dol Varchant* von *Dol March'-Hent ab* , dem Tisch des Pferdes der Allee.

29 *Compte rendu* , S. 421.

30 *Mat* ., 1877, S. 470.

31 *Arsch. Française* , Bordeaux, 1872, S. 725.

32 *Rev. d'Anth* ., 1881, p. 283.

33 Mit Genehmigung des Autors fügt der Übersetzer das folgende Zitat aus Taylors „Origin of the Arians", S. 17, auf die sich Professor Huxley in seinem Aufsatz über die Arierfrage im *19. Jahrhundert* vom November 1890 bezieht. Taylor sagt: „Es wird jetzt behauptet, dass es so etwas wie eine arische Rasse im gleichen Sinne wie sie nicht gibt." eine arische Sprache, und die in letzter Zeit so häufig diskutierte Frage nach der Herkunft der Arier kann, wenn sie überhaupt etwas bedeutet, nur eine Diskussion der ethnischen Verwandtschaften jener zahlreichen Rassen bedeuten, die die arische Sprache erworben haben; mit der weiteren Frage, die vielleicht unlösbar ist, unter welchen dieser Rassen entstand die arische Sprache und wo war die Wiege dieser Rasse?"

34 Dieser Dichter gehört zu denen, deren Werk im sogenannten „Schwarzbuch von Caermarthen" zu finden ist. Siehe auch „Die vier alten Bücher von Wales, die die den Barden des sechsten Jahrhunderts zugeschriebenen zymrischen Gedichte enthalten." Edinburgh, 1868.

KAPITEL VI.
Industrie, Handel und soziale Organisation; Kämpfe, Wunden und Trepanation.

Wenn wir die Entdeckungen im Zusammenhang mit der Steinzeit als Ganzes betrachten, sind wir erstaunt über die immense Zahl von Waffen jeglicher Art und Form, die in verschiedenen Regionen der Erde zu finden sind. Die römische Herrschaft erstreckte sich über einen großen Teil der Alten Welt und dauerte viele Jahrhunderte. Überall hat dieses unter den Nationen berühmte Volk Zeichen seiner Macht und seines Fleißes hinterlassen. Römische Waffen, Schmuck und Münzen nehmen in unseren Museen einen beträchtlichen Platz ein; So zahlreich diese Relikte der Römer auch sind, sie sind den Objekten aus prähistorischen Zeiten in ihrer Zahl weit unterlegen, und von Menschenhand bearbeitete Feuersteine wurden in den letzten Jahren zu Tausenden aufgesammelt und sind unbestreitbare Zeugen der rasanten Entwicklung Wachstum einer großen Bevölkerung.

Ein wichtiger Punkt bleibt im Dunkeln. Schmerling hat in Belgien fünfzig Höhlen ausgegraben und nur in zwei oder drei davon menschliche Relikte gefunden; und von den sechshundert, die Lund in Brasilien erforschte, enthielten nur sechs menschliche Knochen. Ähnliche Ergebnisse wurden bei Ausgrabungen der Hügel in Nordamerika sowie in den Höhlen in Frankreich erzielt. M. Hamy erwähnt in einem vor einigen Jahren veröffentlichten Buch lediglich zwölf Funde menschlicher Knochen, die zweifelsohne in die Altsteinzeit datiert werden könnten. Diese Zahl ist zwar durch neuere Entdeckungen gestiegen, aber sie ist immer noch recht unbedeutend. Das Gleiche gilt auch für die Kitchen-Middings und die Lake-Siedlungen. Dieser Mangel an tatsächlichen menschlichen Überresten bildet eine Lücke in den Beweisen über den prähistorischen Menschen, die durch Störungen und Verschiebungen nicht ausreichend erklärt werden kann und auf die wir noch einmal zurückkommen werden, wenn wir von prähistorischen Gräbern sprechen.

Bearbeitete Feuersteine werden im Allgemeinen in großer Zahl an einem Ort gefunden, wahrscheinlich früher an einer Station oder einem Zentrum menschlicher Besiedlung. Die Menschen begannen, sich zu Gesellschaften zusammenzuschließen, und die Behausungen, zuerst der Familie und dann des Stammes, versammelten sich schnell in der Nähe eines Flusses, der reich an Fischen war, oder eines Waldes, in dem es viel Wild gab, das reichlich Nahrung bot, die leicht zu beschaffen war. Die Höhlen liefern auch Hinweise auf die Anzahl der Menschen, die sie bewohnten. Allein in einem, in der Nähe von Krakau, entdeckte Ossowski 876 Knochengeräte, mehr als 3.000 Feuersteinobjekte und Tausende von Keramikfragmenten. Aus der Veyrier-

Höhle in der Nähe des Berges Salève wurden fast 1.000 Steingeräte entnommen; von denen von Petit Morin 2.000 Pfeilspitzen; aus dem von Côttes am Ufer des Gartampe mehr als 264 Pfund schwere Feuersteine, einige vom Moustérien- und andere vom Madeleine-Typ, vermischt mit den Knochen des Nashorns und von mehreren großen Raubtieren unbestimmter Art. Der Abbé Ducrost sammelte allein in einer Wohnung in Solutré 4.000 Feuersteine ein, wo der Boden kalkhaltig und der Feuerstein nicht heimisch ist, so dass er aus der Ferne gebracht worden sein muss. Mehr als 8.000 verschiedene Objekte wurden aus der schönen neolithischen Station Ors auf der Insel Oléron entnommen; 12.000 Steinsplitter mit Spuren menschlicher Arbeit wurden in der Thayngen-Höhle und mehr als 80.000 in den verschiedenen Höhlen Belgiens gesammelt. Allein die Schutzhütte von Chaleux lieferte 30.000 Steinstücke in jeder Phase der Verarbeitung, vom Abfall der Manufaktur bis zum hochveredelten Gerät. Andere Entdecker hatten nicht weniger Glück. Der Marquis von Wavrin fand in der Umgebung von Grez nicht weniger als 60.000 bearbeitete Steine, die nicht weniger als dreißig verschiedenen Arten angehörten, hauptsächlich Pfeilspitzen, einige dreieckig, andere mandelförmig, andere wieder quer geschnitten, einige mit und einige ohne Federn, einige stapften, andere nicht; mit einem Wort: Pfeile jeder bekannten Art. Nur ein tatsächlicher Besuch im Königlichen Museum von Brüssel kann einen Eindruck von der Bedeutung der in Belgien gemachten Entdeckungen vermitteln.

Die Umgebung von Paris ist jedoch nicht weniger reich. Bereits in der Altsteinzeit waren die Täler der Seine und ihrer Nebenflüsse offenbar von einer zahlreichen Bevölkerung bewohnt. M. Rivière erwähnt eine Station in der Nähe von Clamart, wo er auf engstem Raum mehr als 900 Feuersteine aufsammelte, einige bearbeitet, andere nur Splitter, von denen viele der Hitze ausgesetzt waren. Eine Sandgrube von Levallois-Perret brachte 4.000 Steinobjekte hervor, und auf dem Plateau von Champigny, das für das französische Volk so schreckliche Erinnerungen mit sich brachte, wurden fast 1.200 Feuersteine, Messer, polierte Beile, Lanzenköpfe und Schaber gefunden, gemischt mit zahlreichen Fragmente handgefertigter Keramik ohne Verzierung.

Braucht es noch weitere Beispiele? Bei. de Mortillet schätzt die Zahl der auf dem Plateau von Saint Acheul gefundenen Exemplare auf mehr als 25.000, dem Schauplatz der frühesten Entdeckungen, die die Existenz des Menschen im Quartär bewiesen; und die Station Concise am Neuenburgersee, die zu den ältesten der Schweiz gehört, brachte eine noch beträchtlichere Zahl hervor. Viele sind jedoch verloren gegangen oder zerstört; Der Schotter der am See entlangführenden Eisenbahn enthält Tausende von bearbeiteten Steinen und Bruchstücke, die bei ihrer Herstellung übrig blieben und alle aus dem Seegrund entnommen wurden.

Es darf nicht vergessen werden, dass die Bedeutung dieser Relikte der Vergangenheit erst in den letzten Jahren erkannt wurde und jeder davon geträumt hat, sie zu bewahren oder zu studieren.

Die Ausgrabung einer Kiesgrube in Dundrum (County Down, Irland) brachte 1.100 Feuersteingeräte hervor, und M. Belluci selbst sammelte in der Provinz Pérouse mehr als 17.000 Stücke, hauptsächlich Speer-, Lanzen- oder Pfeilspitzen, die dazu gehörten sechs verschiedene Typen. Das Broholm Museum enthält 72.409 Waffen und Geräte, die alle in Dänemark gefunden wurden.

Wir können ähnliche Tatsachen in anderen Ländern zitieren. In der Sahara und im gesamten Wady el Mya in Algerien gibt es zahlreiche prähistorische Fundstellen, und wir haben bereits über die zahlreichen Exemplare gesprochen, die in der Nähe von Wargla gefunden wurden. Die Werkstätten in diesem Bezirk sind im Allgemeinen von einer großen Anzahl von Straußeneiern umgeben, was darauf hindeutet, dass dieser Vogel bereits domestiziert war. 1

In Amerika hat Dr. Abbott mehr als 20.000 Steine an das Peabody Museum geschickt, die er in Trenton am Ufer des Delaware gesammelt hatte, und vor kurzem wurde mir erzählt, dass die Arbeiter beim Bohren eines Brunnens in Illinois auf einen Stein stießen Hinterlegung von mehr als 1.000 bearbeiteten Feuersteinen, alle in ovaler Form. Jeder kennt die Bedeutung der jüngsten Entdeckungen in Washington, und wir könnten Beispiele *bis ins Unendliche* vervielfachen, denn überall stoßen Forscher auf zweifellose Spuren der aktiven Arbeit und Intelligenz vergleichsweise dichter Populationen, die alle ungefähr den gleichen Entwicklungsstand erreicht hatten .

Diese zahlreichen Ablagerungen markieren oft den Ort regelmäßiger Workshops, Zeichen des frühesten Versuchs einer sozialen Organisation. Auf keine andere Weise können wir die Haufen von Feuersteinen in jedem Stadium der Verarbeitung erklären, die neben den Klumpen liegen, aus denen sie herausgelöst wurden. Eine der berühmtesten dieser Werkstätten ist die von Grand-Pressigny, der Hauptstadt des Kantons Indre-et-Loire, die herrlich zwischen zwei malerischen Flüssen, der Claise und der Creuse, liegt.

Die Feuersteingeräte von Grand-Pressigny, von denen Exemplare in allen Museen Europas zu sehen sind, sind etwa 16 Zoll lang, von heller Farbe, an einem Ende spitz und am anderen quadratisch. Eine Seite ist rau, die andere in drei längliche Stücke zersplittert, während die Seiten grob in sägeähnliche Zähne gehauen sind. Wenn wir diese Feuersteine genau untersuchen, können wir leicht den genauen Punkt, das *Auge , wie Handwerker es nennen* , erkennen , an dem der Stein eingeschlagen wurde. In Charbonnière, am Ufer der Saône, um andere Beispiele zu nennen, wurden in einem Umkreis von weniger als einer Meile Waffen, Werkzeuge und Atomwaffen gefunden, die mit denen von Grand-Pressigny verglichen werden können. An manchen Stellen sehen die noch verbliebenen Feuersteinansammlungen so aus, als wären sie für den Straßenbau verwendet worden. In einigen Fällen scheinen Beile, Messer und Schaber in Gruben vergraben zu sein. Waren dies die Reservevorräte des Stammes oder die sogenannten *Verstecke* der Kaufleute?

Es ist schwierig, nur die verschiedenen Werkstätten oder Manufakturen zu nennen, die in den letzten Jahren entdeckt wurden. Wir müssen uns jedoch bemühen, die wichtigsten zu erwähnen, denn diese Workshops sind, wie wir wiederholen müssen, ein wichtiger Beweis für die Existenz einer Gesellschaft organisierter Arbeitsgemeinschaften. Wir treffen sie an den Ufern der Kieler Bucht, auf der Insel Anholt, mitten im Kattegat und an den Grenzen der Petchoura und der Soula bei den Samojeden. Virchow entdeckte eine Manufaktur für Pfeilspitzen am Ufer des Burtneek-Sees, und 1884 machte die Moskauer Gesellschaft für Naturwissenschaften die Existenz bedeutender Werkstätten in der Nähe des Flusses Vetluga in der Provinz Kostroma bekannt, so dass wir wissen, dass dies bereits in prähistorischen Zeiten der Fall war Männer lebten und kämpften in einem rauen Klima in Bezirken, die in unserer Zeit jedoch dünn besiedelt waren.

An all diesen Tatsachen gibt es nichts, was uns überraschen könnte. Kürzlich wurden in der Nähe des Jenesei-Flusses, im Herzen Sibiriens, bronzene Dolche, Beile und Zaumzeuge gefunden (Abb. 71), die alle durch die Schönheit ihrer Verarbeitung von einem fortgeschritteneren Zivilisationszustand zeugen als die Pfahlbauten oder Megalithdenkmäler weiter südlich. Viele von ihnen sind mit Tierfiguren geschmückt, so dass wir feststellen, dass es in einer Epoche, die zwar weniger weit zurückliegt als die, die wir betrachtet haben, aber immer noch weit entfernt von unserer eigenen, eine intelligente Rasse mit künstlerischem Geschmack gab Sie leben in einem Land, das mittlerweile so kalt ist, dass es bis auf ein paar elende nomadische Tataren unbewohnbar ist.

In Spiennes, in der Nähe von Mons, wurde ein Feld namens *Camp des Cayaux entdeckt* , das mit Feuersteinen übersät war, von denen einige unbehauen, andere behauen waren, sowie unzählige Messer und Beile. Es gab auch Herstellungszentren in Hoxne und Brandon in England, in Bellaria in Bologna und in Rom am Tiburtine Way. In Ponte-Molle, wo vor einigen Jahren zum ersten Mal in Italien bearbeitete Feuersteine entdeckt wurden, wurde eine Werkstatt gefunden, die sich durch die große Anzahl von Hirschgeweihen auszeichnete, von denen der Mittelteil entfernt worden war, der zweifellos als solche verwendet werden sollte Griffe für Werkzeuge. M. de Rossi, der uns diese Einzelheiten mitteilt, glaubt, dass diese Station im Paläolithikum bewohnt war. In der Siedlung Concise wurden nicht nur Steingeräte, sondern auch zahlreiche Artikel aus Knochen gefunden, so dass dieser Ort offenbar ein wichtiges Produktionszentrum war. Hier wurden Messer, Stilettos und Pfeilspitzen hergestellt, und in den Händen geschickter Handwerker wurden die Stoßzähne der zu dieser Zeit in der Schweiz reichlich vorhandenen Wildschweine zu hervorragenden Meißeln verarbeitet.

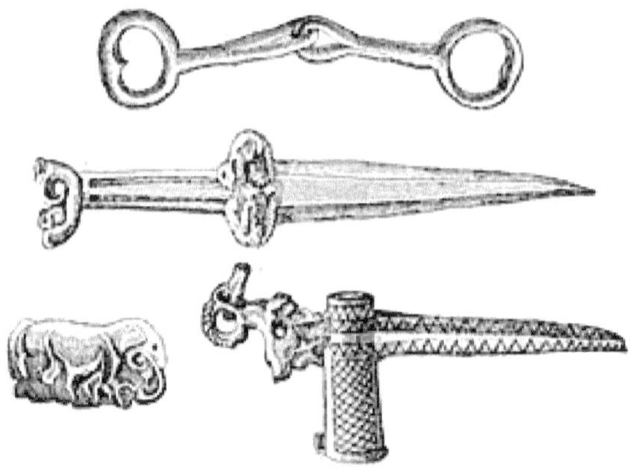

dem nicht weniger als fünfzig Rillen und fünfundzwanzig becherartige Vertiefungen zu erkennen sind.

Prähistorische Poliermaschine, in der Nähe der Furt von Beaumoulin,
Nemours.

Man hätte erwartet, dass der Boden in der Nähe dieser Poliermaschinen
mit Feuersteinsplittern und Werkzeugstücken aller Art bedeckt wäre, aber es
wurde nichts dergleichen entdeckt; eine Tatsache, die vermuten lässt, dass
die Arbeiter nur ins Tal kamen, um ihre Waffen durch Polieren
fertigzustellen.

In der von uns betrachteten Zeit waren alle Kontinente bevölkert, und
wir müssen wiederholen, denn es ist der wichtigste Punkt unserer
vorliegenden Studie, dass die von den Bewohnern erreichte Zivilisation
überall nahezu identisch war. So finden wir am Fuße der Berge von Tunis
und Algerien ähnliche Produktionszentren wie in Europa. In einem der
letzteren, in Hassi al Rhatmaia, waren die Messer an einer Stelle gestapelt, die
Schaber an einer anderen und die Pfeilspitzen an einer dritten. In dieser
Einstellung glaubt Herr Rabourdin ein Zeichen der Arbeitsteilung zu sehen,
eines der wichtigsten Merkmale des modernen Fortschritts. M. Arcelin
erwähnt eine ähnliche Lagerstätte auf dem Gipfel des Jebel Kalabshee, in der
Nähe von Esneh in Ägypten, und vor einigen Jahren wurde eine weitere in
Palästina, in der Nähe des antiken Berytus, gefunden, die eine große Anzahl
von Beilen, Sägen, Schabern und allen Geräten enthielt charakteristisch für
die Steinzeit; während zwischen ihnen die Blöcke lagen, aus denen sie
geschnitten worden waren. Offensichtlich war Kleinasien während der

Steinzeit ein wichtiges Produktionszentrum und musste selbstverständlich eine beträchtliche Bevölkerung gehabt haben; und selbst in Amerika wurden Entdeckungen von ähnlichem Ausmaß gemacht. In Kinosha in Wisconsin entdeckte Lapham eine Manufaktur für Pfeilspitzen aus Feuerstein und Quarzit , die aus prähistorischer Zeit stammt, und vor kurzem wurde in St. Andrew (Winnipeg) ein noch wichtigeres Industriezentrum entdeckt.

Besondere Beachtung verdienen die Manufakturen von Spiennes und Brandon, die uns zeigen, wie unsere Vorfahren an den Feuerstein kamen, den sie anstelle von Metall verwendeten. In Spiennes 2 begannen die Ausgrabungen im Freien, dann gelangte man durch das Abteufen vertikaler Schächte, von denen viele bis zu vierzig Fuß tief waren, an die Kreide, die den Feuerstein enthielt. Diese Schächte waren durch Galerien miteinander verbunden, die in alle Richtungen verliefen, jedoch immer den Feuersteingürteln folgten. Durch Stecklinge kamen die Werkzeuge der alten Bergleute ans Licht. Sie waren von der einfachsten Art, etwa Spitzhacken aus Hirschhorn und schwere Steinhämmer, und alle trugen Spuren langer Dienstzeit. 3

Ähnliche Ergebnisse wurden in England erzielt. Canon Greenwell erkundete in der Nähe von Brandon in Suffolk eine Reihe von 254 Schächten, die in der Nachbarschaft als Grime's Graves bekannt sind. Wie in Spiennes waren die Schächte durch Galerien mit einer Höhe von drei bis fünf Fuß verbunden, und einer der Theta war siebenundzwanzig Fuß lang. Die Schächte und Galerien waren mit Hilfe von Spitzhacken ausgehöhlt worden, genau wie man sie in Belgien findet; 79 wurden aufgelesen, die von den Arbeitern weggeworfen worden waren. 4

Vor einigen Jahren MM. Cartailhac und Boule entdeckten einen dieser primitiven Steinbrüche in Mur de Barrez, dem Hauptort des Departements Aveyron. 5

Sie entdeckten acht Schächte inmitten einer etwa 23 Meter langen Kalksteinschicht, und bei jeder Ausgrabung stießen sie auf neue Schächte. Diese Schächte öffneten sich nach oben wie Trichter und befanden sich nicht mehr als drei Fuß drei Zoll unter der Oberfläche, da der Feuerstein in dieser Tiefe geschlagen worden war (Abb. 73). Diese Schächte wurden in vielen Fällen durch Galerien fortgesetzt, wie in unserer Abbildung (Abb. 74) zu sehen ist, oder durch Gräben, in denen das Licht jedoch durch kleine Erdrutsche mehr oder weniger blockiert ist. Trotzdem ist der Boden der Mine immer noch leicht zu erkennen, da er von den Füßen der alten Bergleute hart ausgetreten wird. Auch Spuren von Holzkohle verraten den Weg, den sie eingeschlagen haben, und wir erfahren gleichzeitig, dass sie Feuer als Hilfsmittel bei ihrer Arbeit nutzten.

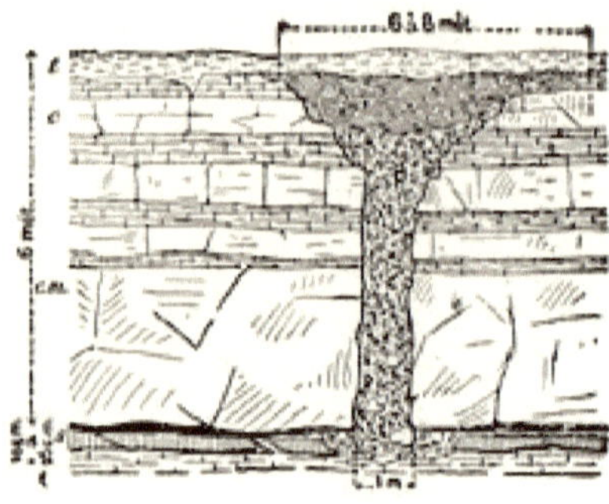

Abschnitt einer Feuersteinmine; *t* Pflanzenerde, *c* reiner Kalkstein, *cm* Mergelkalkstein, *s* Feuerstein.

M. Boule, 6 von dem wir diese Einzelheiten übernommen haben, kann sein Erstaunen über das praktische Wissen dieser prähistorischen Bergleute nicht zurückhalten. Er erzählt uns, dass sie manchmal in ziemlich kurzen Abständen die Feuersteine als Säulen stehen ließen oder die Galerien mit noch widerstandsfähigerem Material abstützten und sie mit Lehm oder kalkhaltiger Erde aus dem Schutt zementierten. Trotz dieser Vorsichtsmaßnahmen kam es häufig zu Erdrutschen, und Geräte aus Hirschhorn (Abb. 75) wurden oft durch den Einsturz des Galeriedachs abgeflacht. Es ist wirklich merkwürdig, in Spiennes, Brandon, Mur de Barrez und in Cissbury Geräte einer genau ähnlichen Art zu finden, die für genau ähnliche Zwecke verwendet werden, auf die wir uns jedoch noch einmal beziehen müssen. In den Schächten von Aveyron, wie auch in denen von England, sind noch immer Spuren von Schlägen der Spitzhacken zu sehen, und in vielen Fällen ist die Spitze einer Feuerstein- oder Hornspitzhacke noch immer in den Fels oder Kalkstein eingebettet, als hätte es der Bergmann getan aber hat gerade seine Arbeit verlassen.

Abbildung 74.

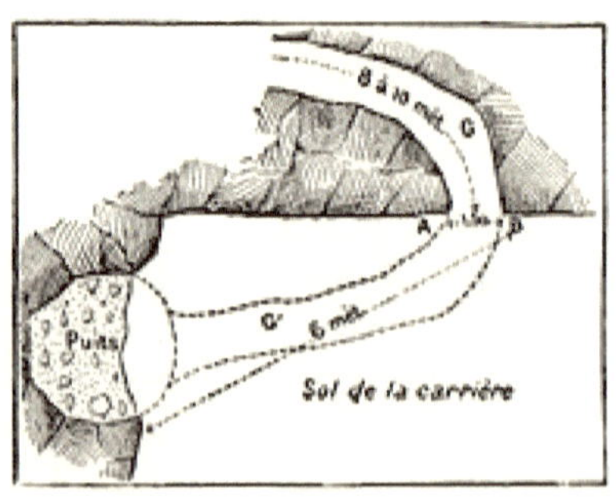

Plan einer Galerie, die bei der Ausgrabung, die ihre Existenz enthüllte, zur Hälfte zerstört wurde. U-Galerie noch sichtbar; G'-Galerie durch die Ausgrabung zerstört.

Zu diesem letzten Beispiel dessen, was in Frankreich getan wurde, müssen wir auch das der Schächte von Nointel (Oise) und die von M. de Baye in Maine entdeckten Schächte hinzufügen, in denen sich in beiden Fällen Feuersteinknollen in verschiedenen Stadien der Vorbereitung befanden , zusammen mit einigen Hirschhorn-Picks. Bei keiner dieser Ausgrabungen wurden Metallgeräte oder Spuren der Verwendung von Metall gefunden, so dass wir den Schluss ziehen müssen, dass die Minen aus der Jungsteinzeit stammen.

Wir haben gesehen, wie der Mensch die zunächst so unhandlichen Werkzeuge und Waffen nach und nach perfektionierte. Das Wachstum der Industrie führte zur Geburt des Handels, genauer gesagt des Tauschhandels. Von der Zeit der frühesten Wanderungen an begann der Verkehr zwischen den Stämmen, oder besser gesagt, er wurde weitergeführt, während sie sich allmählich zerstreuten und oft beträchtliche Entfernungen voneinander zurücklegten, und neue Beweise für diese Beziehungen werden immer wieder ans Licht gebracht, wenn wir uns besser kennen lernen mit prähistorischen Zeiten. Die von den Höhlenmenschen Belgiens bearbeiteten Feuersteine, die so zahlreichen fossilen Muscheln in Chaleux, in den Frontal- und Nuton-Höhlen, in Thayngen an der Grenze zwischen der Schweiz und Deutschland, in Italien, in den Stationen vor den Terremare- *Schichten* , Man hat die Muscheln der Perlmuschel im Indischen Ozean gefunden, während man sie in den Höhlen Südfrankreichs wie der Madeleine-Höhle, der Cro-Magnon-Höhle, Bize im Hérault und Solutré an den Ufern der Saône gefunden hat Auf den Schalen arktischer Meeresmollusken. Der Höhlenmensch von Gourdan war mit Muscheln aus dem Mittelmeer geschmückt, und der Mann von Mentone wiederum trug einen Kopfschmuck aus Atlantikmuscheln. Auch fossile Muscheln waren sehr begehrt; wir haben auf diejenigen aus der Champagne angespielt, die in Belgien gefunden wurden; andere aus dem Muschelmergel von Touraine und Anjou wurden in die Höhlen des Périgord gebracht, während Seeigel aus den Kreideschichten Südfrankreichs in einer prähistorischen Station der Auvergne gefunden wurden und M. Massenat in Laugerie aufgelesen wurde. Basse zwei Exemplare einer Art, die nur in den eozänen Ablagerungen der Isle of Wight gefunden wurde. Die neolithische Station Champigny in der Nähe von Paris hat einige Objekte aus den Alpen, aus Belgien, aus den Vogesen und dem Puy de Dôme hervorgebracht.

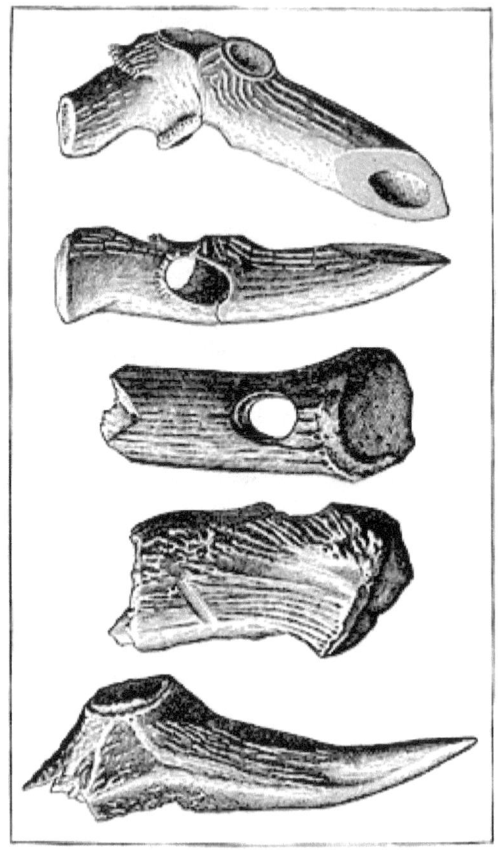

Spitzhacken, Hämmer und Hacken aus Hirschhorn.

In den Höhlen des Périgord wurden auch Fragmente von hyalinem Quarz gefunden, die aus den Alpen oder den Pyrenäen stammen mussten. In der Bretagne und in der Marne gibt es zahlreiche Feuersteine, die diesen Granitgebieten fremd sind; und Dr. Prunières erzählt uns, dass ähnliche Entdeckungen unter den Megalithdenkmälern Frankreichs gemacht wurden und dass weder in den erodierten Kalksteinbezirken der Lozère, die vor Ort als les causses bekannt sind, noch *unter* den Dolmen von Haute-Vienne etwas anderes als hergestellte Geräte gefunden wurden aus Gestein, das nicht im Land heimisch ist.

Beile, Dolche und Kerne, oder wie sie von der Landbevölkerung typisch „ *Livres de Beurre" genannt* werden, aus Grand-Pressigny wurden im Flussbett der Seine, in Limagne in der Auvergne, in der Bretagne, in Saint Médard bei Bordeaux gefunden , an den Ufern der Maas und sogar nördlich bis zu den

Shetlandinseln. In Concise wurden rote Korallen aus dem Mittelmeer gefunden, während der gelbe Bernstein der Ostsee in den Pfahlbauten der Schweiz, unter den Dolmen der Bretagne, in Grabhöhlen wie denen von Oyes (Marne) oder Lombrives (Ariège) gefunden wurde. , unter dem Megalithgrab von La Roquette, in Saint Pargoue (Hérault), unter dem Dolmen von Grailhe (Gard), in Malpas und in Baume (Ardèche). 7 Dabei handelt es sich fast ausschließlich um neolithische Gräber, auch wenn einige wenige aus dem Beginn der Bronzezeit stammen könnten; Aber die Höhlenmenschen Frankreichs besaßen Bernstein schon früher, denn fünf Fragmente wurden in der Aurensan-Höhle in der Nähe von Bagnères-de-Bigorre gefunden, die im Paläolithikum bewohnt war. Jadeit und Nephrit 8 kommen in den Pfahlbauten der Schweiz und Bayerns sowie in den Höhlen Liguriens und Sardiniens vor; Chloromelanit 9 in Frankreich und Obsidian 10 in Lothringen, auf der Insel Pianosa und auf den Kykladen. Wir haben bereits von der Calaïte 11 gesprochen, die unter den Dolmen der Bretagne gefunden wurde, und wir können nun hinzufügen, dass sie auch in den Höhlen Portugals und unter den Megalithdenkmälern Südfrankreichs gefunden wurde.

Der Handel entwickelte sich in der Jungsteinzeit rasant und verlief, soweit wir anhand der hinterlassenen Spuren erkennen können, von Südosten nach Nordwesten. Bächen und Flüssen folgten Kaufleute wie Auswanderer, und schon in sehr ferner Zukunft hielt das Meer die Reisen der Menschen nicht mehr auf. Bei einem kürzlichen Treffen des British Anthropological Institute befasste sich Miss Buckland mit der Ähnlichkeit des Materials, der Form und der Verzierung eines in Cornwall gefundenen goldenen Bechers mit anderen in Mykenæ und Tarquinii gefundenen Bechern und behauptete, dass der kornische Becher eine solche haben müsse waren die Arbeit derselben Handwerker und wurden durch den Handel aus dem damals äußersten Ende der bekannten Welt gebracht.

Nicht nur in Europa können wir die Beziehungen verfolgen, die zwischen Menschen entstanden sind, die durch weite Entfernungen, durch Ozeane und durch scheinbar unpassierbare Wüsten getrennt sind. Die Muscheln des Atlantiks und des Pazifiks, das Kupfer des Lake Superior, der Glimmer der Alleghanies und der Obsidian Mexikos liegen zusammen unter den Tumuli von Ohio, und vor kurzem stellte Herr Putnam der Society of Antiquaries eine Sammlung aus aus Jadekelten und -ornamenten, einige aus Nicaragua, andere aus Costa Rica, und ein beidseitig geschärftes Beil aus Michigan. Auf dem amerikanischen Kontinent wurden bisher keine Vorkommen von Jade entdeckt, so dass wir nur annehmen können, dass diese Objekte zu einem unbekannten Zeitpunkt aus Asien gebracht wurden. Die Abriebspuren und die Löcher zum Aufhängen zeigen, welchen Wert sie darauf legten.

Denkmäler verschiedenster Art, verstreut über verschiedene Länder, Waffen und Geräte, Relikte einer fernen Vergangenheit, ermöglichen uns einen genaueren Einblick in die Sitten, Bräuche und Lebensweise unserer Vorfahren der Steinzeit. Wir können uns ihr tägliches Leben vorstellen, von dem wir wissen, dass es ein langer Kampf ohne Bruch oder Waffenstillstand war, denn sie mussten nicht nur mit wilden Tieren, sondern auch untereinander kämpfen, um die Nutzung ihrer Zufluchtshöhlen zu erkämpfen ihre Jagdgebiete und für ihre Wasserläufe; und später mussten die ersten Hirten um die Weideflächen kämpfen, die sie für ihre Herden brauchten. Es ist nur allzu sicher, dass die Menschen seit den frühesten Anfängen der Menschheit ihren brutalen Leidenschaften nachgaben, ohne sich um Selbstbeherrschung zu bemühen. Das Recht des Stärkeren war das einzige Gesetz, und wo immer der Mensch vordrang, war sein Weg von Gewalt und Tod geprägt. In der berühmten Cro-Magnon-Höhle wurde einer der Oberschenkelknochen eines alten Mannes gefunden, der eine tiefe Vertiefung aufwies, die durch einen Projektilschlag entstanden war, und auf der Stirn der Frau, die neben ihm lag, befand sich eine große Wunde, die von einem kleinen Feuerstein verursacht worden war Beil (Abb. 76). Dieser Schnitt am Stirnbein drang in den Schädel ein und war wahrscheinlich die Todesursache, aber nicht die Ursache für einen plötzlichen Tod, denn um die Wunde herum befinden sich Spuren eines Heilungsversuchs. 12 Laut Dr. Hamy weisen viele der in der Sordes-Höhle gefundenen Knochen sehr merkwürdige Wunden auf. Ein klaffendes Loch im rechten Scheitelbein einer Frau muss eine schreckliche Wunde gewesen sein (Abb. 77). Die Frau von Sordes muss wie die von Cro-Magnon einige Zeit überlebt haben; Die deutlich erkennbaren Abtragsspuren von Knochensplittern lassen daran keinen Zweifel. 13

Abbildung 76.

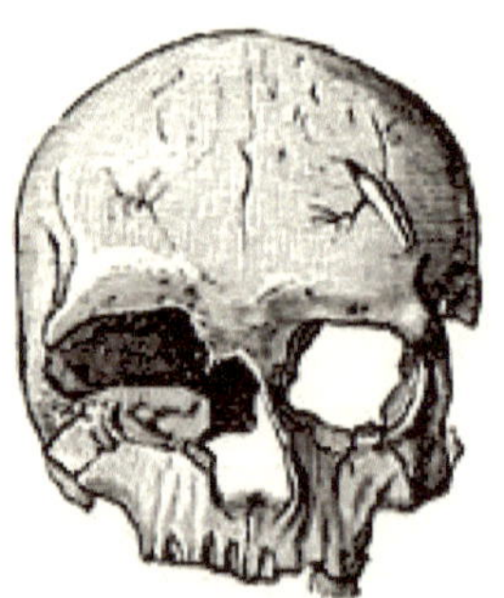

Schädel einer Frau aus Cro-Magnon, mit vollem Gesicht gesehen.

In den Baumes-Chaudes-Höhlen, die sich in dem zum Departement Lozère gehörenden Teil des Tarn-Tals befinden, fand Dr. Prunières zahlreiche Knochen mit Narben, die für Wunden durch Steinwaffen charakteristisch sind. 14 Etwa fünfzehn dieser Knochen, etwa der rechte und linke Hüftknochen, das Schienbein und die Wirbel, enthalten noch immer Feuersteinspitzen, die mit ausreichender Kraft geschleudert wurden, um tief in das Knochengewebe einzudringen. Immer unermüdlich bei seinen Forschungen erwähnt Dr. Prunières auch, dass er in der Höhle, die als *L'Homme Mort* bekannt ist, Knochen gefunden hat, die Spuren von vernarbten Wunden aufweisen, und dass er dem wissenschaftlichen Kongress in Clermont einen menschlichen Wirbel vorgestellt hat, der unter dem Aumède-Dolmen gefunden wurde und mit dem er durchbohrt war eine Pfeilspitze, die durch Bildung von Knochengewebe sozusagen von der Wunde umhüllt wird.

Abbildung 77.

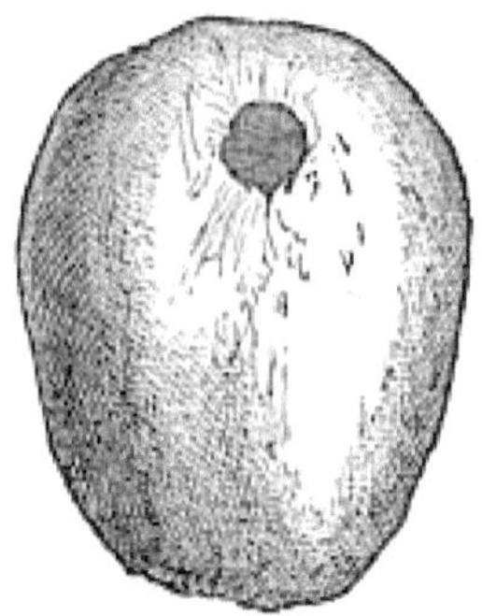

In Sordes gefundener Schädel einer Frau, der eine schwere Wunde zeigt, von der sie sich erholte.

Von den neunzehn Schädeln, die im neolithischen Grab von Vauréal gefunden wurden, weisen zwei Spuren alter Wunden auf. Eine davon, die einer Frau, weist drei verschiedene Narben auf, zwei davon stammten von verheilten Wunden, während die dritte im Hinterkopf ein klaffendes Loch war, das offenbar zum Tod geführt hatte.

Eine Grabhöhle in Nogent-les-Vierges (Oise) enthält das Skelett eines Mannes mit einer Wunde an der Stirn, nicht weniger als viereinhalb Zoll lang und drei breit. Dieser Mann, der noch sehr jung war und dessen Nähte noch deutlich sichtbar waren, überlebte diese schwere Wunde einige Zeit.

In der Gourdan-Höhle wurden mit stumpfen Waffen gebrochene Schädel und Kiefer gefunden, während an anderen Schädeln Kratzer und Streifen zu erkennen waren, die nur nach der Entfernung von Haaren und Haut entstanden sein konnten. In den Höhlen des Petit-Morin-Tals hob Herr de Baye einige mit Feuersteinen durchbohrte menschliche Wirbel auf, deren

Spitzen noch in den Knochen steckten. In der Villevenard-Höhle wurde ein Schädel gefunden, der drei in den Schädel eingebettete Pfeilperlen mit Querspitzen enthielt, deren Knochen sich darauf geschlossen hatte. Ein weiterer Pfeil steckte zwischen den Rückenwirbeln. Es ist wahrscheinlich, dass diese Pfeile in den Wunden geblieben waren; Sicherlich ist das die einfachste Art, ihre Position zu erklären. Ungefähr zwei Meilen von den Höhlen entfernt, von denen wir gesprochen haben, entdeckte Herr de Baye ein Grab, das dreißig Skelette enthielt, allesamt erwachsene und kräftig gebaute Individuen. Die Körper wurden übereinander gelegt und durch große flache Steine und eine dünne Erdschicht getrennt. Diese Grabhöhle enthielt 73 Feuersteinspitzen. Wie im Fall von Villevenard lässt ihre Position vermuten, dass diese Spitzen im Fleisch der Leichen steckten, als sie beigesetzt wurden, und herausfielen, als die Verwesung einsetzte. Wahrscheinlich handelte es sich bei den Leichen um gefallene Männer in einem blutigen Konflikt, der im Tal stattgefunden hatte. In einer Höhle am Bahnhof von Oyes wurde auf einem Steinbett ausgestreckt ein Skelett mit einem Stück Feuerstein gefunden, das mit großer Kraft geschleudert worden war und im oberen Teil des Oberarmknochens steckte. Um die Wunde herum sind die Spuren vieler Heilungsversuche zu sehen.

Viele der in der Vivarais-Höhle gefundenen menschlichen Knochen weisen Spuren auf, die darauf zurückzuführen sind, dass sie durch Steinwaffen mit spitz zulaufenden Spitzen gewaltsam gebrochen wurden. In der Challes-Höhle (Savoyen) liegt das Skelett einer Frau, deren Schädel durch eine Feuersteinwaffe gebrochen wurde, aber in diesem Fall war der Tod offensichtlich unmittelbar, zumindest wenn wir aus der Tatsache schließen dürfen, dass es keine Anzeichen dafür gibt, dass die Wunde eingetreten ist jede Behandlung. In der Castellet-Höhle enthielt ein menschlicher Wirbel die Waffe, die ihn durchbohrt hatte, doch als man den Knochen berührte, brach die Pfeilspitze ab. Allerdings war es mit so sicherer Hand geschleudert worden, dass es zehn Zoll tief in das Knochengewebe eingedrungen war. Auch hier beweist das Fehlen jeglicher Exostose, dass der Tod schnell auf die Wunde folgte.

Abbildung 78.

Fragment eines menschlichen Schienbeins mit Exostose, das das Ende
eines Feuersteinpfeils umschließt.

In anderen Fällen scheinen die Opfer schon länger gelebt zu haben. Wir
haben bereits von verheilten Wunden im Schädel gesprochen, und wir
können hinzufügen, dass vor einigen Jahren der Archäologischen
Gesellschaft von Bordeaux ein menschlicher Knochen übergeben wurde, in
dessen Wunde sich noch eine Pfeilspitze aus Feuerstein befand. Es waren
deutlich Spuren der durch den Fremdkörper verursachten Entzündung zu
erkennen und das von der Knochenhaut abgesonderte Knochengewebe
hatte sozusagen die Form des Pfeils angenommen (Abb. 78) .

In der als Trou d'Argent (Basses-Alpes) bekannten Höhle wurde zwischen
Knochen von Wiederkäuern und Fleischfressern, Keramikfragmenten und
Müll aller Art ein Stück Oberarmknochen (Abb. 79) gefunden, das am
Ellenbogengelenk durchbohrt war am unteren Ende sauber geschnitten,
zweifellos mit Hilfe einiger in der Höhle verstreuter Hartgesteinswerkzeuge.
Die Position dieses menschlichen Knochens zwischen den Überresten von
Tieren und Fragmenten einer Mahlzeit weist darauf hin, dass es sich um ein
Relikt einer Kannibalismusszene handelt. Ich füge noch einen weiteren
Beweis zu dem hinzu, was ich zu Beginn dieser Arbeit gesagt habe.

Abbildung 79.

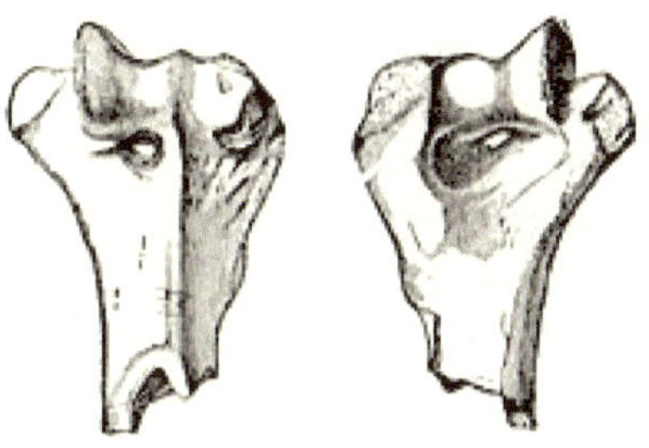

Fragment eines menschlichen Oberarmknochens, durchbohrt am
Ellenbogengelenk, gefunden im Trou d'Argent.

Ähnliche Tatsachen werden aus England und Deutschland gemeldet. Dr.
Wankel erwähnt eine interessante prähistorische Ablagerung in Prerau bei
Olmütz, unter den Knochen von Tieren, die zur ältesten quartären Fauna
gehören, wie dem Mammut, dem Höhlenbären, dem Höhlenlöwen, dem
Vielfraß und dem Polarfuchs; und zwischen klobigen Waffen und
Ornamenten aus Knochen und Elfenbein fand er einen menschlichen Kiefer
und einen Oberschenkelknochen, der mit Streifen bedeckt war, die aus
Feuersteinbeilen hergestellt worden waren. Im Jahr 1801 holte Herr
Cunnington mehrere Skelette aus einem Hügelgrab in der Nähe von

Heytesbury, von denen der Schädel eines von ihnen mit einem stumpfen Werkzeug gebrochen worden war; und Sir R. Hoare spricht von einem Schädel aus der Gegend von Stonehenge, der durch den Schlag einer dieser furchtbaren Waffen aufgespalten wurde. Mehrere Schädel, die aus einem langen Hügelgrab in West Kennet entnommen wurden, weisen ähnliche Wunden auf.

Ähnliche Tatsachen wurden in Littleton-Drew, in Uley, in Cotswold und in Rodmarten beobachtet, und Dr. Thurmam schloss daraus, dass fast alle, die in langen Hügelgräbern begraben waren, einen gewaltsamen Tod erlitten hatten. 15 Er spricht jedoch von einem Schädel mit einem großen Loch, dessen Kanten abgerundet und glatt geworden waren, was die Wirkung eines Genesungsprozesses zeigt und beweist, dass der Verletzte seine schwere Wunde lange überlebt hatte. Im Jahr 1809 machte sich ein Bauer aus Kirkcudbrightshire an die Arbeit, um einen großen Steinhaufen abzureißen, der ihn bei der Bodenbearbeitung behinderte und der einer landläufigen Überlieferung nach das Grab eines schottischen Königs war. Beim Abtragen der Erde fanden die Arbeiter einen großen Steinsarg, in dem das Skelett eines Mannes von großer Statur lag. Der Arm war durch den Schlag eines Dioritbeils, von dem ein abgebrochenes Stück im Knochen steckte, fast vom Rumpf abgetrennt worden. 16

Einer der wenigen Schädel, von denen man mit Sicherheit sagen kann, dass sie Pfahlbewohnern aus der Schweiz gehörten, wurde in Sutz bei Zürich gefunden; Dieser Schädel war hinten gebrochen. Aufgrund der Rundung der Wunde, die so schwerwiegend war, dass sie zum Tod geführt hatte, schlossen die Behörden, dass sie mit einem der beeindruckenden Spitzhacken verursacht wurde, von denen so viele im Bielersee gefunden wurden . 17 Nilsson spricht von einem menschlichen Schädel, der mit einem Feuersteinpfeil durchbohrt war, und von einem anderen, beide wurden in Tygelso (Skandinavien) gefunden und enthielten einen Pfeil aus dem Geweih einer Elenantilopen. 18 In Chauvaux, in Cesareda und in Gibraltar wurden weitere Schädel gefunden, die die Spuren tödlicher Wunden trugen, und wenn wir den Atlantik überqueren, stoßen wir auf ähnliche Fälle. Lund erzählt uns, dass man in Lagoa do Sumidouro mit kreisförmigen Werkzeugen durchbohrte Schädel fand, während in ihrer Nähe die Werkzeuge lagen, die den Tod verursacht hatten. 19 In Comox auf Vancouver Island wurde ein Skelett gefunden, in dessen Knochen ein Feuersteinmesser steckte, und in Madisonville (Ohio) ein weiteres, dessen einer der Knochen von einem dreieckigen Steinpfeil durchbohrt war; Während unter einem Hügel in Indiana ein Schädel aufgehoben wurde, der von einem mehr als sechs Zoll langen Feuersteinpfeil durchbohrt worden war. Ausgrabungen in Copiapo (Chili) brachten das Skelett eines Mannes ans Licht, der nicht weniger als acht Wunden durch Pfeile erlitten hatte. Die Wucht, mit der sie erschossen worden sein müssen, ist wirklich erstaunlich; einer hatte den Oberkiefer gebrochen und mehrere Zähne ausgeschlagen, die bis zum Gehirn vordrangen; und andere steckten immer noch in den Wirbeln und Rippen. 20

Sowohl in der Neuen Welt als auch in der Alten Welt überlebte der Mensch viele dieser schrecklichen Wunden, und ein Schädel, der unter einem Hügel in der Nähe des Devil's River gefunden wurde, zeigt eine schwere Wunde, die er viele Jahre vor seinem Tod zugefügt hatte, und einer der peruanischen Schädel im Peabody Museum trägt ein langes Stirnbein Bruch, zweifellos durch den heftigen Schlag eines Knüppels verursacht; Die fünf oder sechs Fragmente, die noch zu erkennen sind, sind sozusagen verfestigt, und der Verwundete hatte offenbar schon viele Jahre überlebt, offenbar allein dank seiner guten Konstitution, denn es gibt keine Anzeichen für die Durchführung eines chirurgischen Eingriffs , wie zum Beispiel die Entfernung von Knochensplittern. 21

Im Jahr 1884 wurde auf der Insel Santa Cruz ein menschlicher Wirbel mit einer darin eingebetteten Pfeilspitze gefunden. Die Apophyse war gebrochen und das Ausmaß des Bruchs zeigt die große Wucht des Schlags. Das Opfer starb offenbar an der Wunde, denn es gibt keine Anzeichen dafür, dass die Wunde geheilt war.

Ich habe mich trotz der unvermeidlichen Monotonie einer solchen Liste mit diesen Todesfällen und Wunden beschäftigt, nicht weil ich die Tatsache hervorheben möchte, dass der Kampf ums Dasein seit frühester Zeit erbittert und blutig war, sondern weil ich begierig darauf bin, es zu beweisen dass in diesen fernen Tagen eine organisierte und intelligente Gesellschaft entstanden war. Niemand hätte solche Wunden, wie wir sie beschrieben haben, überleben können, wenn nicht die Menschen um ihn herum, zum Beispiel die anderen Mitglieder seiner Familie oder seines Stammes, fürsorglich und gepflegt worden wären. Der Verwundete muss monatelang von anderen gefüttert worden sein; mehr noch, er muss auf Wanderungen getragen worden sein, und seine Nahrung und sein Ruheplatz müssen für ihn vorbereitet worden sein. Darüber hinaus, und das ist für unsere Argumentation von noch größerer Bedeutung, müssen sie Männer gewesen sein, die in der Lage waren, Wunden zu behandeln und Knochen zu setzen.

Diese letzte Tatsache wurde zweifelsfrei durch die Entdeckung zahlreicher Knochen mit vollständig vernarbten alten Wunden bewiesen. „In mehreren Beispielen", sagt Dr. Prunières in diesem Zusammenhang, „können wir die mit einer Genauigkeit gesetzten Brüche erkennen, die uns eine sehr hohe Meinung von der Kunstfertigkeit der neolithischen Knochensetzer geben." Die Lage einer Fraktur am unteren Ende des Schienbeins und einer anderen am Hals des Oberschenkelknochens ist nicht schlechter als das, was wir von den geschicktesten Chirurgen der Welt erwarten sollten." 22 Eine wirklich bemerkenswerte Tatsache, die man jedoch in den am weitesten voneinander entfernten Regionen der Erde oft antrifft, deren Bedeutung nicht hoch genug eingeschätzt werden kann und die es rechtfertigt, einige weitere Einzelheiten anzugeben.

Im Jahr 1873 präsentierte Dr. Prunières, dem die Wissenschaft für seine einzigartige Entdeckung sehr dankbar sein kann, den Mitgliedern der Französischen Vereinigung auf einer Sitzung in Lyon ein menschliches Scheitelbein, in das ein abgerundetes Stück Knochen eingearbeitet war. Dieses Knochenstück war etwas größer als ein Fünf-Franken-Stück, und der Schädel, in dem es befestigt war, wurde unter dem Dolmen von Lozère gefunden. In diesen Schädel war eine große Öffnung mit einem Durchmesser von etwa drei Zoll eingearbeitet worden, deren Kanten glatt abgenutzt waren. Das hineingelassene Knochenstück war dicker als der Schädel selbst und hatte eine andere Farbe als der Schädel dunkel und das fremde Knochenstück blassgelb. Es war daher offensichtlich, dass die beiden Stücke zu Lebzeiten nicht derselben Person gehörten und dass das abgerundete Stück aus einem anderen Schädel herausgeschnitten worden war. Im darauffolgenden Jahr fügte Dr. Prunières neue Details über andere abgerundete Schädelstücke hinzu, die entdeckt worden waren und die in den Schädel eingelassen worden waren. Einige dieser Stücke waren offenbar zu Lebzeiten des Patienten eingeführt worden, der bei der Trepanationsoperation gestorben war, andere dagegen bereits nach dem Tod eingesetzt wurden. Dr. Prunières spricht in jedem Fall von *Rondellen* oder abgerundeten Schädelstücken, und wir zitieren ihn lieber genau, aber tatsächlich wurde die Trepanation manchmal mit elliptischen, dreieckigen oder sogar pyramidenförmigen Knochenstücken durchgeführt.

Später wurden in den Baumes-Chaudes-Höhlen nicht weniger als sechzig neue Exemplare gefunden, die die Entdeckungen von Dr. Prunières bestätigten, und Broca berichtete seinerseits über den Fund von drei Schädeln in der Höhle von L'Homme Mort, von denen große *Stücke* stammten entnommen, das offensichtlich nicht zufällig verloren gegangen war.

Von diesem Zeitpunkt an folgten Ausgrabungen und Entdeckungen unter Dr. Prunières rasch aufeinander. Im Jahr 1887 enthielt seine Sammlung 167 Schädel oder Fragmente von Schädeln, alle perforiert, von denen 115 in den Höhlen von Lozère gefunden wurden, die wahrscheinlich jüngeren Datums sind, unter den Dolmen der Devèzes, den riesigen Ebenen, die als *Weideland* dienten werden genannt. Diese Dolmen, die zweifellos der Bestattung von Häuptlingen vorbehalten waren, enthalten oft viele wertvolle Gegenstände. Darunter befanden sich zum Beispiel fünfzehn wunderschöne Pfeile aus buntem Feuerstein, vier polierte Eberstoßzähne, einige

Schieferanhänger, einige in Zahnform geschnittene Muscheln, einige Halskettenperlen aus Knochen und Stein und schließlich zwei kleine Bronzeperlen. Diese letztgenannten Objekte rechtfertigen uns, die Dolmen aus der Bronzezeit zu datieren, als sich die Verwendung von Bronze in der Gegend auszubreiten begann, auch wenn sie noch nicht allgemein verwendet wurde.

Sobald die Aufmerksamkeit geweckt war, wurden ähnliche Tatsachen von vielen verschiedenen Seiten bekannt gegeben. In den neolithischen Höhlen der Marne wurden Schädel mit abgerundeten Löchern darin gefunden, Schädelstücke wie in Abb. 28 dargestellt , die wahrscheinlich als Amulette getragen wurden. M. de Baye verfügt in seiner schönen Sammlung über zwanzig Beispiele für Trepanationen, von denen eines in Abb. 80 dargestellt ist . In fast allen Fällen wurde die Operation nach dem Tod durchgeführt; Allein drei Beispiele zeigen, dass die Wunde zu Lebzeiten durchgeführt wurde und dass der Patient mit Sicherheit überlebt hat, denn die Wunde weist sehr deutliche Anzeichen einer Heilung auf und die Ränder der Öffnungen weisen keine Spuren des Werkzeugs des Operateurs mehr auf. An einem der drei Schädel befanden sich zwei Wunden nahe beieinander, die jedoch völlig getrennt waren und offensichtlich nicht gleichzeitig behandelt wurden.

Abbildung 80.

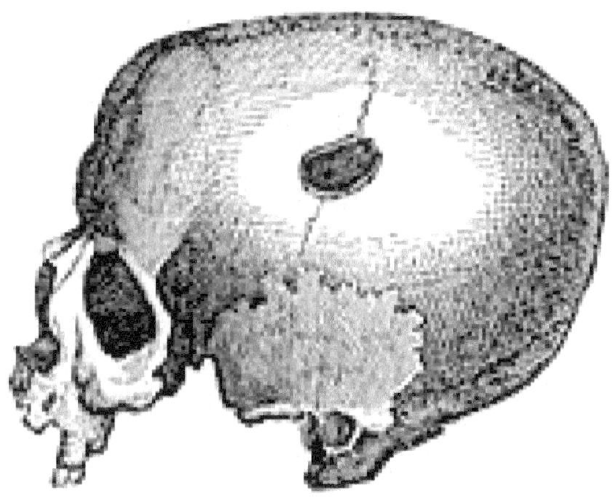

Mesatizephaler Schädel mit trepanierter Wunde.

Ein vor etwa zwei Jahren ausgegrabener Tumulus in der Gemeinde Guisseny (Finistère) bedeckte eine Grabkrypta. Am südöstlichen Ende wurde eine schlecht gebackene handgefertigte Steingutvase mit vier Henkeln aufgesammelt. Neben der Vase lag ein Totenkopf, an dem Spuren von Oxidation zu erkennen waren, die vermutlich durch das Tragen eines nicht gefundenen Metallbandes entstanden waren. Dieser Schädel weist auf der rechten Seite ein kleines ovales Loch mit vernarbten Rändern auf, das etwa einen Zoll lang und zwei Fünftel Zoll breit ist. Der Fund eines Bronzedolches und zweier Bronzetafeln lässt keinen Zweifel über das Alter dieses Tumulus aufkommen. Dieses Beispiel einer Trepanation ist das einzige gut authentifizierte Beispiel, das ich in der Bretagne kenne. Zwar wurde ein Schädel erwähnt, der unter dem Megalithdenkmal von Saint-Picoux de Quiberon (Morbihan) gefunden wurde und der sogar Spuren von Säge- und Schabspuren aufweisen soll, die bei einem Trepanationsversuch entstanden waren, aber diese Tatsache wurde stark in Frage gestellt Das Datum, an dem die Trepanation durchgeführt wurde, ist sehr zweifelhaft. 23 Der Beweis, den wir für das Alter der Trepanationsoperation suchen, ist daher hier nicht zu finden.

Auf einer Ebene zwischen den Hügeln des rechten Ufers der Seine, oberhalb von Paris, erhebt sich ein Hügel, der einem Vorgebirge ähnelt, der als Guérin-Hügel bekannt ist und aus einer riesigen Kalkablagerung besteht, die vor langer Zeit ausgegraben wurde. Durch aufeinanderfolgende Operationen wurden acht Höhlen ans Licht gebracht, von denen die meisten eine Reihe menschlicher Überreste enthielten, die leider ohne wissenschaftliche Untersuchung verstreut wurden. Nur eines davon wurde 1874 eröffnet und enthielt zahlreiche Knochen von Menschen jeden Alters und beiderlei Geschlechts sowie polierte Feuersteine, Keramikfragmente und Hirschhorngeräte. Unter diesen Reliquien wurde der Schädel eines alten Mannes gefunden, der ein sehr merkwürdiges Beispiel einer Trepanation zeigt. Leider wurde es von den Arbeitern im Moment der Entdeckung zerbrochen und konnte nur sehr unzureichend untersucht werden. An anderen Beispielen, die ordnungsgemäß authentifiziert werden könnten, mangelt es jedoch nicht an den Ufern der Seine und der Marne; Im Kanton Moret wurden zwei Schädelfragmente gefunden, von denen eines zu Lebzeiten seines Besitzers und das andere nach dem Tod trepaniert worden war. Erwähnenswert sind auch die Crania, die den Gelehrtengesellschaften an der Sorbonne geschenkt wurden und von denen einer aus der Hochebene von Avrigny in der Nähe von Mousseaux-lès-Bray (Seine-et-Marne) stammte. Neben dem Skelett lagen polierte Beile, Schaber und Pfeilspitzen, vom Rauch geschwärzte Keramikfragmente und schließlich ein einzelner Ochsenknochen, der in regelmäßigen Abständen mit drei Löchern durchbohrt war und wahrscheinlich als Flöte verwendet worden war. Von den neun Schädeln, die bei dieser Ausgrabung gefunden wurden, wurden drei durchbohrt, zwei nach dem Tod und einer zu Lebzeiten, wobei die Ränder des letztgenannten sehr deutliche Bearbeitungsspuren aufwiesen.

Ein trepanierter Schädel wurde auch in einem neolithischen Grab in der Nähe von Crécy-sur-Morin entdeckt, wo nicht weniger als dreißig Skelette lagen, die sich durch den stark ausgeprägten Abschnitt der Schienbeine auszeichneten, während in der Nähe Beile, Feuersteinmesser, Knochen, Stilettos und Spitzhacken verstreut lagen kieselhaltiger Kalkstein mit Griffen aus Hirschhornstücken. Das aus Steinen ohne Mörtel erbaute Grab enthielt zwei aneinandergrenzende Kammern, die durch eine Mauer getrennt und mit einem über 1.200 Tonnen schweren Stein bedeckt waren. Es ist wahrscheinlich, dass dieser riesige Stein nicht bewegt wurde – die Erbauer des Grabes mussten über die Kraft verfügen, ihn anzuheben –, sondern dass die Räume darunter, in die die Toten gelegt worden waren, lediglich ausgehöhlt worden waren. In der überdachten *Avenue des Mureaux , von der ich bereits gesprochen habe, wurden mehrere trepanierte* Schädel aufgelesen . Die Werkzeuge, Schaber und Piercer, die vermutlich für die Operation verwendet worden waren, lagen in der Nähe des Schädels.

In Dampont bei Dieppe wurde ein neolithisches Grab mit drei trepanierten Schädeln geöffnet. Die Operation war so sorgfältig durchgeführt worden, als wäre sie von einem unserer angesehensten Chirurgen durchgeführt worden. Wie in Crécy war die Grabgruft in zwei Kammern geteilt, und die Platte dazwischen war mit einer quadratischen Öffnung durchbohrt, 24 – ein neues Beispiel für die merkwürdige Praxis der Öffnungen, von der wir bei der Behandlung so vieler verschiedener Regionen gesprochen haben , oft scheinbar völlig von der Kommunikation untereinander abgeschnitten.

Unter dem Dolmen von Bougon (Deux-Sèvres) im Westen Frankreichs wurde ein Schädel gefunden, und in Lizières im selben Departement das Skelett eines großen alten Mannes mit einem dolichozephalen Schädel und platyknemischen Schienbeinen, die Spuren alter, schlecht verheilter Wunden aufwiesen . Das knöcherne Gewebe des Schädels befand sich in einem ungesunden Zustand und die Trepanation war offenbar Teil einer medizinischen Behandlung gewesen. In Saint-Martin-la-Riviére (Wien) enthielt ein Grab aus der Jungsteinzeit fünf trepanierte Schädel, von denen einer durch Schaben perforiert worden war. In diesem Grab wurde auch ein rundes Schädelstück mit einem Loch darin gefunden, das zweifellos als Anhänger verwendet worden war. Die anderen in diesem Grab gefundenen Gegenstände waren von bemerkenswertem Charakter und umfassten Beile aus Korallenkalkstein, Jade, Fibrolit und Serpentin, die Klingen von Feuersteinmessern, Pfeile, einige mit Federn, andere mit Stiel, einige Halskettenperlen und eine Reihe anderer Vasen, einige apodal, andere mit flachem Stand, und fast alle ohne jeglichen Versuch einer Verzierung. Unter einem Dolmen in der Nähe von St. Affrique entdeckte M. Cartailhac einen Schädel mit zwei Löchern; eines in der Nähe des Bregma, das während des

Lebens entstanden war, und das andere auf einer Höhe mit dem Lambda, das erst nach dem Tod entstanden war. 25 Wir können die wichtigen Schlussfolgerungen, die sich auf diese beiden Perforationen stützen, jetzt nicht zur Kenntnis nehmen, wir müssen uns damit begnügen, hier hinzuzufügen, dass das Grab vier weitere Skelette enthielt, deren Schädel keine Spuren einer Trepanation zeigten; die Schienbeine waren platyknemisch und die Oberarmknochen hatten die sogenannte Perforation der Olecranonfarces, die gewisse Anthropologen, wie ich glaube, ohne hinreichenden Grund, für charakteristisch für minderwertige Rassen halten. Wir müssen noch eine weitere Entdeckung erwähnen, die wir nicht auslassen sollten. Unter dem Felsvorsprung von Entre-Roches in der Nähe von Angoulême wurde ein menschliches Scheitelbein gefunden, dem ein offensichtlich herausgenommenes Stück fehlte. Der Schädel wies sehr deutliche Spuren einer Operation auf, die möglicherweise zu Lebzeiten durchgeführt wurde oder auch nicht. Wurde damit der erkrankte Knochen entfernt – denn er war erkrankt – in der Hoffnung, das Leben zu verlängern? Ist der Patient unter den Händen des Chirurgen gestorben oder wurde das Knochenstück nach dem Tod herausgenommen, um es als Schmuck oder Amulett zu verwenden? Jede dieser Hypothesen ist möglich, und alles, was wir mit Sicherheit sagen können, ist, dass es keine Anzeichen dafür gibt, dass die Wunde in irgendeiner Weise geheilt ist. Dies kommt häufig vor, und das Interesse an der Entdeckung hat einen anderen Grund. Der Felsvorsprung von Entre-Roches soll aus der Altsteinzeit stammen, und wenn sicher ist, dass keine Verschiebung des Bodens stattgefunden hat, auf dem das Parietal gefunden wurde, kann man daraus schließen, dass Trepanation bereits im Quartär praktiziert wurde als der Mensch zwischen den großen ausgestorbenen Dickhäutern und Feliden lebte. Aber es wird schwierig sein, dies zuzugeben, wenn nicht andere Entdeckungen gemacht werden, die es bestätigen. Wenn wir jedoch nicht beweisen können, dass die Trepanation in Frankreich im Paläolithikum praktiziert wurde, können wir behaupten, dass sie bis in die ersten Jahrhunderte der christlichen Ära hinein praktiziert wurde. Ein bemerkenswerter Fall von Trepanation wurde beispielsweise auf dem merowingischen Friedhof in der Nähe von St. Quentin gefunden; und kürzlich wurde auf einer Tagung der Anthropologischen Gesellschaft in Paris ein trepanierter Schädel ausgestellt, der unter einem merowingischen Grab in Jeuilly gefunden worden war. Der Patient hatte seine Wunde längst überlebt. Das Skelett wurde in einem Steintrog gefunden, der am Fuß schmaler war als am Kopf. Das Skelett eines Mannes im Alter zwischen vierzig und fünfzig Jahren wurde auf einem Frank-Friedhof in Limet bei Lüttich gefunden. Auf der linken Seite des Schädels befand sich ein ovales Loch, so groß wie ein Taubenei, das Spuren einer medizinischen Behandlung aufwies. Der Patient überlebte, ebenso wie der Mann von Jeuilly, die Operation mit Sicherheit. Sein Grab war, wie auch die Ruhestätten seiner verstorbenen Nachbarn, mit einem riesigen unbehauenen Stein bedeckt, und neben ihm lag ein weiteres Skelett. Ein paar Nägel und Holzstücke waren die einzigen Dinge, die im Grab gefunden wurden. Erwähnenswert ist auch das Skelett eines Frank im Alter zwischen 55 und 65 Jahren mit einem trepanierten Schädel, das M. Pilloy auf einem Friedhof im Arrondissement St. Quentin gefunden hat und das auch zahlreiche Gegenstände aus dieser *Zeit* enthielt sechstes Jahrhundert n. Chr

Bisher haben wir nur von Frankreich gesprochen, aber in ganz Europa werden ähnliche Fakten gemeldet, und die Schwierigkeit besteht tatsächlich darin, eine Auswahl zu treffen. Einige runde Schädelstücke, wie die von Lozère, wurden in Umbrien aufgesammelt26 ; und in der Casa da Mouva (Portugal), die, wie so viele in Frankreich, aus der Jungsteinzeit stammt, wurde ein Schädel gefunden, der Spuren einer Operation trug, deren Ziel die Entfernung eines Teils des linken Scheitelbeins war.

Goss erwähnt die Entdeckung eines Schädels in einem Pfahlbau am Bielersee mit einem großen Loch und abgeschrägten Kanten. Es gibt keine Spur einer Wundheilung und der Patient war offensichtlich bald nach der Operation gestorben.

Das Prager Museum besitzt zwei Schädel, die in Bilin in Böhmen gefunden wurden; einer, der vom ausgeprägten dolichozephalen Typ ist, hat nahe der Mitte des rechten Scheitelbeins eine Öffnung von anderthalb mal zweieinhalb Zoll; Die Vernarbung ist abgeschlossen und die Trepanation wurde offenbar lange vor dem Tod durchgeführt. Der andere ist mesatizephal und trägt eine runde Öffnung von etwa anderthalb Zoll Durchmesser. Dr. Wankel, dem wir diese Einzelheiten verdanken, ist durch andere Entdeckungen gut bekannt; Seine Ausgrabungen in der Bytchiskala-Höhle brachten das Skelett eines jungen Mädchens von zehn oder zwölf Jahren ans Licht, das sich einer Trepanationsoperation unterzogen hatte. Die Wunde, die sich auf der rechten Seite der Stirn befand, war halb verheilt. Das Kind trug immer noch den Schmuck, den es im Leben geliebt hatte – Bronzearmbänder und eine Halskette aus großen Glasperlen.

Entdeckungen ähnlicher Art folgten einander in Böhmen, und in fast allen Fällen war die Operation der Trepanation am oberen Teil der Stirn durchgeführt worden. Vor nicht allzu langer Zeit wurde der Anthropologischen Gesellschaft Berlin mitgeteilt, dass bei der Ausgrabung zweier Gräber in Trüpschütz westlich von Brux, die die Überreste verbrannter Leichen enthielten, einige Schädelfragmente gefunden wurden, die Spuren einer Trepanation zeigten. Die Wundränder waren in diesem Fall schlecht verheilt und der Patient lebte nach der Operation weiter. Zum gleichen Schluss kam Professor Virchow in Bezug auf einen Schädel aus einem neolithischen Grab, der auf der rechten Seite Spuren einer antiken

Narbenwunde aufwies. Er berichtet uns auch vom Fund eines runden Schädelstücks in Polen, das offenbar als Amulett getragen wurde. 27

Im Norden Europas wurden ähnliche Entdeckungen gemacht. In Borreby in Dänemark wurde ein Schädel gefunden, aus dem große Stücke entnommen worden waren; und ein anderer, der unter einem Dolmen in Noes auf der Insel Falster stammte, hatte ein Loch von nicht weniger als zweieinhalb mal eindreiviertel Zoll Größe. In einem Fall handelte es sich bei den Löchern um Teile einer Wunde, der das Opfer erlegen war; im anderen Fall waren die Kanten zu regelmäßig, als dass sie durch ein Trauma verursacht worden wären. Ein russischer Schädel, dessen Abguss kürzlich der Italienischen Anthropologischen Gesellschaft vorgelegt wurde, weist Spuren von zwei Trepanationen auf; einer wurde zu Lebzeiten aufgeführt, der andere nach dem Tod. Ersteres war offenbar weder durch eine Krankheit noch durch eine Verletzung verursacht worden.

General Faidherbe entdeckte in Roknia in Algerien zwei trepanierte Schädel aus einem fernen Altertum, bei denen die Wunde einen Durchmesser von einem halben Zoll hat und keine Anzeichen von Vernarbung zeigt; und Reisende berichten von offensichtlichen Spuren ähnlicher Operationen an Schädeln aus der Zeit der Aïnos, den Vorfahren oder Vorgängern der heutigen Japaner; und wenn wir den Atlantik überqueren, werden wir auf Fälle von Trepanationen stoßen, die auf ähnliche Weise und wahrscheinlich aus ähnlichen Gründen durchgeführt wurden.

In Amerika treffen wir auf zahlreiche Beispiele der Trepanation, und die energischen Wissenschaftler dieses Landes machen täglich neue Entdeckungen. Dr. Mantegazza 28 nennt drei Beispiele für Trepanationen aus Peru, die von großem Interesse sind. Ein noch in viele Tücher eingebundener Schädel wurde in der Sanja-Huara-Höhle (Provinz Anta) gefunden, der zweimal trepaniert worden war und an dem noch zwei weitere Trepanationsversuche unternommen worden waren. Letzteres scheint zu unterschiedlichen Zeitpunkten stattgefunden zu haben, und der letzte Eingriff scheint dem Tod gefolgt zu sein. Ein anderer Schädel, der einem Erwachsenen aus Huarocondo gehörte, weist zwei nahe beieinander liegende Frontöffnungen auf; das Oberteil hat eine elliptische Form, ist groß und wurde offensichtlich nach dem Tod angefertigt. Ein weiterer Schädel aus der Provinz Ollantay-tambo weist eine Doppeltrepanation auf, die offensichtlich zu Lebzeiten angefertigt wurde. Die Heilung der Parietalöffnung beweist, dass sie vor der Wunde an der Stirn entstanden ist, deren Ränder rau geblieben sind. Dr. Mantegazza geht davon aus, dass die Operationen in den beiden ersten Fällen nach der Verletzung des Patienten stattfanden, im dritten Fall war der operierte Patient jedoch epileptisch oder vielleicht sogar wahnsinnig. Es fällt uns schwer, dem gelehrten Professor hier zu folgen, da wir die Gründe für seine Schlussfolgerungen nicht kennen.

Wir zeigen eine Abbildung (Abb. 81) eines trepanierten Schädels, der auf einem Friedhof im Yucay-Tal gefunden wurde. Durch vier regelmäßige Einschnitte wurde ein quadratisches Stück herausgeschnitten. Der Knochen weist Spuren einer alten Entzündung auf, und viele bedeutende Chirurgen, darunter Nélaton und Broca, haben nicht gezögert, die Öffnung, so groß sie auch ist (sieben mal sechs Zoll), einem chirurgischen Eingriff zuzuschreiben. Wenn man die Schnitte genau untersucht, kann man leicht erkennen, dass sie mit Hilfe eines spitzen Instruments, beispielsweise eines unhandlich gefertigten Bohrers, vorgenommen wurden. Jeder Einschnitt muss lange gedauert haben, und wir stellen mit immer größerer Verwunderung fest, dass die alten Peruaner nicht mit der Verwendung von Eisen oder Stahl vertraut waren und dass das härteste Metall, das sie verwendeten, Bronze war.

Abbildung 81.

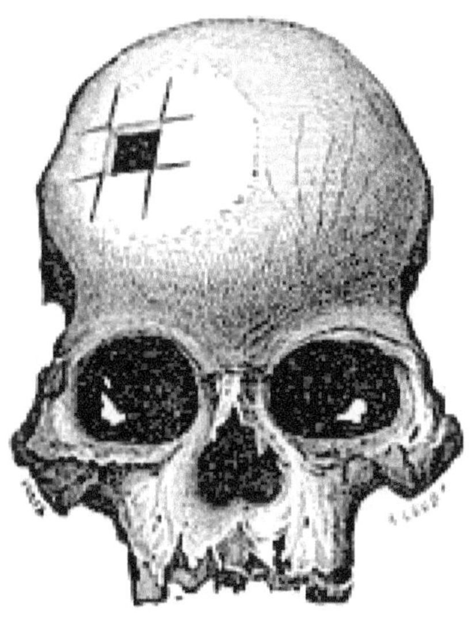

Trepanierter peruanischer Schädel.

Vor einigen Jahren wurde in Chaclacayo, am Fuße des Berges Chosica, unweit von Lima, eine Grabstätte geöffnet. In diesem Grab lagen drei Mumien, eines Mannes, einer Frau und eines Kindes. In ihrer Nähe lag ein menschlicher Schädel, der etwa in der Mitte der Stirn eine Öffnung von etwa zweieinhalb mal zwei Zoll hatte. Es hat eine vieleckige Form und man kann leicht acht verschiedene Einschnitte erkennen, die offenbar mit einem gezahnten Steinwerkzeug entstanden sind. Beim Abheben eines Hautstreifens, der noch am Schädel klebte, sah man im vorderen Teil der Sagittalnaht eine sehr kleine Perforation, die entweder auf eine Wunde oder auf eine im Laufe des Lebens durchgeführte Operation zurückzuführen war. Es wurde vermutet, dass das aus dem Schädel entnommene Knochenstück zur Herstellung einer Lanze oder Pfeilspitze verwendet wurde, von der der Besitzer abergläubisch annahm, dass sie ihm den Sieg sichern würde. Dabei handelt es sich jedoch um eine bloße Vermutung, für die kein Beweis erbracht werden kann.

In anderen Teilen Amerikas wurden trepanierte Schädel entdeckt, die vermutlich aus noch weiter entfernten Zeiten stammen als die, die wir gerade betrachtet haben. Vor einigen Jahren fand Professor Putnam im Bundesstaat Ohio einige alte Brunnen, in denen sich Asche und Abfall aller Art befanden. Aus einem von ihnen, der tiefer lag als die anderen, entnahm er mehrere Schädel, von denen einige deutliche Spuren einer Trepanation aufwiesen. Von einem Hügel in der Nähe von Dallas (Illinois) wurden mehr als hundert Skelette, allesamt Erwachsene, in geduckter Haltung nebeneinander gelegt. Jeder von ihnen hatte eine runde Öffnung an der linken Schläfe, und in einigen dieser Wunden steckte noch das Feuersteingerät, das sie verursacht hatte. Es ist sehr offensichtlich, dass wir hier Zeugnisse eines Bestattungsrituals haben, dessen Bedeutung ungewiss ist, obwohl es offensichtlich auch in Bezirken praktiziert wurde, die sehr weit von Illinois entfernt liegen. Um noch andere Beispiele zu nennen: Die Ausgrabung eines Tumulus unregelmäßiger Form in der Nähe des Devil's River (Michigan) hat fünf Skelette ans Licht gebracht, die direkt begraben waren, während ein sechstes in der Mitte des Tumulus lag, was, wenn wir das so ausdrücken dürfen, offensichtlich war es, der Ehrenplatz. An jedem der sechs Schädel war nach dem Tod eine Perforation angebracht worden.

Eine Reihe von Schädeln und Teilen von Schädeln, an denen eine Trepanation durchgeführt wurde, wurden auch aus mehreren Hügeln auf Chamber's Island entnommen, von unterhalb des Hügels in der Nähe des Sable River, in der Nähe des Huronsees und in der Nähe des Red River 29 Gillman meint das Bei den Trepanationen in Michigan, die mit unhandlichen Werkzeugen durchgeführt wurden, handelte es sich lediglich um Löcher zum Aufhängen von Schädeln als Trophäen, wie es unter den Dyaks von Borneo noch immer üblich ist. aber das scheint kaum eine haltbare Hypothese zu sein, denn in der Regel sind die Skelette, die in ihrer letzten Heimat liegen, vollständig. Vor kurzem wurden unter einem Tumulus in der Nähe von Rock River acht Skelette entdeckt, von denen der Schädel eines von ihnen eine kreisförmige Perforation aufwies, die zu Lebzeiten entstanden war, was Gillmans Theorie ziemlich widerlegt.

Aber um unsere Erzählung fortzusetzen. Die aus Nordamerika gemeldeten Trepanationen sind im Allgemeinen posthum und wir können nichts über ihre Herkunft beweisen. Waren es Ehrenzeichen, die in einem religiösen Ritus angebracht wurden? Waren es Öffnungen, die es dem Geist des Verstorbenen ermöglichten, den Körper, den er verlassen hatte, erneut zu besuchen? Oder, um ein weitaus weltlicheres und abscheulicheres Motiv zu suggerieren, handelte es sich lediglich um Löcher, durch die man die Gehirne der Toten heraussuchen konnte. Ein Missionar beschreibt in einem Brief aus Fort Pitt (Kanada) aus dem Jahr 1880 die von den Redskins praktizierte Art des Skalpierens und sagt, dass sie neben der Kopfhaut oft auch ein rundes Stück Schädel nehmen. Könnte es sich hierbei nicht um einen Fall von Atavismus oder um die Weitergabe eines Brauchs von einer Generation zur nächsten handeln, dessen Ursprung bis in die entferntesten Zeiten zurückreichen muss? Beim gegenwärtigen Stand unseres Wissens, so unzureichend es auch sein mag, ist diese Erklärung die plausibelste.

Noch schwieriger ist es, im Hinblick auf europäische Beispiele der von uns beschriebenen Praxis zu einem zufriedenstellenden Ergebnis zu kommen. Trepanation wurde sicherlich zur Behandlung bestimmter Knochenerkrankungen wie Ostitis oder Karies praktiziert. Professor Parrot erwähnt einen Fall, der es wert ist, zitiert zu werden. 30 Vor einigen Jahren wurden in Bray-sur-Seine (Seine-et-Marne) mehrere Skelette mit zahlreichen Gegenständen wie Beilen aus poliertem Stein, Stilettos aus Knochen, Muschelketten und Ornamenten gefunden, die alle zweifellos neolithisch waren. Einer der Schädel war trepaniert worden, und die Position der Operation zeigte, dass das Ziel darin bestand, eine Osteitis zu behandeln. Die Operation war erfolgreich, und die Vernarbung der Knochen sowohl um die Wunde als auch an den ursprünglich betroffenen Stellen zeigt, dass die Genesung abgeschlossen war. Dies ist das einzige uns bekannte Beispiel einer Operation zur Heilung einer Krankheit, die tatsächlich sichtbar ist, und daraus lässt sich schließen, dass diese Männer, über die wir so wenig wissen, eine gewisse Vorstellung von einer Operation hatten. Wurden Trepanationen auch zur Heilung von Epilepsie oder zur Heilung seelischer Erkrankungen praktiziert? Seit jeher wurde angenommen, dass der Ursprung dieser Beschwerden das Gehirn sei, und ein altes Medizinbuch empfiehlt als Heilmittel das Abkratzen der Außenseite des Schädels. 31 In einem kürzlich erschienenen Buch („De la Trépanation dans l'Épilepsie par le Traumatisme du Crâne") erwähnt Echeverria mehrere Fälle von Heilung durch Trepanation, wenn Epilepsie die Folge einer Verletzung war. Beobachtungen könnten dazu geführt haben, dass unsere prähistorischen Vorfahren dies entdeckten. Können wir diesen Brauch also aus prähistorischen Zeiten datieren? Es ist sehr schwierig, sich mit Sicherheit dafür oder dagegen zu entscheiden.

Über eines können wir uns jedoch ganz sicher sein. Die Schädelperforationen, die einander so ähnlich sind und aus so abgelegenen und unterschiedlichen Gegenden berichtet werden, können kein Zufall sein. Es ist unmöglich, das Auftreten von genau gleich großen Verletzungen an

Schädeln völlig unterschiedlicher Herkunft dem Zufall zuzuschreiben. Abgesehen vom Entre-Roches-Schädel, dessen Alter uns nicht hinreichend gesichert erscheint, finden wir, dass dieser Brauch während der gesamten Zeit beibehalten wurde, die durch die Verwendung polierter Steinwaffen und -geräte, die Errichtung megalithischer Denkmäler und die Domestizierung von Tieren gekennzeichnet war. Es wurde von den Männern der Höhle von *L'Homme Mort* zu Beginn der Jungsteinzeit praktiziert und war in Moret noch in Gebrauch, als Metalle bekannt wurden. Die Entdeckungen von Dr. Wankel und die Ausgrabungen des Tumulus von Guisseny beweisen, dass die Trepanation während der gesamten Bronzezeit fortgesetzt wurde, während die Gräber von Jeuilly und Limet zeigen, dass sie auch in der Merowingerzeit nicht eingestellt wurde.

Die lange Fortdauer einer solchen Praxis ist eine sehr interessante Tatsache, und wir dürfen noch eine noch merkwürdigere Tatsache erwähnen. Wie sind Trepanationen zu erklären, die kein offensichtliches Motiv an Schädeln hatten, die keine Krankheitssymptome zeigten? Wie ist die Wiederholung dieser Operation zu verschiedenen Zeitpunkten zu erklären, zuerst am lebenden Subjekt und dann am Leichnam, wie in St. Affrique, Bougon (Abb. 82), in Feigneux (Oise), wo Dr. Topinard kürzlich Ausgrabungen durchgeführt hat? in einer neolithischen Höhle und berichtet, dass ein dolichocephaler Schädel vom gleichen Typ wie der Schädel der Höhle von *L'Homme Mort* , der einem etwa dreißigjährigen Mann gehörte, zwei Perforationen aufwies, eine zu Lebzeiten, die andere nach dem Tod ? Der erste maß zweieinhalb mal zweieinhalb Zoll und war von Kratzern umgeben, die zeigten, wie ungeschickt der Bediener vorgegangen war. 32

Abbildung 82.

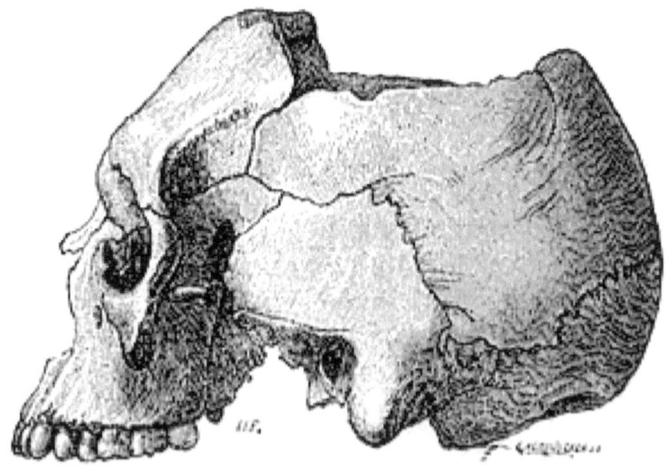

Schädel aus dem Bougon-Dolmen (Deux-Sèvres), im Profil gesehen.

In fast allen Fällen waren die operierten Personen jung und überlebten die Operation lange. Das Wissen um diese Tatsache war von Anfang an ein sehr nützlicher Leitfaden für das Studium des Themas Trepanation, und eifrig betriebene Forschungen bestätigen dies ständig. Beispielsweise hatte ein Schädel aus der Höhle von *L'Homme Mort* (Abb. 83) eine große Öffnung, die teilweise durch eine alte Operation und teilweise durch zwei posthume Trepanationen entstanden war. Das Subjekt wurde in der Kindheit oder frühen Jugend trepaniert. Daran konnte kein Zweifel bestehen; Die Vernarbung war abgeschlossen, das Knochengewebe hatte seinen ursprünglichen Zustand wiedererlangt. Nach dem Tod, im Erwachsenenalter, hatten die Verwandten oder Freunde des Verstorbenen weitere runde Teile des Schädels so nah wie möglich an der alten Wunde herausgeschnitten, wahrscheinlich mit der Absicht, diese Stücke als Amulette aufzubewahren.

Abbildung 83.

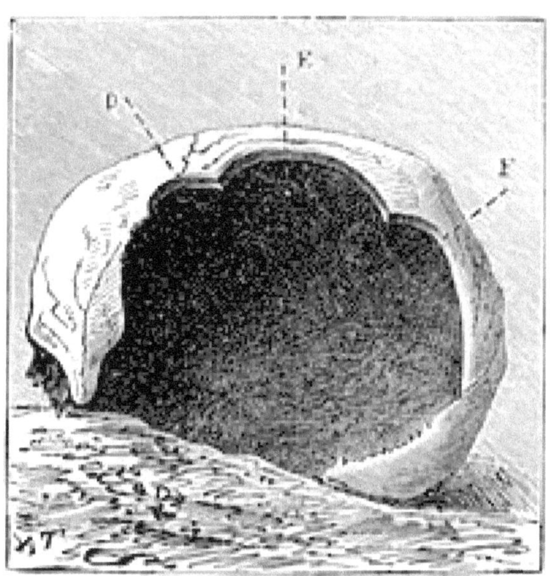

Trepanierter prähistorischer Schädel.

Für Broca war dies ein erhellender Lichtblitz und seiner Meinung nach handelte es sich in manchen Fällen um einen religiösen Ritus, eine Initiationszeremonie, vielleicht sogar um einen Brauch, der von einer etablierten Religion eingeführt wurde. Das Kind, das davon betroffen war und überlebt hatte – wie wahrscheinlich die meisten Opfer – erlangte in seinem Leben eine bestimmte Stellung und Berühmtheit, und nach seinem Tod blieben die Fragmente seines Schädels erhalten, insbesondere die Teile in der Nähe der alten Wunde wurden zu wertvollen Reliquien und wurden schließlich nach seinem Tod zusammen mit ihrem glücklichen Besitzer begraben.

Dieser Aberglaube scheint auch in historischen Zeiten lange überlebt zu haben, und es wird eine gallische Kette zitiert33, an der ein rundes Stück Schädel mit drei Löchern hing. In. Tatsächlich waren diese Ornamente so begehrt, dass Fälschungen davon hergestellt wurden; Zumindest können wir das Vorkommen von Objekten, die genau runden Stücken menschlicher Schädel ähneln, in Wirklichkeit aber aus Stücken eines Hirschgeweihs bestehen, das in der Baumes-Chaudes-Höhle gefunden wurde, auf keine andere Weise erklären.

Noch ein weiterer Punkt verdient Erwähnung. Es wurde offensichtlich als unerwünscht erachtet, dass die Schädel, aus denen Teile entnommen worden waren, in einem verstümmelten Zustand belassen werden sollten, und deshalb wurden Stücke vor anderen Schädeln genommen, um die Lücke zu füllen, so dass, sagt Broca, 34 offensichtlich ein neues Leben entstehen sollte Wartet auf die Toten, denn welchen Zweck hätte sonst die Wiedergutmachung erfüllen können?

Dr. Prunières ist auch der Meinung35 , dass das Einbringen runder Stücke anderer Schädel in den Schädel bestimmter Verstorbener den Glauben an ein anderes Leben impliziert. Diese Erklärung, so hypothetisch sie auch ist, ist in Wirklichkeit sehr plausibel, und es ist ein erfreulicher Gedanke, dass unsere entfernten Vorfahren an ein zukünftiges Leben geglaubt hatten; welcher Glaube zugleich die größte Ehre und der größte Trost der Menschheit ist. Liegt nicht ein weiterer eindrucksvoller Beweis für den Glauben an eine zweite Existenz in der Zahl der Gegenstände, die zu allen Zeiten und in jedem Teil der Welt in Gräbern gelegt wurden? Es ist dieser Glaube, der den Menschen über die materiellen Bedürfnisse seines täglichen Lebens erhebt, der die wahre Größe der Menschheit ausmacht, und wenn eine Nation ihn einmal verliert, wird sie mit Sicherheit in die Barbarei zurückfallen.

Als das Trepanieren noch in Mode war, gab es keinen Zweifel daran, dass die Operation auf viele verschiedene Arten durchgeführt wurde. Posthume Trepanationen wurden mit Hilfe eines Feuersteingeräts durchgeführt, das als Meißel oder Säge verwendet wurde. Eine Operation an einem lebenden Subjekt war mit größeren Schwierigkeiten verbunden. Broca ist der Meinung, dass dies mit einem Bohrer durchgeführt wurde, der im Schädel immer wieder gedreht wurde, so wie die französischen Schäferhunde noch immer Schädelkrankheiten ihrer Schafe behandeln. Die elliptische Form der Wunde schien ihm dies zu beweisen, und er war außerdem der Meinung, dass, nachdem an der gewählten Stelle eine Öffnung in den Schädel gebohrt worden war, die Trepanation durch Abkratzen des Knochens mit einer kleinen Feuersteinklinge abgeschlossen wurde. 36 Entdeckungen seit dem Tod des großen französischen Anthropologen zwingen uns jedoch, diese Meinung zu ändern. Die an den Rändern der Trepanation festgestellte Knochenentzündung beweist, dass zum Heraussägen des Schädelstücks ein gezahntes Werkzeug verwendet wurde. 37

Wie auch immer die Operation durchgeführt wurde, sie stellt weder eine große Gefahr für den Patienten noch große Schwierigkeiten für den Bediener dar. Tierversuche mit Geräten aus quartärem Feuerstein waren immer erfolgreich und hatten keine tragischen Folgen, was der beste Beweis ist, den wir überhaupt liefern können.

Die Größe der Perforationen variiert bis ins Unendliche. Es wird einer der größten bekannten Exemplare beschrieben, der einen Durchmesser von nicht weniger als 16 Zoll hat. 38 Es sind Beispiele für die Trepanation jedes Teils des Schädels bekannt, sogar der Stirn, die einst angeblich entkommen war. Wir haben selbst Fälle von Frontaltrepanation angeführt, und Dr. Prunières erwähnt elf Fälle, bei denen die Stirn operiert worden war.

Abschließend müssen wir noch einmal betonen, dass die Trepanation keine wirklich gefährliche Operation ist und dass der Grund dafür, dass sie in unserer Zeit fast immer zum Tod des Patienten führt, darin liegt, dass sie nur in verzweifelten Fällen versucht wird und das tödliche Ergebnis tatsächlich so ist verursacht durch die Gehirnerkrankung, aufgrund derer die Operation durchgeführt wurde. Die Geschichte erzählt uns von ihrer Praxis in sehr alten Zeiten; Hippokrates spricht davon, dass griechische Ärzte oft darauf zurückgriffen. Heutzutage wird es von den Negritos Papuas und den Ureinwohnern Australiens und einiger Südseeinseln praktiziert, wo es als wirksam bei vielen Krankheiten gilt. Wir finden es auch bei den rauen Bergleuten Cornwalls und den wilden Bergsteigern Montenegros praktiziert. 39 Ein Militärarzt, der vor einigen Jahren durch Montenegro reiste, sagte, dass es keine Seltenheit sei, Männer zu treffen, die sieben, acht oder sogar neun Mal einer Trepanation unterzogen worden seien. Es ist eine interessante Frage, auf die wir hier nicht näher eingehen dürfen, ob viele Rassen einer solchen Anzahl von Operationen standhalten könnten.

Der einzige uns bekannte Fall einer Trepanation als religiöser Ritus findet sich heute bei den Kabylen, die am Fuße des Berges Aurès im Süden des Atlas ansässig sind. Die Operation wird bei ihnen vom *Thébibe* , einem ihrer Priester, mit Hilfe eines einfachen Bohrers durchgeführt, den er schnell zwischen seinen Fingern dreht. Unter den Kabylen gibt es Männer, die sich mehrfach einer solchen Operation unterzogen haben.

Wir haben nun einen Überblick über die Waffen prähistorischer Völker, die Wunden, die sie verursachten, und die Methoden zu ihrer Heilung gegeben, die unseren Vorfahren bekannt waren. Wir müssen noch die Verteidigungsmethoden untersuchen, zu denen sie angesichts der vielen Gefahren, von denen sie umgeben waren, Zuflucht suchten. aber die Bedeutung dieses Themas verdient eine gesonderte Betrachtung.

---

1 Foureau, *Bul. Soc. Géog* ., 1. Juni 1883.

2 Munck hat gerade eine ähnliche Station in Oburg (Hennegau) entdeckt, wo ähnliche Geräte entdeckt wurden, die nach ähnlichen Verfahren wie in Spiennes hergestellt wurden.

3 Briart, Cornet und Houzeau: *Rapport sur les découvertes faites à Spiennes en 1867* . Malise: *Bul. Acad. Royale de Belgique* .

4 *Zeitschrift, Ethnologische Gesellschaft* , 1818, S. 419.

5 *Académie des Sciences* , November 1883. *Mat* . Januar 1884. Nature, 18. Juni 1887.

6 *Natur* , 16. Juni 1887.

7 Heilbig: „Osservazioni sopra il Commercio del l'Ambra" (*Acad. dei Lincei*). Wir dürfen den gelben Bernstein der Ostsee nicht mit dem roten Bernstein verwechseln, der in Italien, in den Bergen des Libanon und sogar in einigen Braunkohlen im Süden Frankreichs zu finden ist. Sadowski: „Le Commerce de l'Ambre chez les Anciens."

8 Nephrit kommt in Turkestan, in Sibirien und in Neuseeland vor. Jadeitvorkommen sind in Burma, Jeannetay und Michel bekannt – „Note stir la Néphrite ou jade de Sibérie" (*Bul. Soc. Minéralogique de France* , 1881). Meyer: „Die Nephritfrage kein ethnologisches Problem", Berlin, 1882.

9 Gegenstände aus Chloromelanit wurden in 38 Departements Frankreichs aufgegriffen.

Derzeit ist keine Lagerstätte davon bekannt. –
Fischer und Damour: *Rev. Arch* ., 1877.

10 Obsidian wird hauptsächlich in den Minen
und Steinbrüchen von Terro de las Navajas
(Mexiko) gefunden, die zur Zeit der Azteken
bekannt waren. Auch in Ungarn und auf der
Insel Melos wurden kürzlich Vorkommen
entdeckt.

11 Calaïte unterscheidet sich vom Türkis durch
ein Aluminiumäquivalent; Es wurde 1864 von
M. Damour beschrieben. Man sagt, dass
Spuren davon in den Zinnminen von
Montebras gefunden wurden, die offenbar
schon in prähistorischer Zeit betrieben wurden.
– Mat., *1881* , S. 166 usw. Cartailhac: *Bul. Soc.
Anth* ., 1881, S. 295.

12 Broca: „Les Ossements des Eyziès", Paris,
1868.

13 Lartet und Chaplain-Duparc: „Une
Sepulture des Anciens Troglodytes des
Pyrénées."

14 *Stier. Soc. Anth* ., 1878, S. 215. Die Baumes-
Chaudes-Höhlen sind die vollständigsten
Leichenhäuser der Jungsteinzeit, die bisher
entdeckt wurden. Dr. Prunières sammelte darin
bis zu dreihundert Skelette.

15 „In einem großen Teil der langen
Hügelgräber, die ich geöffnet habe, wurde
festgestellt, dass die exhumierten Schädel
offenbar mit einer stumpfen Waffe wie einer
Keule oder einer Steinaxt gespalten waren." –
Archæologia, *Bd* . xlii., S. 161 usw.

16 Wilson: „Prehistoric Annals of Scotland", 2.
Auflage, Bd. ich., p. 187.

17 Keller: „Pfahlbauten", *Siebenter Bericht, S* . 27,
Zürich, 1876.

18 „Habitants Primitifs de la Scandinavie", S.
212 und 213.

19 „Über das Vorkommen fossiler Knochen in Südamerika."

20 *Zeitschrift Anthropological Society* , Mai 1882.

21 Wyman: *Report Peabody Museum* , 1874, S. 40.

22 Diese Fähigkeit zeigte sich nicht immer, denn Dr. Topinard spricht von einem in Feigneux gefundenen Femur, der so ungeschickt eingesetzt worden war, dass ein Teil den anderen stark überlappte. – Bul. Soc. *Anth., S. 534* .

23 *Bul. Soc. Anth* ., 1883, S. 258–301; 1885, S. 412. *Bul. Soc. Polymatique du Morbihan* , 1883, S. 12.

24 *Natur* , 2. Januar 1886.

25 *Bul. Soc. Anth. de Lyon* , 1883–1884.

26 Belucci: *Congrès Préhistorique de Lisbonne* , 1880, S. 471.

27 „Über trepanirte Schädel gewann Giebiechenstein" (*Verh. der Berliner Gesellschaft für Anth* ., 1879, S. 64).

28 *Matériaux pour l'Histoire de l'Homme* , Aout, 1886.

29 American Ass., Detroit, 1875, Nashville, 1877; „Alte Männer der Großen Seen" „Zusätzliche Fakten zur künstlichen Perforation des Schädels in alten Hügeln in Michigan." Siehe zu dieser Frage allgemein auch Fletcher „On Prehistoric Trepanning and Cranial Amulets", Washington, 1882.

30 *Bul. Soc. Anth* ., 17. Februar 1881.

31 Jehan Taxil: „Traité de l'Épilepsie, Maladie Appalée Vulgairement la Gouttète aux Petits Enfants."

32 *Bul. Soc. Anth* ., 1887, S. 527.

33 De Baye: „Trépanations Préhistoriques", S. 28, Abb. 11.

34 *Bul. Soc. Anth* ., 1877, S. 42. Broca beschäftigt sich ständig mit dieser Idee. „Dieser Bestattungsritus", sagte er vor der Anthropologischen Gesellschaft, „impliziert den Glauben an ein anderes Leben."

35 *Arsch. Française* , Lille, 1874, S. 631.

36 *Bul. Soc. Anth* ., 1864, S. 199.

37 *Bul. Soc. Anth* ., 1882, S. 143, 535.

38 *Arsch. Française* , Blois, 1884, S. 417.

39 Boulogne: *Mém. de Médecine et de Chirurgie Militaires* , 3. Serie, Paris, 1868. Védrénes: „Le Trépanation du Crâne" (*Rev. Anth* ., Oktober 1886).

Kapitel VII.
Lager, Befestigungen, verglaste Festungen; Santorin; Die Städte auf dem Hügel von Hissarlik.

Kampfbereitschaft, um die Sprache der Phrenologie zu verwenden, ist einer der lebhaftesten Instinkte der Menschheit. Die Bibel erzählt uns vom Kampf zwischen den Söhnen Adams und zeigt uns, wie wir seit den Tagen des Urmenschen alles richtig machen konnten. Die Geschichte ist nur ein einziger langer Bericht über Kriege und Eroberungen, Siege oder Niederlagen, und Fortschritte sind vor allem in Erfindungen zu verzeichnen, die Schlachten blutiger machten und die Zahl der abgeschlachteten Opfer erhöhten. Schon in den Anfängen der Menschheit lernte der Mensch, Waffen herzustellen; Sehr bald jedoch reichten die Waffen nicht mehr aus. Die erste Festung war zweifellos die Höhle, die ihr Besitzer verstärkte, indem er den Eingang mit Steinblöcken und Bruchsteinhaufen verschloss oder tiefe Gräben um sie herum grub.

Die Bevölkerung wuchs schnell und es wurde Krieg zwischen Stamm und Stamm, Nation und Nation, Rasse und Rasse erklärt. Schrecklich müssen die Kämpfe zwischen Eindringlingen und den ursprünglichen Besitzern des Bodens gewesen sein. Die Verteidigungsmöglichkeiten wurden vervielfacht, um mit neuen Angriffsmethoden Schritt zu halten, und unsere Vorfahren der Steinzeit waren intelligent genug, Zufluchtsorte zu schaffen, in denen sie bei Bedarf ihre Frauen und Kinder und später, als sie sesshaft wurden, ihre eigenen unterbringen konnten Herden und ihre Getreidevorräte. An vielen verschiedenen Orten finden wir Überreste von Lagern und Befestigungen, die wir, um einen ehrgeizigeren Begriff zu vermeiden, allgemein als Umfriedungen bezeichnen können. 1

Diese primitiven Anlagen, sagt Bertrand in seiner „Archéologie Celtiquc et Gauloise", könnten sehr viel zahlreicher gewesen sein, als angenommen wird, wenn wir, wie es scheint, viele Ruinen zu ihnen hinzufügen, von denen man lange annahm, dass sie aus der Römerzeit stammen.

Es besteht kein Zweifel an dem Zweck, dem die Lager dienten, aber wir sind nicht bereit, so positiv wie Bertrand über ihren Ursprung zu sprechen, und die Entscheidungsschwierigkeit wird durch die Tatsache, dass diese Lager nacheinander zu unterschiedlichen Zeitpunkten besetzt wurden, erheblich erhöht Epochen verschiedener Völker. Unter Berücksichtigung dieses Vorbehalts werden wir nun nach besten Kräften alles zusammenfassen, was bisher über die wichtigsten bisher untersuchten Überreste bekannt ist.

Der Wohnsitz prähistorischer Menschen in den reichen Gebieten zwischen Sambre und Maas wird durch bearbeitete Feuersteine, Keramikfragmente und menschliche Knochen aus längst vergangenen Zeiten belegt. Die nacheinander besetzten Stationen lagen in der Nähe von Wasserläufen oder reichlich vorhandenen Quellen und, wo möglich, auf isolierten, von Schluchten umgebenen Steilplateaus. Hastedon, etwa anderthalb Kilometer von Namur entfernt, ist eines der besten Beispiele, die wir nennen können. 2 Das 1865 erstmals angelegte Lager bildete einen langen Platz mit einer Fläche von etwa dreizehn Hektar oder etwa zweiunddreißig Acres. Es liegt auf einem isolierten Hügel, der durch eine 227 Fuß lange Landenge mit dem Hauptplateau verbunden ist, und ist im Süden und Westen durch eine tiefe Schlucht geschützt: Zu diesen natürlichen Verteidigungsanlagen hatten Menschen an den zugänglichen Teilen wichtige Werke hinzugefügt. Das Ausheben von Gräben brachte vor einigen Jahren Mauern mit einer durchschnittlichen Dicke von mehr als neun Fuß ans Licht, die aus Fels- und Sandmassen und runden Holzstücken bestanden, parallel zu einer Mauer aus Trockensteinen, die von einer Palisade aus drei Stücken *gekrönt* war Holz parallel zu den Wänden und sieben senkrechte Traversen. Das ganze Holz war verkohlt; die Belagerten waren offenbar durch Feuer vertrieben worden. Ausgrabungen führten zum Fund römischer Münzen; Dies und die Ähnlichkeit der Palisaden mit den von Cæsar beschriebenen Palisaden, der Name Hastedon und die überall in der Gegend vorherrschende Überlieferung, dass sich hier ein gallisch-römisches Lager befunden habe, führten zur allgemeinen Annahme dieser Meinung. Tatsächlich hat Napoleon III. tatsächlich ordnete er Ausgrabungen an, in der Hoffnung, Spuren der Atuatuques zu finden, einem der kriegerischen Stammesstämme Nordgalliens; Aber Seite an Seite mit historischen Relikten befanden sich nicht weniger als zehntausend Feuersteine. Dabei handelt es sich hauptsächlich um Späne oder Kerne, die als Hämmer gedient hatten, oder um lange, dünne Scheiben, mit einigen wenigen, oft kunstvoll geschnittenen Pfeil- und Lanzenspitzen, einigen polierten Beilen und Sägen mit feinen Zähnen. Fast alle weisen Kerben auf und sind durch den Gebrauch abgenutzt, was den Gedanken zunichte macht, dass der Ort, an dem sie gefunden wurden, der Standort einer Werkstatt war, wie ich sie bereits beschrieben habe. Bei diesen bearbeiteten Feuersteinen wurden einige Fragmente grober Keramik gefunden, die unmöglich mit römischer oder gallischer Arbeit verwechselt werden konnten. Die Feuersteine und Töpferwaren sowie die ohne Zement zusammengesetzten Wände lassen darauf schließen, dass das Lager von Hastedon, wenn es von den römischen Legionen besetzt war, schon lange vor ihrer Zeit von einer neolithischen Rasse bewohnt wurde, die nichts von der Verwendung von Feuersteinen wusste Steinwaffen und Geräte.

Das Lager von Pont-de-Bonn in der Gemeinde Modave (Namur) ähnelt in seiner Anordnung stark dem von Hastedon. 4 Auf der Ebene ragt ein Hügel empor, der im Norden und Westen durch schwer zugängliche Felsen geschützt ist und durch eine sehr schmale Landzunge mit dem Hauptplateau verbunden ist. Draußen können wir regelmäßige Gräben erkennen, die parallel zueinander verlaufen und durch eine Mauer aus Mauerwerk verbunden sind, an deren Fuß sich zahlreiche Eisennägel befinden. Im Innern der *Umzäunung* selbst wurden bearbeitete Feuersteine mit römischen Münzen in Verbindung gebracht. Sind dies nicht in erster Linie Beweise für eine lange neolithische Besetzung, dann für die Residenz der gallischen Römer und später noch für noch modernere Menschen, deren Mauern und Eisennägel Relikte sind?

Darüber hinaus gibt es in Limburg einige jahrhundertealte Verteidigungsanlagen, die noch wenig bekannt sind. Wir können unter ihnen den sogenannten Deich von Zeedyck in der Nähe von Tongres erwähnen, eine beeindruckende Schanze mit einer Länge von etwa 2.186 Yards, einer Breite von mehr als 325 Fuß an der Basis und einer Höhe von 49 bis 65 Fuß; die Erdwälle von Willem an der Geule, die nicht weniger wichtigen von Houlem und viele andere weit entfernt von den großen Verbindungsstraßen, aber innerhalb der Grenzen der beiden Provinzen Lüttich und Limburg. 5

Vor einigen Jahren sagte Bertrand, dass es in Frankreich etwa vierhundert irdene *Zäune gibt*, von denen nur sechzig Relikte enthalten, die sie mit den gallischen Römern in Verbindung bringen. Seit Bertrands Ankündigung ist diese Zahl dank eifrig durchgeführter lokaler Forschungen erheblich gestiegen. De Pulligny erwähnt hundert in der Haute-Normandie 6 ; Martinet sagt, dass es sie in Berry sehr zahlreich gibt; Eines der bemerkenswertesten, das Viereck von Haute-Brenne, umfasste eine Fläche von fast dreitausend Acres. 7 In den Wäldern der Vogesen wurden lange Einzel- und Doppelmauern entdeckt, deren Verlauf dem Kamm der Stadtmauer mit Blick auf das Tal des Zorn zwischen Lutzelbourg und Saverne folgt. 8 In Rosmeur, am Penmarch Point (Finistère), grub Du Chatellier zwei Hügelgräber aus, die offenbar mit einer Reihe von Verteidigungsanlagen verbunden waren, die das gesamte Vorgebirge umgaben. 9 Es wäre nur anspruchsvoll, die Beispiele zu vervielfachen; wir werden uns damit begnügen, einige der interessantesten dieser antiken Befestigungsanlagen zu beschreiben. 10

Das Lager von Chassey (Saône-et-Loire) kann mit dem von Belgien verglichen werden. Es liegt auf einem Plateau mit einer Länge von 2.440 Fuß und einer Breite zwischen 360 und 672 Fuß. Im Süden und Osten erhebt sich eine riesige natürliche Felsbarriere, während wir im Nordosten und Südwesten zwei wichtige Schanzen aus riesigen Steinblöcken mit einer *Erdmauer finden* . Eine dieser Schanzen ist 45, die andere nur 29 Fuß hoch.

Von Quellen gibt es im Inneren keine Spur, und die Bewohner mussten ihre Wasserversorgung schon immer auf künstliche Weise beschaffen. Die Zisternen, die sich heute in diesem Lager befinden, scheinen mit Eisenwerkzeugen ausgegraben worden zu sein und stammen sicherlich aus einem späteren Datum als die erste Besetzung des Plateaus. Zahlreiche im Chassey Camp aufgesammelte Gegenstände stammen aus der Jungsteinzeit, aber die Menschen, die es seit dieser fernen Zeit bewohnten, die Männer der Bronze- und Eisenzeit, die Gallier, die Römer und die Merowinger, haben den Boden so umgewälzt dass Produkte völlig fremder Industrien überall in unentwirrbarer Verwirrung miteinander vermischt sind. 11

Ursprünglich gab es im Lager viele Feuerstellen, und in der Nähe einer davon wurde der Löffel gefunden, der in einem früheren Kapitel dieses Buches abgebildet war (Abb. 25). Dabei wurden Beile aus poliertem Fibrolit, Basalt, Chloromelanit, Serpentin und Diorit aufgenommen; Offensichtlich in der Nachbarschaft hergestellt, was zweifelsfrei durch die zahlreichen herumliegenden Chips und teilweise bearbeiteten Stücke sowie durch die Entdeckung von nicht weniger als dreißig Polierern bewiesen wird, von denen viele Anzeichen langer Dienstzeit aufweisen. Auch Knochengeräte aller Art und Pfeifen aus den Fingergliedern von Ochsen werden immer wieder gefunden. Auch wenn uns das Vorhandensein dieser Objekte nicht erlaubt, zu einer endgültigen Schlussfolgerung zu gelangen, so sind sie doch zumindest äußerst nützlich und interessant, da sie es uns ermöglichen, nach und nach ein Bild vom Leben der ältesten Bewohner Frankreichs zu zeichnen.

Das Lager von Catenoy, Dear Liancourt (Oise) ist ganz ähnlich wie das von Chassey eingerichtet. 12 *Cæsars Lager*, wie es von den Bewohnern der Nachbarschaft genannt wird, bildet ein langes Dreieck, dessen Spitze auf dem östlichen Ende des Plateaus ruht. Bei Ausgrabungen wurden zahlreiche gallisch-römische Objekte gefunden, von denen einige polierte Beile, einige zerbrochen, andere intakt waren und Waffen aus Stein und Knochen enthielten, die bis auf ein paar geringfügige Unterschiede denen ähnelten, die wir so oft beschrieben haben. Es wurden auch zahlreiche Keramikfragmente aufgesammelt, die, handgefertigt und mit zerkleinerten Muscheln vermischt, selten Griffe oder irgendeinen Versuch einer Verzierung aufweisen. Waffen, Geräte und Töpferwaren unterscheiden sich alle völlig von allen bekannten römischen oder gallischen Werken. Es ist unmöglich, die Relikte in Catenoy zu untersuchen, ohne zu dem Schluss zu kommen, dass das Lager zu Zeiten vor der gallischen und römischen Zeit bewohnt war und dass dort, wie in vielen anderen Bezirken, die lateinischen Eroberer die Nachfolge einer unbekannten besiegten Rasse angetreten hatten.

De Quatrefages hat genau eine Reihe von Werken identifiziert, die sich entlang des linken Ufers der Nive bis nach Itassou erstrecken und deren äußerste Grenze der Pas-de-Roland markiert. Eine bloß oberflächliche Betrachtung reicht aus, um zu zeigen, dass diese Verteidigungsanlagen nur auf der Seite existierten, zu der sonst ein einfacher Zugang möglich gewesen wäre, während die Anhöhe mit Blick auf den Fluss auf der anderen Seite, die von Natur aus uneinnehmbar ist, unberührt geblieben ist. Auch hier finden wir den Namen Cæsars Lager, der den Reliquien gegeben wurde, eine Tatsache, die in ganz Frankreich üblich ist, wo der große Kapitän lange Zeit geehrt wurde. Quatrefages ist jedoch der Meinung, dass die Werke weder römisch, gallisch noch keltisch sind, und kommt durch ein Eliminierungsverfahren sogar zu dem Schluss, dass sie von den Iberern errichtet wurden, die den Ariern vorausgingen, und einen so tiefen Eindruck hinterlassen haben auf alle Länder, die sie nacheinander besetzten. Wir fühlen uns nicht in der Lage, diese Hypothese vollständig zu akzeptieren; Aber kein Vorschlag des bedeutenden Professors darf von denen übersehen werden, die ernsthaft und unvoreingenommen danach streben, die Wahrheit herauszufinden.

Gregor von Tours berichtet, dass die Gabali zur Zeit der Invasion der Vandalen mit ihren Familien Zuflucht im *Castrum Gredonense suchten* und dort zwei Jahre lang energischen Widerstand gegen die Eindringlinge leisteten. 13 Grèze, heute eine kleine Marktstadt im Departement Lozère, ist das *Castrum* , von dem der alte französische Chronist spricht, und Dr. Prunières sammelte dort vierzig Steinbeile, die sich in keiner materiellen Hinsicht von anderen unterschieden, die anderswo in solcher Zahl gefunden wurden, mit Feuerstein Messer und Schaber, Knochenstilette und Mühlsteine, die zweifellos zum Mahlen von Getreide verwendet werden, sind für den gelehrten französischen Professor allesamt Beweise für die Existenz einer neolithischen Station vor der historischen Periode.

Im Departement Alpes-Maritimes krönt eine Reihe von Verteidigungsanlagen den Kreis der Berge, die sich von den Ufern des Mittelmeers erheben. Diese Befestigungen stammen sicherlich aus einer fernen Zeit, obwohl wir sie keinem bestimmten Zeitpunkt zuordnen können, und die Tatsache, dass sie in verschiedenen Epochen repariert wurden, beweist, dass sie nacheinander besetzt wurden. 14 Sie bestehen hauptsächlich aus kreisförmigen oder elliptischen *Mauern*, die von Mauern aus Steinen ohne Mörtel umgeben sind, und ihr Durchmesser variiert zwischen etwa 39 und 328 Fuß. Einer der größten ist der auf der Colline des Mulets, oberhalb von Monte Carlo.

Abbildung 84.

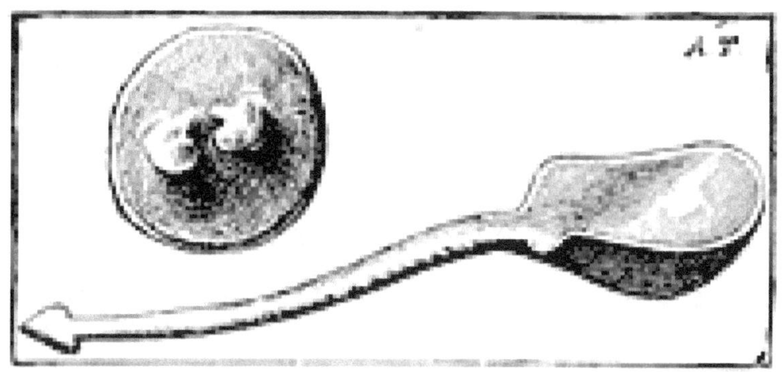

Prähistorischer Löffel und Knopf, gefunden in einer Seestation in Sutz
(Schweiz).

Obwohl die Pfahlbauten der Schweiz und der *Terremares* Italiens an sich
schon Schutz genug zu sein schienen, vernachlässigten ihre Bewohner
andere Verteidigungsmittel nicht, woraus wir schließen können, dass sie in
ständige und schreckliche Kämpfe verwickelt waren. Die *Terremares* waren
im Allgemeinen von einem Schutt oder Wall aus Erde umgeben, mit einer
äußeren Grube, die die Zugänge zu den Wohnhäusern schützte. Die aus der
Bronzezeit stammende Stadtmauer von Castione (Parma) wurde im Inneren
sogar mit großen Senkkästen aus Holz verstärkt. 15 In der Schweiz führten
kürzlich durchgeführte Arbeiten zur Umlenkung des Laufs der Aar an ihrem
Austritt aus dem Bielersee zur Entdeckung eines steinzeitlichen Dorfes mit
den dorthin führenden Brücken und den kleinen Festungen, die es schützen
sollten . 16 Ebenso wie die benachbarten Siedlungen hat diese Station eine
große Menge Pfeile, Beile, Schaber und Harpunen hervorgebracht. Wir
zeigen eine Illustration eines merkwürdigen Marklöffels und eines runden
Gegenstands, der ein Knopf gewesen zu sein scheint (Abb. 84), da sie den
erzielten Fortschritt markieren.

Großbritannien ist von Befestigungslinien unbekannter Herkunft
durchzogen, die aber mit Sicherheit sehr alt sind. Wir können Dane's Dyke,
Wandyke, den Devil's Dyke bei Newmarket und Offa's Dyke erwähnen, die
vom Bristol Channel bis zum Dee verlaufen und England von Wales
trennen. Sir John Lubbock erzählt uns, dass alte Lager und Verschanzungen
die meisten Hügel Englands krönen. General Pitt-Rivers erkundete mehrere
dieser Lager in der Grafschaft Sussex. Viele erstrecken sich über
beträchtliche Gebiete und alle enthalten zahlreiche bearbeitete Feuersteine
und andere Relikte der prähistorischen Industrie. Diese Relikte sind in
großer Zahl am Fuße der Schanzen anzutreffen, so dass wir mit Fug und
Recht schließen können, dass sie aus derselben Epoche stammen.

Das berühmteste dieser Lager ist das von Cissbury, drei Meilen nördlich von Worthing. Wir können auch das von Hod-Hill in Dorsetshire erwähnen, das dem von Cissbury sehr ähnelt, aber wir werden Letzteres ausführlicher beschreiben. 17 Es liegt auf einem etwas erhabenen, unregelmäßig geformten Plateau. Der Standort wurde mit großer Geschicklichkeit ausgewählt, da er hervorragende Verteidigungsmöglichkeiten bietet. Die Erdwälle und die sie schützenden Erdwälle bedecken eine Fläche von 60 Acres und ihre Bedeutung variiert je nach Geländebeschaffenheit; So ist die Dicke der Mauern auf der Ostseite, wo ein Angriff am gefährlichsten gewesen wäre, sehr viel größer; Vier Türen ermöglichen den Zugang zum Inneren, und auf jeder Seite dieser Türen befinden sich Ruinen rechteckiger Strukturen, die ihre Verteidigung verstärken. Archäologen sind jedoch der Meinung, dass diese Schanzen, obwohl sie in ihrer Konstruktion den übrigen Befestigungsanlagen genau ähneln, jüngeren Datums sind. Tatsächlich wurden in den Ruinen römische Kacheln gefunden, aber diese beweisen eigentlich nichts, da sich alle darüber einig sind, dass Cissbury nach der Unterwerfung Englands durch die Römer von den Römern besetzt wurde; und der einzige strittige Punkt ist eigentlich, ob die Mauern, von denen die Ruinen noch übrig sind, aus der Römerzeit stammen oder aus Zeiten vor ihrer Ankunft. Wir selbst neigen zur letzteren Meinung, da es unbedingt an Trinkwasser mangelt; ein sehr wichtiger Punkt, da die römischen Generäle stets Wert darauf legten, ihre Lager in der Nähe einer guten Wasserversorgung aufzuschlagen. Am Westhang von Cissbury befinden sich auf jeder Seite der Stadtmauer fünfzig trichterförmige Vertiefungen, von denen einige einen Durchmesser von bis zu siebzig Fuß und eine Tiefe von zwölf Fuß haben. Diese Löcher könnten als Zufluchtsorte gedient haben, und die größeren Löcher wurden sicherlich bewohnt, wie die verkohlten Steine der Feuerstellen und die in ihrer Nähe gefundenen Holzkohlestücke beweisen; Darüber hinaus erfahren wir in Tacitus 18 , dass die Germanen in ähnlichen Siedlungen lebten. Was auch immer ihr letztendlicher Zweck gewesen sein mag, diese Höhlen wurden in erster Linie ausgegraben, um Feuersteine aus der Mergelkreide zu gewinnen, die den Schnabel bildete; und jüngste Ausgrabungen haben die Existenz von Galerien offenbart, die die Senken verbinden. Als sie später zu menschlichen Behausungen wurden, wurden einige der Innenöffnungen mit sorgfältig aufgestapelten Kreideklumpen verschlossen, um den Zugang extrem zu erschweren und die Sicherheit der Insassen erheblich zu erhöhen.

Dreißig dieser Schächte wurden nacheinander ausgehoben; und unter dem Müll aller Art, mit dem sie gefüllt waren, wurden einige gut geschnittene Kelten gefunden, die keine Spur von Politur zeigten, und einige Waffen oder Werkzeuge vom Typ Moustérien. Die Anzahl der halbfertigen Geräte und die noch größere Menge an Spänen deuten darauf hin, dass diese Schäfte ein Herstellungszentrum bildeten. Viele der Geräte waren aus Hirschhorn gefertigt, und unter ihnen müssen wir einige Spitzhacken erwähnen, die seltsamerweise denen aus Belgien und Südfrankreich genau ähneln. 19 Ähnliche Holzpickel findet man in den Kupferminen Asturiens, in den Salzbergwerken von Salzburg und in einer kürzlich eröffneten Erdölquelle an der Grenze zwischen den Vereinigten Staaten und Kanada. An all diesen Orten lassen sich Spuren antiker Bergbaubetriebe nachweisen. Aber um zu Cissbury zurückzukommen: Aus den prähistorischen Ruinen wurden auch zahlreiche Keramikfragmente entnommen, die überhaupt nicht römischer Ware ähnelten, mit den Knochen von Pferden, Ziegen, Ebern und Ochsen, die alle noch in der Fauna Englands vertreten sind ; mit Austernschalen und den Schalen von Land- und Meeresmollusken, von Arten, die noch in Großbritannien vorkommen. Bisher wurden jedoch keine Spuren von Metallen entdeckt, und weder die Feuersteingeräte noch die Knochen von Tieren weisen die für die Bronze- und Eisenzeit so charakteristischen Rostspuren auf. Müssen wir dann nicht den Schluss ziehen, dass diese Schächte zu einer Zeit lange vor der frühesten historischen Periode abgeteuft wurden?

Die Wände der unterirdischen Galerien von Cissbury trugen nicht nur becherförmige Ornamente, Streben und geschwungene oder gebrochene Linien, die an die Megalithdenkmäler Schottlands und Irlands erinnerten; aber Park Harrison hat einige reguläre *Runen* oder geschriebene Zeichen erkannt, von denen eine Reproduktion auf der Pariser Ausstellung im Jahr 1878 gezeigt wurde. Diese letzte Tatsache ist umso merkwürdiger, als Sayce in einem Durchgang, der Zugang zu einer Höhle in der Nähe von Syrakus ermöglichte, einige Zeichen entdeckte in der Form etwas ähnlich, dem er einen protophönizischen Ursprung zuschreibt. Wir können hinzufügen, dass bestimmte in Cissbury erstellte Zeichen, die sich nur wenig vom modernen Buchstaben *b* oder der Zahl 6 unterscheiden, auch in den ältesten palmyrischen, koptischen und syrischen Alphabeten zu finden sind. Wäre diese Tatsache vollständig bewiesen, und noch mehr, wenn sie durch andere analoge Tatsachen bestätigt würde, hätten wir darin einen sehr wertvollen Hinweis auf die Beziehungen Englands zu den ältesten bekannten Seefahrern.

Heidenmauer von Saint Odila in der Nähe von Hermeskiel zwischen Mosel und Rhein die bemerkenswerteste ist . Riesige Steine, ohne Zement aufgetürmt, bilden eine dreifache *Umfassungsmauer* , aber es gibt nichts, was diese Überreste mit prähistorischen Zeiten in Verbindung bringen könnte. Ebenso verhält es sich mit den Verschanzungen im Großherzogtum Posen, deren Existenz auf einer Tagung der Anthropologischen Gesellschaft zu Berlin bekannt gegeben wurde. 20 Viele dieser Verteidigungsanlagen, insbesondere die von Potzrow und Zabnow, waren auf Pfählen errichtet worden. In der Gegend zwischen Thorn und der Ostsee gibt es zahlreiche kegelstumpfförmige Hügel, deren Plattform von einer Böschung mit einem Durchmesser von etwa 590 Fuß umgeben ist. 21 In der Nähe vieler davon wurden viele zerbrochene menschliche Knochen aufgesammelt, die in größter Verwirrung mit Waffen, Beilen und Hämmern vermischt waren und neolithischen Vorbildern ähnelten. Alles zeugt von den Kämpfen, die auf diesen Hügeln stattfanden.

Ähnliche Hinweise auf eine noch ungeklärte Vergangenheit findet man auch im Süden Europas. Cartailhac hat die *Citanias* bekannt gemacht , seltsame befestigte Städte in Portugal. Auf dem Plateau von Mouinho-da-Moura, südwestlich von Lissabon, wurden zahlreiche polierte Beile gefunden, die mit Muschelschalen von Meeresmollusken und den Knochen von Säugetieren verbunden waren, die noch existierenden Arten angehörten. 22 Diese Station war durch so große Schanzen geschützt, dass es unmöglich war, sie vollständig zu untersuchen. In der Nähe desselben Ortes gibt es auch mehrere Höhlen, die jetzt fast verstopft sind. Einer von ihnen war ursprünglich ein normaler Tunnel; der zum Eingang führende Einschnitt bestand aus Erde und kleinen Steinen; Es enthielt Tierknochen, etwas Asche und vier große, grob gearbeitete Vasen. Es ist schwer zu erkennen, wozu diese Höhle diente, da die große Verwirrung, in der die Knochen lagen, jede Vorstellung davon ausschließt, dass es sich um ein Grab handelte. Ribeiro hatte bereits in Lycea ein befestigtes Lager ausgemacht, das durch ungeschickt errichtete Mauern geschützt war. In der *Umzäunung* sammelte er zahlreiche Fragmente verzierter Keramik mit polierten Beilen, Muscheln und vielen Tierknochen ein. Er machte auch mehrere Gräber. 23

Abbildung 85.

Gesamtansicht des Bahnhofs Fuente-Alamo.

Die prähistorische Station *La Muela de Chert* in Maeztrago erinnert uns an die von Portugal. Es liegt auf einer kleinen Anhöhe und ist im Norden und Osten durch die natürliche Böschung des Plateaus und auf den anderen Seiten durch eine einigermaßen hohe Mauer aus Steinen ohne Mörtel geschützt. In der Mitte der *Umzäunung* sind einige ovale Fundamente zu erkennen, auf denen zweifellos die Häuser der Bewohner errichtet wurden . Wir können jedoch hier nur wiederholen, was wir an anderer Stelle so oft gesagt haben, dass es unmöglich ist, das genaue Datum festzulegen, an dem diese Verschanzungen vorgenommen wurden. Die Entdeckung polierter Feuersteinbeile, Diorit-Lanzenköpfe und einiger Knochen von Wiederkäuern und Cerviaen, die in prähistorischen Zeiten in Spanien unbekannt waren, scheint jedoch auf ein sehr beträchtliches Alter hinzuweisen. Schließlich haben zwei junge belgische Ingenieure kürzlich zwischen Almeria und Carthagena eine beträchtliche Anzahl prähistorischer Stationen entdeckt, in denen nacheinander die verschiedenen Steinzeitalter sowie die Kupfer- und Bronzezeit verfolgt werden können. Einige dieser Stationen (Abb. 85) sind regelmäßige befestigte Lager, die durch dicke Steinmauern geschützt sind, die mit einer dünnen Lehmschicht zementiert sind. Der Brand, der die Behausungen zerstörte, hat unter der Asche und Asche zahlreiche Gegenstände zurückgelassen, anhand derer wir uns ein Bild vom Leben der Männer machen können, die die Befestigungsanlagen errichteten, und wir wissen, dass es sich um Landwirte handelte , denn selbst die Getreidevorräte wurden durch Feuer verkohlt und verklebt gefunden. In den neueren Stationen ist Feuerstein, der in der frühesten Zeit das einzige verwendete Material war, verschwunden und wird durch Kupfer ersetzt, das in den reichen Minen in den Bergen reichlich vorhanden war. Ausgrabungen haben sogar die Werkstatt des Metallurgen mit ihren zu Tiegeln umgebauten Formen und Vasen, ihren Versuchen über neue Formen, ihren Schlacken und schließlich ihren fertigen Waffen ans Licht gebracht, die echtes Können in der Herstellung beweisen.

Obwohl es unmöglich ist, ihnen ein bestimmtes Datum zuzuordnen, müssen wir, um diesen Teil unserer Arbeit zu vervollständigen, einige Worte zu den Erdarbeiten in Rumänien sagen. Ein ehemaliger Minister dieses Fürstentums, M. Odobesco25, klassifiziert sie als *Valla, Tumuli* und *Cetati de Pamentu* oder Zitadellen.

Die *Valla* umfassen wichtige Werke. Einer von ihnen durchquert die Walachei parallel zur Donau und verliert sich im Süden Russlands. Ein anderer durchquert den Norden Moldawiens und Bessarabiens und folgt einer Richtung, die mit der ersteren konvergiert. Obwohl diese *Valla* in dem Land, in dem sie vorkommen, als *Fossés de Trajan* bekannt sind, stammen sie sicherlich aus der Zeit vor der römischen Besetzung, und tatsächlich durchschneiden römische Straßen die Schanzen oder Gräben, die eingeebnet oder abgedeckt wurden, um Platz zu schaffen für Sie. Die Ausgrabungen der großen Tumuli sind noch nicht weit genug fortgeschritten, als dass wir ein Urteil darüber wagen könnten. Die kleineren sind jedoch selten römischen Ursprungs. Die darin enthaltenen Grabvasen aus Kalkstein zeugen deutlich von ihrer Bestimmung und auch von dem Ritus, mit dem sie verbunden waren.

Die *Cetati de Pamentu* sind regelmäßige Erdbefestigungen, die in geringem Abstand voneinander auf allen Höhen mit Blick auf die reißenden Flüsse Rumäniens errichtet wurden. Diese im Allgemeinen runden oder ovalen Schanzen sind durch tiefe Gruben, Brüstungen und Palisaden geschützt. Massen von Asche und verbrannter Erde sind ein eindeutiger Beweis für die Ursache ihrer Zerstörung. Überall wurden bei Ausgrabungen grobe Töpferwaren, Schleifsteine zum Zerkleinern von Getreide, Hirsevorräte, die durch die Flammen beschädigt worden waren, und einige primitiv gefertigte Bronzeidole ans Tageslicht gebracht. Als die besiegten Rumänen aus ihren Schanzen vertrieben wurden, hatten sie offensichtlich gelernt, Bronze zu verwenden, waren aber, wie wir bereits bemerkten, noch nicht mit Eisen vertraut, da in diesem Material kein Gegenstand gefunden wurde und auch nichts Spuren von Rost aufweist .

So bemühte sich der Mensch in ganz Europa schon in frühester Zeit angesichts der vielen Gefahren, die ihn umgaben, auf ähnliche Weise seine Familie, seine Herden und seinen Reichtum zu schützen. In Amerika sind wir in der Lage, Tatsachen von noch größerer Bedeutung zu zitieren. Das riesige Gebiet zwischen den Alleghanies und den Rocky Mountains, zwischen den großen Seen Kanadas und dem Golf von Mexiko ist von wahrhaft kolossalen Befestigungsanlagen durchzogen, die fast alle vollständig aus Erde bestehen. Die alten Amerikaner wussten, wie man jede Höhe und jedes Delta, das durch den Zusammenfluss zweier Flüsse entsteht, mit Schanzen, Mauern, Brüstungen, Gräben und Umgehungsmauern schützen konnte. Nicht ohne Erstaunen erkennen wir ein regelmäßiges System von Festungen, die durch tiefe Gräben und Geheimgänge miteinander verbunden sind, von denen einige unter den Flussbetten ausgehauen wurden, Observatorien auf den Höhen und konzentrische Mauern, einige sogar durch Kasematten verstärkt, die die Eingänge schützen . Alle diese Werke wurden von den sogenannten Mound-Builders errichtet, über deren Vorfahren oder Nachkommen absolut nichts bekannt ist.

Alle Festungen der Mound-Builders liegen in der Nähe reichlich vorhandener Wasserläufe, und der beste Beweis für die Intelligenz, die ihre Erbauer bei der Auswahl ihrer Standorte geleitet hat, ist die Tatsache, dass es zahlreiche blühende Städte wie Newark, Portsmouth und Cincinnati gibt , Saint Louis, Frankfurt und New-Madrid usw., die auf den Ruinen verschiedener Erdwerke errichtet wurden.

Es würde zu lange dauern, alle alten Befestigungsanlagen aufzuzählen, die es in Nordamerika noch gibt. Darüber hinaus ähneln sie sich alle so sehr, dass die Beschreibung einiger weniger ausreicht, um ihre Bedeutung zu beweisen.

Fort Hill (Abb. 5, S. 39) erhebt sich auf einer Anhöhe mit Blick auf einen kleinen Fluss namens Paint Creek; Die Höhe der Mauern schwankt zwischen acht und fünfzehn Fuß und die Dicke übersteigt dreißig Fuß. 26 Mehrere Türen erleichtern den Zugang, eine davon führt zu einem quadratischen *Enciente* , dessen Wände fast vollständig zerstört sind . In diesem Gehege befanden sich wahrscheinlich die Häuser der Menschen, bei denen es sich möglicherweise nur um Hütten aus Lehmziegeln oder sonnenverbrannten Ziegeln oder um mit Binsen, verflochtenen Ästen oder Tierhäuten bedeckte Stäbe handelte; In diesem Punkt bleiben wir auf Vermutungen beschränkt. In der Mitte der Hauptanlage sind in fast allen Fällen mehrere viel kleinere Anlagen zu erkennen, die jeweils wiederum einen oder mehrere Hügel enthalten. Einige glauben, dass diese religiösen Riten geweiht waren, aber das ist nur eine Vermutung, denn über die Regierungsform oder die Religion der Hügelbauer ist nichts wirklich bekannt.

Auf diesen verlassenen Ruinen sind Waldbäume gewachsen, die anderen Gemüsebeständen nachfolgten; Der enorme Umfang der verfallenden Stämme beweist ihre Langlebigkeit. Der Mensch hatte, getrieben von Motiven, die wir nicht ergründen können, die Gebiete verlassen, in denen alles von seiner Macht und Intelligenz zeugt, und die üppige Vegetation der Natur hat wieder ihren eigenen Lauf.

Die bemerkenswerteste Gruppe prähistorischer Befestigungsanlagen in Nordamerika ist vielleicht die in der Nähe von Newark im Tal des Scioto. Es umfasst eine achteckige *Umzäunung* mit einer Fläche von 80 Acres, eine quadratische *Umzäunung* mit einer Fläche von 20 Acres sowie zwei weitere, eine von zwanzig und die andere von dreißig Acres. Die Mauern des großen Kreises sind an der Basis immer noch zwölf Fuß hoch und fünfzig Fuß breit. Sie werden durch eine innere Grube geschützt, die sieben Fuß tief und fünfunddreißig Fuß breit ist. Nach sorgfältigen Messungen von Colonel Whittlesey27 beträgt die von diesen Verschanzungen bedeckte Gesamtfläche nicht weniger als zwölf Quadratmeilen, und die Länge der Hügel übersteigt zwei Meilen. Die großen Eingänge, die durch 95 Fuß hohe Hügel geschützt sind, die zu ihnen führenden Alleen, die regelmäßige Labyrinthe darstellen, die seltsam geformten Hügel – einer stellt zum Beispiel den Fuß eines riesigen Vogels dar – all das versetzt den Besucher in Erstaunen. Wir geben eine Darstellung (Abb. 86) einer Gruppe, die der gerade beschriebenen nicht unähnlich ist und sich in Liberty (Ohio) befindet und zwei Kreise und ein Quadrat umfasst. Der Durchmesser des großen Kreises beträgt 1.700 Fuß und umschließt eine Fläche von 40 Acres, während der Durchmesser der kleineren *Umzäunung 500* Fuß beträgt; Die Fläche des Platzes, dessen jede Seite 1.080 Fuß misst, beträgt 27 Acres. Die Mauern sind nicht durch einen Graben verstärkt, und entgegen der allgemeinen Sitte wurde die Erde, aus der sie bestehen, aus dem Inneren des *Enciente* selbst ausgegraben . Wir können auch Old Fort (Greenup County, Kentucky) erwähnen, das nacheinander von Caleb Atwater, Squier und JH Lewis beschrieben wurde. Es liegt vierzig Fuß über dem Fluss und die Gesamtlänge der Mauern beträgt mehr als 3.175 Fuß. Sechs Eingänge ermöglichen den Zugang , und in der Mitte erhebt sich ein Hügel, der ein Tier, wahrscheinlich einen Bären, darstellt und mehr als 105 Fuß misst. Mehrere kleine Hügel, unter denen menschliche Knochen gefunden wurden, gruppieren sich um den größeren.

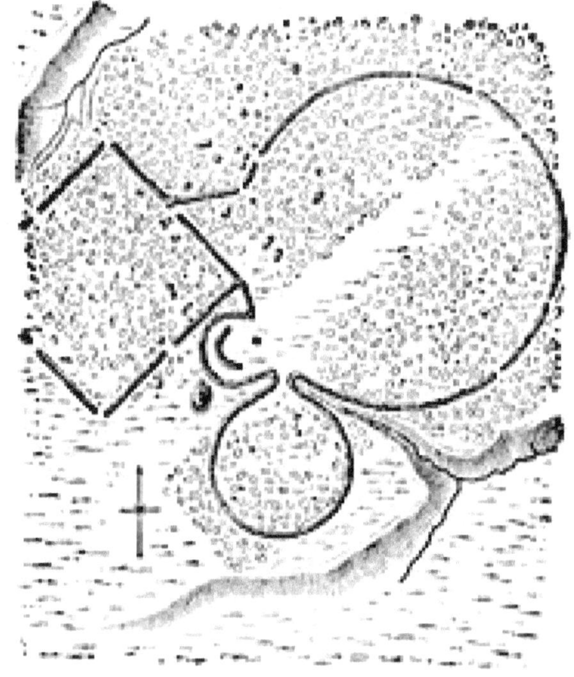

Gruppe in Liberty (Ohio).

Abbildung 87.

Schützengräben in Juigalpa (Nicaragua).

Wir dürfen nicht unterlassen, ein außergewöhnliches Verschanzungssystem in Juigalpa in Nicaragua zu nennen, das meines Wissens nach einzigartig ist. Dabei handelt es sich um eine Reihe von Gräben, die sich über mehrere Meilen erstrecken (Abb. 87), deren Breite zwischen 9,5 und 13 Fuß variiert; In gleichen Abständen liegen ovale Stauseen, deren längste Achse bis zu 78 Fuß misst. In jedem Stausee befinden sich zwei oder vier Hügel, die wahrscheinlich als Wachtürme dienten. Wir wissen weder über die Menschen, die diese einzigartigen Bauwerke errichteten, noch über den Feind, vor dem sie Schutz boten. Auch über die Art und Weise der Verteidigung lässt sich nichts sagen. Alles liegt im Dunkeln, und auf Schritt und Tritt müssen wir wiederholen, dass prähistorische Studien mit Unsicherheit behaftet sind und lange und mühsame Studien erforderlich sind, um nur wenig Ordnung in das Chaos zu bringen, in dem alles, was damit zusammenhängt, verwickelt ist.

Wir müssen oberflächlich auf einige andere Befestigungsanlagen verweisen, die eigentlich kaum zu unserem Thema gehören, obwohl bestimmte Archäologen für sie einen prähistorischen Ursprung behaupten. Wir beziehen uns auf die verglasten Festungen, bei denen es sich um seltsame Bauwerke handelt, bei denen Steine wie Granit und Gneis, Quarzit und Basalt einer so starken Hitze ausgesetzt wurden, dass es zu einer Verglasung kam.

Bei diesen verglasten Festungen handelt es sich um *Zäune* , die im Allgemeinen eine runde oder elliptische Form haben und sorgfältig dort errichtet wurden, wo sie zur Verteidigung am meisten benötigt wurden, und durch einen oder mehrere Wälle geschützt. 28 Alle Befestigungsanlagen weisen mehr oder weniger vollständige Spuren einer Verglasung auf, die sie sozusagen zusammenschweißt. Die Verglasung ist sehr ungleichmäßig, an einigen Stellen ist sie vollständig, an anderen kaum wahrnehmbar. Es ist offensichtlich, dass die Bauherren nicht wussten, wie sie ihr Feuer gleichmäßig lenken sollten.

Seit 1777 sind in Schottland verglaste Forts bekannt, und bis 1837 sollte es sie nirgendwo anders gegeben haben. Ungefähr zu dieser Zeit machte Professor Zippe jedoch auf ähnliche Ruinen in Böhmen aufmerksam, und später wurde bekannt, dass in verschiedenen Teilen Frankreichs, Dänemarks und Norwegens Entdeckungen der gleichen Art gemacht worden seien. Virchow spricht von den *Schlaken Wälle* oder Wällen aus verglaster Schlacke in der Nähe von Kern 29 und Schaafhausen und berichtete darüber bei einem Treffen deutscher Naturforscher in Regensburg. Es wäre einfach, Instanzen zu vervielfachen. Im Puy-de-Dôme sind verglaste Mauern bekannt, deren Verkleidung aus Ton besteht und Zugluftkanäle zur Regulierung und Anfachung der Flammen angebracht sind. In Castel-Sarrazin befindet sich eine Lagerhütte mit ähnlicher Anlage, 30 und kürzlich präsentierte Daubree der Académie des Sciences ein künstlich verglastes Stück Porphyr aus der prähistorischen *Enceinte* des Hartmannswiller Kopfs im Oberelsass. 31

Die bemerkenswertesten verglasten Festungen befinden sich jedoch in Schottland. Vor ein paar Jahren wurden noch nicht weniger als vierundvierzig gezählt. Die berühmtesten sind Barry Hill und Castle Spynie in Invernesshire, Top-O-Noth in Aberdeen und eine kleine Festung, die sich auf einem hohen Felsen inmitten der Strait of Bute erhebt. Verglaste

Steinhaufen gibt es auch auf den Orkney-Inseln, vor allem auf der kleinen Insel Sanday, aber die interessantesten Bauwerke dieser Art sind Craig Phœdrick und Ord Hill of Kissock, die sich wie riesige Säulen auf den Hügeln am Eingang des Moray Firth erheben. in einem Abstand von drei Meilen voneinander. 32

Craig Phœdrick ist jetzt mit einer üppigen Vegetation aus Ginster, Ginster und Farn bedeckt, mit Tannen- und Lärchenhainen, zwischen denen der Entdecker nur mit Mühe den Weg zu den Befestigungsanlagen oder vielmehr zu den Stapeln massiver Blöcke findet, die diesen Namen tragen gegeben worden. Diese Blöcke bilden eine Akropolis von ovaler Form, deren oberer Teil eine flache Terrasse ist, die ein etwa sechseinhalb bis neuneinhalb Fuß tiefes zentrales Becken umgibt, das mit den Kratern der erloschenen Vulkane der Auvergne verglichen werden kann. Die Seiten des Hügels sind mit zyklopischen Blöcken aus verglastem Granit übersät, die offenbar ursprünglich Teil der Befestigungsanlagen waren. Auf der Ostseite, mit Blick auf das Tal des Ness, sind die Gebäude von größter Bedeutung; Es sind zwei Terrassen zu erkennen, von denen die untere über die obere hinausragt und eine doppelte Reihe fast senkrechter Befestigungen bildet, die aus verglasten Blöcken bestehen, die mit dünnen Mörtelschichten zusammengeklebt sind, ohne den Versuch einer Regelmäßigkeit. Die Blöcke bilden mit dem Mörtel ein so kompaktes Konglomerat, dass sie beim Schlagen mit einem Hammer zerbrechen, ohne sich zu trennen. Die Untersuchung der Fragmente unter dem Mikroskop beweist, dass sie unter dem Einfluss einer extrem hohen Temperatur wichtige mineralogische Umwandlungen durchlaufen haben. Die Hitze muss tatsächlich stark gewesen sein, was dazu führen konnte, dass der Glimmer vollständig verschwand und der Feldspat fast vollständig schmolz.

Der als Ord Hill of Kissock bekannte Hügel ist gekrönt, ebenso wie Craig Phœdrick, und es stehen noch Ruinen, aber die Vegetation um sie herum ist so dicht und dornig, dass es schwierig ist, den Zustand der Überreste zu erkennen. Die Ruinen, die nur von einer Seite zu sehen sind, scheinen jedoch Teil einer Befestigungsanlage gewesen zu sein, die aus derselben Zeit stammt und demselben Zweck dient wie die von Craig Phœdrick. Waren es Festungen? Es gibt sicherlich keine Anzeichen dafür, dass sie als Wohngebäude genutzt wurden. Oder handelte es sich, wie einige Archäologen vermuten, um Leuchtfeuerhäuser, die dazu dienten, die Menschen vor der Annäherung normannischer Piraten oder skandinavischer Wikinger zu warnen, deren Plünderungen erst im 8. Jahrhundert nach Christus aufhörten? Hypothesen sind immer einfach, aber Beweise für diese Hypothesen sind schwer zu finden, und wir geben zu, dass wir keine vorbringen können. 33

Auf dem Weg nach Frankreich finden wir im Département de la Creuse die größte Anzahl verglaster Festungen. Bei Châteauvieux gibt es einen ovalen *Zaun , der an seiner breitesten Stelle 416 Fuß breit ist.* 34 Ein an der Basis 22 Fuß breiter Erdwall dient als Fundament einer Mauer, deren äußerer und innerer Teil aus kleinen Granitsteinen besteht, die in regelmäßigen Schichten angeordnet sind. Der Raum zwischen den beiden Reihen kleiner Steine ist mit einer etwa 60 cm breiten Schicht aus geschmolzenem Granit ausgefüllt, die auf Kalktuff ruht. Die gesamte Masse ist vollständig verglast, und es wurden regelmäßige Geoden oder Knötchen erzeugt, die mit Kristallen ausgekleidet und mit herabhängenden Tropfen geschmolzenen Gesteins drapiert sind.

Die alte kreisförmige Festung Ribandelle erhebt sich über der Creuse, gegenüber von Châteauvieux. Es wurde nacheinander von den Kelten, den Römern und den Westgoten bewohnt, aber wir können weder das Datum seiner Errichtung noch den Namen der Menschen, die es erbaut haben, bestimmen. Heutzutage sind nur noch wenige Ruinen erhalten , aber wir können darin die gleiche Bauweise wie in Châteauvieux erkennen. Die Wände sind mit unbehauenen Steinen verkleidet, deren Außenseite noch ein natürliches Aussehen behält, während die Innenseite korrodiert und zerfallen ist. In der Mauer selbst, von den Fassaden durch Schichten aus Torfform getrennt, befinden sich große Blöcke aus verglastem Granit. Besonders auffällig sind die Spuren der Brandeinwirkung im oberen Teil der Mauern, so dass diese offenbar zum Zeitpunkt der Fusion bereits fertiggestellt waren.

Der Standort des Ofens in diesen Festungen ist schwer zu bestimmen. Es befand sich offensichtlich nicht unter einem der Blöcke, denn die Erdwälle, auf denen sie ruhen, weisen keine Spuren der Brandeinwirkung auf. Es befand sich auch nicht an der Seite, da die Außenverkleidungen ihre ursprüngliche Form und Konsistenz beibehalten haben. Der Ofen kann auch nicht auf den Blöcken angezündet worden sein, da die Hitze ihre Wirkung ausübt, indem sie in alle Richtungen strahlt. Wir sind daher gezwungen, den Schluss zu ziehen, dass sich das Feuer mit Hilfe von Räumen verbreitet hat, die an verschiedenen Stellen im Inneren des Bauwerks gelassen wurden, denn die verglaste Masse ist in sehr kurzen Abständen in Blöcke von etwa 9 und 3/4 Fuß Länge unterteilt gegenseitig.

Diese wenigen Beispiele werden ausreichen, um einen Eindruck von den seltsamen verglasten Festungen zu vermitteln. Viele von ihnen weisen noch römische Spuren auf. Beruf. Das Guéret-Museum besitzt ein Fragment der Ribandelle-Mauer, in das eine römische Kachel vollständig eingelassen ist; und M. Thuot sammelte weitere Fliesen in einem ähnlichen Zustand aus den Ruinen. Dies ist ein sehr eindeutiger Beweis dafür, dass die Verglasung nach der Ankunft der Eroberer Galliens stattfand. Die entdeckten Waffen und Werkzeuge scheinen diese Idee zu bestätigen und ähnliche Erklärungen für die Verglasung an anderer Stelle nahezulegen. Wenn ja, müssen wir zugeben, dass verglaste Festungen aus den ersten Jahrhunderten der christlichen Ära stammen und überhaupt nicht prähistorisch sind. Wir haben sie hier jedoch wegen der großen Zweifel in dieser Angelegenheit bemerkt, und weil sie eine eindrucksvolle und wertvolle Illustration der Beziehungen liefern, die seit der Antike zwischen weit voneinander entfernten Rassen bestehen und bis heute aufrechterhalten werden. Auf keine andere Weise können wir die Praxis des äußerst schwierigen und komplizierten Vorgangs der Verglasung von Bardengesteinen in Regionen erklären, die so weit voneinander entfernt sind wie Norwegen und Schottland, Deutschland und das Mittelland Frankreichs.

Je mehr wir über die Schwierigkeiten der Vitrifizierung nachdenken, desto größer ist unser Erstaunen. Wie wurde die Verschmelzung von Elementen erreicht, die sowohl in ihrer Struktur als auch im Widerstand der angesammelten Materialmassen so feuerfest waren? Durch welche Prozesse wurde die Hitze auf die für die Granitschmelze notwendigen 1300 Grad gebracht? Die Verbrennung und Verschmelzung der Materialien, aus denen die verglasten Festungen bestehen, insbesondere die Granitfestungen von La Creuse und den Côtes du Nord, zeugen laut Daubrée von der erstaunlichen Fähigkeit und dem Wissen der Brandstifter, mit dem Feuer umzugehen , aber diese Eigenschaften zeigten sich auch in sehr alten metallurgischen Betrieben. Es ist völlig unmöglich anzunehmen, dass die Verglasung das Ergebnis einer Feuersbrunst war. Kein Feuer, weder zufällig noch durch Brandstiftung, könnte stark genug sein, um solche Ergebnisse zu erzielen. Die Verwendung von Erdöl in den schrecklichsten Feuersbrünsten unserer Zeit – zum Beispiel in der Kommune im Jahr 1871 – führte zur Kalzinierung und Zersetzung von Steinen, aber mir ist kein Fall von Verglasung bekannt.

Das Keramikmuseum von Sèvres enthält mehrere Exemplare, die sehr bemerkenswerte Unterschiede zueinander aufweisen. Die von Château-Gontier bestehen aus sehr feinkörnigem Quarzit-Granit von grünlicher Farbe mit schwarzen Streifen. Das dort zusammengeschweißte Konglomerat ist eine verglaste Schlacke voller sehr kleiner Blasen, die durch das Entweichen von Gas entstanden sind, das nicht stark genug war, um herauszukommen. Der Block aus Sainte-Suzanne (Mayenne) besteht aus Quarz, gemischt mit halbkalzinierten Feldspatkörnern, gebleicht durch die Wirkung von geschmolzenem Glas, das nach dem Einbringen alle freien Räume mit einer glasigen Substanz von hellgrünlich-weißer Farbe ausfüllte und erstarrte . Die Brüche sind grün und hell und mit weißen Punkten übersät, die alles sind, was von den Steinen übrig geblieben ist, nachdem sie durch die Hitze, die gleichermaßen intensiv und schnell wirkte, zerfielen. Die aus Schottland mitgebrachten Fragmente unterscheiden sich von den gerade beschriebenen. Sie bestehen aus kleinen Granitstücken, die vollständig in einer dicken Paste verschmolzen sind, mit der sie die Masse bilden, wobei das Ganze zusammenbricht, wenn es zerbricht; und die geschmolzene Materie enthält selten Blasen. 35

Das Verfahren zur Zementierung der Materialien der verglasten Festungen war damals völlig einzigartig. Die zur Gewinnung der notwendigen Wärme eingesetzten Verfahren variierten je nach den Umständen und der Art der verwendeten Materialien. In Sainte-Suzanne und La Courbe wurde Meersalz als Flussmittel verwendet. Kapitän Prévot 36 glaubt, dass die Wände mit einer Lehmschicht bestrichen waren und dass wie beim Backen von Ziegeln Zwischenräume gelassen wurden, um eine intensivere Hitze zu erzeugen. Herr de Montaiglon ist der Meinung, dass die Gebäude zunächst ohne Verwendung von kalkhaltigem oder tonhaltigem Material errichtet wurden und dass anschließend geschmolzenes Glas über sie gegossen wurde, das sie festigte und mit ihnen eine unzerstörbare Einheit bildete Masse. Herr Thuot scheint dieser letzten Meinung durchaus zuzustimmen, glaubt jedoch, dass auch einige chemische Materialien wie Soda oder Kali verwendet wurden. Es sei noch eine andere mögliche Lösung erwähnt, die sich immer mehr durchsetzt, nämlich dass der Granit doch nicht wirklich geschmolzen sei, sondern dass die Verglasung entweder auf die Verschmelzung der tonigen Masse zurückzuführen sei, was geschehen sei einer magmatischen Umwandlung unterworfen, wie sie häufig in Öfen zum Backen von Ziegeln und in Kalköfen stattfindet. 37

Welche Erklärung wir auch immer akzeptieren mögen, die angewandten Prozesse zeugen jedoch sicherlich von einem weit fortgeschritteneren Zivilisationszustand als in den frühesten Zeitaltern der Menschheit. Das große Interesse und Geheimnis des Themas hat uns veranlasst, uns länger damit zu befassen, als wir beabsichtigt hatten, und wir müssen uns beeilen, in prähistorische Zeiten zurückzukehren, mit der Entschlossenheit, nicht noch einmal zu verstoßen.

Befestigungen sind ein Beweis für gemeinsames Handeln, das zu einem gemeinsamen Ziel führt; Sie implizieren eine soziale Organisation, Häuptlinge, die befehlen, Arbeiter, denen gehorchen muss. Eine kürzliche Entdeckung ermöglicht es uns, uns ein sehr genaues Bild von prähistorischen Menschen zu machen, die nicht nur zu Verteidigungszwecken zusammenkamen, sondern in einer Gesellschaft, die bereits reich und fleißig war und, wenn wir so sagen dürfen, lernte, die Künste des Friedens zu kultivieren.

Das Ägäische Meer war schon immer Schauplatz magmatischer Phänomene, und die drei kleinen Inseln Thera, Therasia und Aspronisi, die in der Bucht von Santorin liegen, bestehen hauptsächlich aus vulkanischem Material. 38 Im Jahr 1573 erschien plötzlich ein Eruptionskegel; Im Jahr 1707 sahen die Einwohner von Santorin in geringer Entfernung von ihren

Küsten einen Felsen aufsteigen, der mehrere Tage lang an Größe zunahm und sich dann plötzlich aufteilte. Dieser Spaltung folgte ein großer Ausbruch glühender Materialien; Ein Ausbruch dauerte nicht weniger als fünf Jahre und bildete am Ende dieser Zeit eine Insel mit einer Höhe von etwa 400 Fuß und einem Umfang von 3.279 Fuß. Im Jahr 1866 wurde der Boden auf dieser Insel nach vielen heftigen Erdbeben zerrissen und es wurden Massen vulkanischer Materie ausgestoßen, während auf der anderen Seite der Insel der Boden so stark sank, dass man Kanus benutzte, um zu den Häusern zu gelangen die aber am Tag zuvor neun Fuß über dem Meeresspiegel lagen. Dieser Ausbruch dauerte bis zum Jahr 1870, und die Menge der dabei ausgespuckten Schlacken schweißte drei bis dahin getrennte Inseln mit der Hauptinsel zusammen, zu der sie jetzt gehören. Beim Eintritt in die Bucht von Santorin sehen wir auf allen Seiten Lavabänke, Schichten von Schlacken und Schlackenhaufen von violettgrauer Farbe, die sich in Klippen bis zu einer Höhe von mehr als 1.312 Fuß erheben. Alle diese Materialien sind das Ergebnis unzähliger Eruptionen, und der zentrale Krater des Vulkans liegt wahrscheinlich etwa in der Mitte der Bucht. Es wird angenommen, dass sich einst ein kegelförmiger Berg mit einer Höhe von 1.958 bis 2.600 Fuß erhob, wo Sondierungen heute eine Wassertiefe von über 1.300 Fuß ergeben. Wahrscheinlich ist dieser Abgrund durch einen plötzlichen Bruch des Berges entstanden, und gewaltige Eruptionen haben dazu geführt, dass riesige Mengen Bimsstein herausgeflossen sind. Die drei oben erwähnten Inseln wären die Überreste des alten zentralen Kegels, und über ihre gesamte Oberfläche ist ein Bimssteinbett von 98 bis 131 Fuß Dicke ausgebreitet, das von einer heftigen Katastrophe zeugt, die weder in der Geschichte noch in der Tradition erhalten geblieben ist die Erinnerung.

In den Briefen von Plinius dem Jüngeren heißt es 39 , dass der Ausbruch des Vesuvs, der die Zerstörung von Portici verursachte, fünf Tage dauerte, und wir wissen, dass die Häuser mit einer gleichmäßig verteilten Schicht aus Bimssteinen von etwa dreizehn Fuß Dicke und etwa drei Fuß Asche bedeckt sind Füße dick. Alles deutet darauf hin, dass Santorin von einer ganz ähnlichen Katastrophe heimgesucht wurde; Auch dort waren ganze Dörfer unter Asche, Steinen und geschmolzener Lava begraben, die ein in Aktion befindlicher Vulkan ausspuckte; Auch dort waren Männer Zeugen und Opfer des Ausbruchs, wie ein zufälliger Umstand beweist, der sich etwa dreiundzwanzig Jahre später ereignete. 40

Die Entfernung der *Pouzzolana* , die nach der Vulkanasche von Pozzuoli in Italien für die Arbeiten an der Landenge von Suez benannt wurde, erforderte umfangreiche Ausgrabungen, und die Grabungen enthüllten die Existenz von Behausungen, die viele Jahrhunderte lang vom Licht der Öffentlichkeit ferngehalten worden waren . Die Müllmassen, die diese prähistorischen Ruinen verbargen, waren etwa 65 Fuß hoch und bestanden hauptsächlich aus Vulkanasche, die aus irgendeinem zufälligen Grund in vergleichsweise moderner Zeit aufgetürmt wurde. Unter der *Pouzzolana* enthält eine dünne Humusschicht Fragmente von Keramik hellenischen Ursprungs; Dies markiert das Ende der historischen Periode und bedeckt die Masse des vom Vulkan ausgespuckten Bimssteintuffs. In diesem acht Fuß dicken Tuffstein wurden die ersten Anzeichen von Gebäuden entdeckt. Bei weiteren Ausgrabungen kamen zwei Häuser mit Türen, Fenstern und tragenden Wänden ans Licht. In einem dieser Häuser gab es fünf verschiedene Räume. Andere Entdeckungen folgten schnell aufeinander, sowohl auf der Insel Therasia als auch auf Acrotiri, der Hauptinsel, die der Gruppe ihren Namen gegeben hat. Der Grundriss dieser Häuser ist ein unregelmäßiges Parallelogramm, dessen Ecken abgerundet und die Seiten mehr oder weniger gebogen sind. Diese Anordnung unterscheidet sich stark von der in Griechenland und nach den Vulkanausbrüchen in Therasia geltenden Regelung. Auch die Häuser sind in ihrer Bauweise recht unterschiedlich. Die Mauern bestehen aus großen, übereinander geschichteten Lavablöcken, ohne jede Spur von Zement oder Kalk, und werden lediglich durch eine rötliche Erde, vermischt mit gehäckseltem Stroh oder Meeresalgen, an Ort und Stelle gehalten. In das Mauerwerk sind große Zweige von Oliven- oder Zypressenbäumen eingebettet, die noch Rinde tragen. Diese Holzstücke, deren Größe erheblich variiert, wurden wahrscheinlich hinzugefügt, um den Mauern bei den zahlreichen Erdbeben, deren verheerende Auswirkungen den alten Bewohnern von Santorin nur allzu gut bekannt waren, die nötige Stabilität zu verleihen. Es ist merkwürdig und interessant zu beobachten, dass die Bewohner der Inseln des Archipels, die immer noch derselben Gefahr ausgesetzt sind, dasselbe Mittel anwenden. Die Türen und Fenster sind schwerfällig gewölbt und das Dach scheint ein niedriges Gewölbe gewesen zu sein. Es bestand aus Steinen, war mit Lehm überzogen und wurde von Olivenbaumstämmen getragen, deren verkohlte Überreste auf den Böden der zerstörten Häuser lagen. Diese Stämme weisen keine Anzeichen dafür auf, dass sie mit Metallwerkzeugen berührt wurden; Es wurde weder ein Nagel noch eine Klammer aus Metall gefunden, und wir können nicht umhin zu schließen, dass die Überreste aus der Zeit stammen, als nur Stein verwendet wurde.

Die Innenwände waren in keiner Weise glasiert oder verziert, außer in einem Fall, dem eines Hauses in Acrotiri, aus dem der Müll entfernt wurde, wobei an den Wänden eine Kalkschicht zum Vorschein kam, auf der sich noch einige farbige Verzierungen befanden, die noch erhalten blieben eine außergewöhnliche Brillanz, als es entdeckt wurde.

In allen Häusern und in jedem Raum eines jeden wurden unter dem Tuffstein, der sie begrub, Massen von Lava und vulkanischen Schlacken gefunden, die ein äußerst beredtes Zeugnis für die Ursache ihrer Zerstörung ablegten. In der Nähe eines der Häuser von Therasia steht ein kleiner zylindrischer Bau, etwa einen Meter hoch; Dies kann kein Brunnen gewesen sein, da er direkt auf undurchlässiger Lava ruht, und war sicherlich keine Zisterne, da er dafür zu klein ist. Könnte es, wie manche meinen, ein Altar gewesen sein? Wir können es nicht sagen, und obwohl das religiöse Gefühl bei diesen primitiven Rassen wahrscheinlich ebenso wenig fehlte wie bei den barbarischen Völkern unserer Zeit, ist es nicht angebracht, ohne positive Beweise eine Meinung zu äußern.

Aufeinanderfolgende Ausgrabungen brachten eine Reihe von Objekten zutage, die ein neues Licht auf die Sitten und Gebräuche der Bewohner werfen. Terrakotta-Vasen sind zahlreicher als alles andere (Abb. 88), und unter ihnen überwiegen große gelbe Gefäße, die etwa hundert Liter fassen können. Die meisten von ihnen haben eine unförmige Krempe, und der Töpfer hat mit seinen Fingern auf dem feuchten Ton einen groben Versuch unternommen, sie zu verzieren. Andere Vasen aus feinerem Ton, rot oder gelb gefärbt, sind mit Ornamenten und anmutigen Arabesken bedeckt; Die Girlanden aus Früchten und Blumen sind oft von bemerkenswert schöner Verarbeitung. In allen Häusern wurden Tassen mit wohlgeformten runden Henkeln aufgesammelt, die entweder aus roter, eisenhaltiger Erde oder aus grauem Material hergestellt waren. Diese verschiedenen Gefäße wurden für viele verschiedene Zwecke verwendet; Einige dienten zum Kochen von Speisen, auf denen noch Spuren des Herdes zu sehen waren, während andere etwas von dem gehäckselten Stroh behielten, mit dem die Haustiere offenbar gefüttert worden waren. Am merkwürdigsten sind diejenigen, die eine Frau darstellen sollen; Der vordere Teil ragt hervor und wird von einem schmalen, nach hinten gebogenen Hals überragt, mit zwei braunen Vorsprüngen, die Brüste darstellen sollen, und Punkten rund um den oberen Teil, die eine Halskette darstellen, während Ohrringe durch elliptische Bänder in verschiedenen Farben gekennzeichnet sind. Wir werden uns noch einmal auf diese merkwürdigen Vasen beziehen müssen, wenn wir von den Entdeckungen in Troja sprechen; Wir müssen jetzt nur hinzufügen, dass sich die in Santorin gefundene Keramik in Form und Verzierung völlig von den griechischen, phönizischen und etruskischen Exemplaren unterscheidet, von denen die Museen Europas so viele enthalten. Sie sind also offenbar nicht ausländischer Herkunft, sondern einheimischer Herstellung. Das Fehlen von Ton auf der Insel Santorin hat jedoch einige Zweifel daran aufkommen lassen, aber die Forschungen von M. Fouqué haben die frühere Existenz eines großen Tals am Fuße des Hauptkegels ergeben, das bis zum Meer hinablief -Küste in der Nähe der Insel Aspronisi; und in dem wahrscheinlich der Ton gefunden wurde, den die Töpfer des Bezirks bald zu verarbeiten lernten.

Abbildung 88.

Auf Santorin gefundene Vasen.

Bei diesen Vasen wurden einige Tröge zum Aufbewahren von zerkleinertem Getreide und Lavascheiben gefunden, die denen sehr ähnlich sind, die noch heute von den Webern des Archipels verwendet werden, um den Schuss ihrer Gewebe zu spannen; geschickt abgestufte Lavagewichte, deren Korrelation sehr offensichtlich ist, da sie 8, 24 und 96 Unzen wiegen; eine Pfeilspitze aus Feuerstein und eine Säge aus demselben Material mit regelmäßigen Zähnen; zusammmen mit einer Vielzahl anderer Gegenstände, darunter viele Pfeile und Messer aus Obsidian, die in ihrer Form an die charakteristischen Gegenstände der Steinzeit in Nordeuropa erinnern.

Zwei sehr dünn geschlagene Goldringe und eine kleine Kupfersäge ohne Spuren jeglicher Legierung sind bisher die einzigen Metallgegenstände, die bei den Ausgrabungen gefunden wurden. Darüber hinaus ist der Ursprung ersterer sehr ungewiss und es gibt viele Diskussionen darüber, woher die Ringe stammen. Trotz aller Lücken in den Beweisen über sie besteht jedoch kein Zweifel daran, dass die Einwohner von Santorin in ihrer Zivilisation weiter fortgeschritten waren als die Seebewohner in der Schweiz, die Erbauer der Terremare in Italien oder die Iberer *im* Süden von Spanien, die höchstwahrscheinlich ihre Zeitgenossen waren; und wir können nicht umhin, unsere Bewunderung für die wunderbaren Fortschritte auszudrücken, die die Bewohner der kleinen Gruppe vulkanischer Inseln, die hier erwähnt werden, gemacht haben.

Vor der Katastrophe, die sie überwältigte, war Santorin mit komfortablen und solide gebauten Häusern übersät. Die Menschen wussten, wie man den Boden bestellt, und ernteten Getreide, von dem Gerste am häufigsten vorkam, dann Hirse, Linsen, Erbsen, Koriander und Anis; sie hatten gelernt, Tiere zu domestizieren, wie die Anzahl der Knochen von Schafen und Ziegen zweifelsfrei beweist; Sie hielten Hunde, um ihre Herden zu bewachen, und Pferde, um bei der landwirtschaftlichen Arbeit zu helfen. Sie wussten, wie man Stoffe webt, Getreide mahlt, das Öl aus Oliven gewinnt und sogar Käse herstellt, wenn wir dem pastösen weißen Stoff, den Dr. Nomicos auf dem Boden einer Vase gefunden hat, diesen Namen geben dürfen. Sie waren mit dem Bogen vertraut und verwendeten langlebige und brillante Farben. Die Kupfersäge ist ein Beispiel für die ersten Bemühungen der Eingeborenen in der Metallurgie; Das auf der Insel fremde Gold und der Obsidian zeugen von Handelsbeziehungen mit Menschen in der Ferne. Sie liebten die Kunst, wie die Form ihrer Vasen und die Verzierungen auf vielen von ihnen beweisen, die oft der besten Zeit Griechenlands würdig sind. Überall um uns herum sehen wir, wie plötzlich Zeichen einer Zivilisation auftauchen, deren Ursprung und Tendenzen gleichermaßen noch unbekannt sind.

Bisher wurde jedoch auf Santorin ein menschliches Skelett gefunden, und zwar eines Bewohners, der offenbar auf seiner Flucht überholt und unter den brennenden Schlacken des Vulkans zerquetscht worden war. Dieser Mann war mittelgroß und soll zwischen vierzig und achtundvierzig Jahre alt gewesen sein. Die Knochen des Beckens werden fest verfestigt und die Zähne werden beim Kauen abgenutzt.

Versuchen wir, die Zeit zu erraten, in der die Menschen auf Santorin lebten. De Longpérier erzählt uns, dass Vasen, die den von ihnen hinterlassenen ähneln, auf dem Grab von Rekmara unter den Geschenken zu sehen sind, die Thothmes III., der im 8. Jahrhundert v. Chr. lebte, dargebracht wurden, aber wenn dem so ist, scheinen die Einwohner von Santorin nichts davon übernommen zu haben Verkehr mit Ägypten. Die erste Invasion Griechenlands durch die Phönizier soll im 15. Jahrhundert v. Chr. stattgefunden haben, aber die Gebäude, die Töpferwaren und die verschiedenen Geräte von Therasia und Acrotiri unterscheiden sich wesentlich von denen der Phönizier, die darüber hinaus aus frühester Zeit stammen , gebrauchte Metalle. Müssen wir daher nicht den Schluss ziehen, dass die Katastrophe, die Santorin heimgesucht hat, vor dem 15. Jahrhundert v. Chr. stattgefunden hat? Vermutungen über das Datum des tödlichen Ausbruchs, so plausibel sie auch sein mögen, sind in Bezug auf die Herkunft der Menschen oder den Zeitpunkt ihrer ersten Besetzung der Insel nutzlos. In diesen Punkten herrscht noch immer hoffnungslose Verwirrung, und wir müssen auf weitere Entdeckungen warten, bevor wir hoffen können, in dieser Angelegenheit zu irgendwelchen Schlussfolgerungen zu gelangen.

Wir sind bis zu den frühesten Tagen des Menschen auf der Erde zurückgekehrt; wir haben gezeigt, dass er der Zeitgenosse des Mammuts und des Nashorns, des Höhlenlöwen und des Höhlenbären war; Wir haben gesehen, wie er in den Tiefen seiner Höhle hockte und den Kampf ums Leben kämpfte, ohne Waffe außer ein paar kaum geschärften Feuersteinen, und ein Leben führte, das unendlich viel elender war als die Tiere um ihn herum. Nicht ohne Emotionen haben wir unsere entfernten Vorfahren in ihrem unaufhörlichen Kampf ums Dasein beobachtet; Nicht ohne Emotionen haben wir gesehen, wie sie allmählich an Intelligenz und Energie zunahmen und nach und nach ein gewisses Maß an Zivilisation erreichten. Santorin ist ein eindrucksvoller und brillanter Beweis für ihren Fortschritt, und wir werden diesen Fortschritt noch mehr zu schätzen wissen, wenn wir die auf dem Hügel von Hissarlik aufgetürmten Ruinen untersucht haben. Damit schließen wir diesen Teil unserer Arbeit ab, denn von der Zeit an, als die Gebäude, deren Reliquien diese Überreste waren, ihrem Untergang entgegensahen, wurde die Verwendung von Metallen, Kupfer, Bronze, Gold, Silber und Eisen allgemein. Es begann Geschichte zu schreiben, und es ist ihre Aufgabe, uns von den Wanderungen der Rassen, den frühen Bemühungen historischer Rassen und der Gründung von Reichen zu erzählen. Mit einem Wort: Das prähistorische Zeitalter war vorbei; nun sollte das der selbstbewussten Porträtmalerei beginnen.

Vor ein paar Jahren war ich auf dem antiken Hellespont und meine Mitreisenden, die sich um das Deck unseres Schiffes versammelt hatten, versuchten, an der zurückweichenden Küste Asiens die Stätten von Troja und die Grabhügel zu erkennen, die es damals angeblich noch gab Es handelte sich um die Gräber von Achilleus, Patrokles und Hektor, von denen heute jedoch dank der fähigen Forschungen von Dr. Schliemann bekannt ist, dass sie einer vergleichsweise modernen Epoche angehören. Auch die Bäche, die die unvergesslichen Namen Simoïs und Scamander trugen, wurden von den Zuschauern eifrig gezeigt und erinnerten sich an die Worte von Lamartine:

> Der nautonnier voyant sur les flots du Bosporus
> Des yeux cherchait encoreLe palais de Priamos et les Tours
> d'Ilium.

Großartig ist in der Tat das Privileg des Genies, alles zu verewigen, was es berührt; denn es muss darauf hingewiesen werden, dass Troja nie eine wichtige Stadt war und der Krieg, in dem sie verschwand, in Wirklichkeit nur einer der unaufhörlichen Kämpfe zwischen den kleinen Fürsten Griechenlands und Asiens war.

Als ich den Osten besuchte, waren sich die Gelehrten überhaupt nicht einig über den Standort der Stadt, die so lange von den Griechen belagert wurde; und gewisse skeptische Geister gingen sogar so weit, zu leugnen, dass es jemals einen Menschen wie Homer gegeben habe, oder dass er, wenn es ihn gäbe, das epische Gedicht geschrieben hätte, das so lange seinen Namen trägt. Die Tradition verwies jedoch ziemlich konstant auf den Hügel von Hissarlik als den Ort, an dem Troja erbaut wurde. Strabo war eine Ausnahme, als er die Stadt an das untere Ende der Bucht verbannte; wo jetzt das elende kleine Dorf Akshi-koi steht. 1788 wurde eine neue Idee ins Leben gerufen; Lechevalier behauptet in seinem Bericht über seine Reise in Troas, den Standort Trojas in Bunarbashi erkannt zu haben. Zu dieser Zeit war die Gelehrsamkeit nicht sehr ausgeprägt, und Lechevaliers Standort wurde akzeptiert; Tatsächlich wurde es lange Zeit aufrechterhalten und erst kürzlich von Perrot verteidigt. Aber das neunzehnte Jahrhundert ist anspruchsvoller; Die plausibelsten Hypothesen reichen ohne Fakten nicht aus, und Ausgrabungen in Akshi-koi und Bunarbashi zeigen, dass es an keinem dieser Orte eine Stadt gab.

Ausgrabungen auf dem Hügel von Hissarlik, die von Dr. Schliemann im Jahr 1871 begonnen und unter seiner Aufsicht mehr als zehn Jahre lang durchgeführt wurden, haben im Gegenteil äußerst eindeutige, zufriedenstellende und schlüssige Ergebnisse erbracht. In einer Tiefe von 52 Fuß stießen die Bagger auf jungfräulichen Boden, einen sehr harten Nadelbaumkalkstein. Die riesigen Trümmermassen , aus denen der Wall besteht, stammen aus verschiedenen Epochen; Wir haben, wenn wir einen solchen Ausdruck verwenden dürfen, eine senkrechte Pentapolis oder eine Reihe von fünf übereinander liegenden antiken Städten vor uns. Eine Stadt wurde durch Angriff und Feuer zerstört; Ein anderer erhob sich schnell aus seinen Ruinen, errichtet aus Steinen, die inmitten dieser Überreste errichtet wurden. Das Studium des aufgetürmten Mülls ermöglicht es uns, uns erneut ein Bild der fernen Vergangenheit mit all ihren Wechselfällen zu machen, und Virchow kann durchaus sagen, dass der Hügel von Hissarlik für immer als einer der bestbeglaubigten Zeugen des Fortschritts von gelten wird Zivilisation. 41

Die erste Schuttschicht ruht auf dem Felsen selbst und könnte durchaus zu der von Dardanus erbauten Stadt gehört haben, von der Tlepolemos die Zerstörung durch seinen Großvater Herkules berichtet. 42 Der homerischen Geschichte zufolge trennen Dardanus sechs Generationen und nach allgemein anerkannten modernen Berechnungen zwei Jahrhunderte. Wenn wir also das Jahr 1200 v. Chr. als Datum des Trojanischen Krieges annehmen, würde die von Dardanus erbaute Stadt aus dem Jahr 1400 v. Chr. stammen, und wir sollten über Daten verfügen, wenn auch nicht absolut sicher, so doch zumindest annähernd. 43

Von den Gebäuden, die von den ersten Bewohnern des Hügels von Hissarlik errichtet wurden, sind nur noch wenige Überreste erhalten. Diese Relikte bestehen aus großen Blöcken unregelmäßiger Größe mit Überresten tragender Mauern, die aus kleinen Steinen bestehen, die mit Lehm zusammenzementiert und mit einer Glasur verkleidet sind überdauerte den Verschleiß von Jahrhunderten.

Die zweite Stadt, die offenbar die in der Ilias beschriebene war, wurde wahrscheinlich von einer Rasse erbaut, die denen, die die erste errichteten, fremd war. Der Hügel, der zur Akropolis der neuen Stadt werden sollte, wurde von den Neuankömmlingen mit einer mehrere Fuß dicken Mauer umgeben, deren Fundamente aus unbehauenen Steinen bestanden; während der obere Teil aus künstlich gebrannten Ziegeln bestand, deren Backen nach dem Aufstellen durch große Feuer erfolgte, die in regelmäßigen Abständen an freien Stellen angezündet wurden; eine Anordnung, die an das erinnert, was wir gesagt haben, als wir über verglaste Festungen gesprochen haben. 44 Es ist auch interessant, eine ähnliche Bauweise in Aztalan in Wisconsin bei Bauwerken zu beobachten, die wahrscheinlich aus der Zeit der Mound Builders stammen. Die Mauern von Hissarlik wurden durch einfallende Winkel und vorspringende Festungen geschützt. Das Innere der *Enceinte* war durch drei Türen zugänglich, und die Ruinen der verschiedenen Gebäude sind noch immer gut zu erkennen. Ein Raum von 65 Fuß Länge und 32 Fuß Breite ist von sehr dicken Mauern umgeben und im Südosten befindet sich ein quadratischer Vorraum, der durch eine große Tür in den Raum führt. 45 Dies waren, so glaubt Dr. Schliemann, die *Naos* und *Pronaos* eines Tempels, der den Schutzgöttern der Stadt gewidmet war. Ganz in der Nähe befindet sich ein weiteres Gebäude mit ähnlicher Anordnung; ein quadratischer Vorraum, der Zugang zu einem großen Raum bietet, der wiederum zu einer kleineren Wohnung führt. Diese beiden Gebäude, zu denen man durch ein *Propylæum* gelangt , sind die einzigen, deren Maße die Forscher einigermaßen genau bestimmen konnten.

Andere Ruinen sind offensichtlich Überreste der königlichen Residenz. Die Häuser der Menschen drängten sich an den Seiten und am Fuße des Hügels. Nach der Zerstörung der Stadt durch die Griechen bildete die Akropolis eine riesige Ruinenmasse, aus der hier und da Mauerreste als stumme Zeugen der Katastrophe hervorragten. Die dünne Schicht schwarzer Erde, die die Ruinen bedeckt, scheint auf den raschen Wiederaufbau der Stadt hinzuweisen. Die Häuser der dritten Siedlung sind sehr unregelmäßig gruppiert und bestanden größtenteils nur aus einem Stockwerk und enthielten eine Reihe sehr kleiner Räume. Einige der Wände bestehen aus Ziegeln mit glasierten Verkleidungen, andere aus sehr kleinen Steinen, die mit Lehm zusammengeklebt sind. In einem Haus, das etwas größer war als die anderen, wurde Zement aus Asche, gemischt mit

Holzkohlefragmenten, gebrochenen Knochen sowie Überresten von Muscheln und Töpferwaren gefunden. Im Nordwesten errichteten die neuen Kolonisten Mauern anstelle der eingestürzten Mauern, die jedoch aus sehr minderwertigem Mauerwerk bestanden; grobe Ziegel, die an Ort und Stelle gebrannt wurden, wie es bei den Trojanern üblich war, bildeten das Material.

Die Zerstörung der dritten Stadt war umfassender als die von Troja. Man kann noch erkennen, dass die Mauern der Häuser eine gewisse Höhe erreichten und auf ihnen als Fundamente errichtete die vierte Kolonie ihre Wohnsitze. Diese Behausungen sind noch kleiner und haben flache Dächer aus Balken, auf die eine Schicht aus Binsen und Lehm gelegt wurde. Jede Generation scheint ärmer gewesen zu sein als die vorherige, sowohl was den materiellen Reichtum als auch die Fruchtbarkeit der Ressourcen betrifft.

Die fünfte Kolonie breitete sich nach Norden und Osten aus. Ihre Häuser waren weitgehend im gleichen Stil wie die ihrer Vorgänger gebaut. Die Ähnlichkeit endet hier nicht, und Dr. Schliemann stellt fest, dass sich in den Ruinen der drei Städte, die nacheinander an der Stelle Trojas entstanden, ähnlich seltsam aussehende Idole gefunden haben, Beile aus Jade, Porphyr, Diorit und Bronzebecher mit zwei Griffen, schwerfälligen Steinhämmern, Trachyt-Schleifsteinen und Fusaïolen oder perforierten Wirbeln, die symbolische Zeichen ähnlicher Form tragen. Offensichtlich gehörten die Männer, die nach der großen Belagerung Trojas auf dem heute berühmten Hügel Hissarlik aufeinander folgten, derselben Rasse an, vielleicht sogar demselben Stamm. Es gibt jedoch einige bemerkenswerte Unterschiede, die nicht außer Acht gelassen werden dürfen. Die späteren Töpferwaren bestehen nicht aus so feinem Ton und sind nicht so gut geformt wie die früheren Exemplare, und auch die Steinhämmer, die offenbar die hauptsächlich verwendeten Werkzeuge waren, sind nicht so gut verarbeitet. Die Muschelhaufen, die sich um die Häuser der vierten und fünften Stadt herum angesammelt haben, können nur mit den so oft erwähnten Küchenabfällen verglichen werden, und es besteht kein Zweifel, dass diejenigen, die solche Müllhaufen um ihre Behausungen zurückgelassen haben, das nicht gewesen sein können so zivilisiert wie die berühmten Trojaner.

Unter den Ruinen der griechischen Stadt, die streng genommen zur Geschichte gehört, fand Schliemann eine Menge Keramik mit merkwürdigen Formen, die sich stark von allem unterschieden, was er zuvor entdeckt hatte. Er schreibt sie einer lydischen Kolonie zu, die für kurze Zeit auf dem Hügel lebte. Diese Keramik ähnelt der sogenannten protoetruskischen Keramik, von der in Italien so viele Exemplare gefunden wurden. Wahrscheinlich handelte es sich bei den Erbauern beider um Zeitgenossen.

Durch zahlreiche und sorgfältige Messungen konnte Dr. Schliemann die Dicke der Schichten genau bestimmen, die den verschiedenen Zeiträumen entsprechen, in denen Hissarlik bewohnt war. Die Überreste der griechischen und lydischen Städte reichen bis zu einer Tiefe von 7½ Fuß unter dem tatsächlichen Bodenniveau; die vierte Schicht, von 7½ bis 15 Fuß; der dritte von 15 bis 22½ Fuß; Troja selbst, von 22½ bis 32 Fuß; und schließlich Dardania, von 32 bis 52 Fuß. Die letzte Schicht führt uns zurück in das goldene Zeitalter der griechischen Kunst, in dem alle Zweifel endlich ein Ende haben. Die Basreliefs von bemerkenswerter Handwerkskunst zeugen vom Ilium, das zum Gedenken an Troja gegründet wurde. Dies ist die Stadt, die Xerxes, Alexander der Große und Julian der Abtrünnige besuchten. 46 Dass die Stadt noch um die Mitte des vierten Jahrhunderts existierte, wird durch Medaillen aus den Ruinen bewiesen, aber sie verfiel offenbar bald danach, denn ihr Name wurde von der Geschichte vergessen und war für uns reserviert Es ist Zeit, die antike Stadt des Priamos und ihrer Nachfolger aus den Ruinen wiederzubeleben, die durch die zerstörerische Hand des Menschen und durch den Verfall der Natur aufgetürmt wurden. Aber diese Aufgabe wurde durch den Enthusiasmus, den wissenschaftlichen Scharfsinn und vielleicht das Glück eines Archäologen, der eine positive Leidenschaft für alles hegte, was mit der Zeit Homers zu tun hatte, hervorragend gelöst.

Die Zahl der in den verschiedenen Phasen der Ausgrabungen gefundenen Gegenstände war sehr beträchtlich. Dr. Schliemann hat absolut nichts vernachlässigt, was seiner Sammlung, die heute dem Königlichen Museum zu Berlin gehört und etwa zwanzigtausend Objekte umfasst, darunter Waffen und Geräte, einige aus Stein, andere aus Bronze, und Tausende von Vasen, seiner Meinung nach auch nur würdig erschien und Fusaïolen, deren Anblick uns das Bild einer Zivilisation vor Augen führt, die bis dahin nur durch die Ilias und ein paar dürftige historische Anspielungen unbekannt war.

Bevor wir die bemerkenswertesten Objekte in Dr. Schliemanns Sammlung im Detail betrachten, müssen wir hinzufügen, dass neuere Forschungen auch die Überreste eines kleinen, Pallas Athene gewidmeten und in der Geschichte erwähnten Tempels ans Licht gebracht haben, sowie die Überreste eines großen dorischen Tempel, der von Lysimachos errichtet wurde, und eines prächtigen Theaters, das sechstausend Zuschauern Platz bot und wahrscheinlich aus dem Ende der Römischen Republik stammt. Die in den Ruinen der verschiedenen Städte aufgesammelten menschlichen Knochen lassen sich auf die bereits übliche Praxis der Einäscherung zurückführen. Virchow hat den Schädel einer in Troja gefundenen Frau untersucht, der von einem ausgeprägten brachyzephalen Typ ist (82,5). Die Schädel aus der dritten Stadt hingegen sind dolichozephal, wobei die mittlere

Schädelkapazität 67 beträgt. Wenn wir aus der Schädelkapazität einigermaßen sicher schließen könnten, würde dies auf eine andere Rasse hindeuten, aber es würde nicht genügen, zu einer positiven Schlussfolgerung zu kommen, wenn nur ein trojanischer Schädel zur Beurteilung herangezogen würde.

Abbildung 89.

Vase, die in der Schnauze eines Tieres endet. Gefunden auf dem Hügel von Hissarlik in einer Tiefe von 45½ Fuß.

Aber zurück zu Dr. Schliemanns schöner Sammlung. Die Töpferwaren aus der ersten Stadt, die in einer Tiefe von 32 bis 52 Fuß gefunden wurden (Abb. 89), sind den Keramikwaren der folgenden Perioden in Farbe, Form und Konstruktion gleichermaßen überlegen. Die Töpferscheibe war unbekannt oder wurde zumindest sehr selten verwendet 47 und die Töpferwaren wurden von Hand hergestellt und mit Knochen- oder Holzpolierern poliert, deren Spuren noch immer zu erkennen sind. Die Formen sind vielfältig und oft anmutig, viele von ihnen, wie auch die in den Hügeln Nordamerikas gefundenen, ähneln denen der Tiere, unter denen die Töpfer lebten. Die übliche Farbe der Keramikwaren ist Schwarz, manchmal mit weißen rautenförmigen Ornamenten verziert. Es wurden auch einige Vasen gefunden, die rot, gelb und braun gefärbt waren und sogar mit Girlanden aus Blumen und Früchten geschmückt waren, wie einige auf Santorin. Wir müssen auch einige Apodalvasen und andere mit drei Füßen erwähnen, die zu Bestattungszwecken verwendet wurden und menschliche Asche enthielten (Abb. 90). Die Terrakotta-Fusaïolen, die in großer Zahl in den Ruinen der Städte zu finden sind, die sich nach und nach auf dem Hügel von Hissarlik erhoben, sind dagegen in Dardania, wenn wir diesen Namen beibehalten dürfen, selten. 48

Bestattungsvase mit menschlicher Asche. Gefunden in einer Tiefe von 50 Fuß.

Bei Ausgrabungen kamen mehr als sechshundert Kelten oder Messer ans Tageslicht, die im Allgemeinen kleiner waren als die in Dänemark oder Frankreich gefundenen. Es wurden Gesteine vieler Art verwendet, darunter Serpentin, Schiefer, Felsit, Jadeit, Diorit und Nephrit; und Sägen aus Feuerstein oder Chalcedon, von denen einige nur auf einer Seite, andere auf beiden Seiten gezahnt sind, kommen häufig vor. Sie wurden an Griffen aus Holz oder Horn befestigt und mit einer Klebesubstanz, beispielsweise Pech, an Ort und Stelle gehalten, wobei einige von ihnen noch Spuren dieses primitiven Klebers aufwiesen. Wir müssen auch Ahlen, Stifte aus Knochen und Elfenbein sowie Gehörknöchelchen oder Knöchelknochen in allen Herstellungsstadien erwähnen, was die Berichte griechischer Historiker bestätigt, die uns von der großen Antike des mit ihnen gespielten Spiels berichten. Die Dardanier verwendeten fast ausschließlich Holz- und Knochengeräte und Waffen. Es ist unmöglich zu sagen, ob sie mit der Verwendung von Metallen vertraut waren, aber wir könnten behaupten, dass sie es waren, wenn wir ihnen mit ziemlicher Sicherheit eine bestimmte Form von Glimmerschiefer zuschreiben könnten, die in einer Tiefe von 45½ Fuß gefunden wurde und in der sie verwendet wurden der Prozess des Gießens von Spießen und Nadeln, die älter sein sollen als die Fibeln.

Große Terrakotta-Vasen, gefunden in Troja.

Abbildung 92.

Tonkrug in einer Tiefe von 19½ Fuß gefunden.

Vase unter den Ruinen von Troja gefunden.

Die wertvollsten Objekte der Sammlung stammen aus den Depots der Stadt Troja; Sie sind alle verdreht, zerbrochen und verkohlt und zeugen von der Heftigkeit der Flammen, in denen die Stadt zugrunde ging. Diese Entdeckungen offenbaren uns das tägliche Leben der Menschen in Troja. Der Anzahl der gefundenen Eberstoßzähne nach zu urteilen, muss die Jagd eine ihrer Lieblingsbeschäftigungen gewesen sein. Es wurden auch Knochen von Ochsen, Schafen und Ziegen gefunden, die kleiner als die heutigen Arten waren. Pferde und Hunde waren selten und Katzen unbekannt. Auch das heutige Hausgeflügel war Mangelware, von Vögeln wurden außer ein paar Knochen des Wildschwans und der Wildgans keine Überreste gefunden. Fische und Weichtiere bildeten, wie die große Zahl an Knochen und Muscheln beweist, einen wichtigen Bestandteil der Ernährung der Trojaner. Sie ernährten sich auch größtenteils von Getreide, das sie mit Erfolg anbauten; und Weizen, dessen Körner sehr klein waren, war ihnen bekannt. Die Konservierung dieser pflanzlichen Relikte war auf die Karbonisierung zurückzuführen.

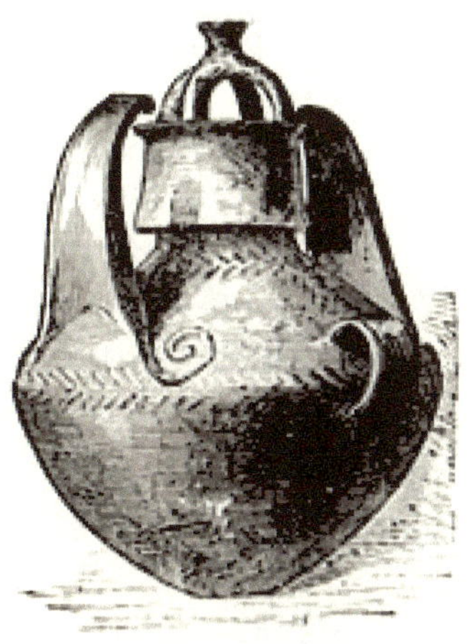

Terrakotta-Vase, gefunden mit dem Schatz des Priamos.

Abbildung 95.

Vase unter den Ruinen von Troja gefunden.

Die entdeckte Keramik ist von unendlicher Vielfalt und umfasst Krüge mit einer Höhe von 4¾ Fuß bis 7¾ Fuß (Abb. 91), von denen Schliemann mehr als sechshundert fand, fast alle leer. Ihre Größe muss uns nicht überraschen, denn Ciampini 49 spricht von einem Töpferdolium *von* so gewaltiger Größe und Höhe, dass eine Leiter mit zehn oder zwölf Sprossen erforderlich war, um die Öffnung zu erreichen. 50 Bei diesen Gefäßen wurden einige große Kelche, einige langhalsige Gefäße (Abb. 92), einige Amphoren und Vasen mit drei Füßen (Abb. 93) gefunden. Einige der Vasen hatten glockenförmige Deckel (Abb. 94), andere waren mit Klappen oder Hörnern zum Anheben versehen (Abb. 95). Der Töpfer ließ seiner Fantasie freien Lauf, aber die Verzierungen, die Fischgräten, Palmzweige,

Zickzacklinien, Kreise und Punkte darstellen, sind alle von sehr schlechter Ausführung.

Abbildung 96.

Steingutschwein in einer Tiefe von 13 Fuß gefunden.

Abbildung 97.

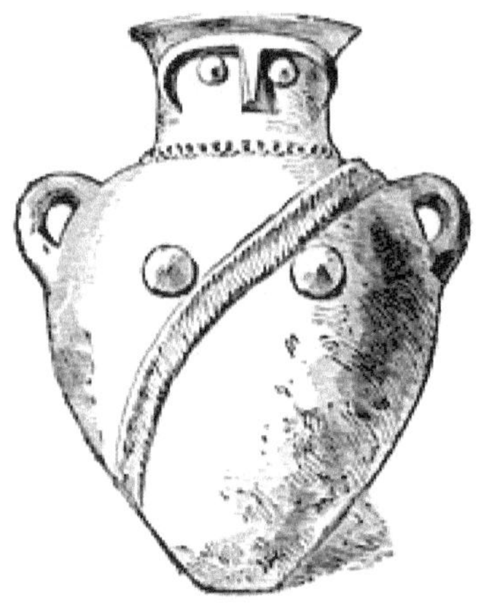

Vase mit gekröntem Eulenkopf. Gefunden unter den Ruinen von Troja.

Zwei Serien von Terrakotta-Objekten verdienen besondere Erwähnung: Eine davon stellt Tiere dar, im Allgemeinen Schweine (Abb. 96), obwohl auch ein Beispiel für ein Nilpferd gefunden wurde; eine Tatsache von sehr großem Interesse, da dieses Tier heutzutage nirgendwo anders als im Herzen Afrikas lebt. Aus dieser Terrakotta-Darstellung wissen wir, dass es zur Zeit Trojas in Griechenland lebte. Plinius spricht davon in Oberägypten seiner Zeit, und laut Mariette lebte es 35 Jahrhunderte vor der christlichen Ära im Delta, das die Nilmündung bildete. Die zweite oben erwähnte Objektserie von besonderem Interesse sind Vasen mit Eulenköpfen und Frauenbüsten (Abb. 97). Schnabel, Augen und Ohren des Vogels sowie Brüste und Nabel der Frau sind leicht zu erkennen. In manchen Fällen werden das Gesicht, die Brüste und die Geschlechtsorgane einer Frau durch eine Reihe von Punkten dargestellt, die ein Dreieck mit der Spitze nach unten bilden. 51 Andere Punkte stellen eine Halskette dar, und sehr ähnliche Muster sind auf den chaldäischen Zylindern zu sehen. Können wir sie dann in irgendeiner Weise mit den Reliquien Trojas in Verbindung bringen, und ist es möglich, dass die Trojaner und die Chaldäer einen gemeinsamen Ursprung hatten? Wie dem auch sei, die ständige Wiederholung dieser Zeichen beweist, dass sie hieratischen Charakter hatten. Wie überall vor der Einführung der Metalle wurde Terrakotta auch für eine Vielzahl anderer Zwecke verwendet. Es wurden einige tiefe und einige flache Teller aus sehr gewöhnlichem Ton gefunden, zusammen mit Knöpfen, Trichtern, Glocken, Kinderspielzeug und Siegeln, auf denen nach Ansicht einiger Experten hethitische Schriftzeichen zu erkennen sind. Es wurden keine Lampen oder irgendetwas anderes gefunden, das ihren Zweck erfüllen könnte. Die Trojaner verwendeten wahrscheinlich Fackeln aus harzhaltigem Holz oder Kohlenbecken, wenn sie künstliches Licht benötigten.

Es wäre unmöglich, eine Liste der in den Ruinen Trojas gefundenen Gegenstände aller Art zu geben, mit deren Hilfe wir uns eine sehr genaue Vorstellung vom Privatleben seiner Menschen machen könnten. Einige Fragmente einer Leier aus Elfenbein und einige Pfeifen, die in gleichen Abständen mit drei Löchern durchbohrt waren, zeugen von ihrer Vorliebe für Musik; Ein Spinnrocken, noch voller verkohlter Wolle, den die Spinnerin auf ihrer Flucht vor der Feuersbrunst verlassen hatte, erzählt von heimischer Fleißigkeit und handwerklicher Geschicklichkeit, während Marmor- und Steinphalli beweisen, dass die zeugenden Kräfte der Natur verehrt wurden. 52

Abbildung 98.

In Troja gefundene Kupfervasen.

Zu den gefundenen Waffen und Geräten gehörten Hämatit- und Diorit-Projektile, die in Schleudern verwendet wurden, Steinbeile und durchbohrte Hämmer zur Aufnahme von Griffen, Feuersteinsägen und Obsidianmesser. Die Metallurgie begann eine wichtige Rolle zu spielen, und der Stein mit seiner geringen Widerstandskraft wurde schnell durch Bronze ersetzt. Tatsächlich hatte Virchow durchaus Recht, wenn er sagte, dass die ganze Stadt zur Bronzezeit gehörte. Eisen war noch unbekannt, zumindest wurden bisher keine Spuren davon gefunden, weder in den Ruinen Trojas noch in den darauffolgenden Städten. Es wurden mehrere Tiegel und Formen aus Glimmer, Schiefer oder Ton gefunden, wobei auf jeder Seite eine aus rechteckigem Granit bestand und die Vertiefungen dazu dienten, das geschmolzene Metall aufzunehmen. Das Schliemann-Museum besitzt zahlreiche Streitäxte 53 aus Bronze, einige doppelschneidige Dolche mit krummen Enden, Lanzen ähnlich denen, die in Koban gefunden wurden, 54 und Tausende von Spießen, einige mit kugelförmigen Köpfen, andere mit spiralförmiger Form. Einige dieser Spieße bestehen aus Kupfer, ebenso einige große Nägel mit einem Gewicht von dreißig Unzen, so dass dieses Metall offenbar noch häufig in reinem Zustand verwendet wurde.

Abbildung 99.

Unter den Ruinen von Troja wurden Vasen aus Gold und Elektrum mit zwei Barren gefunden.

Gold- und Silbergegenstände aus dem Schatz des Priamos.

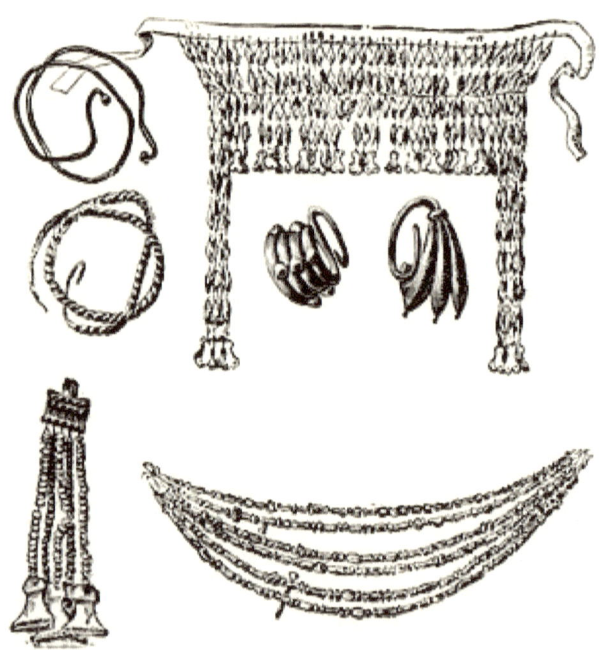

Goldene Ohrringe, Kopfschmuck und Halskette aus goldenen Perlen aus
dem Schatz des Priamos.

Am Fuße des Palastes, dessen Ruinen sich in einer Tiefe von 27½ Fuß aus der Akropolis erheben, brachten die Spitzhacken der Entdecker in größter Verwirrung zusammengewürfelte Metallschilde, Vasen (Abb. 98) und Schüsseln ans Tageslicht, oft durch die starke Hitze, der sie ausgesetzt waren, zusammengelötet. Sie waren vermutlich in einer Holzkiste eingeschlossen, die bei der Feuersbrunst zerstört wurde. 55 Wir sind erstaunt über den Reichtum, der uns offenbart wird. Tassen, Kelche und Flaschen aus Gold (Abb. 99 und 100) lagen Seite an Seite mit goldenen Halsketten 56 und Ohrringen aus Elektrum. 57 Besonders merkwürdig sind die Schmuckstücke, die den Frauen gehörten. Allein an einem Ort wurden mehrere Diademe (Abb. 101) mit sechsundfünfzig Ohrringen, sechs Armbändern und neuntausend kleineren Gegenständen wie Ringen, Schnallen, Knöpfen, Würfeln, Nadeln, Perlen und Ornamenten von a gesammelt große Auswahl. 58 Alle diese Schätze waren in einer großen silbernen Vase aufgestapelt, in die sie zweifellos in der Verwirrung einer überstürzten Flucht hastig geworfen worden waren. Sie alle weisen charakteristische Formen auf, ganz anders als alles andere in der assyrischen oder ägyptischen Kunst. Wurden sie in Troja selbst hergestellt? Dr. Schliemann bezweifelt es; Er ist der Meinung, dass die Hersteller solch ungeschickter Töpferwaren wahrscheinlich nicht in der Lage gewesen sind, Schmuckstücke von so feiner und bemerkenswerter Verarbeitung herzustellen. Ich möchte nicht so positiv sein, denn selbst bei den fortschrittlichsten Völkern finden wir sehr gewöhnliche Gegenstände vermischt mit anderen, die künstlerisches Können zeigen. Warum sollte es in Troja nicht dasselbe sein? Ich denke, dass die trojanische Kunst in Zukunft ihren Platz in der Geschichte des Fortschritts der Menschheit einnehmen muss. Das neunzehnte Jahrhundert hat diese Kunst ans Licht gebracht, und durch eine seltsame Laune des Zufalls schmücken die Schätze des Priamos das Berliner Museum, und wir haben das Diadem der schönen Helena im South Kensington Museum in London ausgestellt gesehen. 59

In mehreren anderen Teilen der Ruinen wurden in Tonvasen Schätze gefunden, die fast so wertvoll waren wie die von uns beschriebenen. Bedauerlicherweise wurden viele der gefundenen Gegenstände von den Arbeitern gestohlen und eingeschmolzen, während andere in den Kaiserpalast in Konstantinopel gebracht wurden, wo sie zur Zerstreuung verurteilt sind. Im Jahr 1873 hatte Dr. Schliemann jedoch das Glück, auf ein Depot zu stoßen, das zwanzig goldene Ohrringe und vier goldene Ornamente enthielt, die Teil einer Halskette gewesen waren. 60 Ähnliche Ornamente wurden in Mykenæ, in der Nähe von Bologna, im Kaukasus, in den Pfahlbauten und, was noch seltsamer ist, an den Ufern des Rio Suarez in Kolumbien gefunden. 61

Ich möchte dem, was ich bereits gesagt habe, nicht mehr hinzufügen über die Städte, die auf den Ruinen Trojas aufeinander folgten und von denen die aufeinanderfolgenden Trümmerstufen auf dem Hügel von Hissarlik die einzigen verbliebenen Zeugen sind. Die Flammen verschonten niemanden, der sich an diesem zum Scheitern verurteilten Ort niederließ, und Neuankömmlinge verschwanden so schnell, wie sie kamen. Allein das Ilium der Griechen und Römer genoss irgendeinen Wohlstand, wurde aber seinerseits ebenfalls hinweggefegt; und heute sind ein paar umherziehende Hirten und ihre Herden die einzigen Bewohner des von Homer verewigten Hügels.

Bevor ich dieses Kapitel abschließe, muss ich noch einmal auf eine Tatsache von erheblichem Interesse hinweisen. In dem Teil der Ablagerungen von Hissarlik, der Troja darstellt, hat Dr. Schliemann die perforierten Windungen aufgegriffen, denen der Name Fusaïoles gegeben wurde (Abb. 102), und von denen wir in unserem Bericht über die Pfahlbauten der Schweiz gesprochen haben. Diese Fusaïolen bestehen im Allgemeinen aus gewöhnlichem Ton, gemischt mit Glimmer-, Quarz- oder Kieselsäurestücken, obwohl in Mykenæ und Tiryns einige wenige aus Steatit gefunden wurden. Die Tonwirbel wurden vor dem Backen in ein Bad aus sehr feinem Ton von grauer, gelber oder schwarzer Farbe getaucht und dann sorgfältig poliert. Sie tragen fast alle Ornamente sehr primitiver Ausführung, wie Sterne, die Sonne, Blumen oder Tiere, und seltener Darstellungen der menschlichen Figur.

Abbildung 102.

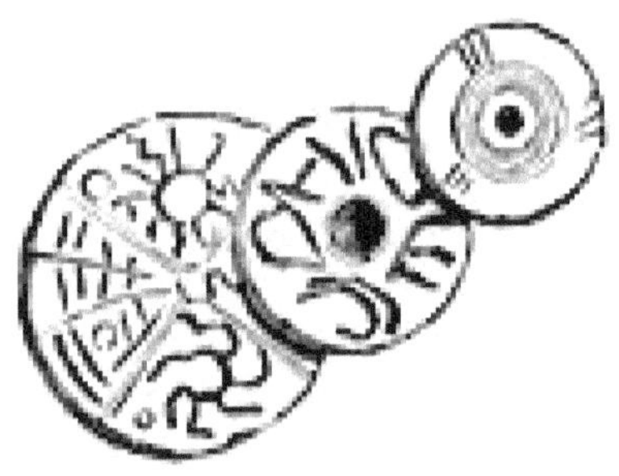

Terrakotta-Fusaïolen.

Wir selbst glauben, dass es sich bei diesen Fusaïoles um Amulette handelt, die von den Trojanern nach Troja gebracht und von ihren Nachfolgern fromm aufbewahrt wurden. Eine wichtige Tatsache scheint diese Hypothese zu bestätigen. Viele von ihnen tragen das *Hakenkreuzzeichen* 62 (Abb. 103), das Kreuz mit den vier Armen, das heilige Symbol der großen arischen Rasse, die so lange als Ursprung aller indogermanischen Rassen galt. Das *Hakenkreuz* ist nicht nur auf den Fusaïolen eingraviert, sondern auch auf den Diademen der Töchter des Priamos, auf den Götzen, die die Trojaner verehrten, und auf zahlreichen Gegenständen aus den lydischen und griechisch-römischen Städten. Wir treffen auf das Doppelkreuz unter den prähistorischen Rassen des Donaubeckens, die die Küsten der Troas und Norditaliens kolonisierten, und es wurde mit den Produkten dieser antiken Zivilisation auf der einen Seite bei den Griechen, den Griechen, eingeführt Etrusker, Lateiner, Gallier, germanische Völker, Skandinavier und Bretonen; und andererseits an die Menschen in Kleinasien, Persien, Indien, China und Japan. 63

Deckel einer Vase mit dem Symbol des *Hakenkreuzes* . Gefunden in Troja.

Dieses Hakenkreuzzeichen begegnet uns auf Schritt und Tritt ; wir finden es in vielen alten persischen Büchern, auf den Tempeln Indiens, auf keltischen Grabsteinen und auf einem hethitischen Zylinder. Es ist auf Vasen eleganter Form aus Athen und Melos zu sehen; auf anderen aus Ceres, Chiusi und Cumæ sowie auf der unhandlichen Keramik, die kürzlich in Königswald an der Oder und an den Grenzen Ungarns entdeckt wurde; auf Bronzegegenständen aus dem Kaukasus und der berühmten Albano-Urne; auf einer Medaille aus Gaza in Palästina und auf einer iberischen Medaille aus Asido. Wir sehen es auf den galloromanischen Ringen des Museums von Namur und auf den Plaketten des Gürtels aus derselben Epoche, die Teil der prächtigen Sammlung von M. Moreau sind. Schliemann erzählt uns davon in Mykenæ und in Tiryns. Chantre fand es in den Nekropolen des Kaukasus. Es ist auf den Wänden der Katakomben von Rom, auf dem Stuhl des Heiligen Ambrosius in Mailand, auf den bröckelnden Mauern von Portici und auf den ältesten Denkmälern Irlands eingraviert, wo es oft mit Inschriften im Ogham-Schriftzeichen in Verbindung gebracht wird. 64

Das *Hakenkreuz* kommt zweimal auf einem großen Kupferstück vor, das in Corneto gefunden wurde und heute dem Berliner Museum gehört. Cartailhac bemerkte es in den *Citanien* Portugals, von denen einige aus der Jungsteinzeit stammen. 65 Die Engländer im Ashantee-Krieg bemerkten es auf den Bronzen, die sie in Coomassie an der Küste Guineas erbeuteten, und es wurde auch auf Objekten gefunden, die in der englischen Grafschaft Norfolk entdeckt wurden.

Steinhammer aus New Jersey mit einer nicht entzifferten Inschrift.

Wenn wir außerdem den Atlantik überqueren, finden wir dasselbe Symbol eingraviert in den Tempeln von Yucatan, dessen Herkunft unbekannt ist, auf einem Beil, das in Pemberton in New Jersey gefunden wurde (Abb. 104), auf Vasen aus einem peruanischen Grab in der Nähe von Lima und auf Schiffen aus den *Pueblos* von New Mexico. Dr. Hamy stellt es in seinen „American Decades" auf einem abgeflachten Kürbis dar, der den Wolpi-Indianern gehört, und die heiligen Tambours der heutigen Esquimaux tragen dasselbe Symbol, das ihnen wahrscheinlich von ihren Vorfahren übermittelt wurde. Die Universalität dieses einen Zeichens unter den Hindus, Persern, Hethitern, Pelasgern, Kelten und germanischen Rassen, den Chinesen, Japanern und den primitiven Bewohnern Amerikas ist unendlich seltsam und scheint die Identität so unterschiedlicher Rassen zu beweisen , sowohl im Aussehen als auch in den Bräuchen, und ist ein sehr wichtiger Faktor bei der Bewältigung des großen Problems der Entstehung der menschlichen Spezies.

Wir haben uns viel mit den Entdeckungen von Dr. Schliemann beschäftigt, müssen aber hinzufügen, dass sie, wie alle großen Entdeckungen, sehr heftig bestritten wurden. 66 Boetticher beispielsweise hält die Ruinen von Hissarlik für nichts anderes als die Überreste einer Nekropole, in der die Einäscherung nach assyrisch-babylonischem Brauch durchgeführt wurde. 67 Ein angesehener und sehr ehrlicher Gelehrter, S.

Reinach, bezeichnete sich auf der Tagung des Kongresses in Paris im Jahr 1889 als Verfechter dieser Theorie. Schliemann antwortete sehr energisch, und die Versammlung schien in dieser Angelegenheit mit ihm einverstanden zu sein, was auch der Fall war eine Reihe von Wissenschaftlern, die Hissarlik im Jahr 1888 besuchten, und wir glauben, dass die Geschichte am Ende die Meinung des großen dänischen Antiquars übernehmen wird.

Wir haben nun die wichtigsten Werke betrachtet, die der Mensch von den Anfängen seiner Existenz bis zum Beginn der historischen Zeiten hinterlassen hat. Wir müssen den prähistorischen Menschen immer noch in der Gegenwart des Todes, des universellen Zerstörers, zeigen und daraus lernen die Zeugnisse der Gräber aus der fernen Vergangenheit, wie unsere Vorfahren dem gemeinsamen Schicksal begegneten.

---

1 Zu diesem Punkt sollte ein bewundernswertes Buch von De la Noë zu Rate gezogen werden: „Enceintes Préhistoriques", *Mat* ., 1888, S. 324, in dem der Autor angibt, dass zu jeder Zeit Positionen für die Errichtung von Befestigungsanlagen ausgewählt wurden, die durch Steilhänge geschützt waren, die den größten Teil des Umfangs der *Umfassungsmauer begrenzten*. Das Fehlen von Wasser lässt ihn jedoch oft zögern, eine Entscheidung zu treffen, und lässt ihn denken, dass die Überreste, in denen es fehlt, Tempel für die Verehrung von Gottheiten gewesen sein müssen.

2 *Congrès Préhistoriques* , Brüssel, 1872, S. 318.

3 „De Bello Gallico", Buch VII., Kap. xxiii.

4 Dupont: „Les Temps Préhistoriques en Belgique", S. 235.

5 H. Bauduin: *Bul. Soc. Belge de Géographie* , 1879.

6 *Recueil des Travaux de la Société de l'Eure* , Évreux, 1879.

7 *Rev. d'Anth* ., 1880, p. 469.

8 „Notice sur Quelques Monuments Trouvés sur le Sommet des Vosges" (*Soc. des Monuments Historiques de l'Alsace* , Bd. I.).

9 *Rev. d'Anth* ., 1880, p. 295.

10 Wir können auch den Pen Richard in Charente Inférieure erwähnen, der von Cartailhac in seinem „France Préhistorique", S. 131.

11 Arcelin: „L'Âge de Pierre et la Classification Préhistorique", Paris, 1873. Flouest: „Notice sur le Camp de Chassey." Perrault: „Un Foyer de l'Âge de la Pierre Polie au Camp de Chassey" (*Mat* ., 1870). Coynart: „Fouilles au Camp de Chassey" (*Rev. Arch* ., 1866 und 1867).

12 Ponthieux, „Le Camp de Catenoy" (Oise).

13 „Hist. Francorum", Buch I., Kap. xxxii.

14 De Rosemont: „Étude sur les Antiquités antérieures aux Romains." Desjardins: „Les Camps Retranchés des Environs de Nice." Fluss: *Ass. Française* , Reims, 1880, S. 628.

15 Pigorini: „Terramara dell'Eta del Bronzo Situata in Castione de' Marchesi."

16 *Nature* , 1887, zweite Woche, S. 62.

17 Memoranden vorgelesen an die Royal Society of Antiquaries in London (*Archæologia* , Bd. xlii., S. 27–76). Lane Fox: *British Association* , Bristol, 1875. Evans: „Steinzeit."

18 „Solent et subterraneos specus aperire, eosque multo insuper fimo onerant, suffugium hiemi et receptaculum frugibus" („De Moribus Germanorum", Kap. xvi.).

19 *American Journal of Archaeology* .

20 *Zeitschrift für Anthropologie* , 1874, S. 115; 1875, S. 127.

21 Zaborowski: „Monuments Préhistoriques de la Basse Vistule."

22 Ribeiro: „Notice sur Quelques Monuments Préhistoriques du Portugal", Lissabon, 1878.

23 „Noticia de Algunas Estarves e Monumentos Prehistoricos."

24 H. und L. Siret: „Les Premiers Âges du Métal dans le Sud-est de l'Espagne."

25 *Congrès Préhistorique de Copenhague*, S. 118.

26 Putnam: „Report Peabody Museum", Bd. iii., S. 348.

27 „Alte Denkmäler des Mississippi-Tals."

28 Siehe Dr. Hibbert in „ *Transactions of the Society of Antiquaries of Scotland*", Bd. iv., Anhang, S. 181.

29 *Zeitschrift für Ethnographie*, 1870, S. 270.

30 Pomerol: „Murailles Vitrifiées de Châteauneuf", *Ass. Franç.*, Blois, 1884.

31 *Kongress Soc. Sav.*, Sorbonne, 1882.

32 J. Marion: *Bul. des Soc. Savantes*, 4. Serie, Bd. iv. Daubrée: *Rev. Arch.*, Juli 1881.

33 Sir J. Lubbock vergleicht die Ruinen von Aztalan in Amerika mit den verglasten Festungen Schottlands; Aber wir halten das für einen Fehler, denn die Mauern von Aztalan bestanden aus unregelmäßig geformten Massen aus hartem, rötlichem Ton voller Hohlräume, die den Eindruck des Strohs oder getrockneten Grases bewahrten, mit dem der Ton vermischt wurde, bevor er der Einwirkung ausgesetzt wurde von Hitze, unabhängig davon, ob die Anwendung dieser Hitze absichtlich oder versehentlich erfolgte. Es gibt überhaupt keine Ähnlichkeit mit dem geschmolzenen Granit der verglasten Festungen.

34 De Cassac: „Notizen zu den Forts Vitrifiés de la Creuse." Thuot: „La Forteresse Vitrifiée du Pay de Gaudy", S. 102.

35 Die meisten dieser Details entnehmen wir einer Notiz von MA de Montaiglon, die im *Bulletin des Sociétés Savantes veröffentlicht wurde*.

36 *Mat.*, 1881, S. 371.

37 *Bul. Soc. Anth.*, 1884, S. 816 usw.

38 Fouqué, *Nature*, 1876, zweite Woche, S. 65.

39 Buch VI., Kap. xvi. und xx. – Plinius der Ältere, Onkel und Adoptivvater von Plinius dem Jüngeren, kam bei dieser Katastrophe im Jahr 79 n. Chr. ums Leben

40 Cigalla: *Acad. des Sciences*, 12. November 1866. Fouqué: *Acad. des Sciences*, 25. März 1867. „Un Pompéi Préhistorique“, *Revue des Deux-Mondes*, 15. Oktober 1869.

41 Schliemann: „Troy and its Remains“, übersetzt von Philip Smith, London, Murray, 1875; „Ilios Ville et Pays des Troyens“, übersetzt von Frau. E. Egger, Paris, Hachette, 1885; E. Burnouf: *Revue des Deux-Mondes*, 1. Januar 1874; Virchow: „Alt Trojanische Gräber und Schädel.“

42 Ilias, canto v., v., 692.

43 Ägyptologen erzählen uns, dass sich die Hethiter im vierten Jahr der Herrschaft von Ramses II., etwa 1406 v. Chr., an die Spitze einer Koalition gegen den ägyptischen Pharao stellten. Zu diesen Hethitern oder Khittas, deren Nachkommen noch immer im Norden Syriens leben, gehörten die Mysier, die Lykier, die Dardanier und andere Stämme.

44 „Amérique Préhistorique“ (Masson), übersetzt von Nancy Bell (N. D'Anvers) und veröffentlicht von Murray, London; Putnam, New York.

45 „Troja und seine Überreste“, Tafel ix. Siehe auch den ausgezeichneten Aufsatz zum gleichen Thema von S. Reinach, der 1885 in der *Revue Archéologique erschien. Spätere Untersuchungen von Dr. Schliemann brachten auch eine bemerkenswerte Ähnlichkeit zwischen den Gebäuden in Hissarlik und denen von Tiryns ans Licht.*

46 Das British Museum enthält ein Manuskript aus dem 14. Jahrhundert, in dem sich ein Brief von Julian befindet, der zwischen 361 und 363 n. Chr. geschrieben wurde, als er Kaiser war und sich auf seinen Besuch in Ilium bezieht.

47 Die Töpferscheibe wurde jedoch bereits in sehr langer Antike verwendet. In China wird seine Erfindung dem legendären Kaiser Hwang-Ti zugeschrieben, der etwa 2697 v. Chr. gelebt haben soll. Das Rad war auch schon seit frühester Zeit in Ägypten und Homer bekannt (Ilias, ca. xviii., v. 599). vergleicht die leichten Bewegungen der auf dem Schild des Achilles dargestellten Tänzer mit der schnellen Drehung der Töpferscheibe.

48 Rivett-Carnac: „Memorandum über Tonscheiben namens Spindelwirbel und Votivsiegel, die in Sankisa gefunden wurden" (Behar), *Journal Asiatic Society of Bengal*, Bd. xlix., S. 1.

49 „De Sacris Ædificiis", Kap. ix., S. 128.

50 Es ist interessant, die Entdeckung von Urnen zu bemerken, die denen von Troja sehr ähneln und menschliche Überreste in Persien enthalten (Sir W. Ouseley: „Reisen in Persien") und in Travancore, im Süden von Malabar, wo laut Traditionell waren sie dazu bestimmt, die Überreste junger Jungfrauen aufzunehmen, die zu Ehren der Götter geopfert wurden. – „Einige Überreste von Mädchenopfern", *Journ. Anth. Inst*., Mai 1882.

51 Die Vulva wurde manchmal durch ein großes Dreieck dargestellt. Die gleiche Besonderheit findet sich bei einigen Statuetten aus schwarzem Marmor, die in den Gräbern der Kykladen und Attika gefunden wurden. Drei solcher Statuetten von der Insel Paros befinden sich im Louvre, und das British Museum besitzt eine reiche Sammlung. Dr. Schliemann erwähnt auch ein weibliches Idol aus sehr grob gearbeitetem Blei, bei dem die

Geschlechtsorgane durch ein Doppelkreuz dargestellt sind.

52 Der *Phallus* war, wie bereits erwähnt, das Symbol der zeugenden Kraft. Seine Verehrung erstreckte sich über ganz Indien und Syrien; Ein riesiger Phallus schmückte den Tempel der Mutter der Götter in Hierapolis und wurde triumphierend in Prozessionen durch Ägypten und Griechenland getragen. An manchen Orten wird es auch heute noch verehrt. In der Nähe von Niombo in Afrika gibt es einen Tempel mit mehreren Phallusstatuen; In Stanley-Pool wird das Phallusfest *mit* obszönen Riten gefeiert. Die Kroomen begehen ähnliche Zeremonien zur Zeit des Neumondes , und in Japan lassen junge Mädchen an bestimmten Festtagen riesige *Phalli* am Ende langer Stangen erblühen. Der *Phallus* ist auch häufig auf den Denkmälern Mittelamerikas dargestellt, beispielsweise auf den Steinen der Tempel von Izamal und der Insel Zapatero. Möglicherweise war die Verehrung der produktiven und generativen Kräfte der Natur die früheste Religion vieler Naturvölker, aber alles, was zu diesem Thema gesagt wird, muss mit großer Sorgfalt gesichtet werden.

53 Ähnliche Beile aus reinem Kupfer (Abb. 2) wurden in Ungarn gefunden, und Butler („Prehistoric Wisconsin") spricht davon, dass sie auch in Nordamerika gefunden wurden.

54 Das zur Bronzeherstellung verwendete Zinn stammte vermutlich aus Spanien oder Cornwall, vielleicht auch aus dem Kaukasus, wo es noch in geringen Mengen vorkommt. Es wurde zweifellos von den Phöniziern, den großen Seefahrern der Antike, importiert. Siehe Rudolf Virchows „Das Grüberfeld von Koban im Laude der Osseten", Berlin, 1883.

55 Diese Idee gewinnt an Wahrscheinlichkeit durch die Tatsache, dass die Überreste eines Schlüssels in der Nähe des Schatzes

aufgehoben wurden, von dem wir Grund zu der Annahme haben, dass er Priamos gehörte.

56 Das Gold könnte aus den Minen von Astyra, nicht weit von Troja, stammen.

57 Elektrum war die antike Bezeichnung für Bernstein, wurde aber auch einer Legierung aus Gold und Silber gegeben, deren gelbe Farbe der von Bernstein ähnelt.

58 Dr. Schliemann gibt eine sehr sorgfältige Beschreibung all dieser Objekte. Siehe „Troja und seine Überreste", Abb. 174 bis 497, S. 260 bis 353.

59 Das χρ ή δεμνον oder Diadem der Frau von Menelaos ist ein schmales Band, an dem mehrere kleine Ketten hängen, die aus Gliedern bestehen, die sich mit kleinen Blättern abwechseln und in etwas größeren Blättern enden, wobei diese Blätter alle die Frau mit dem so charakteristischen Eulenkopf darstellen der trojanischen Kunst. Die goldenen Objekte sind alle mit den gleichen Metallen gelötet, was moderne Goldschmiede offenbar nicht können. In Tiryns, das unserer Meinung nach zeitgleich mit Troja war, war die Kunst des Lötens unbekannt und Ornamente wurden lediglich zusammengeschraubt.

60 Bastian, *Zeitschrift der Berliner Gesellschaft für Erdkünde* , Bd. xiii., Tafeln 1 und 2.

61 Wenn wir 1200 v. Chr. als Datum des Trojanischen Krieges und das 8. Jahrhundert als Datum der Gründung von Ilium annehmen, bestanden die Städte, die auf dem Hügel von Hissarlik aufeinander folgten, insgesamt nur vier Jahrhunderte.

62 In den Veden wird das Wort *Swasti* oft im Sinne von Glück oder Glück verwendet.

63 Comte Goblet d'Auriella, *Bul. Acad. Royale de Belgique* , 1889.

64 G. Atkinson, *Congrès Préhistorique* , Lissabon, 1880, p. 466.

65 „Ages Préhistoriques en Espagne et Portugal", Abb. 410, 411, 412, S. 286.

66 Aussland, 1883. *Zeitschrift für Museologie und Antequaten Kunde* , 1884. Musœon, 1888 und 1889.

67 Virchow, der die Überreste in Hissarlik besuchte, bezeichnet diese Idee als *furchtbaren Unsinn* .

KAPITEL VIII.
Gräber.

Die wahre Geschichte des Menschen werde in seinen Gräbern zu finden sein, sagt Thukydides; und tatsächlich hat das Grab schon immer einen Großteil der Gedanken des Menschen in Anspruch genommen, das Ergebnis eines religiösen Gefühls, einer Überzeugung, dass mit dem Leben, das so schnell vergeht, nicht alles endet.

Von frühester Zeit an begegnen uns Zeichen der Hoffnungen und Ängste, die mit einer zukünftigen Existenz verbunden sind; aber wie ich bereits sagte, sind die menschlichen Knochen, von denen man mit Sicherheit sagen kann, dass sie aus der Altsteinzeit stammen, sehr selten. Wir kennen nur sehr wenige Fakten, die uns zu der Behauptung rechtfertigen, dass der Zeitgenosse des Mammuts und des Höhlenbären bereits gelernt hatte, die Überreste dessen zu respektieren, was einst ein Mann wie er selbst gewesen war. Eine dieser wenigen Tatsachen verdient meiner Meinung nach eine genauere Betrachtung.

Im Jahr 1886 brachten Ausgrabungen in der Höhle von Spy 1 (Namur), oder besser gesagt auf einer etwa sechsunddreißig Fuß langen und neunzehneinhalb Fuß breiten Terrasse, die den Zugang zu ihr ermöglichte, zwei menschliche Skelette ans Tageslicht. Bei dem einen handelte es sich um eine bereits fortgeschrittene Person, wahrscheinlich weiblichen Geschlechts, bei dem anderen um einen Mann in der Blüte seines Lebens. Diese Skelette waren in einer sehr harten Brekzie eingebettet, die auch Fragmente von Elfenbein und zahlreiche sehr kleine Feuersteine enthielt. Einige von ihnen hatten auf beiden Seiten sehr feine Kratzer. Soweit ich vor Ort erfahren konnte, befanden sich die gefundenen Skelette in liegender Position. Die Knochen, von denen nur wenige fehlten, befanden sich noch in ihrer natürlichen Position, und in der Nähe eines von ihnen wurden mehrere Pfeil- oder Lanzenspitzen aufgehoben, von denen eine aus Phtanit war und etwa zweieinhalb Zoll lang war der reinste Moustérien-Typ. Die Knochen stammten von kleinen, gedrungenen Individuen, und die Schädel waren vom Typ der Canstadt-Rasse, der ältesten Rasse, die man kennt; Die Dicke des Schädels betrug etwa einen Drittel Zoll. Die Stirn ist niedrig und zurückgezogen, die Augenbrauen stehen hervor und der Unterkiefer ist kräftig und gut entwickelt.

Rhinoceros tichorhinus, des Höhlenbären und der großen Höhlenhyäne, des Rentiers und zahlreicher anderer Säugetiere der Quartärfauna aufgesammelt . Alles deutet darauf hin, dass der Mann und die Frau, deren Überreste so günstig ans Licht kamen, Zeitgenossen dieser Tiere waren und dass ihre

Körper nach dem Tod in die Höhle gebracht wurden, in der sie gefunden wurden.

Belgien hat zahlreiche Beispiele von Grabhöhlen geliefert, deren Datum jedoch weniger alt ist als das von uns betrachtete. Bei jüngsten Ausgrabungen in der Chauvaux-Höhle wurden zwei Skelette entdeckt, die in geduckter Haltung an den Wänden lehnten und die Beine unter dem Körper versteckt hatten. In der Gendron-Höhle entdeckte M. Dupont siebzehn Skelette, die in einem niedrigen, schmalen Gang lagen, in voller Länge ausgestreckt, mit den Füßen zur Wand gerichtet, und zu zweit oder zu dritt übereinander angeordnet. Inmitten all dieser Toten befand sich das Skelett eines Mannes, der aufrecht stand, als ob er über die anderen Körper wachen sollte.

Die Duruthy-Höhle bei Sordes öffnet sich in der Nähe des Zusammenflusses der Gewässer von Pan und Oloron, von wo aus ihre vereinten Gewässer in den Adour münden. Am nördlichen Ende dieser Höhle befindet sich eine natürliche Nische, in der mehr als dreißig Skelette lagen, einige von Männern, einige von Frauen und einige von Kindern, die in größter Verwirrung miteinander vermischt waren. Bearbeitete Feuersteine, Knochenstilette und Ornamente lagen herum, allesamt typische Formen der Altsteinzeit.

Es scheint, dass wir hier Beweise für die Praxis eines Bestattungsrituals haben, das darin bestand, den Körpern zunächst ihr Fleisch zu entledigen und die Knochen dann in Höhlen zu legen, wo sie von den lebenden Bewohnern derselben Zuflucht oft unbemerkt zurückgelassen wurden. 2

Die Höhlen von Baoussé-Roussé in der Nähe von Mentone sind ein neuer Beweis für die Verbreitung dieses Ritus, wenn wir es so nennen dürfen. Die Skelette lagen auf einem Bett aus pulverisiertem Eisenerz, das in einigen Fällen bis zu zwei Fünftel Zoll dick war, und diese Ansammlung hätte nicht stattfinden können, wenn das Skelett vor der Inhumierung nicht seines Fleisches beraubt worden wäre. Das Fleisch muss durch einen schnellen Vorgang abgenommen worden sein, denn die Knochen verbleiben im Allgemeinen in ihrer natürlichen Position und sind durch ihre Sehnen und Bänder verbunden. In Italien, sagt Issel, begruben die Höhlenmenschen ihre Toten in den Höhlen, in denen sie lebten, nur eine dünne Erdschicht trennte sie von den Lebenden; Die Körper, fügt Pigorini hinzu, lagen im Allgemeinen auf der linken Seite, der Kopf ruhte auf der linken Hand und die Knie waren gebeugt. Neben dem Skelett stand eine Vase mit roter Kreide, die zum Bemalen des Körpers in der neuen Welt verwendet werden sollte, in die er eintreten sollte.

Wir könnten ähnliche Entdeckungen in Sizilien, Belgien und den südlichen Pyrenäen zitieren. Unter dem Tumulus von Plouhennec in der Bretagne lagen die Knochen in größter Unordnung verstreut. Einige

Archäologen sind der Meinung, dass die Öffnungen in bestimmten Dolmen dazu dienten, die Knochen der Toten hineinzuwerfen, die sich nach und nach zu ihren Vorfahren begaben. In vielen der Long Barrows Englands scheinen die Knochen durcheinander geworfen worden zu sein; Der Raum war zu eng, um den gesamten Körper aufzunehmen, so dass vor der Beerdigung das Fleisch von den Knochen getrennt worden sein musste. Anders lässt sich die Verwirrung, in der die menschlichen Überreste lagen, als sie entdeckt wurden, nicht erklären. 4 Pigorini glaubt, dass dies ein Beweis dafür ist, dass primitive Rassen ihre Toten verehrten und ihre Körper verehrten. 5 Vielleicht trugen sie sie sogar auf ihren Wanderungen mit sich. Wie dem auch sei, der Brauch, das Fleisch von den Knochen zu trennen, wurde beibehalten, bis die Einäscherung allgemein verbreitet wurde. Dies würde die riesigen Beinhäuser erklären, die in so weit voneinander entfernten Regionen gefunden wurden.

Obwohl die soeben beschriebene Art der Bestattung an bestimmten Orten lange Zeit praktiziert wurde, können wir nicht zugeben, dass sie allgemein verbreitet war. In bestimmten Megalithgräbern finden wir ähnliche Anordnungen wie in der Gendron-Höhle. Ausgrabungen unter dem Dolmen von Port-Blanc (Morbihan) brachten ein raues Pflaster ans Tageslicht, auf dem zahlreiche Skelette dicht aneinander lagen. Bei diesen Skeletten handelte es sich wahrscheinlich um Männer, die in Ehren gehalten wurden, und um zu erinnern, wer der Dolmen war aufstellen. Durch eine Schicht aus Steinen und Erde von ihnen getrennt ruhte eine weitere Reihe von Skeletten, die nicht so dicht beieinander lagen wie die erste. Die Neuankömmlinge hatten ihre Vorgänger respektiert und niemand hatte das Heiligtum der Toten verletzt. Ähnliche Tatsachen wurden bei Grand Compans in der Nähe von Luzarches festgestellt 6 , und es ist offensichtlich, dass häufig aufeinanderfolgende Inhumationen unter Dolmen stattfanden und die Fälle bei Bedarf vervielfacht werden konnten.

Ein weiterer einzigartiger Bestattungsritus wurde bereits in der Antike praktiziert. Viele der in den verschiedenen Höhlen von Mentone gefundenen Knochen waren mit rotem Hämatit gefärbt. 7 Da dies nur bei den Knochen von Erwachsenen der Fall war und die von Kindern ihr natürliches Weiß beibehielten, hatte dies offensichtlich eine besondere Bedeutung. Im Jahr 1880 brachte die Öffnung einer Höhle aus der Steinzeit im Bezirk Anagni, nicht weit von Rom entfernt, den Gesichtsteil eines menschlichen Schädels ans Licht, der mit Zinnober leuchtend rot gefärbt war. Dabei handelt es sich keineswegs um Ausnahmefälle, denn eine ähnliche Färbung wurde bei Knochen festgestellt, die in Finalmarina und an mehreren anderen Orten in Ligurien und Sizilien gefunden wurden. Der Brauch hatte sich daher in der Jungsteinzeit auf der gesamten italienischen Halbinsel verbreitet. 8 Wir begegnen ihr auch in anderen Ländern; Auf dem Prähistorischen Kongress in Lissabon fügte Dolgado den Ausführungen über die Entdeckungen in Italien die Tatsache hinzu, dass die Höhlenmenschen von Furninha einen ähnlichen Ritus praktizierten. In den *Kurganen* des Departements Kiew wurden mit einer mineralischen Substanz gefärbte Schädel gefunden, deren Fragmente in der Nähe der Skelette verstreut lagen. Die ältesten *Kurganen* scheinen aus der Steinzeit zu stammen, denn in ihnen wurden Geräte aus Feuerstein und Rentierhorn gefunden, gemischt mit den Knochen von Nagetieren 9, die in dieser Gegend längst ausgestorben waren. Eine ähnliche Praxis findet man in den Gräbern Polens, wo viele Knochen mit einer roten Schicht bedeckt sind, die in einigen Fällen einen Fünftel Zoll dick ist. Ausgrabungen im Kitor-Tal (Provinz Irkutsk, Sibirien) haben mehrere Gräber ans Licht gebracht, die offenbar aus der Soßenzeit stammen und als Kurganen *von* Kiew gelten. Die Toten wurden mit den Waffen und Ornamenten begraben, die sie im neuen Leben gerne verwenden würden Der Bau hatte für sie begonnen. Das Grab wurde dann mit Sand aufgefüllt, mit dem man darauf achtete, reichlich roten Ocker zu mischen. Es ist schwer, nicht zu dem Schluss zu kommen, dass es sich hierbei um ein Relikt eines in Vergessenheit geratenen Ritus handelte.

Heutzutage legen bestimmte Stämme Nordamerikas ihre Toten auf den Wipfeln von Bäumen aus und bedecken die Knochen, nachdem sie von ihrem Fleisch befreit wurden, mit einer leuchtend roten Schicht, bevor sie sie begraben. Auf der Insel Espiritu Santo wurden auch viele menschliche Knochen aufgesammelt, die mit einem Oxid aus Toneisen bemalt waren. Diese Bräuche, so seltsam sie auch erscheinen mögen, wurden offensichtlich zu Ehren der Vorfahren praktiziert; Atavismus zeigt sich ebenso deutlich in Bräuchen und Traditionen wie in der physischen Struktur.

In Solutré befindet sich ein Grab, das aus unbehauenen Steinplatten besteht. Der Körper des Toten ruhte auf einem dicken Bett aus gebrochenen und zerquetschten Pferdeknochen. Die Überreste von Rentieren wurden mit den menschlichen Knochen vermischt. Waren auch diese Relikte von Bestattungsriten und stammten die Tierknochen von Pferden und Rentieren, die ihrem Jäger gehört hatten? Es ist unmöglich zu sagen. Solutré ist aufgrund seiner herrlichen Lage auf einem Hügel mit Blick auf das Seine-Tal, geschützt vor den Nordwinden und in der Nähe eines reichlichen Baches, auch ein beliebter Urlaubsort der Menschen. In den Gräbern sind alle Epochen vermischt, und wenn einige tatsächlich aus der Jungsteinzeit stammen, sind andere römisch, burgundisch und merowingisch. Möglicherweise gibt es unter ihnen eine bestimmte Anzahl aus der Rentierzeit; Das ist ungefähr alles, was wir nach dem gegenwärtigen Stand unseres Wissens mit einiger Sicherheit behaupten können. Der Abbé Ducrost behauptet jedoch in einem wichtigen Aufsatz 10 , dass er unwiderlegbare Beweise für die Beisetzung von Solutréens auf den

Feuerstellen ihrer Häuser in der Altsteinzeit gefunden habe. Wenn dies der Fall ist, kommt dieser Brauch häufig vor und wird seit Jahrhunderten aufrechterhalten; denn De Colanges zeigt in seinem schönen Werk über antike Städte, dass sich in Rom die frühesten Gräber auf dem Herd selbst der Wohnstätte befanden. De Mortillet hingegen befasst sich sehr eingehend mit der Art und Weise der Inhumierung in Solutré und sieht im Nebeneinander von menschlichen Überresten und den Trümmern von Feuerstellen das Ergebnis der Verschiebung *und* der regelmäßigen Umkehrung des Hügels Solutré war der Schauplatz. Darauf antwortete Reinach, dass, während vor einigen Jahren De Mortillets Autorität viele Archäologen zu der Annahme veranlasste, dass die Menschen der Rentierzeit ihre Toten nicht begruben, Fakten, die immer wichtiger waren als Theorien, inzwischen zweifelsfrei bewiesen seien dass diese sehr dezidierte Meinung ein Fehler ist. Die Menschen der fernen Antike begruben nicht nur ihre Toten; Sie legten sie wie in Solutré auf die Feuerstellen, in deren Nähe sie gelebt hatten. 11

Die Toten wurden oft sitzend oder vorgebeugt begraben, und es ist interessant, den gleichen Brauch unter den Hügeln Amerikas und den Grabhügeln Europas zu beobachten. Es ist rührend zu sehen, wie sich die Menschen im Tod an ihr Leben auf der Erde erinnern wollten; die Wiege wurde sozusagen im Grab nachgebildet, und der Mensch lag am Schoß der Erde, der gemeinsamen Mutter der Menschheit, wie das Kind am Schoß seiner eigenen Mutter. Vielleicht sollte die Sitzposition auch darauf hinweisen, dass der Mensch, der in seinem harten Kampf ums Dasein nie Ruhe gefunden hatte, sie in seinem neuen Leben endlich gefunden hatte. Die Menschen der rauen und barbarischen Zeiten der fernen Vergangenheit waren nicht in der Lage, sich eine Zukunft vorzustellen, die sich von der Gegenwart unterscheidet, oder ein Leben, das in jeder Hinsicht nicht dasselbe war wie das auf der Erde.

Was auch immer das Motiv gewesen sein mag, diese Art der Bestattung wurde seit der Madeleine-Zeit praktiziert. 12 In Bruniquel im Aveyron wurden die Toten kauernd in ihrem letzten Zuhause gefunden. Diese Position ist jedoch besonders charakteristisch für die Jungsteinzeit und findet sich in ganz Europa. Acht vorgebeugte Skelette wurden kürzlich in der Grabhöhle von Schwann (Mecklenburg) entdeckt. In Skandinavien gibt es so viele ähnliche Fälle, dass es schwierig ist, eine Auswahl zu treffen. In der Grabhöhle von Oxevalla (Ostgotland) liegen die Toten alle in geduckter Haltung, und Tumuli aus der ältesten Antike bedecken einen aus riesigen Steinblöcken gebildeten Gang, der zu einer zentralen Kammer führt, in der sich zahlreiche sitzende Skelette befinden an die Wände gelehnt.

An den Ufern des Mittelmeers brachten Ausgrabungen in der Höhle von Vence (Alpes-Maritimes) eine Reihe von Toten ans Licht, die in einem Kreis angeordnet waren, als wollten sie gemeinsam eine Mahlzeit einnehmen. Die Körper hockten in der Position von Männern, die ihnen auf den Fersen saßen; Die Wirbelsäule war nach vorne gebeugt und der Kopf berührte fast die Knie. In der Mitte dieser seltsamen Gruppe wurden einige Keramikfragmente und die Überreste eines großen Vogels, wahrscheinlich eines Bussards, entdeckt. Vielleicht war sein Tod zwischen den Leichen nur ein Zufall. 13 Die Dolmen von Aveyron brachten einige Feuersteinsplitter und Pfeilspitzen, Tonscherben, Anhänger sowie Knochen-, Stein-, Muschel- und schieferfarbene Schieferperlen hervor. Unter einem dieser Dolmen wurde ein kleines Bronzeobjekt gefunden, ein außergewöhnliches Beispiel für das Vorkommen dieses Metalls. Die Skelette ruhten an den Wänden. In einem der Gräber waren einige menschliche Knochen, die ursprünglich am Eingang der Höhle platziert worden waren, nach hinten verschoben worden; die Besiegten mussten hier, wie im Leben, vor den Siegern weichen. Ausgrabungen im Mané-Lud-Grab ließen Forscher vermuten, dass die Leichen auch hier in geduckter Position begraben wurden. Das Gleiche gilt für Luzarches und auf dem Friedhof von Varennes bei Dormans. 14 Bei Letzterem wurden Spuren eines Feuers gefunden, das über dem Grab angezündet worden war, und es wurden Tongefäße aufgesammelt, die mit hohlen Linien verziert waren und mit einer weißen Substanz gefüllt waren, die Barbotin nicht unähnlich war. Herr de Baye sagt, diese Art der Bestattung sei auf den Bezirk Marne beschränkt; Dennoch gibt er selbst ein Beispiel für die Praxis an anderer Stelle. 15

In den prähistorischen Gräbern, die am Kap Blanc-Nez in der Nähe von Escalles (Pas-de-Calais) entdeckt wurden, konnte die Position, an der die Leiche beigesetzt worden war, in vier Fällen festgestellt werden. Die Enden der Schienbeine, Oberarmknochen und Radien waren vereint, die Knochen der Hände befanden sich in der Nähe der Schlüsselbeine, so dass sich die Körper offenbar mit gekreuzten Armen nach vorne gebeugt hatten und die Finger auf die Schultern zeigten. 16 Ähnliche Tatsachen werden aus einer Höhle in Équehen auf dem Plateau zitiert, das sich entlang der Küste östlich von Boulogne erstreckt. Die Leichen, insgesamt neun, kauerten mit dem Gesicht zum Eingang der Höhle, die mit großen Sandsteinblöcken verschlossen war. Zwei Beile aus poliertem Stein, die zweifellos nach einem Grabritual zerbrochen worden waren, waren in der Nähe der Skelette platziert worden.

In der Cravanche-Höhle in der Nähe von Belfort wurden zahlreiche menschliche Knochen gefunden, die wahrscheinlich aus dem Ende der Jungsteinzeit stammen, was an der völligen Abwesenheit von Metall und der Form der mitgenommenen Feuerstein- und Knochengeräte liegt. Auch hier waren die Körper fast doppelt gebeugt, der Kopf nach vorne gesenkt und die Knie fast bis zum Kinn hochgezogen. Mehrere dieser Skelette waren vollständig in den Stalagmiten eingebettet, der sich in der Höhle gebildet hatte, nur der Kopf und die Knie ragten aus der festen Masse hervor. Die Position, in der sie sich ursprünglich befanden, musste daher zwangsläufig beibehalten werden. 17

Ein ähnlicher Ritus, denn Ritus müssen wir diese Art der Bestattung nennen, wurde in Italien praktiziert, und der Chevalier de Rossi spricht von einem Grab aus der Jungsteinzeit in Cantalupo in der Nähe von Rom, in dem einer der Körper in geduckter Haltung wedelte , was seiner Meinung nach allen bekannt ist, die sich mit antiken Gräbern befasst haben. 18 Diese Praxis wurde noch in frühgeschichtlicher Zeit fortgeführt; Schliemann bemerkte es bei den Ausgrabungen, die er in Mykenä leitete, und Homer sagt, dass unter den Lybiern die Toten sitzend begraben wurden.

Die Nekropole bei Constantine enthält zahlreiche Megalithdenkmäler. Hierbei handelt es sich entweder um runde oder quadratische Cromlechs, die Sarkophage umgeben, oder um kreisförmige *Umzäunungen* , in denen die Toten in einem Graben beigesetzt wurden. Im ersten Fall befinden sich immer zahlreiche Bestattungsgegenstände im Grab, und der Körper des Verstorbenen befindet sich in geduckter Haltung. In letzterem gibt es außer der Leiche selbst nur wenige Dinge, und diese befindet sich in liegender Position. Deuten diese Besonderheiten auf unterschiedliche Rassen hin? Stammen die Gräber alle aus derselben Zeit, oder sind diese Anordnungen nur neue Hinweise auf die überall bestehenden Unterschiede zwischen den sozialen Schichten? Es ist schwierig, eine Entscheidung zu treffen, und wir müssen uns mit der Aufzählung von Fakten begnügen. Wir können jedoch hinzufügen, dass die kauernde Haltung von Leichen in Afrika 19 sowie in Nord- und Südamerika, von Kanada bis Patagonien, ständig anzutreffen ist . 20

Die Bestattungsriten, von denen wir gesprochen haben, beinhalten zwangsläufig eine Bestattung; Der Mensch überließ die Körper derjenigen, die einst wie er selbst gewesen waren, nicht den wilden Tieren oder Raubvögeln. In Aurignac, in Bruniquel und in der Frontal-Höhle hatte der Höhlenmensch die Vorsichtsmaßnahme getroffen, die Eingänge zu den letzten Ruhestätten seiner Angehörigen mit den größten Steinen zu verschließen, die er finden konnte. Die Höhlen von *L'Homme Mort* und Petit-Morin, die aus der Jungsteinzeit stammen, weisen Spuren einer ähnlichen Verblockung auf. Es gab fünf Eingänge zur Höhle von Garenne de Verneuil (Marne), in der sich ein normales Beinhaus befand; Der Boden war gepflastert und das Dach mit elf aufrecht stehenden Steinen gestützt. Zu den Gegenständen im Grab der Toten gehörten eine klobige Tonvase, ein paar Feuersteinmesser und einige Perlen einer Muschelkette.

Die Hänge der fast unzugänglichen Berge Perus sind in mehreren hundert Fuß Höhe von zahlreichen Höhlen durchzogen, die fast alle künstlich vergrößert wurden. In ihnen legten die Peruaner ihre Toten bei, und die Menschen des Landes nennen sie noch immer *Tantama Marca* oder Wohnorte der Verwüstung. Die Eingänge wurden mit äußerster Sorgfalt verborgen, aber diese Sorgfalt rettete die Gräber nicht vor Missbrauch; Die Gier nach den Schätzen, die in den Gräbern verborgen sein sollten, war zu groß, als dass der Respekt vor den unbekannten Toten die Neugier im Zaum halten konnte.

In anderen Fällen wurde der Verstorbene in der Nähe des Herdes beigesetzt, der zu Lebzeiten sein Zuhause gewesen war, und sein Aufenthaltsort während seines Lebens wurde zu seinem Grab. Die Dolmen, *Cella* und *Gangraben* in Deutschland sowie die Hügelgräber in England scheinen von der Verbreitung eines ähnlichen Brauchs in diesen Ländern zu zeugen; und wir stellen fest, dass die gleiche Idee auch dann beibehalten wurde, als die Einäscherung allgemein wurde. In Alba, in Latium, in Marino, in der Nähe von Albano, in Vetulonia und Corneto-Tarquinia wurden Urnen mit Türen, Fenstern und einem Dach entdeckt, die menschliche Behausungen nachahmten. 21

Später kamen andere Arten der Bestattung zum Einsatz. In Marne entdeckte M. Nicaise sieben Grabgruben 22, deren Form, wie er uns erzählt, Flaschen mit langem Hals und flachem Boden ähnelten. In einer dieser Gruben in Tours-sur-Marne befanden sich mindestens vierzig Skelette, und unter den Knochen wurden vierunddreißig Beile aus poliertem Stein, fünfzig Messer, zwei Lanzenspitzen aus Feuerstein und sehr viele Pfeile mit Querschneiden sowie eine kleine Halskette gefunden runde Kalksteinstücke, mehrere Fragmente grober Keramik, die mit Kieselsäurekörnern vermischt und im Feuer gebrannt worden waren, und schließlich drei kleine Fläschchen aus Hirschhorn, die auf seltsame Weise ausgehöhlt waren und mit Stopfen aus demselben Material versehen waren. Diese urigen kleinen Fläschchen enthielten zweifellos den Farbstoff, mit dem die Toten ihre Körper zu Lebzeiten bemalt hatten. Alle Objekte, von denen wir gesprochen haben, gehörten zur Jungsteinzeit; Aber eine flache bronzene Halskettenperle, die durch Falten einer dünnen Metallscheibe hergestellt wurde, ein Radius und ein Stück Rippe mit grünen Markierungen, die durch langen Kontakt mit Metall entstanden sind, scheinen das Datum dieser Grube auf die Übergangszeit zwischen Stein und Bronze festzulegen Alter. Wenn dies der Fall ist, handelt es sich um einen Ausnahmefall einer Grabgrube aus dieser Zeit, da die meisten der bekannten Grabgruben viel späteren Ursprungs sind. Die von Mont-Beuvray, Bernard (La Vendée) und Beaugency sind beispielsweise nicht älter als die galloromanische Zeit. 23 Laut Graf Gozzadini stammen die siebenundzwanzig Exemplare von Manzabotto in

Italien aus dem IV. Jahrhundert nach der Gründung Roms und sind
etruskischen Ursprungs. Sie bestehen aus kleinen, spitzen Kieselsteinen ohne
jede Spur von Zement und ähneln in ihrer Form einer langen Amphorenvase
oder genauer gesagt dem Klöppel einer Glocke. Sie sind zwischen
sechseinhalb und zweiunddreißigeinhalb Fuß tief, wobei der Durchmesser
der Öffnung zwischen einem Fuß und fast zweieinhalb Fuß variiert. 24

Wir haben in den vorangegangenen Kapiteln so viel über Denkmäler zum
Gedenken an die Toten gesagt, dass hier nur noch wenig hinzuzufügen ist.
Zweifellos gibt es zu verschiedenen Zeiten und in verschiedenen Ländern
viele Unterschiede, aber das Ziel bleibt überall dasselbe, und die Mittel, mit
denen dieses Ziel erreicht wird, sind überall auf der Welt grundsätzlich
dieselben. Nehmen wir zum Beispiel die Aymaras, die älteste Rasse Boliviens
und Callaos; Sie bestatteten ihre Toten teils unter Megalithdenkmälern (Abb.
58, S. 178), die den Dolmen Europas ähneln, teils unter Türmen oder
Chulpas , die allerdings wahrscheinlich neueren Datums sind.

Abbildung 105.

Chulpa in der Nähe von Palca.

Chulpas , im Allgemeinen von quadratischer oder rechteckiger Form, bestehen aus einer Masse unbehauener Steine, die außen mit Blöcken aus Trachyt oder Basalt verkleidet sind, die rot, gelb oder weiß bemalt sind. Eine sehr niedrige Tür, immer nach Osten ausgerichtet, wie zu Ehren der aufgehenden Sonne, ermöglicht den Zugang zu einer Kiste, in der die Toten beigesetzt wurden. Die *Chulpa* unserer Abbildung (Abb. 105) liegt in der Nähe des Dorfes Palca; es entspringt einer vier Fuß tiefen Ausgrabung; Seine Höhe beträgt etwa sechzehn Fuß, und das Gesims besteht aus *Ichu* , einem groben Gras, das auf den Bergen in Hülle und Fülle wächst und das, nachdem es fest zusammengedrückt wurde, mit Hilfe scharfer Instrumente geschnitten wurde. Die in größter Verwirrung zusammengemischten Menschenknochen bildeten in der Grabkammer einen Haufen von mehr als einem Fuß Höhe.

Die Hügel von Ohio bedecken auch Grabkammern von besonderer Bauart, die oft aus runden Holzstücken bestehen, die fünf bis sieben Fuß lang sind und einen Durchmesser von fünf bis sechs Zoll haben. In der Nähe der Leichen wurden einige Schmuckstücke angebracht, hauptsächlich Kupferohrringe, Muschelperlen und große Feuersteinmesser. Die meisten Skelette lagen auf der nackten Erde; Es wird jedoch eine Ausnahme erwähnt, bei der der Boden mit Muschelschalen gepflastert war. Vor kurzem wurde in Floyd (Iowa) eine bemerkenswerte Entdeckung gemacht, über die wir in Nature vom 1. Januar 1891 mit den Worten von Clement Webster berichten werden: „Bei einer gründlichen Erkundung des größeren Hügels ... wurden die Überreste von Es wurden fünf menschliche Körper gefunden, wobei sich sogar die Knochen der Finger, Zehen usw. größtenteils in einem guten Erhaltungszustand befanden. Zunächst wurde eine schalen- oder schalenförmige Ausgrabung angelegt, die sich dreiviertel Fuß unter die Erdoberfläche rund um den Hügel erstreckte und deren Boden mit Kies und Kalksteinfragmenten makadamisiert wurde. In der Mitte dieses Bodens wurden fünf Körper in sitzender Haltung platziert, die Füße unter sie gezogen und offenbar nach Norden gerichtet. Über den Körpern befand sich zunächst eine dünne Schicht aus Erde und Asche, unter der sich zwei oder drei kleine Stücke feinkörniger Holzkohle befanden. Fast alle verbleibenden vier Fuß Erde hatten sich durch die lange andauernde Einwirkung des Feuers in eine rote Farbe verwandelt." Herr Webster beschreibt weiter die verschiedenen Skelette und sagt über eines davon, das einer Frau: „Die Knochen in ihrer detaillierten Struktur deuteten auf eine Person von geringer Qualität hin, wobei die Anzeichen einer ungewöhnlichen Muskelentwicklung deutlich zu erkennen waren." Der Schädel dieser Persönlichkeit war ein Wunder, da er dem berühmten Neandertaler-Schädel in mancher Hinsicht ebenbürtig, wenn nicht sogar konkurrenzfähig war. Die Stirn, wenn man sie überhaupt Stirn nennen könnte, ist sehr niedrig, tiefer und tierischer als beim Neandertaler-

Exemplar…. Es wurde die Frage aufgeworfen, wie es kam, dass diese fünf Leichen alle gleichzeitig hier begraben wurden, obwohl ihre Körper noch im Fleisch waren." … Webster fügt hinzu, dass die Wahrscheinlichkeit hoch sei, dass alle bis auf einen von ihnen beim Tod dieses einen geopfert worden seien, der höchstwahrscheinlich ein Häuptling gewesen sei.

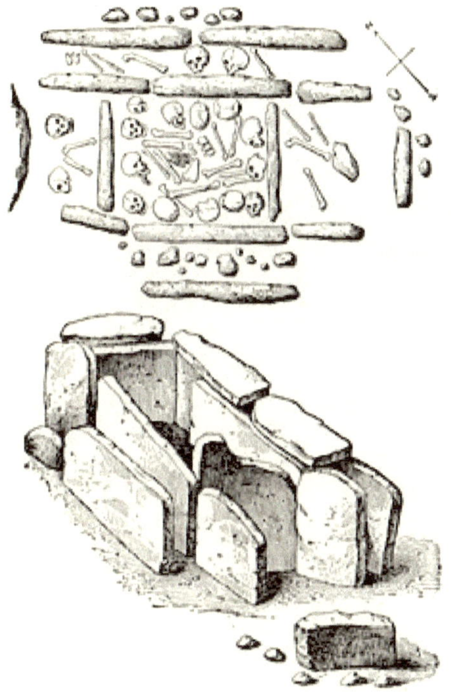

Dolmen bei Auvernier in der Nähe des Neuenburgersees.

Wir haben gesehen, dass die Menschen zunächst die Körper ihrer Toten in Höhlen bestatteten und erst später dazu übergingen, sie unter der Erde zu begraben, als es keine Höhlen gab. Sehr oft wurde der Leichnam zwischen große unbehauene Steine gelegt, um das Gewicht des darüber liegenden Tumulus von ihm abzufangen. Dies waren die letzten Ruhestätten sowohl der Männer von Solutré als auch der Männer aus der Zeit der Merowinger. In der Nekropole von Vilanova, die aus der Zeit vor der Gründung Roms stammen soll, umschlossen die Gräber eine Truhe, deren Wände aus hochkant gestellten und durch ein Konglomerat kleiner Steine verbundenen Sandsteinplatten bestanden. In Marzabotto bestehen die Truhen aus Ziegeln und werden unter einem Haufen Kieselsteine platziert. Wir reproduzieren eine Truhe, die in der Nähe der Pfahlbauten von Auvernier in der Schweiz entdeckt wurde (Abb. 106) 25 und eine weitere (Abb. 107), die von MM ans Licht gebracht wurde. Siret im Süden Spaniens. Diese Zeichnungen werden uns besser als lange Beschreibungen helfen, uns eine Vorstellung von dieser Bestattungsart zu machen.

Eine Steintruhe, die als Grabstätte diente.

In anderen Fällen wurde der Leichnam in Tonkrügen eingeschlossen. In Biskra in Algerien wurden zwei dieser Gläser zusammen gefunden; der eine enthält den Kopf, der andere die Füße des Verstorbenen. In einigen Fällen wurde der Krug durch ein großes, klobiges Tonbecken ersetzt, das etwa sechseinhalb Fuß lang und einen Meter breit war. Es wird erwähnt, dass solche Becken in der Nähe von Athen gefunden wurden, aber es gibt nichts, was uns helfen könnte, ihr Datum zu bestimmen. Die alten Iberer verwendeten nur ein großes Gefäß (Abb. 108), in das der Verstorbene in geduckter Haltung gelegt wurde, während er noch seinen Lieblingsschmuck trug. Die Vase wurde mit einem Steindeckel verschlossen und in das Grab gelegt. Wir stoßen auf die Praxis einer ähnlichen Art der Bestattung in historischen Zeiten. Die Chaldäer legten ihre Toten in Tongefäßen nieder; zwei am Hals verbundene Krüge, die als Sarg dienten. Ausgrabungen im Palast Nebukadnezars brachten fast doppelt gebogene und in Urnen eingeschlossene Körper ans Tageslicht, die nicht größer als einen Meter hoch und etwa zwei Fuß breit waren. An der Westküste von Malabar bis zum Kap Komorin finden wir in der Nähe von Megalithgräbern große Gefäße mit einer Höhe von vier Fuß und einem Durchmesser von drei Fuß, die mit menschlichen Knochen gefüllt sind. Diese Art der Bestattung wurde in Sfax, im Chersonesus von Thrakien und am Fuße des Hügels, auf dem Troja erbaut wurde, praktiziert. Der Tumulus von Hanaï-Tepeh bedeckte eine riesige Amphore, in der ein Skelett hockte, und die wohlhabenden Japaner liebten es zu wissen, dass sie in riesigen, kunstvoll verzierten Vasen, Meisterwerken einheimischer Töpferkunst, ruhen würden. Wenn wir den Atlantik überqueren, treffen wir in Peru, Mexiko und an den Ufern des Mississippi auf denselben Brauch. In Teotihuacan wurden die Leichen von Kindern mit dem Kopf nach unten in Urnen gelegt, 26 und Ausgrabungen in den Schwemmlandablagerungen des Mississippi brachten neben riesigen Mengen an Keramik zwei riesige rechteckige Becken hervor, die mit Ton zusammengeklebt waren und die Leiche eines kleinen Kindes enthielten. Es ist in der Tat interessant, an so vielen verschiedenen Orten auf die gleiche Praxis zu stoßen und zu sehen, wie sich die Genialität vieler Rassen in so vielen unterschiedlichen Erfindungen, die zu so weit voneinander entfernten Zeiten entstanden sind, auf die gleiche Weise ausdrückt.

Abbildung 108.

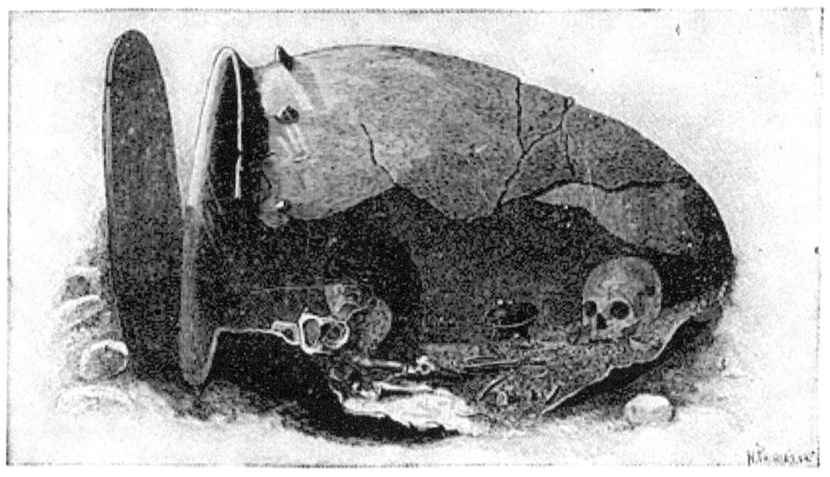

Beispiel einer Beerdigung in einem Glas.

Es ist wahrscheinlich, dass der frühe Mensch auch die Bäume, die er um sich herum wachsen sah, als Särge für seine Toten nutzte. Doch der rasche Verfall dieses fragilen Falles führte zu seinem völligen Verschwinden. Einige Ausnahmen müssen jedoch erwähnt werden. Im Jahr 1840 holten einige Bagger aus dem Bett der Saône bei Apremont unter einem fünf Fuß dicken Kiesbett den Stamm eines Baumes hervor, in dem sich noch die Knochen befanden, die man hineingelegt hatte. Ähnliche Entdeckungen wurden im Cher und auf dem berühmten Friedhof von Hallstadt bei Salzburg gemacht. Die Steinhaufen von Scania bedeckten gespaltene Eichen- und Birkenstämme, die zur Aufnahme der Toten ausgehöhlt worden waren. In

Gristhorpe, in der Nähe von Scarborough, in England, wurde ein Sarg gefunden, der aus grob zusammengefügten, kaum quadratischen Brettern bestand; und ein anderer, sehr ähnlicher, wurde in Hove in Sussex entdeckt. Letzterer enthielt einen prächtigen Bernsteinbecher, ein Beweis für den Reichtum des Mannes, der in diesem primitiven Sarg begraben worden war. 27

Die alten Kaledonier nähten ihre Toten in Ochsenfelle ein, bevor sie sie begruben. Die Ägypter balsamierten auch den Ibis, den Ochsen, die Katze, das Krokodil und andere von ihnen vergötterte Tiere ein, und die Körper dieser Kreaturen wurden dann in riesige unterirdische Kammern gelegt, wo sie bis heute in großer Zahl entdeckt wurden. Die Guanchen von Teneriffa, die letzten Vertreter der Iberer und wahrscheinlich die älteste Rasse Europas, holten die Eingeweide der Leiche heraus, trockneten den Körper an der Luft, bemalten ihn mit einem dicken Lack und wickelten ihn schließlich in die Haut ein einer Ziege. Dieser letzte Brauch war offensichtlich ein Überbleibsel der ursprünglichen Idee der Einbalsamierung, mit dem Ziel, die Mumie möglichst unzerstörbar zu machen und, um einen glücklichen Ausdruck von Michelet zu verwenden, den Tod zu erzwingen (forcer la mort de durer). Unsere eigenen Zeitgenossen sind somit in der Lage, die genauen Merkmale derjenigen zu erkennen, die vor etwa vierzig Jahrhunderten auf der Erde vor ihnen lebten; Und doch hat die Fotografie gestern bis ins kleinste Detail wiedergegeben, was einst Ramses der Große war, einer der ruhmreichsten Könige der Geschichte.

Abbildung 109.

Aymara-Mumie.

Auch in Amerika wurde die Einbalsamierung praktiziert. Jüngste Reisende berichten 28 , dass sie in Oberperu Gräber in der Form von Bienenstöcken gesehen haben, die aus mit Lehm zementierten Steinen gebaut waren und in jedem Grab eine oder mehrere Mumie in geduckter Position enthielten (Abb. 109 und 110) . Dieser Brauch wurde noch viele Jahrhunderte lang praktiziert; Garcilasso de la Vega erzählt uns, dass die toten Inkas in einem Tempel in Cuzco saßen und ihre königlichen Ornamente trugen, als wären sie noch am Leben; Ihre Hände waren auf der Brust gekreuzt und ihre Köpfe waren leicht nach vorne geneigt. 29

Die oben aufgeführten Tatsachen beweisen, dass die Bestattung schon lange praktiziert wurde, obwohl es unmöglich ist zu sagen, wann sie zum ersten Mal verwendet wurde. Ungefähr zu Beginn der Bronzezeit oder vielleicht sogar noch früher vollzog sich jedoch ein bemerkenswerter Wandel in den Vorstellungen der Menschen, und die Toten wurden nicht unversehrt begraben, sondern auf dem Scheiterhaufen durch Feuer verbrannt.

Was könnte der Ursprung dieses Brauchs gewesen sein? Bei welcher Rasse wurde es zuerst praktiziert? Viele Archäologen gehen seit langem davon aus,

dass es die Arier aus den hohen Hindu-Koosh-Bergen waren, die als erste
eine Zivilisation nach Europa einführten, die fortschrittlicher war als die, die
es bisher dort gegeben hatte, und die die Menschen lehrten, ihre Toten zu
verbrennen, anstatt sie zu begraben. Diese Theorie wurde lange Zeit ohne
Frage akzeptiert, aber in den letzten Jahren ist eine neue Schule unter der
Führung von Penka entstanden, die behauptet, dass die Reformatoren nicht
aus dem Osten, sondern aus dem Norden kamen. Der Marquis de Saporta
hatte in der Tat schon früher darauf hingewiesen, dass die primitiven Rassen,
die Zeitgenossen des Mammuts und des Nashorns waren, ursprünglich aus
den Polarregionen stammten, wo die Überreste einer üppigen Vegetation
beweisen, dass in fernen Zeiten klimatische Bedingungen herrschten, die von
denen ganz anderer Art waren die der Gegenwart. Die Braunkohle Islands
besteht aus Tulpen-, Wegerich- und Nussbäumen, manchmal kommt sogar
Weinrebe vor. In den eisenhaltigen Sandsteinen, die mit den
Karbonablagerungen des Spitzbergs verbunden sind, sind Buche, Pappel,
Magnolie, Pflaume, Mammutbaum und zahlreiche Nadelbäume zu finden.
Die robusten Seeleute, die sich in die Regionen des ewigen Eises wagen,
stoßen in Banks, Grinnell und Francis Joseph's Lands auf 88° nördlicher
Breite auf Massen versteinerten Holzes. Unter diesem fossilen Holz
entdeckte Heer die Zypresse, die Silberkiefer, die Pappel, die Birke und einige
Dikotyledonen mit caducous Blättern. Dabei handelte es sich nicht um
Relikte von Holz, das auf schwimmendem Eis dorthin gewandert war,
sondern von einer tatsächlichen lokalen Vegetation, was durch noch an ihrer
ursprünglichen Position aufgerichtete Stämme, Knospen, Blätter und Blüten
in jedem Wachstumsstadium und Früchte in jedem bewiesen wurde Stadium
der Reifung. Es konnten genau die Insekten identifiziert werden, die vom
Honig der Blüten oder von den Blättern selbst gelebt hatten. In jenen fernen
Tagen blühte in diesen Polarregionen, von denen lange angenommen wurde,
dass sie nie etwas anderes als leblose Wüsten gewesen wären, Leben, Leben
in Hülle und Fülle, ähnlich dem, was man heute nur noch in den gemäßigten
Ländern weiter südlich findet.

Abbildung 110.

Peruanische Mumien.

All dies scheint jedoch, so plausibel es auch ist, für den diskutierten Punkt nicht schlüssig zu sein; und obwohl wir vielleicht die Idee aufgeben müssen, dass die Arier die Einäscherung eingeführt haben, sind wir meiner Meinung nach kaum in der Lage zu sagen, dass Rassen aus dem Norden die ersten waren, die sie praktizierten. Ich habe mich in zwei Artikeln mit dem Titel „Les Premiers Populations de l'Europe", die am 1. Oktober und 25. November im Correspondent erschienen, ausführlicher mit der Frage nach dem Ursprung der Rassen und den Beweisen beschäftigt, die die Sprache für eine gemeinsame Quelle zu liefern *scheint* 1889. Was auch immer die endgültige Entscheidung über die viel umstrittenen Punkte dieser Kontroverse sein mag, eines ist sicher: Die Einäscherung, obwohl sie eine völlige Revolution der Sitten und Gebräuche mit sich bringt, verbreitete sich sehr schnell. Wir begegnen ihr von Griechenland bis Schottland und Skandinavien, von Etrurien bis Polen und dem Süden Russlands, in China wie in Yucatan und bestimmten Teilen Mittelamerikas.

In der Frühgeschichte wurde die Einäscherung in ganz Europa praktiziert. Die Griechen schreiben die Einweihung Herkules zu und der Grabhaufen des Patrokles wird in der Ilias beschrieben. Die Pelasger und die Proto-Etrusker verbrannten ihre Toten 30 und uns wird von der Verbrennung von Zeitgenossen von Jair, dem dritten Richter Israels, berichtet.

Andererseits begruben die ersten Bewohner Latiums ihre Toten. Besucher, die vermutlich über das Donautal kamen, führten den neuen Brauch ein, und lange Zeit wurden die beiden Riten nebeneinander praktiziert. In Felsina und Marzabotto finden wir gleichermaßen Fälle von Körperbestattung und Einäscherung, und in Vilanova sind nur die Hälfte der Gräber verbrannte Leichen. Von den 365 in der Certosa in der Nähe von Bologna ausgegrabenen Gräbern weisen nur 115 Anzeichen einer praktizierten Einäscherung auf. In Rom wurden beide Riten lange Zeit beide durchgeführt, wahrscheinlich jedoch von den beiden unterschiedlichen Völkern, die die Urbevölkerung der Stadt Romulus bildeten. Wir wissen, dass Numa Pompilius die Verbrennung seiner Leiche verboten hat; Cicero berichtet, dass Marius begraben wurde und dass Sulla, sein glücklicher Rivale, der erste der Cornelia *gens war* , dessen Körper den Flammen übergeben wurde. Wir wissen nicht, wie die frühe Einäscherung in Gallien eingeführt wurde; Wir können nur sagen, dass Cæsar es allgemein praktiziert fand, als er seinen Siegeszug durch das Land antrat. 31 Die berühmten Ausgrabungen von Moreau beweisen, dass bei den in den östlichen Provinzen Frankreichs ansässigen Gallo-Römern sowohl Körperbestattung als auch Verbrennung praktiziert wurden. Wir können sogar behaupten, dass die beiden Riten lange vor der Einführung der Verwendung von Metallen praktiziert wurden. Eines ist sicher: Der Brauch der Einäscherung wurde mit der Verbreitung des Christentums nur langsam aufgegeben, denn Karl der Große ordnete in einem Edikt aus dem Jahr 789 die Todesstrafe für diejenigen an, die es wagten, Leichen zu verbrennen.

Was wir gerade über historische Zeiten gesagt haben, gilt auch für weiter entfernte Epochen. Dank der wissenschaftlichen Forschungen von Dr. Prunières32 sind wir in der Lage, die in Lozère angewandten Bestattungsmethoden über einen langen Zeitraum hinweg zu verfolgen. Die Höhlenmenschen der erodierten Kalksteinbezirke von Les Causses brachten ihre Toten in die Höhlen, in denen ihre Vorfahren begraben waren, und die Eindringlinge, die wahrscheinlich zivilisierter waren als die, die sie enteigneten, legten ihre Toten unter die Dolmen, die sie ihnen zu Ehren errichteten . In den Grabhöhlen von Rouquet und *L'Homme Mort* finden wir Körperbestattungen; Unter den Megalithdenkmälern vom Ende der Jungsteinzeit finden sich die ersten Spuren einer Einäscherung, die jedoch bislang noch sehr unvollständig ist. Die Einwirkung des Begräbnisfeuers war nicht intensiv gewesen, und die Knochen waren hart und widerstanden der Hitze. Wenn man unter bestimmten Dolmen ein paar vom Feuer geschwärzte Knochen sieht, vermischt mit großen Mengen, die davon nicht betroffen waren, ist man geneigt, mit dem gelehrten Doktor zu denken, dass die Menschen nach der Praxis der Einäscherung zur alten Art der Bestattung zurückgekehrt seien. In den Grabhügeln der Bronzezeit hingegen, wo das Datum anhand der verstreuten Ornamente und Schmuckstücke bestimmt werden kann, war die Ustion vollständiger; Die Knochen sind bröckelig und porös und zerfallen bei Berührung zu Staub, und es gibt keine Hinweise darauf, dass sowohl Körperbestattung als auch Einäscherung praktiziert wurden.

Es ist in der Tat seltsam, dass in den wilden Bergen der Lozère seit der Jungsteinzeit Verbrennungen praktiziert wurden. Daran besteht jedoch kein

Zweifel, und Ausgrabungen unter dem Dolmen von Marconnières bestätigen eindrucksvoll die früheren Entdeckungen von Dr. Prunières. Unter einer Schicht zerbrochener Steine und einem sehr dünnen Pflaster wurde in größter Verwirrung eine Masse menschlicher Knochen gefunden; Einige behalten noch ihre natürliche Farbe, andere sind geschwärzt und verkohlt. Feuer. Unter diesen Knochen befanden sich ein Pfeil aus landesfremdem Stein, drei vortrefflich polierte Lanzenspitzen und einige fein geschnittene Feuersteinpfeile. Der Dolmen enthielt keine Metallgegenstände und an keinem der Knochen waren Spuren von Metall zu finden.

Zur gleichen Zeit scheinen die beiden Riten gleichzeitig in Armorica praktiziert worden zu sein, doch dort war die Verbrennung der vorherrschende Brauch. Von einhundertfünfundvierzig Megalithdenkmälern, die vermutlich aus der Jungsteinzeit stammen, belegen zweiundsiebzig eine Verbrennung und zwanzig nur eine Inhumierung. Die anderen brachten ein paar Asche hervor, aber es war unmöglich, zu einer eindeutigen Schlussfolgerung zu kommen. Wie wir gesehen haben, war das Megalithdenkmal in vielen Fällen von einer doppelten oder dreifachen *Umfassungsmauer* aus Steinen ohne Mörtel umgeben. Im Inneren dieser *Zäune* befanden sich einige kleine kreisförmige Strukturen aus durch Hitzeeinwirkung geröteten Steinen. Im unteren Teil dieser Strukturen befanden sich Öffnungen, durch die ein Luftstrom einströmen und die Flammen anfachen sollte. Diese seltsamen Bauwerke voller Asche und schwarzer, fettiger Erde tragen den bezeichnenden Namen *Ruches de Crémation* . 33 Von neununddreißig Gräbern aus der Bronzezeit gaben siebenundzwanzig Hinweise auf Verbrennung, zwei auf Inhumierung, während zehn weder auf die eine noch auf die andere Weise entschieden. 34 Die Dolmen von Mont St.-Michel und Tumiac sind nur durch eine kurze Entfernung voneinander getrennt; Sie wurden von derselben Rasse und wahrscheinlich etwa zur gleichen Zeit errichtet, doch am Mont St.-Michel finden wir Verbrennungen, während in Tumiac Bestattungen praktiziert wurden. Wie lässt sich dieser Unterschied in den Bestattungsbräuchen erklären? Bedeutet es eine Vielfalt der Rasse, der Kaste, der Religion oder der sozialen Stellung, oder kann es nicht eher als das Ergebnis jener späteren Verschiebungen erklärt werden, die selbst die sorgfältigsten Überlegungen durcheinander bringen?

Was auch immer die Ursache für die unterschiedlichen Bestattungsarten sein mag, wir treffen sie in jedem Land.

In Skandinavien wurden während der Bronzezeit Einäscherung und Bestattung etwa zu gleichen Teilen praktiziert. Ähnliches ist in Deutschland zu beobachten, aber im Norden überwiegt die Verbrennung, während es im Westen die Körperbestattung ist. Unter den Steinhaufen von Caithness in Schottland finden wir einige Leichen, die in voller Länge liegen, andere in gebeugter Haltung, und große Krüge aus grobem Ton, gefüllt mit Asche und kalzinierten Knochen, die Männern mittlerer Größe gehörten. Eines der größten dieser Gefäße ist an der größten Stelle 15 bis 16 Zoll hoch und 49 Zoll breit. 35 Bei der Ausgrabung der Hügelgräber auf den Orkney-Inseln bemerkte Petrie die Praxis beider Bestattungsarten 36 ; aber waren die in Manieren so unterschiedlichen begrabenen Zeitgenossen? Das wird uns nicht gesagt, das müssen wir herausfinden.

In Blendowo in Polen wurde unter einem Cromlech eine Urne voller kalzinierter Knochen gefunden, und dreißig Zentimeter weiter unten wurde ein im Sand vergrabenes Skelett entdeckt. In der Nähe dieser Leiche wurde eine Münze von Theodosius gefunden, und wir fragen uns vergeblich, ob beide Personen, deren Überreste sich somit in einem gemeinsamen Grab befinden, zur gleichen Zeit gelebt haben. In ganz Preußen und im Großherzogtum Posen findet man in denselben Gräbern Skelette und Krüge mit menschlicher Asche. 37 Besonders hervorzuheben ist die Nekropole von Hallstadt, die im Herzen des von den Boiern besetzten böhmischen Bezirks lag. Die ältesten Gräber in diesen riesigen Grabstätten stammen aus der Zeit etwa zweitausend Jahre vor der christlichen Ära, und die Hallstadtzeit, wie sie manchmal genannt wird, erreichte ihren Höhepunkt in der ersten Hälfte des Jahrtausends unmittelbar vor der Ankunft Christi. 38 Neunhundertdreiundneunzig Gräber wurden ausgegraben; alle, den bei den menschlichen Überresten gefundenen Gegenständen nach zu urteilen, stammen aus der Bronzezeit; Davon befanden sich fünfhundertsiebenundzwanzig begrabene Leichen und vierhundertdreiundfünfzig eingeäscherte Reliquien. 39 Dies ist ein größerer Anteil als in den primitiven Nekropolen Italiens.

In den Gräbern, in denen die Bestattung praktiziert wurde, wurden die Leichen ohne Abdeckung in den Graben gelegt, und Überreste von Platten, Särgen oder Schutzbrettern sind sehr selten; In den Gräbern, in denen die Einäscherung die Regel war, war die Bestattung oft sehr unvollständig gewesen, manchmal waren der Kopf und manchmal die Füße den Flammen entgangen.

Ähnliche Tatsachen werden bei Watsch, bei St. Margarethen und bei Vermo in der Steiermark, bei Rovesche in Südkrain und bei Rosegg im Tal der Drau festgestellt. Bei Watsch wurden jedoch zehn Skelette gefunden, darunter zweihundert Verbrennungsexemplare. In den Verbrennungsgräbern, wenn wir sie so nennen dürfen, wurde die Aschenurne durch große Platten geschützt; während dort, wo Bestattungen durchgeführt wurden, die Leichen einfach der Erde anvertraut wurden, wie in Hallstadt; Im Gegensatz dazu enthielten die letztgenannten Gräber jedoch weitaus wichtigere Reliquien, da die Gegenstände bei den Toten wertvoller und von feinerer Verarbeitung waren. In Rovesche wurde die Urne in eine quadratische Truhe aus unbehauenen Steinen gelegt. Die begrabenen Körper lagen mit dem Kopf nach Osten gerichtet, zu ihren Füßen wurde eine Urne aufgestellt und ihre Leichentücher wurden durch bronzene Fibeln an Ort und Stelle gehalten, während an den Fingern viele Ringe aus dem gleichen Metall angebracht waren.

Schließlich, um diesen düsteren Katalog abzuschließen, haben Ausgrabungen in den Hügeln von Ohio und Illinois 40 gezeigt, dass auch dort Einäscherung und Körperbestattung in Gräbern vorkommt, die alles dazu neigt, derselben Rasse und derselben Zeit zugeordnet zu werden. 41 Die Grabgruften von Missouri enthalten mehrere Skelette, die starker Hitze ausgesetzt waren. Die menschlichen Knochen wurden mit den Überresten von Tieren, Holzkohlefragmenten und Tonscherben sowie Feuersteinwaffen vermischt. In einem benachbarten Hügel fanden Ausgrabungen keine Spur einer Einäscherung; Die Leichen lagen ausgestreckt auf dem Boden, und diejenigen, die sie entdeckten, sammelten in ihrer Nähe eine wertvolle Sammlung von Feuersteinen und sorgfältig gefertigter Töpferware auf. Es gibt jedoch keine Hinweise darauf, ob diejenigen, die ihre Toten bestatteten, und diejenigen, die ihre Toten verbrannten, derselben Rasse angehörten oder zur gleichen Zeit lebten. Die Einäscherung hat bei den wildesten Stämmen Alaskas und Kaliforniens lange überlebt, wo sie noch immer praktiziert wird, und die Indianer Floridas bewahren die Asche ihrer Väter in menschlichen Schädeln auf. In Kalifornien bedeckten die Verwandten der Verstorbenen ihre Gesichter mit einer dicken Paste aus einer Art Lehm, gemischt mit der Asche der Toten, und waren gezwungen, dieses Zeichen ihrer Trauer zu tragen, bis es auf natürliche Weise abfiel.

Obwohl wir der Bestattung der Toten entweder im Liegen oder in der Hocke begegnen, sind die kleineren Zeremonien, die mit dem Tod verbunden sind, überall unzählig; Jedes Volk, jede Rasse hat tatsächlich seinen eigenen Brauch, der von einer Generation zur nächsten weitergegeben und von jeder nachfolgenden Familie fromm bewahrt wird. Das Schlemmen war schon in frühester Zeit ein fester Bestandteil der Bestattungszeremonien. Ein Erlass Karls des Großen verbietet das Essen und Trinken auf den Gräbern der Verstorbenen, und der heilige Bonifatius, der Apostel Deutschlands, beklagt sich bitter darüber, dass die Priester durch ihre Anwesenheit diese Totenfeste ermutigten. Ähnliches trifft man heute auch in den unteren Klassen an, und die Friedhöfe von Paris sind von Cafés und Weinhandlungen umgeben, in denen die Trauer allzu oft im Wein untergeht. Der Brauch, diese Feste abzuhalten, geht auf die frühesten Bewohner Europas zurück, und der wilde Höhlenmensch verschlang seine Nahrung an den Gräbern seiner Angehörigen. In Aurignac, in der Höhle von *L'Homme Mort* , im Trou du Frontal, zeugen gebrochene Knochen und

Holzkohlefragmente von der Mahlzeit. Ähnliche Spuren von Festen findet man unter den Dolmen und Hügelgräbern. Aus den Long Barrows wurden die Schädel und Füße von Rindern entnommen, und es ist wahrscheinlich, dass die anderen Körperteile von den Gehilfen verschlungen wurden und dass der Kopf und die Füße als Opfergabe für die Toten ins Grab gelegt wurden oder an die Gottheiten, die beim Tod den Vorsitz geführt haben sollen. In den alten Gräbern von Wiltshire sammelte Sir R. Colt Hoare die Knochen von Ebern, Hirschen, Schafen, Pferden und Hunden ein; die auch er für Überreste von Bestattungsfesten hielt.

Waren Feste die einzigen Zeremonien, die mit Bestattungen verbunden waren? Wir denken nicht. Der Leichnam wurde oft in die Mitte der Grabkammer gelegt, und um ihn herum waren die Frauen, Diener und Sklaven des Verstorbenen aufgereiht, die dazu verurteilt waren, ihrem Häuptling in die unbekannte Welt zu folgen, in die er gegangen war. Unter einem Dolmen aus Algerien wurde ein kauerndes Skelett mit zwei zu seinen Füßen liegenden Schädeln gefunden, die zweifellos zu Opfern gehörten, die ihm zu Ehren geopfert wurden. Die Hügelgräber Großbritanniens bewahren Spuren von Menschenopfern, und Cæsar sagt über die Gallier: „Ihre Beerdigungen sind prächtig und üppig. Alles, was dem Verstorbenen zu Lebzeiten lieb gewesen sein sollte, wurde auf den Scheiterhaufen geworfen; Sogar seine Tiere wurden geopfert, und bis vor Kurzem wurden seine Sklaven und die Angehörigen, die er geliebt hatte, mit ihm verbrannt." 42

Die Tatsachen, die wir beobachtet haben, beweisen, dass der frühe Mensch Hoffnungen auf Unsterblichkeit hegte. Mit dem Tod war für ihn nicht alles zu Ende; Jenseits des Grabes beginnt ein neues Leben, das – denn weiter konnten seine Ideen nicht gehen – von Freuden geprägt ist, die denen ähneln, die er auf Erden gekannt hatte, und von Ereignissen, wie sie sich während seines Lebens ereignet hatten. Was sonst könnte die Bedeutung der Waffen, der Werkzeuge seines Handwerks, der mit Lebensmitteln gefüllten Vasen sein, die in der Nähe des Verstorbenen aufgestellt wurden, der Ornamente und Farben, die zu seiner Zierde bestimmt waren, der Frauen, Sklaven und Pferde, die in dasselbe Grab geworfen oder darauf verzehrt wurden der gleiche Stapel? Es ist erfreulich, diese höchste Hoffnung bei unseren entfernten Vorfahren zu finden; und so ungeschickt es auch ausgedrückt wurde, impliziert es den Glauben an ein Wesen, das dem Menschen überlegen ist, eine schützende Gottheit nach Ansicht einiger, aber nach Ansicht einiger weniger anderer ein bösartiger und tyrannischer Geist. Die bisher vorliegenden Beweise reichen nicht aus, um ernsthaft zu behaupten, dass Vorfahren vom prähistorischen Menschen verehrt wurden. Aber das Thema ist zu wichtig, als dass wir es unterlassen könnten, dem Leser die gesammelten Hinweise auf diesen Gottesdienst vorzulegen, die notwendigerweise mit der moralischen und materiellen Lage unserer entfernten Vorfahren zusammenhängen.

Der Radius eines Mammuts wurde in Chaleux entdeckt und nahm einen Ehrenplatz auf einer großen Sandsteinplatte in der Nähe der Feuerstelle ein. Die Chaleux-Höhle stammt aus der Rentierzeit; Zu diesem Zeitpunkt war das Mammut in Belgien längst ausgestorben, so dass kein Zweifel daran bestehen kann, dass der Höhlenmensch diesen Knochen aus den Schwemmlandablagerungen der vorangegangenen Epoche entnommen hatte und dieses riesige Relikt eines unbekannten Lebewesens Gegenstand gewesen war seine Verehrung, eine große oder schützende Gottheit seiner Heimat. Eine etwas ähnliche Tatsache wurde in Laugerie-Basse entdeckt, und durch einen seltsamen Zufall bewahren bestimmte Stämme Nordamerikas aus dem heutigen Tonland zum Schutz ihrer Häuser den Knochen eines Mastodons oder eines Wals in ihrem Hintern.

Seit der Altsteinzeit pflegten die Menschen Kelten oder Beile in Kreide, Bitumen und andere zerbrechliche Substanzen zu schneiden, die sicherlich keinen praktischen Nutzen hatten. Es wurden auch Tausende ähnlicher Objekte aus härterem Gestein gefunden, die jedoch keine Anzeichen von Abnutzung oder Abnutzung zeigten, und es besteht kaum ein Zweifel daran, dass sie alle gleichermaßen als Amulette dienten. Dieser abergläubische Respekt vor bestimmten Gegenständen hielt viele Jahrhunderte an und wurde von einer Generation zur nächsten weitergegeben. In den Gräbern der Bronze- und Eisenzeit findet man oft Beile aus Feuerstein, von denen einige absichtlich zerbrochen wurden, ein Beweis dafür, wie ich bereits sagte, dass sie mit Bestattungsriten verbunden waren, deren Art wir nicht kennen.

Unter Dolmen finden wir auch Votivbeile. Neben einigen Skeletten in Cissbury lagen Feuersteinkelten. In einer Seestation in der Schweiz wurde ein anderthalb Fuß langes Beil gefunden. Es war aus so brüchigem Gestein, dass es nur als Symbol von Nutzen gewesen sein kann; vielleicht, ja vielleicht war es ein Amtsabzeichen. Schließlich enthalten merowingische Gräber Hunderte kleiner Feuersteinkelten, die letzten frommen Opfergaben für die Verstorbenen. 43

Wir finden Beile eingraviert auf den Megalithdenkmälern der Bretagne, auf den Wänden der Höhlen der Marne, und wir treffen sie auf der anderen Seite des Atlantiks wieder, offenbar mit der gleichen Bedeutung, was den Respekt vor ihnen als Schutzmittel impliziert . De Longpérier hat eine Beschreibung eines chaldäischen Zylinders veröffentlicht, auf dem ein Priester dargestellt war, der einem auf einem Thron liegenden Beil seine Opfergabe darbrachte, und in Mykenæ wurde ein Ring aufgehoben, in dessen Stein ein Kelte mit zwei Klingen eingraviert war. Wir finden die gleiche Idee in vielen verschiedenen Mythologien. Das Wort *Nouter* (Gott) wird in ägyptischen Hieroglyphen mit einem Zeichen übersetzt, das einem Kelten ähnelt, und das Beil von Odin ist in die Felsen von Kivrik eingraviert. Auf einigen gallo-römischen *Cippi* finden wir ein Beil, unter dem wir die Worte „ *Dis Manibus* “ und unten die Widmung „ *Sub Ascia dedicavit“ lesen* . Zu allen Zeiten und überall erscheint das Beil als Sinnbild der Gewalt und ist Gegenstand des Respekts des Volkes. Die Tradition seines Wertes und seiner Bedeutung wird über viele Generationen hinweg von den Vorfahren an die Nachkommen weitergegeben.

Abbildung 111.

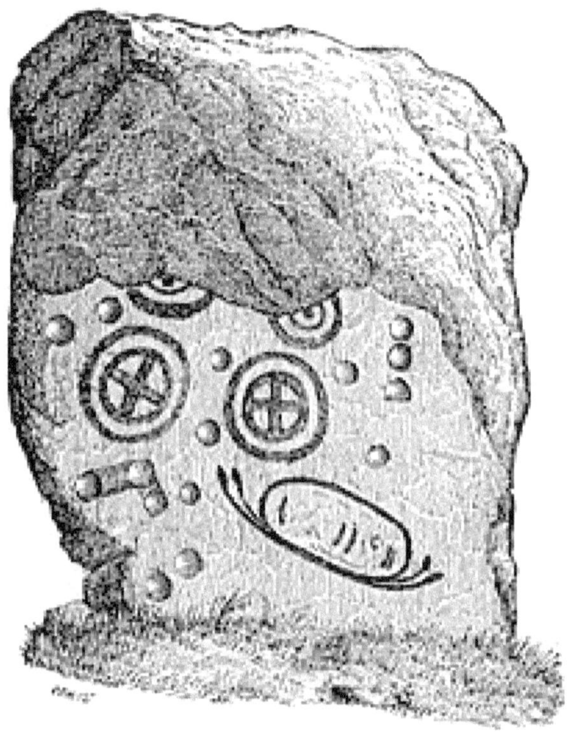

Findling von Scania, bedeckt mit Schnitzereien.

Dürfen wir den Becken und Bechern, die in Felsen und Findlingen sowie auf den sogenannten Roches Moutonnées ausgehöhlt sind, sowie anderen Denkmälern, die viele Jahrhunderte überdauert haben, eine religiöse Interpretation geben (Abb. 111 und 112) ? Oder müssen wir sie lediglich einer vorübergehenden Laune zuschreiben? Ihre Zahl und Bedeutung verbieten unserer Meinung nach die letztgenannte Idee. Wir finden solche Blöcke in der Schweiz, in England, Frankreich, Italien, Portugal und an den gefrorenen Küsten der Ostsee. Sie sind in Indien nicht weniger zahlreich und kommen in den merkwürdigen Piktogrammen der beiden Amerikas vor. Es besteht kein Zweifel, dass wir hier eine gemeinsame Idee haben, und eine, die man nicht übersehen kann. Wie. Wie lässt sich sonst die Ähnlichkeit der Anordnung der becherförmigen Skulpturen aus den Grabhügeln Schleswig-Holsteins und denen auf den indischen Felsen von Kamaou oder zwischen denen Algeriens und Englands erklären?

Abbildung 112.

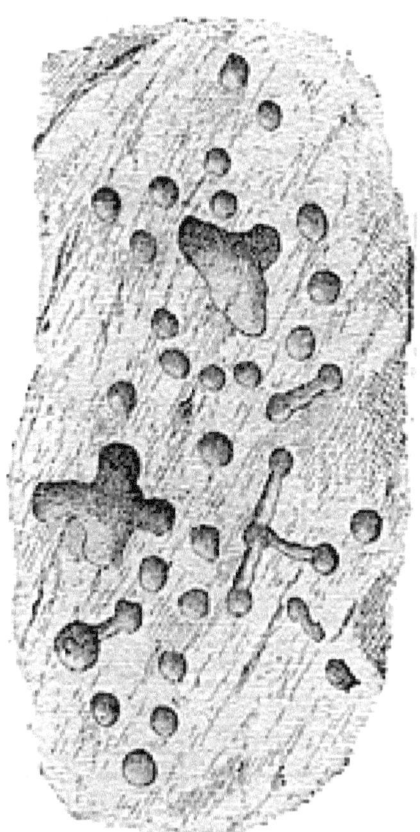

Gravierter Stein aus Massibert (Lozère).

In der Bretagne und in Schottland findet man diese becherartigen Skulpturen auf Felsen und Menhiren, an den Wänden von Grabkammern, auf Steinen, die die Seiten von Kistvæns bilden, oft begleitet von strahlenförmigen Kreisen, die uns jedoch nicht *zum* Verständnis verhelfen sie besser. In Skandinavien sind sie als *Elfen Stenavs* oder Elfensteine bekannt

, und die Bewohner kommen und legen Opfergaben für die *Kleinen Leute darauf nieder* . Einer rührenden Überlieferung zufolge sind diese kleinen Menschen Seelen, die darauf warten, wieder in Menschenfleisch gekleidet zu werden. In Belgien werden diese seltsam verzierten Steine den *Nutons zugeschrieben* , Zwergen, die den Sterblichen sehr hilfreich sind. In jedem Land gibt es eine Legende, die den geformten Steinen heilig ist.

Dies sind die einzigen Fakten, die wir über das religiöse Gefühl prähistorischer Rassen sammeln konnten. Sie reichen nicht aus, um eine endgültige Schlussfolgerung zu diesem Thema zuzulassen. Auf Schritt und Tritt sind wir gezwungen, unsere Hilflosigkeit einzugestehen. Aber gestern war uns diese grenzenlose Vergangenheit völlig unbekannt, und heute beginnen wir erst, einen Einblick in ihre Geheimnisse zu gewinnen. Wir waren die Arbeiter der ersten Stunde, und diejenigen, die nach uns kommen, werden die Aufgabe erfüllen, die wir nur beginnen konnten. Möge für sie eine echte Liebe zur Wahrheit sein, wie wir mit Recht behaupten können, dass sie für uns der einzige Führer war.

1 Der wahre Name dieser Höhle ist *Betche aux Roches* . Ein sehr ausgezeichneter Aufsatz zu diesem Thema wurde von den Entdeckern, MM, gelesen. de Puydt und Lohest im August 1886 an die Historische Gesellschaft von Belgien und „Les Fouilles de Spy" von Dr. Collignon, veröffentlicht in der *Revue d'Anthropologie* , 1887, können ebenfalls zu Rate gezogen werden. In derselben Höhle wurden 1879 auch Ausgrabungen von M. Bucquoy (*Bul. Soc. Anth. de Belgique* , 1887) durchgeführt. Er unterschied fünf Knochenschichten und sammelte einige Feuersteine vom Typ Moustérien und sogar einige Beile von Chelléen ein, denen er den Namen Coups *de Poing gab* . — Fraipont und Lohest; „Suchen Sie nach den Ossements Humains Decouvertes in den Dépôts Quaternaires d'un grotte à Spy."

2 Wir entlehnen diese Details aus einem wertvollen Werk von Cartailhac (*Mal* ., 1886, S. 441; *Rev. d'Anth* ., 1886, S. 448). Die Schlussfolgerung unseres gelehrten Kollegen ist, dass wir eigentlich nichts über die Bestattungsriten der Männer von Chelles und

Moustier wissen und dass wir die ersten wirklich authentifizierten Gräber der Solutréen-Zeit zuordnen müssen. Cartailhacs bewundernswertes Buch „La France Préhistorique", S. 302, sollte ebenfalls zu Rate gezogen werden.

3 „Ipui Antichi Sepolcri dell Italia."

4 *Archäologisches Journal* , vol. xxii.

5 *Matériaux* , 1885, S. 299.

6 Dieser Dolmen wurde von MM sorgfältig ausgegraben. Hahn und Millescamps, *Bul. Soc. Anth* ., 1883, S. 312.

7 Rivière; *Congrès des Sciences Géographiques* , Paris, 1878.

8 *Atti della R. Acad. dei Lincei* , 1879–1880. Pigorini: *Bul. de Pal. Italiana* , 1880, S. 33.

9 *Soc. Anth. de München* , 1886.

10 *Soc. Anth. de Lyon* , 1889.

11 „Histoire du Travail en Gaule", S. 24.

12 Troyon: „De l'Attitude Repliée dans la Sépulture Antique", *Revue Arch* ., 1864.

13 *Matériaux* , 1875, S. 327.

14 A. Nicaise: *Matériaux* , 1880, p. 186.

15 *Bogen. Préhistorique* , S. 178.

16 *Congrès Préhistorique de Bruxelles* , S. 299.

17 *Bul. Soc. Anth* ., 1876, S. 191. Grad: *Natur* , 1877, 1. Woche, S. 314.

18 *Erinnerungen an die paläoethnologische Geschichte der römischen Kampagne* . Pigorini fügt seinerseits hinzu: „Ich *war schon immer auf den finsteren Verlobten gestoßen, der Schädel lag auf dem finsteren Mann und der Ginocchia alquanto piegate in guisa che tavolta si trovarono le tibie assai prossime alla cassa toracica.* "

19 Palery: „Mo. Mégalithiques de Mascara", *Bul. Soc. Ethn.*, 1887.

20 Bancroft: „The Native Races of the Pacific", Bd. I., S. 365 usw. Moreno: „Les Paraderos de la Patagonie", *Rev. d'Anth.*, 1874.

21 „Nécropole de Colonna, prov. de Grosseto", R. *Acad. dei Lincei*, Rom, 1885.

22 *Bul. Soc. Anth.*, 1880, S. 895.

23 Abbé Baudry et Ballereau: „Les Puits Funéraires du Bernard", La Roche-sur-Yon, 1873.

24 „Renseignements sur une Ancienne Nécropole Manzabotta, près de Bologna", Bologna, 1871.

25 Gross: „Les Proto-Helvètes." Morel-Fatio: „Sépultures des Populations Lacustres de Chamblandes." Wie in Auvernier wurden zahlreiche Bärenstoßzähne in der Nähe der Toten gefunden, was möglicherweise auch mit einem Bestattungsritus zu tun haben könnte.

26 D. Charnay: *North American Review*, Januar 1881.

27 Stuart: „Die frühen Bestattungsarten."

28 Vidal Seneze; *Bul. Soc. Anth.*, 1877, S. 561.

29 „Histoire des Incas", Paris, 1744, Kap. xviii.

30 Conesstabile: „De l'incinération chez les Etrusques."

31 A. Bertrand: „Arch. Celtique et Gauloise", Einleitung.

32 *Arsch. française*, Nantes, 1875; Havre, 1877.

33 Luco: „Exposition de Trois Monuments Quadrilatères par feu James Miln", Vannes, 1883.

34 P. du Chatellier: „Mém. Soc. d'Emulation des Côtes-du-Nord", Saint Brieuc, 1883.

35 *Verfahren Soc. Anth. von Schottland*, 11. Januar 1886.

36 „On the Ancient Modes of Sepulcher in the Orkneys" (*British Association* , 1877).

37 Kohn und Mehlis: „Zür Vorgeschichte des Menschen im östlichen Europa", Iéna, 1879.

38 Hochstetter: „Die neueste Graber Funde von Watsch. und S. Margarethen und der Kulturkreise der Hallstadter Zeit", Wien, 1883. Siebenter: „Bericht der Prähistorischen Commission", Wien, 1884.

39 In diesen Gräbern wurden 61 Goldgegenstände, 5.574 Bronzegegenstände, 593 Eisengegenstände, 270 Bernsteingegenstände, 73 Glasgegenstände und 1.813 Terrakottagegenstände gefunden. A. Bertrand: *Rev. d'Ethnographie* , 1883.

40 *Smithsonian-Bericht* , 1881.

41 Putnam, xii. und *xx. Berichte des Peabody Museum* .

42 „De Bello Gallico", Buch VI, Kap. xix. Siehe auch Pomponius Mela: „De Situ Orbis", Buch III., Kap. ii.

43 Bei seinen erfolgreichen Ausgrabungen gallischer, gallo-römischer und merowingischer Gräber sammelte Moreau nicht weniger als 31.515 Kelten oder Beile aus Feuerstein, bei denen es sich offensichtlich um Votivgaben handelte. Siehe Album de Caranda: „Fouilles de Sainte Restitute, de Trugny, d'Armentière, d'Arcy, de Brenny" usw.